21 世纪应用性本科经济管理规划教材

高级财务会计

GAOJI CAIWU KUAIJI

（第四版）

主　编　罗　勇

副主编　姜永德　刘淑蓉　胥兴军

立信会计出版社

LIXIN ACCOUNTING PUBLISHING HOUSE

图书在版编目(CIP)数据

高级财务会计 / 罗勇主编. —4 版. —上海：立信会计出版社，2020.6

21 世纪应用性本科经济管理规划教材

ISBN 978-7-5429-6497-7

Ⅰ.①高… Ⅱ.①罗… Ⅲ.①财务会计—高等学校—教材 Ⅳ.①F234.4

中国版本图书馆 CIP 数据核字(2020)第 082053 号

策划编辑　余　榕
责任编辑　余　榕

高级财务会计(第四版)
Gaoji Caiwu Kuaiji

出版发行　立信会计出版社
地　　址　上海市中山西路 2230 号　　邮政编码　200235
电　　话　(021)64411389　　传　　真　(021)64411325
网　　址　www.lixinaph.com　　电子邮箱　lixinaph2019@126.com
网上书店　http://lixin.jd.com　　http://lxkjcbs.tmall.com
经　　销　各地新华书店

印　　刷　上海肖华印务有限公司
开　　本　787 毫米×960 毫米　　1/16
印　　张　23.5　　插　　页　1
字　　数　496 千字
版　　次　2020 年 6 月第 4 版
印　　次　2020 年 6 月第 1 次
印　　数　1—3 100
书　　号　ISBN 978-7-5429-6497-7/F
定　　价　53.00 元

21世纪应用性本科经济管理规划教材

编　委　会

总序 PREFACE

从世界高等教育改革的发展趋势看，我国高等教育可分为研究性大学、应用性大学和技能岗位性大学。应用性大学是满足高等教育大众化需求应运而生的大学新类型，与我国经济结构调整和社会经济发展相适应。它的办学理念和发展定位既有别于"研究性"大学，也有别于我国传统的"学术性"普通高等院校，而是将自身类型定位于教学主导型，将发展目标定位于服务应用型，将人才目标定位于直接面向生产、建设、管理、服务第一线培养高级应用型人才的普通高等院校。

我国传统的本科教育，一直推行的是"理论（知识、学术）导向"的教学体系。这种教学体系以传授知识为主，理论重于实践，缺乏学生实践能力的培养。德国应用科技大学（Fachhochschule，缩写 FH）是 20 世纪六七十年代联邦德国出现的高等学校，现已发展成为普遍公认的德国高校的最重要类型之一。德国 FH 教学体系的特点是：在办学理念上，直接指向市场需求和社会经济发展的实际需要，始终坚持"为职业实践而进行科学教育"；在培养目标上，突出技术应用与开发能力的培养，教学过程具有很强的实践性，并十分重视职业导向。因此，应用性本科人才培养具有教育层次的高等性、人才类型的应用性、社会需求的导向性等特征。

目前，我国很多普通高校都设置了经济管理类专业，其中，除少数院校设置的经济管理类专业偏重理论教育外，绝大部分属于应用性专业。应用性经济管理专业是培养社会主义市场经济发展所需要的，以综合职业能力为本位，具有创新精神和实践能力的高素质应用性专门人才为目标。这就要求应用性经济管理专业注重职业岗位和职业素养，突出实践性和应用性，以及经济管理人才培养具有丰富的社会知识和较强的人文素质及创新精神。因此，为了适应应用性经济管理专业教学的需要，在立信会计出版社的策划下，我们组织了一批长期从事教学一线的高职称教师,编写了21世纪应用性本科经济管理规划教材。

本规划教材是按照高等学校经济管理本科专业规范、人才培养方案和职业能力标准要求而编写的,体现了理论性、职业性、实践性和系统性的特点。在编写本规划教材过程中,力求做到以下几点:一是体系完整、内容新颖。规划教材涵盖经济、管理类相关专业的核心课程,每门课程都遵循相关法律、法规,基础理论与专业能力有机融合,把握相关课程之间的关系,整个系列丛书形成一套完整、严密的知识结构体系。同时,借鉴国外最新的教材,融会当前有关经济管理的最新理论和实践经验,用最新知识充实教材内容。二是案例教学,适应性强。规划教材具备大量案例研究分析,让学生在学习过程中理论联系实际,特别是列举了我国经济管理工作中的实际案例,这可大大增强学生分析问题和实际操作能力。同时,充分考虑经济管理类专业特点,使教学内容与方法符合人才培养目标的要求。三是创新体例、注重能力。针对应用性本科的特点,编写体例是按照章节内容前有"内容提要""导入案例",章节内容后有"思考题""练习题""案例分析题"进行设计;在阐述基本内容时,对于重要的知识点或法规依据采用"温馨提示""特别提醒"方式,引起学生学习时特别注意,以提高学生学习能力和效率。

本规划教材的出版得到了立信会计出版社的大力支持,在此致以衷心的谢意。尤其是余榕编辑大力协助才促使本规划教材得以顺利出版。由于编者学识水平有限,时间紧迫,加之探索具有中国特色的应用性本科教材是一项长期而艰巨的任务,本规划教材难免有不当之处,甚至存在疏漏,恳请读者批评指正,以便于以后修订时补充提高。

21世纪应用性本科经济管理规划教材编委会

2020年6月

第四版前言 THE THIRD EDITION FOREWORD

经济越发展，会计越重要。第二次世界大战以来，全球历经数次企业并购潮流，企业规模不断扩大，跨国投资和经营日益普遍，企业经济业务向着国际化、复杂化趋势发展，许多特殊行业或特殊经济业务应运而生。与此对应，传统的财务会计范围已经不能适应经济发展的需要，高级财务会计随之产生。目前，高级财务会计已经发展到比较成熟的阶段。

2006 年 2 月 15 日，财政部颁布《企业会计准则——基本准则》和《企业会计准则第 1 号——存货》等 38 项具体准则，并规定基本准则自 2007 年 1 月 1 日起在中国境内的所有企业施行，具体准则自 2007 年 1 月 1 日起先在境内的上市公司施行，同时鼓励境内的其他企业执行。这标志着我国已经基本建立了国际趋同的企业会计准则体系。为了与国际财务报告准则持续趋同，2014 年和 2017 年至 2019 年，财政部又先后发布了《企业会计准则第 39 号——公允价值计量》等 4 项具体准则，并陆续对《企业会计准则——基本准则》《企业会计准则第 14 号——收入》《企业会计准则第 21 号——租赁》《企业会计准则第 12 号——债务重组》等多项具体准则进行了修订。在这些会计准则中，既包括《企业会计准则第 7 号——非货币性资产交换》《企业会计准则第 33 号——合并财务报表》等多个特殊业务的会计准则，也包括《企业会计准则第 27 号——石油天然气开采》等数项特殊行业的会计准则。这些特殊业务和特殊行业的会计准则构成高级财务会计的主要内容。

高级财务会计与中级财务会计一样，同属于财务会计的范畴，也就是说，它们的目标都是为股东、债权人、政府部门等有关各方提供决策有用的会计信息。两者的区别主要在于：中级财务会计主要研究企业一般经济业务的会计核算，高级财务会计则以特殊行业和特殊业务的会计核算为主要内容。当然，高级财务会计的所谓特殊业务是相对于中级财务会计而言的，其范围必须与中级财务会计相衔接，即包括中级财务会计未涉及和涉及不深入的特殊问题。但是，鉴于实用性要求，对于企业特殊业务中更显“特殊”的业务事项，如物价变动会计、破产清算会计、石油天然气开采等，本教材未将其纳入。

本教材作为“21世纪应用性本科经济管理规划教材”之一，以培养学生实践应用能力为主要目的。因此，我们在编写本教材的过程中，力求做到以下几点：

(1) 理论和实践相结合。本教材既适当介绍高级财务会计相关理论知识，更侧重于讲解具体会计核算，帮助读者利用相关理论知识分析解决实际会计问题。每章的导入案例则是开启学生思维大门的钥匙。

(2) 内容安排与国家相关资格考试相适应。本教材内容尽量与全国注册会计师考试《会计》和全国会计专业技术资格考试《中级会计实务》内容相适应，帮助读者顺利通过相关考试。由于本教材涉及内容较多，各高校可以根据实际情况选择讲授。

(3) 体例设计注重学生能力培养。每章前面有“内容提要”“导入案例”，后面有“复习思考题”“练习题”。对于重要知识点则以“温馨提示”“重要提示”等方式提醒学生注意。本教材末附3套模拟试题，帮助读者自我测试学习效果或者进行考前综合练习。

(4) 保持与企业会计准则的同步性。本教材自2012年2月出版以后，财政部陆续发布和修订了一些会计准则或会计准则解释，特别是近两年来，财政部相继修订了租赁、债务重组、非货币性资产交换等具体会计准则。为了适应这种情况，我们在本次改版中重新编写了原“第八章　租赁”，删除了原“第六章　债务重组”，修订了其他相关章节内容。

(5) 内容与时俱进、适时更新。本次改版依据我国2019年4月1日以后的税制和2019年4月30日财政部新修订的一般企业财务报表的格式，更改了本教材中涉及增值税的相应计算，更新了资产负债表、利润表等报表的格式和内容。

本教材由罗勇担任主编，由姜永德、刘淑蓉、胥兴军担任副主编。各部分编写分工情况如下：第一章由罗勇、王艳瑾执笔；第二章由李倩执笔；第三、第八章由姜永德执笔；第四、第十一章由冷峥峥执笔；第五章由陈杰执笔；第六、第九章由刘淑蓉执笔；第七章由胥兴军执笔；第十章由熊运莲执笔；第十二章由罗勇、文欢执笔；模拟试题由罗勇、陈杰执笔。最后由罗勇对整本教材进行总纂定稿。

本教材在编写过程中参阅了全国注册会计师考试辅导教材《会计》、全国会计专业技术资格考试辅导教材《中级会计实务》等大量相关教材和《企业会计准则讲解》等相关资料，得到了立信会计出版社余榕编辑的帮助和支持；同时，本教材自出版以来得到了许多高校师生和广大读者的厚爱，目前已多次改版和重印，在此表示一并致谢！

由于编者水平有限，书中难免存在不足之处，恳请各位读者批评指正。

编　者

2020年6月

目录 CONTENTS

第一章 概 论

【内容提要】 高级财务会计是在中级财务会计的基础上，介绍特殊业务和特殊行业会计核算的一门专业课程。本章主要介绍高级财务会计的产生背景和基本理论。

【导入案例】 环球公司是一家注册地在中国大陆境内的股份有限公司，以人民币作为记账本位币。2×20 年，环球公司为了获得稳定的原材料供应，收购了非洲一家原料生产企业 MXA 公司 60%的股权。并购 MXA 公司以后，环球公司所需要的原材料 80%来自 MXA 公司，材料款均以美元结算。

思考

1. 该业务对环球公司会计核算的前提(或称假设)会产生什么影响?
2. 环球公司用美元支付 MXA 公司材料款，如何进行会计核算?
3. 环球公司并购 MXA 公司以后，两者属于什么关联关系? 是否需要编制合并财务报表?

第一节 高级财务会计的产生

一、高级财务会计的产生背景

经济越发展，会计越重要。经济发展会促进相应的会计发展。高级财务会计产生于客观经济环境的变化，是客观经济环境发生变化引起会计假设松动后，人们对背离会计假设的特殊会计事项进行理论和方法研究的结果。

第二次世界大战以后，世界范围内的科技革命推动了西方社会经济的迅猛发展，西方国家经济环境产生了巨大变化。

(一) 企业规模不断扩张

企业自由竞争促进企业规模不断扩大，公司间相互渗透形成了庞大的企业集团，母子公司成为一种普遍的社会现象。企业集团内部母公司与子公司、子公司与子公司之间同样广泛存在业务往来。母公司所有者除了关心母公司本身的财务状况和经营成果以外，还关心整个企业集团的财务情况。原来以单个企业作为会计主体的情况则不适应形势需要，合并财务报表应运而生。对于跨国性的集团公司，当所属国外子公司财务报表中使用的货币种类与母公司不同时，则需首先进行外币报表折算，然后再编制合并报表。

（二）通货膨胀普遍加剧

在20世纪六七十年代，西方主要国家通货膨胀普遍加剧。1972—1973年，初级产品的价格猛涨，随之工资相应提高，消费品价格猛涨。如在1973—1975年，经济合作与发展组织全体成员国消费价格上涨率平均为26%。通货膨胀的存在与发展，必然严重地冲击财务会计的币值稳定假设，如果不采取一定的措施对物价变动影响进行剔除，必然影响会计信息的质量和会计信息价值的实现。

（三）跨国投资和经营普遍化

西方发达国家不仅推行产品资本和货币资本的国际化，拓展国际市场，而且大规模地推行生产资本的国际化，推动国际贸易和国际投资的扩大。因此，跨国家、跨区域、跨行业的经济组织日益增多，经济形势多样化和多元化，国际经济趋于一体化。在进行国际贸易和国际间投资及劳务输出过程中，必然发生外币兑换、外币交易与折算、外币远期合同、套期保值和融资的互换交易等事项。

（四）企业并购破产潮流席卷全球

各国企业为了增强竞争实力，占有市场的更大份额，都在积极寻求合作伙伴，建立联盟，对资产进行重组合并。企业的兼并与合并、清算与破产，严重冲击了会计主体假设与持续经营假设。企业的兼并与合并不仅需要进行相应的账务处理，也可能需要编制合并财务报表；企业的清算与破产，宣告原有的企业不复存在，这必然与企业持续经营假设相矛盾，如何进行清算破产的会计核算，这也成为会计领域的一个新问题。

（五）金融发展国际化

由于国际金融市场得以完善，各种衍生金融工具应运而生，并得到快速发展，国际资金的流速加强、流量增多，期货交易、融资租赁等行业的蓬勃发展，使各个国家交易投资的规模扩大，频率增高，国际间的依赖性增大。国际金融市场的形成，各种衍生金融工具的创新，期货市场和融资租赁业务的发展，必然出现风险及逃避风险，远期汇率与即期汇率、租赁契约、残值担保等一系列特殊问题。

面对会计领域诸多的新问题，原有的财务会计框架难以容纳，必须在原有的财务会计学的基础上，谋求建立一门新的学科来解决这些会计领域的新问题，于是高级财务会计就应运而生了。

二、高级财务会计的产生和发展

目前，国内一般把高级财务会计的产生和发展阶段划分为萌芽期、发展期和成熟期①。

（一）萌芽期

现代会计从其一产生就孕育了高级财务会计的胚芽。西方国家工业革命和产业革命的成功，有力地推动了社会生产力的发展，企业由自由竞争逐步走向垄断，市场竞争更加激烈，于是出现了第一次企业兼并、合并的浪潮，企业的兼并、合并必然产生了母子公司，因而也就在会计上必然编制合并报表。第一次世界大战后，美国的经济得到了快速发展，又产生了第二次企业兼并、合并高潮，这导致了合并报表的广泛使用，从而产生了一些重要思想，包括经济实体的概念，合并所产生的商誉问题等。在这一时期，西方主要工业国家出现了轻度、持续的通货膨胀局面，引起了人们的关注，美国早期会计学家亨利·W·斯威尼(Henery W. Sweeney)于1936年出版了《稳定币值会计》一书，提出了对通货膨胀进行会计处理的方法，被会计界誉为英文文献中物价变动会计的首创模式，通货膨胀会计思想的出现，标志着高级财务会计进入了萌芽期。

（二）发展期

第二次世界大战后，西方主要工业国家开始由军事工业向民间工业转变，这就需要更新设备和扩大投资。而传统的信贷方式已无法满足这种旺盛的资金需要，在银行和企业的共同参与下，在20世纪50年代就产生了融资租赁业务，以解决各国各行业资金不足的问题，融资租赁业务一出现就促使了租赁会计的产生。1953年，美国会计程序委员会(CAP)发表了会计研究公告第43号，提出融资租赁会计处理方法的若干意见。针对随后出现的第三次企业兼并、合并浪潮，美国会计程序委员会于1959年发表了会计研究公告第51号，对合并报表的编制提出了若干指导意见。

20世纪60年代，西方国家发生了持续的通货膨胀，对会计信息的真实性和有用性产生了较大的冲击。会计理论界和实务界开始对此关注并进行了研究，逐步形成了不同的学术观点。1960年，美国会计原则委员会(APB)发表了第3号公告《重编一般物价水准变动的财务报表》，以指导会计处理物价变动对财务信息质量的影响。1963年，美国注册

① 武华清.高级财务会计产生与发展的回顾[J].南京经济学院学报，1999(5).

会计师协会(AICPA)发表了其第 6 号会计研究论文集《呈报物价水准变动的财务影响》。

在这一时期,西方国家还对企业加强了所得税的征管,允许应税收益与会计收益有一定的区别,如何重新计算应税收益将直接影响到企业交纳所得税的多少,影响企业的净收益,因此所得税会计也应运而生。

(三) 成熟期

进入 20 世纪 70 年代,出现了庞大的跨国集团公司。跨国集团公司的出现,必然引起会计计量单位的多元化,即外币和本位币的双重计量单位,于是就产生了大量的外币业务和汇兑业务。跨国集团公司编制合并报表还涉及外币折算问题等,这些都是传统财务会计无法解决的问题。为了指导处理这些新的会计事项,美国财务会计准则委员会(FASB)于 1973 年颁发了第 1 号财务会计准则公告《外币业务的揭示》,于 1975 年颁布了第 8 号财务会计准则公告《外币交易和外币财务报表换算的会计处理》。在这一时期,西方国家已健全了期货交易市场,尤其是金融期货交易和期权交易得到了较大的发展,大批的期货交易,必然引起大量的期货交易的会计事项,为了指导这些期货交易事项的会计处理,美国财务会计准则委员会于 1984 年颁布了第 80 号财务会计准则公告《期货合同的会计处理》,形成了期货会计。

与此同时,西方国家通货膨胀亦然加剧,形成了许多物价变动会计理论与模式。国际会计准则委员会(IASC)于 1977 年发布了第 8 号准则公告《会计对物价变动的反映》,于 1981 年发布了第 15 号准则公告《反映物价变动影响的资料》,于 1989 年发布了第 29 号准则公告《恶性通货膨胀经济中的财务报告》,形成了系统的一般物价水平会计的理论与方法。美国证券交易委员会(SEC)于 1978 年发布第 190 号财务会计准则公告《会计文告集》,要求证券上市的公营大公司必须编报现行重置成本报表,美国财务会计准则委员会要求各大公司不仅需编报一般物价水平会计补充报表,同时还需编制现行成本会计补充报表。

20 世纪 80 年代以来,西方发达国家掀起了第四次企业兼并、合并浪潮。国际间相互投资、母子公司的投资,为了逃避各种税收,利用各国的税法和有关法律,进行内部价格转移和财产转移等对原有的所得税会计处理形成了较大的冲击,美国财务会计准则委员会于 1987 年颁布了第 96 号财务会计准则公告《所得税会计》,而后分别于 1988 年和 1991 年相继颁布了第 100 号和第 109 号财务会计准则公告《所得税会计——FASB 第 96 号公告生效日期的推迟》。

20 世纪 80 年代以来,随着会计环境的变化,高级财务会计的基本内容、处理指导思想和方法基本形成,并得到了会计职业界的广泛认可与接受,这标志着高级财务会计学的成熟,它以一门独立于中级财务会计和管理会计的新学科形象出现在会计学科体系之中。

第二节　高级财务会计的基本理论

一、高级财务会计的性质

高级财务会计是在初级、中级财务会计理论与方法的基础上，对企业出现的特殊交易或事项进行会计处理的理论与方法的总称。

（一）高级财务会计属于财务会计

财务会计是与管理会计相对应的一门学科，由基础会计学（或称初级财务会计）、中级财务会计和高级财务会计构成一个完整体系。基础会计学主要阐述会计确认、计量、记录和报告的一般原理，属于入门课程；中级财务会计着重阐述企业一般会计事项，如货币资金、应收款项、存货、流动负债及长期负债、投资、固定资产、损益、所有者权益等事项的会计处理，是财务会计一般理论与方法的运用；高级财务会计着重研究企业因各种原因所面临的特殊事项的会计处理。与初级财务会计和中级财务会计相同，高级财务会计解决的问题仍然是经济事项的对外报告问题。也就是说，高级财务会计与中级财务会计的目标是一致的，都是向企业外部投资者、债权人以及其他与企业有利害关系的人提供有关企业财务状况、经营情况和经营成果的信息，以满足他们在进行决策时对财务会计信息的需求。

温馨提示

高级财务会计着重研究企业因各种原因所面临的特殊事项的会计处理，它与基础会计学、中级财务会计互为补充、相得益彰，共同构成了财务会计学的完整体系。

（二）高级财务会计业务具有特殊性

中级财务会计的对象是企业发生的一般事项，属于企业经营过程中的经常性事项，如收入、固定资产、存货、应收款项、应付款项等。高级财务会计的对象是特殊事项，侧重于对特殊会计业务进行论述，包括特殊行业会计问题等，如企业合并、合并报表、外币折算、通货膨胀折算、破产清算等。高级财务会计运用传统的财务会计理论与方法，以及在新的社会经济条件下发展的财务会计理论与方法，对在新的社会经济条件下出现的传统财务会计中不予包括或不经常发生的企业特殊业务进行核算和监督，向与企业有经济利害的关系者提供决策有用的会计信息的经济管理活动。

（三）高级财务会计理论基础的修正性

中级财务会计严格遵循四项基本会计假设。而高级财务会计所依据的会计假设可能产生松动。会计假设的松动必然引起以四项假设为基础的财务会计理论与方法发生相应的变化。例如，当原会计实体无法持续其经营活动时，破产清算会计理论与方法则应运而生；当物价波动冲击着货币计价假设中隐含的币值稳定假设时，人们必然要寻求新的会计模式来替代“历史成本/名义货币”会计模式。

二、高级财务会计的理论基础

（一）传统会计假设的松动

客观经济环境的变化造成的传统会计假设松动，是高级财务会计形成的基础。

1. 会计主体假设的松动

会计主体假设主要是设定会计为之服务的对象，即会计核算的空间范围。但是，母、子公司关系形成以后，原来以单个企业作为会计主体的情况已经不能适应情况的发展，会计主体的内容发展为由母公司和子公司组成的企业集团，会计主体假设随客观经济环境的变化被赋予了更丰富的内容。

2. 持续经营假设的松动

持续经营假设是指假定企业在未来的一定时期内不会进行解体、清算，企业在此基础上进行会计核算。但是，在现代社会中有些企业难以持续经营而需要重组或解体，由此形成了企业清算、破产重组等会计业务，原来的持续经营假设不再适用。破产清算需要建立在新的假设之上。

3. 会计分期假设的松动

会计分期假设将企业持续不断的经营活动人为地划分为等距的会计期间，为确定企业的经营成果提供了可依据的标准。会计分期是权责发生制的基础，同时也是会计确认、计量的依据。在实践中突破了以年度为核心的会计期间，由此形成了所得税费用的跨期摊配等会计事项，如中期财务报告的编制。

4. 货币计量假设的松动

货币计量假设是指会计对企业资产、负债、所有者权益、收入、费用以及利润的核算以货币为统一的计量单位，财务报表所反映的内容只限于能够用货币来计量的经济活动。货币计量假设中隐含着一个十分重要的假设，就是币值稳定。但是，在实践中，由于不同货币而引发的有关记账本位币的确定和由于币值的不稳定而引发的物价变动，都是对传统货币计量假设的冲击，由此形成了外币业务会计和物价变动会计。

(二) 会计原则的强化和延伸

财务会计的一般原则是指对财务会计核算质量的基本要求作出规定，是对财务会计核算基本规律的高度概括和总结。

温馨提示

2006 年，财政部发布的《企业会计准则——基本准则》中将大部分会计原则称为“会计信息质量要求”，包括可靠性、相关性、实质重于形式、可比性、及时性、明晰性、谨慎性、重要性等。

会计原则的强化是指原有的、建立在会计假设基础之上的会计原则在面临新的经济业务时会更进一步发挥它原有的作用。会计原则的延伸则是指面对新的经济环境，原有的、建立在会计假设基础之上的会计原则将其适用基础扩大范围，从而在会计处理方面产生了新的效应。

相关性是会计核算的基本原则。会计报表附注能够为信息使用者提供更多的决策相关信息，或有资产的披露、资产负债表日后事项的披露等都提高了会计信息的相关性。企业集团化以后，非法人实体的经济实体的财务状况及其经营成果的信息，对于信息使用者的相关决策更为有用；破产清算会计为有关各方提供其所需的相关信息；可以说，在高级财务会计中，相关性原则的作用得到了进一步的强化和延伸。

企业应当按照交易或事项的经济实质，而不仅按其法律形式作为会计处理的依据是实质重于形式原则的内涵，高级财务会计中许多业务的会计处理都强化了这项原则的要求，如企业合并的会计处理、合并财务报表的编制、非货币性资产交换的会计处理等。

谨慎性要求企业在面临风险时不高估资产和收益，不低估负债和损失。对于企业发生的未决诉讼、债务担保、亏损合同等或有事项予以确认，是谨慎性原则强化和延伸的突出表现。企业不得随意变更会计政策，当企业根据法律、法规或企业实际情况变更会计政策时，如何进行会计处理才能保证会计信息的可比性，是高级财务会计必须解决的问题。

企业的收入必须与为取得这些收入所耗费的成本和费用相配比，计算经营成果。在新的会计环境下，经济事项的合理配比已经不仅仅限于一般的收入与成本、费用的配比，所得税费用与相关损益的配比、企业集团内部固定资产业务中折旧费用和已实现的利得的配比等都丰富了配比原则的基本内涵。

复习思考题

1. 高级财务会计的对象是什么？

2. 高级财务会计的理论基础与传统财务会计有何不同?

练 习 题

一、单项选择题

1. 外币业务会计的产生,形成的结果是(　　)的松动。

A. 会计主体假设　　B. 持续经营假设

C. 会计分期假设　　D. 货币计量假设

2. 破产清算业务的发生,造成了(　　)的松动。

A. 会计主体假设　　B. 持续经营假设

C. 会计分期假设　　D. 货币计量假设

二、多项选择题

1. 对高级财务会计的理解,下列表述中,正确的有(　　)。

A. 高级财务会计属于财务会计范畴

B. 高级财务会计属于管理会计范围

C. 高级财务会计所依据的理论和采用的方法是对原有财务会计理论与方法的修正

D. 高级财务会计着重研究企业因各种原因所面临的特殊事项的会计处理

2. 下列各项中,跨国企业集团一般会涉及的经济业务有(　　)。

A. 外币报表折算　　B. 企业破产清算

C. 合并财务报表编制　　D. 债务重组

第二章　外 币 业 务

【内容提要】 随着经济业务的全球化,国际交易越来越多,以本国货币作为记账本位币时,必须将外币结算的业务折算成本国货币入账。同时由于跨国公司越来越普遍,母公司在编制合并财务报表之前,需将境外子公司的财务报表折算为以本国货币反映的财务报表。本章主要介绍外币的概念及汇率的种类、外币业务的会计处理和外币财务报表折算的方法等内容。

【导入案例】 F公司是一家在中国境内注册的公司,以人民币为记账本位币,其海外子公司G公司是一家在美国注册的公司,以美元为记账本位币。2×19年4月1日,为补充G公司经营所需资金,F公司以长期应收款形式借给G公司500万美元,没有就这笔借款约定利率、还款期限以及具体的用途。2×20年3月1日,G公司经营状况有所好转,偿还了这笔借款。假设2×19年4月1日的即期汇率为1美元=6.9元人民币,2×19年12月31日的即期汇率为1美元=6.5元人民币,2×20年3月1日的即期汇率为1美元=6.3元人民币。F公司在编制合并财务报表时,G公司属于其合并范围。

思考

1. F公司在与G公司发生外币借款业务中,如何进行会计核算?

2. 因外汇汇率变动,F公司产生了多少汇兑损益?

3. F公司在编制合并财务报表时,是否需要将G公司以美元反映的财务报表折算为以人民币反映的财务报表?如何折算?

第一节　外币业务概述

随着经济全球化的逐步发展与深入,企业生产经营范围已经突破了国界,并延伸和发展到其他国家和地区,因而产生了以外币计价和结算的生产经营活动,如进口原材料、引进设备、对外提供商品和劳务、国际技术转让、国际金融借贷、境外投资、境外筹资等外币业务活动。因此,企业在会计核算中不可避免地要涉及外币业务,在会计计量中也必然要导入外币单位。此外,随着国际经济一体化的发展,一些企业在国外设立了相应的经营管理机构,以适应其跨国经营和直接投资的需要,如在境外设立分公司负责某一国家和地区的销售业务;设立子公司负责某一国家和地区的生产经营业务。无论是分公司还是子公司,由于是在其所在国或地区进行生产经营活动,其绝大部分活动是以所在国或地区的货币进行的,并且,其日常的会计记录和财务报表的编制也绝大部分都是以所在国或地区的货币进行计量和编制的。2006 年,财政部发布的《企业会计准则第 19 号——外币折算》规定,会计核算以人民币为记账本位币。业务收支以人民币以外的货币为主的企业,也可以选定某种外币作为记账本位币,但编制的财务报表应当折算为人民币反映。境外企业向我国有关部门编报财务报表,应当折算为人民币反映。这就是说,我国企业正式编制财务报表的货币只能是人民币,而记账本位币是可以选择的。因此,其总公司在汇总各境外分公司等分支机构以外币表示的财务报表或母公司将其境外子公司纳入合并范围编制合并财务报表时,都有必要将境外分支机构或境外子公司的财务报表折算为以总公司或母公司记账本位币表示的财务报表。

一、记账本位币的确定

(一) 企业记账本位币的确定

记账本位币是指企业经营所处的主要经济环境中的货币。通常这一货币是企业主要收支现金的经济环境中的货币。例如,我国企业一般以人民币作为记账本位币。需要说明的是,记账本位币与国际会计准则中的功能货币,虽然名称不同,但实质内容是一致的。

《中华人民共和国会计法》(以下简称《会计法》)规定,业务收支以人民币以外的货币为主的单位,可以选定其中一种货币作为记账本位币,但是编报的财务会计报告应当折算为人民币。《会计法》允许企业选择非人民币作为记账本位币,但是对选择的标准没有作出详细的规定,《企业会计准则第 19 号——外币折算》对如何选择记账本位币进行了具体的规范,并规定了确定记账本位币需要考虑的因素。

企业选定记账本位币,应当考虑下列因素:

一是该货币主要影响商品和劳务销售价格,通常以该货币进行商品和劳务销售价格的计价和结算。

二是该货币主要影响商品和劳务所需人工、材料和其他费用,通常以该货币进行上述费用的计价和结算。

企业在选定记账本位币时,上述两项因素应综合考虑,不能仅考虑其中一项。

【例 2-1】 国内 A 公司为外贸自营出口企业,超过 70%的营业收入来自向欧盟各国的商品出口，其商品销售价格主要受欧元的影响，以欧元计价，因此，从影响商品和劳务销售价格的角度来看，A公司应选择欧元作为记账本位币。

如果A公司除厂房设施、30%的人工成本在国内以人民币采购和计价外，生产所需原材料、机器设备及70%以上的人工成本以欧元在欧盟市场采购和计价，则可确定A公司的记账本位币是欧元。但是，如果A公司的人工成本、原材料及相应的厂房设施、机器设备等95%以上在国内采购并以人民币计价，则难以判定A公司的记账本位币应选择欧元还是人民币，同时还需要考虑融资活动获得的资金以及保存从经营活动中收取款项时所使用的货币等因素，以确定A公司的记账本位币：如果A公司取得的欧元营业收入在汇回国内时直接换成了人民币存款，且A公司对欧元波动产生的外币风险进行了套期保值，A公司可以确定其记账本位币为人民币。

【例2-2】 B公司为国内一家婴儿配方奶粉加工企业，其原材料牛奶全部来自澳大利亚，主要加工技术、机器设备及主要技术人员均由澳大利亚方面提供，生产的婴儿配方奶粉面向国内出售。为满足采购原材料牛奶等所需澳元的需要，B公司向澳大利亚某银行借款10亿澳元，期限为20年，该借款是B公司当期流动资金净额的4倍。由于原材料采购以澳元结算，且企业经营所需要的营运资金，即融资获得的资金也使用澳元，因此，B公司应当以澳元作为记账本位币。

需要说明的是，在确定企业的记账本位币时，上述因素的重要程度因企业具体情况不同而不同，需要企业管理当局根据实际情况进行判断，但是，这并不能说明企业管理当局可以根据需要随意选择记账本位币，企业管理当局根据实际情况确定的记账本位币只有一种货币。

（二）境外经营记账本位币的确定

境外经营是指企业在境外的子公司、合营企业、联营企业、分支机构。当企业在境内的子公司、联营企业、合营企业或者分支机构，选定的记账本位币不同于企业的记账本位币时，也应当视同境外经营。会计准则中所说的境外经营是个广义的概念，子公司、合营企业、联营企业、分支机构是否属于境外经营，不是以位置是否在境外为判定标准，而是要看其选定的记账本位币是否与企业相同。

企业选定境外经营的记账本位币，除考虑前面所讲的因素外，还应考虑下列因素：

一是境外经营对其所从事的活动是否拥有很强的自主性。如果境外经营所从事的活动是企业经营活动的延伸，该境外经营应当选择与企业记账本位币相同的货币作为记账本位币，如果境外经营所从事的活动拥有极大的自主性，则不能选择与企业记账本位币相同的货币作为记账本位币。

二是境外经营活动中与企业的交易是否在境外经营活动中占有较大比重。如果境外经营与企业的交易在境外经营活动中所占的比例较高，境外经营应当选择与企业记账本位币相同的货币作为记账本位币；反之，应选择其他货币。

三是境外经营活动产生的现金流量是否直接影响企业的现金流量、是否可以随时汇回。如果境外经营活动产生的现金流量直接影响企业的现金流量，并可随时汇回，境外经营应当选择与企业记账本位币相同的货币作为记账本位币；反之，应选择其他货币。

四是境外经营活动产生的现金流量是否足以偿还其现有债务和可预期的债务。如果境外经营活动产生的现金流量在企业不提供资金的情况下，难以偿还其现有债务和正常情况下可预期的债务，境外经营应当选择与企业记账本位币相同的货币作为记账本位币；反之，应选择其他货币。

【例 2-3】 国内 A 公司以人民币作为记账本位币，该公司在欧盟国家设有一家子公司 B 公司，B 公司在欧洲的经营活动拥有完全的自主权，可以自主决定其经营政策、销售方式和进货来源等，A 公司与 B 公司除投资与被投资关系外，基本不发生业务往来，B 公司的产品主要在欧洲市场销售，其一切费用开支等均由 B 公司在当地自行解决。由于 B 公司主要收支的经济环境在欧洲，且 B 公司对其自身经营活动拥有很强的自主性，B 公司与 A 公司除了投资和被投资关系外，基本无其他业务，因此，B 公司应当选择欧元作为其记账本位币。

（三）记账本位币的变更

企业选择的记账本位币一经确定，不得随意改变，除非与确定记账本位币相关的企业经营所处的主要经济环境发生重大变化。主要经济环境发生重大变化通常是指企业主要产生和支出现金的环境发生重大变化，使用该环境中的货币最能反映企业的主要交易业务的经济结果。

企业因经营所处的主要经济环境发生重大变化，确需变更记账本位币的，应当采用变更当日的即期汇率将所有项目折算为变更后的记账本位币，折算后的金额作为新的记账本位币的历史成本。由于采用同一即期汇率进行折算，因此，不会产生汇兑差额。企业需要提供确凿的证据证明企业经营所处的主要经济环境确实发生了重大变化，并应当在附注中披露变更的理由。

企业记账本位币发生变更的，其比较财务报表应当以可比当日的即期汇率折算所有资产负债表和利润表项目。

二、外汇与汇率

（一）外汇的概念

外汇(foreign exchange)通常是指以外国货币表示的用于国际支付的手段。国际货币基金组织曾将外汇一词解释为：“外汇是货币行政当局（中央银行、货币机构、外汇平衡基金组织及财政部)以银行存款,长、短期政府债券等形式保持的,在国际收支逆差时可以使用的债权。"根据我国外汇管理条例的规定,外汇具体包括:外国货币,如纸币和铸币;外币有价证券,如外国政府公债、外币国库券、外币公司债券、外币股票、外币息票等;外币支付凭证,如外币票据(支票、汇票和期票)、外币银行存款凭证、外币邮政储蓄凭证等;其他外汇资金等。

温馨提示

国际货币基金组织(International Monetary Fund,IMF)与世界银行并列为世界两大金融机构之一,其职责是监察货币汇率和各国贸易情况、提供技术和资金协助,确保全球金融制度运作正常。它是根据1944年7月签订的《国际货币基金协定》,于1945年12月27日与世界银行同时成立的政府间国际金融组织。自1947年11月15日起,国际货币基金组织成为联合国的一个专门机构。

(二)外汇汇率及标价方法

外汇汇率简称汇率(exchange rate)或汇价,是一个国家(或地区)的货币换算为另一个国家(或地区)的货币的比率,或者说是两个国家(或地区)的不同货币之间的比价。汇率的标价方法分为直接标价法和间接标价法。

1. 直接标价法

直接标价法(direct quote method)是以一定数量的外国货币来表示可兑换若干数量本国作为计价标准货币的汇率标价方法。如1美元兑换6元人民币(＄1=￥6)。在直接标价法下,假定外币的金额固定不变,所折合的本国货币数额随着外国货币与本国货币之间的币值对比情况的变化而变化,即汇率的变化是由于本国货币的币值变化所引起的。当汇率上升时,表示要兑换同样数量的外国货币,需付出较多数量的本国货币,即表明本国货币币值下降或贬值(devaluation);当汇率下降时,则表示兑换同样数量的外国货币需要较少的本国货币,即表明本国货币币值上升或升值(revaluation)。因此,直接标价法也称应付标价法。目前世界上大多数国家,包括我国在内,都是采用直接标价法。

2. 间接标价法

间接标价法(indirect quote method)是以一定数量的本国货币来表示可兑换若干数量外国作为计价标准货币的汇率标价方法。如1元人民币兑换0.166 6美元(￥1=＄0.166 6)。在间接标价法下,假设本国货币的金额固定不变,所折合的外国货币金额随着本国货币与外国货币之间的比值对比情况的变化而变化,即汇率的变化是由于外国货币的币值变动所引起的。当汇率上升时,表示以同样数量的本国货币可兑换到较多的外国货币,表明本国货币币值上升,当汇率下降时,表示以同样数量的本国货币只能兑换较少的外国货币，表明本国货币币值下降。因此，间接标价法也称为应收标价法。长期以来，英国是唯一实行间接标价法的国家。美国自 1987 年起为了与国际外汇市场上对美元的标价一致，也改为采用间接标价法对外汇进行标价。

（三）汇率的种类

1. 现行汇率与历史汇率

现行汇率（current rate）是指企业涉及外币经济业务时的市场汇率。历史汇率（historical rate）是指企业以前涉及外币业务时所使用的账面汇率。现行汇率与历史汇率是相对的，前一交易日的现行汇率相对于当日来说是历史汇率，当日的现行汇率或即期汇率相对于未来来说又是历史汇率。

2. 记账汇率与账面汇率

记账汇率是指企业发生外币经济业务进行会计处理时所使用的汇率。记账汇率可以是会计记账当日的市场汇率，也可以是会计记账当期某一天的市场汇率。账面汇率是指企业以前发生的外币业务在登记入账时所使用的汇率，即过去的记账汇率。如果记账汇率采用当日的市场汇率，则记账汇率就是现行汇率；如果记账汇率采用当年或月初的市场汇率，则记账汇率为历史汇率。账面汇率一般都是历史汇率。

3. 即期汇率与远期汇率

按照外币买卖成交后交割期间的不同，汇率可分为即期汇率与远期汇率。即期汇率又称为现行汇率，通常是指中国人民银行公布的当日人民币外汇牌价的中间价。远期汇率是指外币买卖双方成交后，约定在以后一定期限内的某一日期交割时所使用的约定汇率，即远期外汇或期货外汇，即买卖时所使用的预期汇率。

当汇率变动不大时，为简化核算，企业在外币交易日或对外币报表的某些项目进行折算时也可以选择以即期汇率的近似汇率折算。即期汇率的近似汇率是按照系统合理的方法确定的、与交易发生日即期汇率近似的汇率，通常是指当期平均汇率或加权平均汇率等。

无论是采用平均汇率、加权平均汇率或采用其他方法确定的即期汇率的近似汇率，该方法应在前后各期保持一致。

如果汇率波动使得采用即期汇率的近似汇率折算不适当时，应当采用交易发生日的即期汇率折算。至于何时不适当，需要企业根据汇率变动情况及计算即期汇率的近似汇率的方法等进行判断。

4. 买入汇率、卖出汇率与中间汇率

买入汇率是指银行向客户买入外币时所使用的汇率，即银行收取客户外币时的出价，常简称为买入价。卖出汇率是指银行向客户出售外币时所使用的汇率，即银行出让外币时的售价，常简称为卖出价。中间汇率是指银行买入汇率与卖出汇率之间的平均汇率，常简称为中间价。银行的中间汇率=(买入汇率+卖出汇率)÷2。买入汇率与卖出汇率是从银行的角度来讲的。卖出汇率或卖出价一般高于买入汇率或买入价,其差额为银行或经纪人买卖外汇的收益。

无论是买入价还是卖出价,它们均是立即交付的结算价格,都是即期汇率。为了便于会计核算,我国企业用于记账的即期汇率一般指当日中国人民银行公布的人民币汇率的中间价。但是,在企业发生单纯的货币兑换交易或涉及货币兑换的交易时,仅用中间价不能反映货币买卖的损益,需要使用买入价或卖出价折算。

中国人民银行每日仅公布银行间外汇市场中人民币兑美元、欧元、日元、港元的中间价。企业发生的外币交易只涉及人民币与这四种货币之间折算的,可直接采用公布的人民币汇率的中间价作为即期汇率进行折算;企业发生的外币交易涉及人民币与其他货币之间折算的,应以国家外汇管理部门公布的各种货币对美元折算率采用套算的方法进行折算,发生的外币交易涉及人民币以外的货币之间折算的,可直接采用国家外汇管理部门公布的各种货币对美元折算率进行折算。

第二节　外币交易的会计处理

一、外币交易的核算程序

外币交易的记账方法有外币统账制和外币分账制两种。外币统账制是指企业在发生外币交易时,即折算为记账本位币入账。外币分账制是指企业在日常核算时分别币种记账,资产负债表日,分别货币性项目和非货币性项目进行调整,产生的汇兑差额计入当期损益:货币性项目按资产负债表日即期汇率折算,非货币性项目按交易日即期汇率折算;产生的汇兑差额计入当期损益。从我国目前的情况看,绝大多数企业采用外币统账制,只有银行等少数金融企业由于外币交易频繁,涉及外币币种较多,可以采用外币分账制进行日常核算。无论是采用分账制记账方法,还是采用统账制记账方法,只是账务处理的程序不同,其期末产生的结果是相同的,即计算出的汇兑差额相同,相应的会计处理也相同。

(一) 外币交易会计处理的内容

一项外币业务的发生,从其交易初始发生日到结算日或业务了结日,往往要经过一定时间,甚至跨越年度。在这个周期中,由于交易初始发生日、资产负债表日和交易结算或了结日各个时点上外汇汇率的不同,必然会产生以下几个方面的会计处理问题:

(1) 外币业务发生时的外币折算和会计处理。

(2) 应收、应付外币账款结算时外币的折算及其与原账面金额的差额的处理。

(3) 在资产负债表日，由于汇率变动对外币账户余额进行调整的处理。

（二）账户设置

在外币统账制方法下，对外币交易的核算不单独设置账户，但需要注明外币账户及其种类，如“应收账款——某公司(美元)”账户，并且采用复币式登记明细账；对外币交易金额因汇率变动和外币兑换由于买入价、卖出价与中间价的差价而产生的差额可在“财务费用”账户下设置二级账户“汇兑差额”反映。该账户借方反映因汇率变动而产生的汇兑损失，贷方反映因汇率变动而产生的汇兑收益，期末余额转入“本年利润”账户。

温馨提示

在实际工作中，如果外币业务较多的企业，为了专门反映外币业务汇兑差额所产生的损益情况，也可以把“汇兑损益”作为一级账户核算。所谓复币式账簿，即在登记记账本位币的同时，需要登记外币的金额和折算汇率的账簿，类似存货的数量金额式明细账。

（三）会计核算的基本程序

《企业会计准则第 19 号——外币折算》规定，企业发生外币交易时，其会计核算的基本程序为：

第一，将外币金额按照交易日的即期汇率或即期汇率的近似汇率折算为记账本位币金额，按照折算后的记账本位币金额登记有关账户；在登记有关记账本位币账户的同时，按照外币金额登记相应的外币账户。

第二，期末，将所有外币货币性项目的外币余额，按照期末即期汇率折算为记账本位币金额，并与原记账本位币金额相比较，其差额记入“财务费用——汇兑差额”账户。

第三，结算外币货币性项目时，将其外币结算金额按照当日即期汇率折算为记账本位币金额，并与原记账本位币金额相比较，其差额记入“财务费用——汇兑差额”账户。

二、外币交易的会计处理

（一）外币交易的初始确认

企业发生外币交易业务，在初始确认时应采用交易日的即期汇率或即期汇率的近似汇率将外币金额折算为记账本位币金额。即以即期汇率或即期汇率的近似汇率作为记账汇率。这里的即期汇率可以是外汇牌价的买入价或卖出价，也可以是中间价，在与银行不进行货币兑换的情况下，一般以中间价作为即期汇率。

【例 2-4】 A 股份有限公司属于增值税一般纳税企业，选择确定的记账本位币为人民币，其外币交易采用交易日即期汇率折算。2×20 年 3 月 1 日，A 股份有限公司从美国甲公司购入某种工业原料 500 吨，每吨价格为 4 000 美元，当日的即期汇率为 1 美元＝6.6 元人民币，进口关税按进口价格的 10%计算为 1 320 000 元人民币，支付的进口增值税按采购价格 13%计算为 1 887 600 元人民币，货款尚未支付，进口关税及增值税由银行存款支付。有关会计分录如下：

借：原材料(500×4 000×6.6＋1 320 000)　　14 520 000
　　应交税费——应交增值税(进项税额)　　1 887 600
　　贷：应付账款——甲公司(美元)(500×4 000×6.6)　　13 200 000
　　　　银行存款　　3 207 600

【例 2-5】 A 股份有限公司的记账本位币为人民币，对外币交易采用交易日的即期汇率折算。2×20 年 4 月 1 日，A 股份有限公司向乙公司出口销售商品 12 000 件，销售合同规定的销售价格为每件 250 美元，当日的即期汇率为 1 美元＝6.55 元人民币。假设不考虑相关税费，货款尚未收到。有关会计分录如下：

借：应收账款——乙公司(美元)(12 000×250×6.55)　　19 650 000
　　贷：主营业务收入　　19 650 000

温馨提示

按我国现行税法规定，对于企业对外销售(出口)国家非限制出口货物免税，并退还其在国内生产和流通环节实际交纳的增值税、营业税和特别消费税等。出口货物退(免)税(export rebates)制度主要是通过免税和退还出口货物的国内已纳税款来平衡国内产品的税收负担，使本国产品以不含税成本进入国际市场，与国外产品在同等条件下进行竞争，从而增强竞争能力，扩大出口创汇。

【例 2-6】 A 股份有限公司的记账本位币为人民币，对外币交易采用交易日的即期汇率折算。2×20 年 5 月 3 日，A 股份有限公司从境外丙公司购入不需要安装的设备一台，设备价款为 250 000 美元，购入该设备当日的即期汇率为 1 美元＝6.6 元人民币，适用的增值税税率为 13%，款项尚未支付，增值税以银行存款支付，假定不考虑其他相关税费。有关会计分录如下：

借：固定资产——机器设备(250 000×6.6)　　1 650 000
　　应交税费——应交增值税(进项税额)　　214 500
　　贷：应付账款——丙公司(美元)　　1 650 000
　　　　银行存款　　214 500

【例 2-7】 A股份有限公司的记账本位币为人民币，对外币交易采用交易日的即期汇率折算。2×20年1月1日，A股份有限公司与某外商签订投资合同，外商拟投入600 000美元外币资本，并将分两次均等投入，投资合同约定的汇率是1美元=7.10元人民币。2×20年6月1日，股份有限公司第一次收到外商投入资本300 000美元，当日即期汇率为1美元=6.58元人民币；2×20年7月1日，第二次收到外商投入资本300 000美元，当日即期汇率为1美元=6.56元人民币。有关会计分录如下：

2×20年6月1日，第一次收到外币资本时：

借：银行存款——美元(300 000×6.58)	1 974 000	
贷：股本——某外商		1 974 000

2×20年7月1日，第二次收到外币资本时：

借：银行存款——美元(300 000×6.56)	1 968 000	
贷：股本——某外商		1 968 000

温馨提示

企业收到投资者以外币投入的资本，无论是否有合同约定汇率，均不采用合同约定汇率和即期汇率的近似汇率折算，而是采用交易日即期汇率折算，这样，外币投入资本与相应的货币性项目的记账本位币金额相等，不产生外币资本折算差额。虽然“股本(或实收资本)”账户的金额不能反映股权比例，但并不改变企业分配和清算的约定比例，这一约定比例通常已经包括在合同中。

【例 2-8】 A股份有限公司的记账本位币是人民币，对外币交易采用交易日即期汇率折算。2×20年4月1日，A股份有限公司从中国银行借入1 500 000港币，期限为6个月，借入的港币暂存银行。借入当日的即期汇率为1港币=0.90元人民币。有关会计分录如下：

借：银行存款——港币(1 500 000×0.90)	1 350 000	
贷：短期借款——港币		1 350 000

【例 2-9】 A股份有限公司以人民币为记账本位币，对外币交易采用交易日的即期汇率折算。2×20年6月1日，A股份有限公司将50 000美元到银行兑换为人民币，银行当日的美元买入价为1美元=6.55元人民币，中间价为1美元=6.60元人民币。有关会计分录如下：

借：银行存款——人民币(50 000×6.55)	327 500	
财务费用——汇兑差额	2 500	
贷：银行存款——美元(50 000×6.6)		330 000

温馨提示

企业与银行发生货币兑换，兑换所用汇率为银行的买入价或卖出价，而通常记账所用的即期汇率为中间价，买入价或卖出价与中间价的差额形成汇兑损益，汇兑损益应计入当期财务费用。

【例 2-10】 A 股份有限公司以人民币为记账本位币，对外币交易采用交易日的即期汇率折算。2×20 年 6 月 1 日，A 股份有限公司因外币支付需要，从银行购入 10 000 欧元，银行当日的欧元卖出价为 1 欧元＝9.8 元人民币，当日的中间价为 1 欧元＝9.6 元人民币。有关会计分录如下：

借：银行存款——欧元(10 000×9.6)　　96 000

　　财务费用——汇兑差额　　2 000

　　贷：银行存款——人民币(10 000×9.8)　　98 000

（二）期末调整

期末外币账户的调整，企业应当分别外币货币性项目和外币非货币性项目进行处理。

1. 货币性项目

货币性项目是企业持有的货币和将以固定或可确定金额的货币收取的资产或者偿付的负债。货币性项目分为货币性资产和货币性负债，货币性资产包括库存现金、银行存款、应收账款、其他应收款、长期应收款等，货币性负债包括应付账款、其他应付款、短期借款、应付债券、长期借款、长期应付款等。

期末或结算货币性项目时，应以当日即期汇率进行折算，该项目因当日即期汇率不同于该项目初始入账时或前一期末即期汇率而产生的汇兑差额计入当期损益（符合资本化条件的汇兑差额除外，下同）。调整金额的计算公式如下：

某账户期末汇兑差额＝该账户期末的应有余额－该账户的实际余额

　　＝该账户的外币余额×期末即期汇率－该账户的实际余额

【例 2-11】 承[例 2-4]，2×20 年 3 月 31 日，A 股份有限公司尚未向甲公司支付所欠工业原料款，当日即期汇率为 1 美元＝6.55 元人民币。应付甲公司货款按期末即期汇率折算为 13 100 000 元人民币（500×4 000×6.55），与该货款原记账本位币之差－100 000元人民币（13 100 000 －13 200 000）计入当期损益。期末调整有关会计分录如下：

借：应付账款——甲公司(美元)　　100 000

　　贷：财务费用——汇兑差额　　100 000

温馨提示

计算外币账户的期末汇兑差额，如果该差额为正，则表示需对该外币账户调增该笔差额，即借记该外币货币性资产账户或贷记该外币货币性负债项目，如果该差额为负则调减该笔差额，即贷记该外币货币性资产账户或借记该外币货币性负债项目。

【例 2-12】 承[例 2-5]，2×20 年 4 月 30 日，A 股份有限公司仍未收到乙公司发来的销售货款。当日的即期汇率为 1 美元＝6.5 元人民币。乙公司所欠销售货款按当日即期汇率折算为 19 500 000 元人民币(12 000×250×6.5)，与该货款原记账本位币之差额为－150 000 元人民币(19 500 000－19 650 000)计入当期损益。有关会计分录如下：

借：财务费用——汇兑差额　　150 000
　贷：应收账款——乙公司(美元)　　150 000

【例 2-13】 承[例 2-8]，2×20 年 4 月 30 日，当日的即期汇率为 1 港币＝0.85 元人民币。则该笔港币短期借款期末的汇兑差额应为－75 000 元人民币(1 500 000×0.85－1 350 000)。有关会计分录如下：

借：短期借款——港币　　75 000
　贷：财务费用——汇兑差额　　75 000

假定在 2×20 年 5 月 31 日，当日的即期汇率为 1 港币＝0.88 元人民币。则该笔港币短期借款在 5 月 31 日的汇兑差额应为 45 000 元人民币(1 500 000×0.88－1 275 000)。

借：财务费用——汇兑差额　　45 000
　贷：短期借款——港币　　45 000

2. 非货币性项目

非货币性项目是指货币性项目以外的项目，如存货、长期股权投资、交易性金融资产、固定资产、无形资产等。

(1) 对于以历史成本计量的外币非货币性项目，已在交易发生日按当日即期汇率折算，资产负债表日不应改变其原记账本位币金额，不产生汇兑差额。

(2) 对于以成本与可变现净值孰低计量的存货，如果其可变现净值以外币确定，则在确定存货的期末价值时，应先将可变现净值折算为记账本位币，再与以记账本位币反映的存货成本进行比较。

【例 2-14】 A 股份有限公司以人民币为记账本位币。2×20 年 11 月 2 日，A 股份有限公司从英国 WJ 公司采购国内市场尚无的丁商品 10 000 件，每件价格为 1 000 英镑，当日即期汇率为1英镑=12元人民币。2×20年12月31日，尚有1 000件丁商品未销售出去，国内市场仍无该商品供应，丁商品在国际市场的价格降至900英镑。12月31日的即期汇率是1英镑= 12.5元人民币。假定不考虑增值税等相关税费。

本例中，由于存货在资产负债表日采用成本与可变现净值孰低计量，因此，在以外币购入存货并且该存货在资产负债表日获得的可变现净值以外币反映时，计提存货跌价准备时应当考虑汇率变动的影响。因此，A股份有限公司应作会计分录如下：

11月2日，购入丁商品：

借：库存商品——丁商品(10 000×1 000×12)　　120 000 000
　　贷：银行存款——英镑　　120 000 000

12月31日，计提存货跌价准备：

借：资产减值损失　　1 050 000
　　贷：存货跌价准备(1 000×1 000×12－1 000×900×12.5)　　1 050 000

(3) 对于以公允价值计量的交易性金融资产等非货币性项目，如果期末的公允价值以外币反映，则应当先将该外币按照公允价值确定当日的即期汇率折算为记账本位币金额，再与原记账本位币金额进行比较，其差额作为公允价值变动损益或其他综合收益，计入当期损益或所有者权益。

【例2-15】 A股份有限公司的记账本位币为人民币。2×20年12月10日，A股份有限公司以每股1.5美元的价格购入辰公司股票10 000股作为交易性金融资产，当日汇率为1美元=6.50元人民币，款项已付。2×20年12月31日，由于市价变动，当月购入的辰公司股票的市价变为每股1美元，当日汇率为1美元=6.46元人民币。假定不考虑相关税费的影响。

2×20年12月10日，A股份有限公司应对上述交易作以下处理：

借：交易性金融资产——成本(1.5×10 000×6.5)　　97 500
　　贷：银行存款——美元　　97 500

根据《企业会计准则第22号——金融工具确认和计量》，交易性金融资产以公允价值计量。由于该项交易性金融资产是以外币计价，在资产负债表日，不仅应考虑股票市价的变动，还应一并考虑美元与人民币之间汇率变动的影响，上述交易性金融资产在资产负债表日的人民币金额应是64 600元人民币(1×10 000×6.46)，与原账面价值97 500元的差额为32 900元人民币，计入公允价值变动损益。相应的会计分录如下：

借：公允价值变动损益　　32 900
　　贷：交易性金融资产——公允价值变动　　32 900

32 900元人民币既包含A公司所购辰公司股票公允价值变动的影响，又包含人民币与美元之间汇率变动的影响。

2×21 年 1 月 10 日，A 公司将所购辰公司股票按当日市价每股 1.2 美元全部售出，所得价款为 12 000 美元，按当日汇率 1 美元=6.42 元人民币折算为 77 040 元人民币，与其原账面价值人民币金额 64 600 元的差额为 12 440 元人民币(77 040－64 600)，对于汇率的变动和股票市价的变动不进行区分，均作为投资收益进行处理。因此，售出当日，A 股份有限公司应作会计分录如下：

借：银行存款——美元(1.2×10 000×6.42)	77 040	
交易性金融资产——公允价值变动	32 900	
贷：交易性金融资产——成本		97 500
投资收益		12 440

（三）债权债务的结算

债权债务结算时，应将其外币结算金额按照当日即期汇率折算为记账本位币金额，与原记账本位币金额的差额计入当期损益。

【例 2-16】 承[例 2-4]，A 股份有限公司于 2×20 年 3 月 1 日从美国甲公司购入某种工业原料 500 吨，每吨价格为 4 000 美元，当日的即期汇率为 1 美元=6.6 元人民币，货款尚未支付，假定 A 公司于 2×20 年 3 月 20 日支付美国甲公司的货款，当日的即期汇率为 1 美元=6.58 元人民币。相应会计分录如下：

借：应付账款——甲公司(美元)(500×4 000×6.6)	13 200 000	
贷：银行存款——美元(500×4 000×6.58)		13 160 000
财务费用——汇兑差额(13 200 000－13 160 000)		40 000

本例中的 40 000 元人民币为结算该项债务时由于汇率变动而产生的结算汇差。

如再假定该笔账款在 2×20 年 3 月 31 日前尚未支付，当日的即期汇率为 1 美元=6.55元人民币(账务处理见[例 2-11])，支付该借款的时间是 2×20 年 4 月 5 日，当日的即期汇率为 1 美元=6.52 元人民币。相应会计分录如下：

借：应付账款——甲公司(美元)(500×4 000×6.55)	13 100 000	
贷：银行存款——美元(500×4 000×6.52)		13 040 000
财务费用——汇兑差额(13 100 000－13 040 000)		60 000

在该笔业务处理中，冲减应付账款的记账本位币金额为 13 100 000 元人民币，而不是 13 200 000 元人民币，主要是因为该笔债务在 2×20 年 3 月 31 日已由原 1 美元=6.6 元人民币的汇价折算成的 13 200 000 元人民币按期末 1 美元=6.55 元人民币的汇价进行折算调减 100 000 元人民币，因而该笔债务在结算时冲减的记账本位币金额是 2×20 年 3

月 31 日的余额 13 100 000 元人民币。

【例 2-17】 承[例 2-5],A 股份有限公司的记账本位币为人民币,对外币交易采用交易日的即期汇率折算。2×20 年 4 月 1 日,A 股份有限公司向乙公司出口销售商品 12 000 件,销售合同规定的销售价格为每件 250 美元,当日的即期汇率为 1 美元=6.55 元人民币。假设不考虑相关税费,货款尚未收到。假定该笔债权于 2×20 年 4 月 20 日收到,收到当日的即期汇率为 1 美元=6.53 元人民币。相应会计分录如下:

借:银行存款——美元(12 000×250×6.53)　　19 590 000

　　财务费用——汇兑差额　　60 000

　　贷:应收账款——乙公司(美元)(12 000×250×6.55)　　19 650 000

第三节　外币财务报表折算

一、外币财务报表折算的原因

外币财务报表折算是指将以外币表述的财务报表折算为以记账本位币表述的财务报表。之所以要进行外币报表折算,主要出于下列三方面原因:

第一,编制合并财务报表的需要。跨国公司的母公司及所有子公司,虽在经营上彼此相对独立,子公司还是独立的法律主体。但是,作为一个整体,跨国公司又必须将母公司与所有子公司的财务报表加以合并,以揭示整体的财务状况、经营成果和现金流量等情况。所以,当子公司编制的财务报表所使用的货币单位不同于母公司所使用的货币单位时,应先将外币折算成以母公司编报货币表示的财务报表。

第二,报告和评价国外分支机构和子公司经营业绩的需要。母公司对国外分支机构和子公司经营业绩的评价,有赖于财务报表。由于国外分支机构和子公司编制财务报表所使用的货币单位可能各不相同,这就给母公司相互比较和评价各分支机构和子公司业绩带来了困难。只有将它们的财务报表统一折算成母公司编报币种表述的报表,才便于比较和评价。

第三,传播会计信息的需要。现代企业尤其是跨国公司的股东跨越国界都已不足为奇,这就要求会计信息能够在国际上广为传播,能够为国外股东所理解。为此,也要求进行财务报表折算。

从上述分析可见,外币财务报表折算的实质不过是将不同货币单位表述的财务报表改按另一种选定的货币单位进行重新表述,从而使财务报表以统一的计量单位综合反映企业整体的财务状况和经营成果,或满足财务报表特殊使用者的特定需要。

二、外币财务报表折算方法

(一) 境外经营财务报表的折算

1. 折算方法

根据《企业会计准则第19号——外币折算》的规定，在对企业境外经营的财务报表进行折算前，应当调整境外经营的会计期间和会计政策，使之与企业会计期间和会计政策相一致，根据调整后的会计政策及会计期间，编制相应货币(记账本位币以外的货币)的财务报表，再按下列方法对境外经营财务报表进行折算：

(1) 资产负债表中的资产和负债项目，采用资产负债表日的即期汇率进行折算，所有者权益项目除“未分配利润”项目外，其他项目采用发生时的即期汇率折算。

(2) 利润表中的收入和费用项目，采用交易发生日的即期汇率或即期汇率的近似汇率折算。

(3) 产生的外币财务报表折算差额，在编制合并财务报表时，应在合并资产负债表中所有者权益项目下纳入“其他综合收益”项目列示。

比较财务报表的折算比照上述规定处理。

【例2-18】 国内A股份有限公司的记账本位币为人民币，该公司在境外有一子公司B公司，B公司确定的记账本位币为美元。根据合同约定，A股份有限公司拥有B公司70%的股权，并能够决定乙公司的财务和经营政策。A股份有限公司采用当期平均汇率折算B公司利润表项目。B公司的有关资料如下：

2×20年12月31日的汇率为1美元＝6.50元人民币，2×20年的平均汇率为1美元＝6.60元人民币，实收资本、资本公积发生日的即期汇率为1美元＝7.00元人民币，2×19年12月31日的股本为500万美元，折算为人民币3 500万元；累计盈余公积为50万美元，折算为人民币340万元；累计未分配利润为120万美元，折算为人民币916万元，A、B公司均在年末提取盈余公积，B公司当年提取的盈余公积为70万美元。

财务报表折算见表2-1至表2-3。

表2-1

利　润　表(简表)

2×20年

项　　目	本期金额(美元)	折 算 汇 率	折算为人民币的金额(元)
一、营业收入	20 000 000	6.6	132 000 000
减：营业成本	15 000 000	6.6	99 000 000

（续表）

项　　目	本期金额(美元)	折 算 汇 率	折算为人民币的金额(元)
税金及附加	400 000	6.6	2 640 000
管理费用	1 000 000	6.6	6 600 000
财务费用	100 000	6.6	660 000
加：投资收益	300 000	6.6	1 980 000
二、营业利润	3 800 000	—	25 080 000
加：营业外收入	400 000	6.6	2 640 000
减：营业外支出	200 000	6.6	1 320 000
三、利润总额	4 000 000	—	26 400 000
减：所得税费用	1 200 000	6.6	7 920 000
四、净利润	2 800 000	—	18 480 000
五、每股收益	0.56	—	

表 2-2

所有者权益变动表(简表)

2×20 年度

项　　目	本年金额									
	实收资本(股本)			其他综合收益	盈余公积			未分配利润		所有者权益合计
	美元	折算汇率	人民币	人民币	美元	折算汇率	人民币	美元	人民币	人民币
一、本年年初余额	5 000 000	7.0	35 000 000		500 000		3 400 000	1 200 000	8 160 000	46 560 000
二、本年增减变动金额										
(一) 综合收益总额										15 190 000
1. 净利润								2 800 000	18 480 000	18 480 000
2. 其他综合收益的税后净额				−3 290 000						−3 290 000
其中：外币报表折算差额				−3 290 000						−3 290 000
(二) 利润分配					700 000		4 620 000	−700 000	−4 620 000	0
其中：提取盈余公积					700 000	6.6	4 620 000	−700 000	−4 620 000	0
三、本年年末余额	5 000 000	8.0	35 000 000	−3 290 000	1 200 000		8 020 000	3 300 000	22 020 000	61 750 000

当期计提的盈余公积采用当期平均汇率折算，期初盈余公积为以前年度计提的盈余公积，按相应年度平均汇率折算后金额的累计，期初未分配利润记账本位币金额为以前年度未分配利润记账本位币金额的累计。

表 2－3

资产负债表(简表)

2×20 年 12 月 31 日

资　　产	期末余额（美元）	折算汇率	折算为人民币的金额	负债和股东权益	期末余额（美元）	折算汇率	折算为人民币的金额
流动资产：				流动负债：			
货币资金	1 900 000	6.5	12 350 000	短期借款	450 000	6.5	2 925 000
应收账款	1 900 000	6.5	12 350 000	应付账款	2 850 000	6.5	18 525 000
存货	2 400 000	6.5	15 600 000	其他流动负债	1 100 000	6.5	7 150 000
其他流动资产	2 000 000	6.5	13 000 000	流动负债合计	4 400 000	—	28 600 000
流动资产合计	8 200 000	—	53 300 000	非流动负债：			
非流动资产：				长期借款	1 400 000	6.5	9 100 000
长期应收款	1 200 000	6.5	7 800 000	应付债券	800 000	6.5	5 200 000
固定资产	5 500 000	6.5	35 750 000	其他非流动负债	900 000	6.5	5 850 000
在建工程	800 000	6.5	5 200 000	非流动负债合计	3 100 000	—	20 150 000
无形资产	1 000 000	6.5	6 500 000	负债合计	7 500 000	—	48 750 000
其他非流动资产	300 000	6.5	1 950 000	股东权益：			
非流动资产合计	8 800 000	—	57 200 000	股本	5 000 000	7.0	35 000 000
				其他综合收益			－3 290 000
				盈余公积	1 200 000		8 020 000①
				未分配利润	3 300 000		22 020 000②
				股东权益合计	9 500 000	—	61 750 000
资产总计	17 000 000		110 500 000	负债和股东权益总计	17 000 000		110 500 000

说明：所有者权益相关项目的填列方法如下：

(1) 折算后的股本、盈余公积、未分配利润直接来自所有者权益变动表的年末数。

(2) 其他综合收益(外币报表折算差额)＝折算后资产合计－折算后负债和股东权益合计＝110 500 000－(48 750 000＋35 000 000＋8 020 000＋22 020 000)＝－3 290 000(元)。

（二）境外经营的处置

企业可能通过出售、清算、返还股本或放弃全部或部分权益等方式处置其在境外经营中的利益。在包含境外经营的财务报表中，将已列入所有者权益的外币报表折算差额中与该境外经营相关部分，自所有者权益项目中转入处置当期损益；如果是部分处置境外经营，应当按处置的比例计算处置部分的外币报表折算差额，转入处置当期损益。

复习思考题

1. 什么是外币业务？外币业务的内容包括哪些？
2. 什么是汇率？汇率的表达方式有哪几种？
3. 我国对记账本位币的选择有何规定？企业应当如何确定记账本位币？
4. 我国对外币交易的会计处理有哪些基本规定？
5. 国际上常见的外币报表折算方法有哪些？它们有何区别？
6. 我国《企业会计准则》对外币报表折算有哪些规定？

练　习　题

一、单项选择题

1. 企业在采用交易发生日的即期汇率作为折算汇率的情况下，将人民币兑换成外币时所产生的汇兑损益，是指（　　）。

A. 账面汇率与当日市场汇率之差所引起的折算差额
B. 账面汇率与当日银行卖出价之差所引起的折算差额
C. 银行买入价与交易发生日的即期汇率之差所引起的折算差额
D. 银行卖出价与交易发生日的即期汇率之差所引起的折算差额

2. 某中外合资经营企业采用人民币作为记账本位币，外币业务采用交易发生日的即期汇率折算。注册资本为600万美元，该企业合同约定分两次投入。双方投资者分别于2×20年4月1日和2×20年7月1日投入450万美元和150万美元，2×20年4月1日、6月30日、7月1日和12月31日美元对人民币汇率分别为1∶7.20、1∶7.24、1∶7.25和1∶7.30，该企业2×20年年末资产负债表中“实收资本”项目的金额为（　　）万元。

A. 4 920　　B. 4 935　　C. 4 980　　D. 4 327.5

3. 某企业对外币业务采用发生日的即期汇率进行折算，按月计算汇兑损益。6月10日，企业销售价款为30万美元的产品一批，货款尚未收到，当日的即期汇率为1美元＝7.25元人民币。6月30日的即期汇率为1美元＝7.28元人民币。7月20日，销售价款为20万美元的产品一批，货款尚未收到，当日的即期汇率为1美元＝7.24元人民币。7月31日的即期汇率为1美元＝7.23元人民币，货款于8月22日收回。该外币应收账款7月份发生的汇兑收益为（　　）万元。

A. 1.7　　B. 0.60　　C. −1.7　　D. −0.60

4. 某公司为一般纳税企业,采用交易发生日的即期汇率折算外币业务。本期进口原材料价款共计1 500万美元,交易发生日的即期汇率为1美元=7.30元人民币,另用人民币支付进口关税为1 867.50万元人民币,支付进口增值税243.41万元人民币,货款尚未支付,该项存货的入账价值为(　　)万元。

A. 12 817.50　　B. 15 251.55　　C. 10 950　　D. 2 019.15

5. A外商投资企业采用交易发生日的即期汇率折算外币业务,期初即期汇率为1美元=7.23元人民币。本期收到外商作为投资而投入的设备一台,投资各方确认的价值为45万美元,交易发生日的即期汇率为1美元=7.25元人民币,另发生运杂费4.5万元人民币,进口关税为11.25万元人民币,安装调试费为6.75万元人民币,该设备的入账价值为(　　)万元人民币。

A. 47.85　　B. 337.5　　C. 346　　D. 348.75

6. 甲外商投资企业银行存款(美元)账户上期期末余额为70 000美元,即期汇率为1美元= 7.30元人民币,该企业采用当日即期汇率作为记账汇率,该企业于10月10日将其中的20 000美元到银行兑换为人民币,银行当日美元买入价为1美元=7.25元人民币,当日即期汇率为1美元=7.32元人民币。该企业本期没有其他涉及美元账户的业务,期末即期汇率为1美元= 7.28元人民币。则该企业本期登记的财务费用(汇兑损失)共计(　　)元。

A. 300　　B. 700　　C. 2 000　　D. 100

7. M公司的境外子公司编报报表的货币为美元。母公司本期期末汇率为1美元=7.40元人民币,平均汇率为1美元=7.30元人民币,该企业利润表和所有者权益变动表均采用平均汇率折算。资产负债表中"盈余公积"项目期初数为150万美元,折合人民币1 215万元,本期所有者权益变动表"提取盈余公积"项目为155万美元,则本期该公司资产负债表"盈余公积"项目的期末数额应该是(　　)万元人民币。

A. 2 346.50　　B. 346.50　　C. 147.90　　D. 1 276.50

8. 某公司的境外子公司编报报表的货币为美元。母公司本期平均汇率为1美元=7.30元人民币,资产负债表日的即期汇率为1美元=7.40元人民币,该公司"应付债券"账户的账面余额为165万美元,其中面值为150万美元、应计利息为15万美元,该公司期末合并资产负债表"应付债券"项目折合金额为(　　)万元人民币。

A. 1 384.50　　B. 1 221　　C. 1 341　　D. 1 336.50

9. 国内甲公司的记账本位币为人民币。2×21年12月5日以每股4美元的价格购入乙公司10 000股股票作为交易性金融资产,当日汇率为1美元=7.6元人民币,款项已经支付,2×20年12月31日,当月购入的乙公司股票市价变为每股4.2美元,当日汇率为1美元=7.4元人民币,假定不考虑相关税费的影响,则甲公司期末应计入当期损益的金额为(　　)元人民币。

A. 6 800　　B. 800　　C. 10 000　　D. 10 600

10. 企业对境外经营的财务报表进行折算时，产生的外币财务报表折算差额(　　)。

A. 应当在所有者权益项目下单独列示　　B. 应当作为递延收益列示

C. 应当在相关资产类项目下列示　　D. 在资产负债表上无需反映

二、多项选择题

1. 下列情况中，企业应确定人民币作为记账本位币的有(　　)。

A. 甲公司系国内外贸自营出口企业，超过80%的营业收入来自向美国的出口，其商品销售价格主要受美元的影响，以美元计价

B. 乙企业除厂房设施、30%的人工成本在国内以人民币采购外，生产所需原材料、机器设备及70%以上的人工成本以美元在美国采购

C. 丙企业的人工成本、原材料以及相应的厂房设施、机器设备等95%以上在国内采购并以人民币计价，丙企业取得美元营业收入在汇回国内时直接换成了人民币存款，且丙企业对美元波动产生的外币风险进行套期保值

D. 丁企业对外融资的90%以人民币计价并存入银行，企业超过80%的营业收入以人民币计价，其商品销售价格主要受人民币的影响，以人民币计价

2. 企业发生各类外币业务形成的折算差额，根据不同业务可能记入(　　)账户。

A. “公允价值变动损益”　　B. “财务费用”

C. “在建工程”　　D. “管理费用”

3. 下列项目中，不应计入当期损益的有(　　)。

A. 外币一般借款的汇兑差额

B. 外币兑换业务的汇兑差额

C. 外币财务报表折算差额

D. 符合资本化条件的外币专门借款汇兑差额

4. 按照《企业会计准则第19号——外币折算》的规定，在进行外币财务报表折算时，应按照发生时的即期汇率折算的报表项目有(　　)。

A. 长期借款　　B. 实收资本　　C. 固定资产　　D. 资本公积

5. 外币货币性项目是指企业持有的货币资金和将以固定或可确定的金额收取的资产或者偿付的负债。下列项目中，属于外币货币性项目的有(　　)。

A. 应收账款　　B. 其他应收款　　C. 应交税费　　D. 长期应收款

6. 企业在对外币交易进行折算时，应当采用交易发生日的即期汇率将外币金额折算为记账本位币金额反映；也可以采用按照系统合理的方法确定的、与交易发生日即期汇率近似的汇率折算的有(　　)。

A. 外币兑换业务　　B. 外币购销业务

C. 外币借款业务　　D. 接受外币投资业务

7. 按照《企业会计准则第 19 号——外币折算》，下列外币财务报表项目中，可以采用资产负债表日的即期汇率折算的有(　　)。

A. 按成本与可变现净值孰低计价的存货　B. 交易性金融资产

C. 应付职工薪酬　　D. 盈余公积

8. 下列关于记账本位币的选择和变更的表述中，正确的有(　　)。

A. 我国企业选择人民币以外的货币作为记账本位币的，在编制财务报表时应折算为人民币

B. 记账本位币的选择应根据企业经营所处的主要经济环境的改变而改变

C. 只有当企业所处的主要经济环境发生重大变化时，企业才可以变更记账本位币

D. 企业经批准变更记账本位币的，应采用变更当日的即期汇率将所有项目折算为变更后的记账本位币

三、判断题

1. 我国企业可以选择人民币作为记账本位币，也可以选择人民币以外的货币作为记账本位币，并可任意转换。(　　)

2. 企业发生的日常外币业务，以业务发生的即期汇率或即期汇率的近似汇率进行折算，因而进行会计处理时不会发生汇兑损益。(　　)

3. 外币兑换业务产生的汇兑损益也是由于汇率变动产生的汇兑损益。(　　)

4. 期末对所有的外币账户，均应按期末的即期汇率进行调整。(　　)

5. 我国外币报表的折算实际采用的方法就是现行汇率法。(　　)

6. 即期汇率的近似汇率就是某一个会计期间的平均汇率。(　　)

7. 根据我国《企业会计准则第 19 号——外币折算》规定，资产负债表中的盈余公积采用的折算汇率实际上是各年度的平均汇率综合加权的结果。(　　)

8. 成本和可变现净值孰低计量的存货，如果其可变现净值是以外币确定的，则在计算存货期末价值时，仍然采用交易发生日的即期汇率折算，不改变其记账本位币的金额。(　　)

9. 不考虑其他因素，当期末汇率下降时，外币货币性资产会产生汇兑收益；当期末汇率上升时，外币货币性负债会产生汇兑收益。(　　)

10. 企业在编制合并财务报表时，实质上构成对子公司净投资的外币货币性项目以母公司和子公司的记账本位币以外的货币反映，应将母公司和子公司此项外币货币性项目产生的汇兑差额相互抵销，差额转入财务费用。(　　)

四、计算及账务处理题

1. 南海公司以人民币为记账本位币，对外币业务采用交易日即期汇率折算，属于增值税一般纳税企业。

(1) 2×20 年 1 月 20 日，以人民币银行存款偿还 2×19 年 11 月应付账款 100 万美元，银行当日卖出价为 1 美元=7.14 元人民币，银行当日买入价为 1 美元=7.10 元人民币，交易发生日的即期汇率为 1 美元=7.12 元人民币。2×19 年 12 月 31 日，即期汇率为 1 美元=7.15 元人民币。

(2) 2×20 年 2 月 20 日，收到某公司偿还应收账款 500 万美元，并兑换为人民币。银行当日卖出价为 1 美元=7.16 元人民币，银行当日买入价为 1 美元=7.14 元人民币，交易发生日的即期汇率为 1 美元=7.15 元人民币。

(3) 2×20 年 10 月 20 日，当日即期汇率是 1 美元=7.3 元人民币，以 0.2 万美元每台的价格从美国购入国际最新型号的健身器材 500 台(该健身器材在国内市场尚无供应)，并于当日支付。按照规定计算应交纳的进口关税为 5 万元人民币，支付的进口增值税为 95.55 万元人民币。

(4) 2×20 年 10 月 25 日，以每股 6.5 港元的价格购入乙公司的 H 股 500 万股作为交易性金融资产，另支付交易费用 10 万港元，当日汇率为 1 港元=1.1 元人民币，款项已用港元支付。

(5) 2×20 年 12 月 31 日，健身器材库存尚有 100 台，国内市场仍无健身器材供应，其在国际市场的价格已降至 0.18 万美元/台。12 月 31 日的即期汇率是 1 美元=7.2 元人民币。假定不考虑增值税等相关税费。

(6) 2×20 年 12 月 31 日，乙公司 H 股的市价为每股 6 港元，当日汇率为 1 港元=1.2 元人民币。

要求：编制 2×20 年上述各月的会计分录。

2. A 股份有限公司(以下简称 A 公司)对外币业务采用交易日即期汇率折算并按月计算汇兑损益，2×20 年 6 月 30 日交易日即期汇率为 1 美元=7.25 元人民币。2×20 年 6 月 30 日有关外币账户期末余额见表 2-4。

表 2-4

有关外币账户期末余额

2×20 年 6 月 30 日

项　　目	外币(万美元)	汇　　率	人民币金额(万元)
银行存款	1 500	7.25	10 875
应收账款	7 500	7.25	54 375
应付账款	3 000	7.25	21 750
应付债券——面值	15 000	7.25	108 750
应付利息	900	7.25	6 525

应付债券的债券面值为 15 000 万美元，系 2×18 年 1 月 1 日按面值发行专门用于建造某生产线的外币债券，期限为 3 年，年利率为 12%，按月计提利息，每年年末付息。闲

置美元专门借款资金用于短期性质的投资，年利率为9%，假定投资收益于月末收取。至2×20年6月30日，该生产线正处于建造过程之中，已使用外币借款8 750万美元，预计将于2×20年12月底完工。

A公司2×20年7月份发生以下外币业务(不考虑增值税等相关税费)：

(1) 1日，为建造该生产线从国外购买机器设备，设备价款为6 000万美元，货款已支付，交易日即期汇率为1美元=7.23元人民币。

(2) 10日，收到某外商投入的外币资本7 500万美元，交易日即期汇率为1美元=7.24元人民币。款项已存入银行。

(3) 26日，对外销售产品一批，价款共计3 000万美元，交易日即期汇率为1美元=7.22元人民币，款项尚未收到。

(4) 28日，以外币存款偿还上月发生的应付账款3 000万美元，交易日即期汇率为1美元=7.21元人民币。

(5) 31日，收到6月份发生的应收账款4 500万美元，交易日即期汇率为1美元=7.20元人民币。

要求：

(1) 根据以上经济业务编制会计分录。

(2) 计算7月份计入财务费用的汇兑损益金额，并列出计算过程，编制期末汇兑损益的会计分录。

(3) 编制7月份应付债券的期末计息和借款费用资本化的会计分录，并列出计算过程。

第三章　衍生金融工具与套期保值

【内容提要】 衍生金融工具是指从传统金融工具(如即期交易的商品合约、债券、股票、外汇等)基础上派生出来的新型金融工具。套期保值是指为了规避外汇风险、利率风险、商品价格风险、股票价格风险、信用风险等,指定一项或几项套期工具来预期抵销被套期项目公允价值变动或现金流动变动的一种手段。本章主要介绍衍生金融工具和套期保值的含义、种类、会计处理等内容。

【导入案例】 “幸亏我们公司做了远期结汇,不然损失就难以避免了”。浙江某一生产缝纫机设备的出口型公司的负责人回想起自己当初的决策,感到十分庆幸。2×20年3月27日,这家出口型公司预计6个月后有400万美元的外汇收入,该公司立即在银行做了6个月的远期结汇,结汇价格为1美元兑换6.883 1元人民币,后来1美元兑换人民币变成了6.653 2元,这让公司避免了90多万元人民币的损失。由此可见,该公司由于做了套期保值业务,避免了由于汇率下跌造成的结算损失。

思考

1. 什么是远期结汇?远期结汇属于什么金融产品?
2. 如何做到事前避免损失?

第一节　衍生金融工具概述

一、衍生金融工具概述

(一) 衍生金融工具的产生与发展

衍生金融工具又称派生金融工具、金融衍生产品等,通常简称为衍生工具。一般理解为它是与原生金融工具相对应的一个概念,它是在原生金融工具,诸如即期交易的商品合约、债券、股票、外汇等基础上派生出来的。打个比方,当人们购买股票时,就购买了一家公司的一部分;而当购买衍生金融工具时,就购进了一张合同,其价值同现有资产有关。

股票期权就是一种衍生金融工具,其价值取决于现有股票的价格变动,这种股票期权赋予人们在股价到达某一点时买进或卖出的权利。除股票期权外,像期货、外汇期权、股票指数期货、互换、互换调期等都是衍生金融工具。由于大部分衍生金融工具有“以小博大”的杠杆作用,当衍生金融工具用于投机时,它能带来巨额的利润,也会产生惊人的风险。因此,衍生金融工具既可作为筹集资金和转移风险的有效手段,也可作为提高投机套利的机会,其数量庞大,种类繁多,结构复杂,发展迅速,而且目前正处于成长时期。

早在 12 世纪的欧洲就产生了类似于现在的期货和期权交易的一些商业活动。不过真正意义上的衍生金融工具是在 20 世纪 70 年代才产生的。1973 年后,由于布雷顿森林体系的彻底瓦解,西方国家货币的汇率普遍与美元脱钩而采用浮动汇率制。同时,不少国家又逐步放弃了对利率的管制,由于汇率加利率的双重变动,使得基础金融工具的价值变得很不稳定。为了降低基础工具的风险,国际货币市场便推出为了规避汇率和利率变动等风险的货币期货合约和股票期权等真正现代意义上的衍生金融工具。

温馨提示

布雷顿森林体系(Bretton Woods system)是指第二次世界大战后以美元为中心的国际货币体系。关税总协定作为 1944 年布雷顿森林会议的补充,连同布雷顿森林会议通过的各项协定,统称为布雷顿森林体系,即以外汇自由化、资本自由化和贸易自由化为主要内容的多边经济制度。

从当时的情况来看,衍生金融工具为基础金融工具的持有者提供了一种有效的对冲风险的手段,从而避免或减少由于汇率、利率的不利变动而给人们带来的预期收益的减少或成本的增加,在转移风险和价格发现上作用也很明显;而且它在促进金融市场的稳定和发展、加速经济信息的传递、优化资源的合理配置、引导资金的有效流动、增强国家金融的宏观调控能力等方面都起到了积极而重要的作用。

20 世纪 80 年代,衍生金融产品获得了空前的发展。1981 年,产生了货币互换衍生金融产品,1982 年,又推出股票指数期货。20 世纪 80 年代后期,期权和互换市场更是得到了很大发展,并在期权交易与互换技术相结合的基础上衍生出了互换期权。

温馨提示

1972 年 5 月 16 日,美国芝加哥商品交易所(CME)货币市场分部在国际外汇市场动荡不定的情况下,率先创办了国际货币市场(IMM),推出了英镑、加拿大元、西德马克、日元、瑞士法郎、墨西哥比索等货币期货合约,标志着第一代现代衍生金融产品的诞生。1973 年 4 月,芝加哥期权交易所(CBOE)正式推出股票期权。1975 年,利率期货在

（续上）

芝加哥期货交易所(CBOT)问世。20世纪70年代中期产生的第一代衍生产品，在后布雷顿森林体系时代(the post-Bretton Woods era)得到了很大发展，这一时期的衍生金融工具主要是与货币、利率有关的金融期货、期权，它们在各自不同的期货与期权交易所市场内进行交易。

(二) 衍生金融工具的定义

根据《企业会计准则第22号——金融工具确认和计量》的规定，衍生金融工具是指具有下列特征的金融工具或其他合同：

第一，其价值随特定利率、金融工具价格、商品价格、汇率、价格指数、费率指数、信用等级、信用指数或其他类似变量的变动而变动，变量为非金融变量的，该变量与合同的任一方不存在特定关系。

第二，不要求初始净投资，或与对市场情况变化有类似反应的其他类型合同相比，要求较少的初始净投资。

第三，在未来某一日期结算。

《企业会计准则第24号——套期保值》中规定，衍生金融工具通常可以作为套期工具，衍生金融工具包括远期合同、期货合同、互换和期权，以及具有远期合同、期货合同、互换和期权中一种或一种以上特征的工具。例如，企业为规避库存铁制品价格下跌的风险，可以通过卖出一定数量的铁制品的期货合同加以实现，其中为了卖出铁制品所签订的期货合同即为衍生金融工具中的一种。

下面，我们对衍生金融工具的三个特征具体解释如下：

(1) 衍生金融工具的价值变动取决于标的变量的变化。例如，人民币债券远期合同的价值变化主要取决于人民币基准利率的变化。衍生金融工具的结算金额也往往通过标的变量作用于衍生金融工具的名义金额来确定。其中，衍生金融工具的“名义金额”既可能指一定数量的货币金额，也可能指一定数量的股份，还可能指衍生金融工具合同所约定的一定数量的其他项目。衍生金融工具的结算金额也可能不需要通过名义金额确定，而是通过合同中明确的结算条款确定。例如，某衍生金融工具要求合同的一方在6个月的伦敦银行同业拆借利率上涨幅度超过100点时支付给另一方1 000万元，就属于此种情形。

(2) 不要求初始净投资，或与对市场条件变动具有类似反应的其他类型合同相比，要求较少的净投资。企业从事衍生金融工具交易不要求初始净投资，通常指签订某项衍生金融工具合同时不需要支付现金或现金等价物。例如，某企业与其他企业签订一项将来买入债券的远期合同，就不需要在签订合同时支付将来购买债券所需要的现金。但是，不要求初始净投资，并不排除企业按照约定的交易惯例或规则相应交纳一笔保证金，比如企业进行期货交易时要求交纳一定的保证金。交纳保证金不构成一项企业解除负债的现时支付，因为保证金仅具有“保证”性质。

在某些情况下，企业在从事衍生金融工具交易时也会遇到要求进行现金支付的情况，但该现金支付只是相对很少的初始净投资。例如，从市场上购入备兑认股权证，就需要先支付一笔款项。但与行权时购入相应股份所需要支付的款项相比，此项支付往往是很小的。又如，企业进行货币互换时，通常需要在合同签订时支付某种货币表示的一笔款项，但同时也会收到以另一种货币表示“等值”的一笔款项，无论是从该企业的角度，还是从其对手(合同的另一方)的角度看，初始净投资均为零。

(3) 在未来日期结算。衍生金融工具在未来某一日期结算，表明衍生金融工具结算需要经历一段特定期间。但是，“在未来某一日期结算”不能理解为只在未来某一日期进行一次结算。例如，利率互换可能涉及合同到期前多个结算日期。另外，有些期权可能由于是价外期权而到期不行权，这也是在未来日期结算的一种方式。需要指出的是，如果买卖非金融项目的合同，是根据企业预期购买、出售或使用要求，以获取或交付非金融项目为目的而签订，那么，此类合同不符合衍生金融工具的定义。但是，当此类合同可以通过现金或其他金融工具净额结算或通过交换金融工具结算，或者合同中的非金融项目可以方便地转换为现金时，这些合同应当比照衍生金融工具进行会计处理。例如可以采用现金净额方式进行结算的商品期货合约。

温馨提示

我国银监会对伦敦银行同业拆借利率(London inter bank offered rate，LIBOR)的定义：是指伦敦的第一流银行之间短期资金借贷的利率，是国际金融市场中大多数浮动利率的基础利率。作为银行从市场上筹集资金进行转贷的融资成本，贷款协议中议定的LIBOR通常是由几家指定的参考银行，在规定的时间(一般是伦敦时间上午11:00)报价的平均利率。最经常使用的是3个月和6个月的LIBOR。我国对外筹资成本即是在LIBOR利率的基础上加一定百分点。从LIBOR变化出来的，还有新加坡同业拆放利率(Sibor)、纽约同业拆放利率(Nibor)、中国香港同业拆放利率(Hibor)等。

二、衍生金融工具的分类

(一) 按照衍生金融工具产品形态和业务特点划分

根据衍生金融工具的产品形态和业务特点，衍生金融工具可划分为金融远期、金融期货、金融期权和金融互换四种。

1. 金融远期

金融远期(financial forwards)是指衍生金融工具交易双方同意在未来日期按照固定价格交换金融资产的合约。金融远期规定了将来交换的资产、交换的日期、交换的价格和数量,合约条款因合约双方的需要不同而不同。金融远期主要有远期利率协议、远期外汇合约、远期股票合约等。为了规避未来所带来的不确定性风险,远期就成为人们锁定未来交易(或价格)的一种有效工具。例如,订购飞机票、预付保险费等就是简单的远期协议。

远期合约的主要参与者包括银行、企业和政府。远期合约优势在于可以根据双方的需要来拟定合约的条款。但远期合约通常存在较高的未来风险。

2. 金融期货

金融期货(financial futures)是衍生金融工具交易双方在有组织的交易所内以公开竞价的形式达成的,在将来某一特定时间交割标准数量金融现货的协议。金融期货主要包括外汇期货、利率期货和股票指数期货等。期货合约是期货交易的买卖双方进行交易的重要凭证,是期货交易者遵守期货交易所的规定,在公平竞价形式买卖的具有标准质量、数量、交收地点、交收时间及交收方式的合同。订立期货合约,在合约制约下进行交易,是现代期货交易中最主要的方式。

金融期货与金融远期都是签订远期交易协定、约定以一定价格到期交割一定数量金融工具的衍生金融工具,它们都明显有别于当场即时交割的现货买卖。但两者间却存在着许多方面的差异:

第一,金融期货集中在交易所内进行,一般不容许场外交易。交易所为金融期货提供交易场所和必需的设备,同时制定一系列规章制度,保证市场的规范,使参与者可以在有序、公平、集中的市场上平等竞价买卖合约。金融期货的清算作业在由交易所内设立的清算所内进行。

第二,金融期货实行保证金制度。期货交易者在立仓时必须交纳一定的初始保证金,大多为所买卖合约价值的5%～10%,并需在持仓期间维持一定的履约保证金,以其为所买卖的合约提供一种财力保证。而金融远期一般不需交付保证金,其交易主要在银行间或银行与企业间进行,交易过程缺少统一的清算机构,因而其信用风险大。

第三,金融期货实行保证金的盯市。每日交易结束后,结算所即对会员的持仓量按当日合约市价进行计算,将每日因市价变动而引起的盈亏记入保证金账户。这种盯市制度给交易者带来一个不断变动的保证金账户和一系列未实现的期货交易盈亏。而金融远期合约平时不结算损益,只有合约到期才进行结算。

第四,金融期货最终实际交割比例较小,金融期货多以平仓作为交易的结束而不是交割。而金融远期代表了商品与货币的现货支付,远期合同90%以上最终要进行实物交割。

期货交易与现货交易有着本质的区别:① 交易对象不同。现货交易的对象是商品本身,而期货交易的对象是标准化的期货合约。期货合约通常规定交易单位、交易规格、交割月份、交割时间、最后交割日、交割等级和方式、跌停板幅度等。在合约签订后，所有因素中只有价格因素是变动的，这样可大大减少交易手续，降低交易成本，使交易者免于实物交割的诸多不便。② 交易的目的不同。现货交易基本上是“一手交钱一手交货”，卖方通过现货交易实现商品的价值，买方通过现货交易取得所需要的商品。期货交易的目的则是规避风险或者获取收益，而不是到期获得实物。

温馨提示

逐日盯市制度是指结算部门在每日闭市后计算、检查保证金账户余额，通过适时发出追加保证金通知，使保证金余额维持在一定水平之上，防止负债现象发生的结算制度。其具体执行过程如下：在每一交易日结束之后，交易所结算部门根据全日成交情况计算出当日结算价，据此计算每个会员持仓的浮动盈亏，调整会员保证金账户的可动用余额。若调整后的保证金余额小于维持保证金，交易所便发出通知，要求在下一交易日开市之前追加保证金，若会员单位不能按时追加保证金，交易所将有权强行平仓。逐日盯市的结算制度对于控制期货市场风险，维护期货市场的正常运行具有重要作用。

3. 金融期权

金融期权(financial options)是衍生金融工具交易双方按约定的价格，在约定的日期内就是否买卖某种金融工具所达成的合约。金融期权包括现货期权和期货期权两大类，每一大类又可分为很多种类。金融期权是一种证券化契约，它赋予期权的购买者或持有人有权在一个事先约定的时间或在这个时间之前，以契约中预先规定的价格(也称为履约价格或执行价格)向期权的出售者购买或出售一定数量标的物的权利，这种权利可以不行使；但一旦行使，则出售者必须履行合同。

期权有两种类型：买入期权(也称为看涨期权)和卖出期权(也称为看跌期权)。前者赋予期权购买者可按固定价格向期权出售者购买指定标的物的权利；后者赋予期权购买者可按固定价格向期权出售者出售指定标的物的权利。

无论是买入期权还是卖出期权，按行使期权的有效日划分，又可以分为欧式期权和美式期权。欧式期权的买方只能在到期日行使权利，而美式期权的买方可以在到期日前任何一天履约。购买者取得期权必须支付给出售者一笔金额，该金额称为期权费，这就是说期权购买者拥有的是权利而不是义务，它可以从市场价格和履约价格中选择对它有利的价格，从而将它的损失控制在期权费内。但是，期权购买者的收益却是无限的，这取决于市场多大幅度地朝着有利于他的方向变化。期权出售者的风险与收益正好与期权持有者相反，期权出售者的收益只局限于期权费，而损失的可能性却是无限的。

4. 金融互换

金融互换(financial swaps)是指两个或两个以上的当事人按共同商定的条件，在约定的时间内，交换一定支付款项的金融交易。金融互换主要有利率互换和货币互换两种：

（1）利率互换。利率互换是指双方在债务币种同一的情况下，互相交换不同形式利率（如一方以固定利率换取另一方的浮动利率，或一方以浮动利率换取另一方的固定利率）的一种预约业务。利率互换由于双方交换的币种相同，故一般采用净额支付的方法来结算。由于不同筹资者的资金成本不同，交易者在追求利润最大化的目标中，便利用互换合同取得满足自身需要且成本最低的资金。

【例3-1】 假设甲、乙两家公司都想在欧洲货币市场上筹集一笔欧洲美元资金。甲公司信用等级较高，为AAA级，若以固定利率筹资，利率按10.5%计算，若以浮动利率筹资，利率按LIBOR+0.5%计算。乙公司信用等级较低，为A级，若以固定利率筹资，利率按12%计算，若以浮动利率筹资，利率按LIBOR+1.5%计算。对于上述两种筹资方式，甲公司具有绝对优势，乙公司却处于绝对劣势。但甲公司在固定利率市场有相对优势，甲公司在固定利率市场贷款，乙公司在浮动利率市场贷款，甲、乙两家公司进行利率互换的结果是：乙公司转变其LIBOR+1.5%为固定利率11.75%，较其市场固定利率12%低0.25%；甲公司支付LIBOR +1.5%给乙公司，由收到的固定利率11.75%扣除市场固定利率10.5%后高出的1.25%抵销后，甲公司实际上只支付了LIBOR+0.25%。通过利率互换使双方都降低0.25%的资金成本，达到了双方互惠的目的。

利率互换是利用双方在国际金融市场上的比较优势来达到管理债务（抵补利率风险）或降低融资成本的目的。由于在利率互换中双方交换的利率币种相同，因此，一般采用净额支付的方法来结算，即在交易中双方一般只计算互换的利息差异并进行结算，而不发生本金的实际转换。利率互换涉及的会计问题视其性质和对象的不同而不同，除了考虑不同计息方式互换现金流量的影响，还应考虑标的资产和标的负债的影响。

（2）货币互换。货币互换是指交易双方互相交换不同币种、相同期限、等值资金债务或资产货币的一种预约业务。它是将一种货币的本金和固定利息与等价的另一种货币的本金和固定利息进行互换，亦即交易双方以不同货币债务的本金和利息的现金流量的交换。货币互换交易的进行，需要先存在两个在期限和金额上具有共同利益且货币需求相反的伙伴。由于货币具有时间价值，在计算现金流量时需按一定的折现率折现，如双方债务的现金流量的现值相等，就表明这两笔债务等价，因此互换交易是可行的，这时的折现率即为互换交易的内含报酬率。

货币互换可以概括为以下几点：第一，以约定的协议汇率进行本金的互换；第二，每年或每半年以约定的利率和本金为基础进行利息支付的互换；第三，协议到期时，以预先商定的协议汇率将原来的本金换回。

在上述四类衍生金融工具中，金融远期是其他三种衍生金融工具的始祖，其他衍生金融工具均可以认为是金融远期的延伸或变形。

（二）按照基础金融工具种类划分

衍生金融工具按照基础金融工具的种类不同可划分为股权式衍生金融工具、货币式衍生金融工具和利率式衍生金融工具三种。

股权式衍生金融工具(equity derivatives)是指以股票或股票指数为基础金融工具的衍生金融工具。它主要包括股票期货、股票期权、股票指数期货、股票指数期权以及上述合约的混合交易合约。

货币式衍生金融工具(currency derivatives)是指以各种货币作为基础金融工具的衍生金融工具。它主要包括远期外汇合约、货币期货、货币期权、货币互换以及上述合约的混合交易合约。

利率式衍生金融工具(interest derivatives)是指以利率或利率的载体为基础金融工具的衍生金融工具。它主要包括远期利率协议、利率期货、利率期权、利率互换以及上述合约的混合交易合约。

（三）按照基础金融工具交易形式划分

按照基础金融工具交易形式的不同，衍生金融工具分为风险收益对称型衍生金融工具和风险收益不对称型衍生金融工具两种类型。

风险收益对称型衍生金融工具是指衍生金融交易双方的风险收益对称，在将来某一日期都负有按一定条件进行交易的义务的金融工具。属于这一类型的金融工具有金融远期(包括远期外汇合约、远期利率协议等)、金融期货(包括货币期货、利率期货、股票指数期货等)、金融互换(包括货币互换、利率互换等)。

风险收益不对称型衍生金融工具是指衍生金融交易双方风险收益不对称，合约购买方有权选择是否履行合约的金融工具。属于这一类的金融工具有金融期权(包括货币期权、利率期权、股票期权、股票指数期权等)，另外还有期权的变通形式：认股权证(warrants，包括非抵押认股权证和备兑认股权证)、可转换债券、利率上限、利率下限、利率上下限等。

第二节　衍生金融工具的会计处理

一、衍生金融工具的确认与计量

（一）衍生金融工具的确认

根据现行《企业会计准则》的规定，衍生金融工具作为金融工具的一种，应被确认为一项资产或负债(金融资产或金融负债)。按照国际会计准则《金融工具第 48 号征求意见稿》规定,金融资产或金融负债符合下列条件时应在企业的资产负债表中确认:

一是和金融资产或金融负债相关的所有实质性风险和报酬已经转移到了本企业。

二是企业所获得的资产的成本或公允价值和承担的债务金额能够可靠地计量。例如,看涨期权购买者在期权合约签订并支付期权费后,就取得了在到期日或到期日之前按约定价格购买外汇的权利,与合约有关的风险和报酬均转移给了购买者(购买者有可能在有利的条件下按约定价格购买外汇而取得高额利润,也可能承担着因条件不利而放弃购买所产生损失的风险),所支付的期权费用是取得看涨期权的客观的、可计量的成本。在这种情况下,购买者应将期权合约作为一项资产在报表中加以确认。

金融资产或金融负债符合下列条件时应终止确认:一是和资产或负债相关的风险和报酬实质上已经转移到别的企业,且其所含的成本或公允价值能够客观地加以计量;二是契约的基本权利或义务已经履行、解除、注销或已经期满无效。因此,衍生金融工具确认为金融资产或金融负债是符合资产负债的确认条件的。

《企业会计准则第 22 号——金融工具确认和计量》规定:企业可以将混合工具指定为以公允价值计量且其变动计入当期损益的金融资产或金融负债。但是,下列情况除外:

(1) 嵌入衍生工具对混合工具的现金流量没有重大改变。

(2) 类似混合工具所嵌入的衍生工具,明显不应当从相关混合工具中分拆。

嵌入衍生工具相关的混合工具没有指定为以公允价值计量且其变动计入当期损益的金融资产或金融负债,且同时满足下列条件的,该嵌入衍生工具应当从混合工具中分拆,作为单独存在的衍生工具处理:① 与主合同在经济特征及风险方面不存在紧密关系。② 与嵌入衍生工具条件相同,单独存在的工具符合衍生工具定义。

无法在取得时或后续的资产负债表日对其进行单独计量的,应当将混合工具整体指定为以公允价值计量且其变动计入当期损益的金融资产或金融负债。

(二) 衍生金融工具的计量

由衍生金融工具而产生的金融资产或金融负债的计量包括初始确认的计量和契约生效后的资产负债表日的计量。当一项衍生金融工具所产生的金融资产或金融负债最初确认时,应该按照为取得该项资产的付出或产生该项负债所得补偿的公允价值予以计量,这一点与传统的计量基础并无不同。问题关键在于契约生效日后的财务报表如何对由衍生金融工具所形成的金融资产或金融负债进行计量。对于这一点,应分以下三种情况进行:

(1) 长期持有或持有至到期日的金融资产或金融负债,通常按初始确认的金额计量,这一点与传统的计量基础相同。

(2) 为保值而持有的金融资产或金融负债,按其在报表日的公允价值或者现行市价进行计量,因公允价值或现行市价变动而产生的损益,在因所保值的资产或负债的公允价值变动而形成的损益得到确认时才能计入当期利润表。如果保值的对象在未来交易，公允价值或现行市价变动形成的损益则递延至交易发生时调整交易的公允价值。例如，对于外币约定付款套期保值期汇合同，合同生效后的财务报表日，因汇率变动而发生的汇兑损益，作为递延汇兑损益入账，至契约完全履行以后，再将递延汇兑损益计入所购资产的成本。

(3) 上述以外的其他金融资产或金融负债，按其在报表日的公允价值或现行市价进行计量，因公允价值或现行市价变动所形成的利得或损失计入当期损益。

二、金融远期的会计处理

金融远期是衍生金融工具交易双方同意在未来日期按照固定价格交换金融资产的合约。金融远期规定了将来交换的资产、交换的日期、交换的价格和数量，合约条款因合约双方的需要不同而不同。

以远期外汇合约为例，远期外汇合约的公允价值在考虑时间价值的影响后，按各计量时点的远期外汇汇率进行折算。在评估远期外汇合约的公允价值时一般考虑三方面的信息，即合同约定利率、现行远期汇率和折现率。其中折现率是指公司增量借款利率。

签订远期合约时不作会计分录，只登记备忘录；待每期期末记录远期合约的价值变动时，借记“公允价值变动损益”账户，贷记“衍生金融工具”账户；执行远期合约时，借记“衍生金融工具”账户，贷记“公允价值变动损益”账户和“投资收益”账户以确认收益，同时借记“银行存款”账户，贷记“衍生金融工具”账户。

【例 3-2】 A公司于2×20年1月1日签订一份4个月期的购买10 000 000欧元的远期合同。各时点有关该远期合同的即期汇率和远期汇率的资料见表3-1。

表3-1

相关汇率资料表

日　　期	欧元兑换人民币的即期汇率	2×20年4月30日欧元兑换人民币的远期汇率
2×20年1月1日	10.67	10.80
2×20年3月31日	11.08	11.00
2×20年4月30日	10.90	10.90

已知A公司的折现率(年增量贷款利率)为12%，各时点远期合约的公允价值的计算和会计处理如下：

首先，计算欧元远期合约的公允价值变动额，见表 3－2。

表 3－2

远期合约的公允价值变动额表

日　期	远期合约汇率	市场远期汇率	差异	估计交割的现金流量(元)	折现因子	估计公允价值变动额(元)
2×20 年 3 月 31 日	10.80	11.00	0.20	2 000 000	1.01	1 980 198
2×20 年 4 月 30 日	10.80	10.90	0.10	1 000 000	1.00	1 000 000

其次，编制会计分录如下。

签订远期合约时不作会计分录，只登记备忘录。

2×20 年 3 月 31 日记录远期合约的价值变动时：

借：衍生金融工具——远期欧元　　1 980 198

　　贷：公允价值变动损益——远期欧元　　1 980 198

2×20 年 4 月 30 日执行远期合约时：

借：公允价值变动损益——远期欧元　　1 980 198

　　贷：衍生金融工具——远期欧元　　980 198

　　　　投资收益——远期欧元　　1 000 000

借：银行存款　　1 000 000

　　贷：衍生金融工具——远期欧元　　1 000 000

三、金融期货交易的会计处理

期货交易可分为商品期货交易和金融期货交易。进行买空、卖空等投机活动的商品期货合约应视为金融期货合约。金融期货交易包括利率期货、外汇期货和股票指数期货。

(一) 期货交易会计处理的程序

由于期货交易是在期货交易所内进行，它为交易的参与者建立头寸(“多头”或“空头”)和结算头寸提供了极大的方便，交易的参与者可根据行情随时转手平仓，通过保证金存款办理结算，取回在买卖中赚得的利润，如果结算时的亏损额超过保证金存款，则需偿付不足的部分，即实行“差额结算”的原则。

1. 期货合约的初始确认

期货合约本身就是交易的标的物。根据 IAS No. 39 的要求，当企业成为金融工具合约条款的一方时，应该在资产负债表内确认金融资产(合约权利)或金融负债(合约义务)。因此，要对期货合约进行初始确认。

2. 对初始保证金的调整与期货合约公允价值变动的确认

在签订期货合约时交纳的保证金可称为初始保证金，它属于应收款的性质。期货合约公允价值(市价)的变动及其导致的盈亏，在会计中应予以确认。此项盈亏额可以逐日计算并调整初始保证金的金额，使之达到应占交易标的物的约定百分比。但交易所往往对保证金的余额规定一条保持线，当保证金存款降低到保持线以下时，将要求交易者追加，超过保持线时，可予以退回超额部分，这就是保持保证金。保证金的追交或退回，也是在期货合约期间应作的会计处理。

3. 转手平仓、差额结算或到期实际交割

期货合约既然用于投机牟利，合约持有者主要是根据行情变化在合约期间转手平仓，通过保证金存款进行差额结算，收回赚得的利润或补交招致的亏损，并终止确认这项期货合约。只有在到期实际交割时，才要作出实际交割的会计记录。

温馨提示

头寸(position)也称为“头衬”，就是款项的意思，是金融界及商业界的习惯用语。如果银行在当日的全部收付款中收入大于支出款项，就称为“多头寸”。如果付出款项大于收入款项，就称为“缺头寸”。对预计这一类头寸的多与少的行为称为“轧头寸”。到处想方设法调进款项的行为称为“调头寸”。如果暂时未用的款项大于需用量时称为“头寸松”，如果资金需求量大于闲置量时就称为“头寸紧”。

(二) 期货交易会计处理举例

【例 3-3】 A公司2×20年期货业务的经济事项如下：

(1) 1月1日，支付10万元取得某期货交易所的会员资格，另外，支付年费3万元。

(2) 3月1日，为业务所需，存入保证金600 000元。

(3) 5月1日，买入1 000吨绿豆期货合约，每吨价格为2 500元，交易佣金为1‰。

(4) 5月10日，卖出标准铝100吨，每吨价格为15 000元，交易佣金为1‰。

(5) 6月30日，期货的市场价格为绿豆每吨2 540元，标准铝每吨15 600元。

(6) 8月1日，以每吨2 560元的价格卖出绿豆期货，交易佣金为1‰。

(7) 8月30日，以每吨15 800元的价格进行标准铝期货实物交割(假定不考虑增值税因素)，交易佣金为1.2‰，该铝产品的实际成本为每吨12 000元。

相应的会计处理如下：

① 1月1日，支付会员费时：

借：长期股权投资——期货会员资格投资　　100 000
　　贷：银行存款　　100 000

支付年费时：

借：管理费用——期货年会费	30 000	
贷：银行存款		30 000

②3月1日，存入保证金时：

借：期货投资——期货保证金	600 000	
贷：银行存款		600 000

③5月1日，买入绿豆期货时：

借：期货投资——商品期货(绿豆)	2 500 000	
贷：期货交易清算——商品期货(绿豆)		2 500 000

支付佣金时：

借：期货投资——商品期货(绿豆)	2 500	
贷：期货投资——期货保证金		2 500

④5月10日，卖出标准铝期货时：

借：期货交易清算——商品期货	1 500 000	
贷：期货投资——商品期货(铝)		1 500 000

支付佣金时：

借：期货投资——商品期货(铝)	1 500	
贷：期货投资——期货保证金		1 500

⑤6月30日，期货价值变动时：

借：期货投资——商品期货(绿豆)	40 000	
贷：公允价值变动损益——商品期货(绿豆)		40 000
借：公允价值变动损益——商品期货(铝)	60 000	
贷：期货投资——商品期货(铝)		60 000

⑥8月1日，将绿豆期货平仓并支付交易佣金时：

借：期货投资——商品期货(绿豆)	2 560	
贷：期货投资——期货保证金(2 560 000×1‰)		2 560
借：期货投资——期货保证金(2 560 000－2 500 000)	60 000	
期货交易清算——商品期货(绿豆)	2 500 000	
公允价值变动损益——商品期货(绿豆)	40 000	
贷：期货损益		54 940
期货投资——商品期货(绿豆)		2 545 060

⑦ 8 月 30 日，支付交易佣金时：

借：期货投资——商品期货(铝)	1 896	
贷：期货投资——期货保证金(1 580 000×1.2‰)		1 896
借：期货损益	83 396	
期货交易清算——商品期货(铝)	1 500 000	
贷：期货投资——商品期货(铝)		1 443 396
公允价值变动损益——商品期货(铝)		60 000
期货投资——期货保证金(1 580 000－1 500 000)		80 000

交割铝期货合约时：

借：期货投资——期货保证金	1 580 000	
贷：主营业务收入		1 580 000

结转铝产品的实际成本时：

借：主营业务成本	1 200 000	
贷：库存商品——铝制品		1 200 000

四、期权交易的会计处理

期权合约是一种选择权合约，其持权人(期权合约的买家)享有在合约期满或期满之前按约定的价格购买或销售一定数额的某种金融资产的权利。如果行情有利，他有权选择买进或卖出该种金融资产；如果行情不利，他可以放弃行使买进或卖出的权利。而期权合约的立权人(即发行人、卖方)则有义务在买方要求履约时出售或购入该种金融资产。必须在期满时作出选择的期权，是欧洲国家流行的欧式期权；可以在期满之前的任何时候作出选择的期权，则是美国流行的美式期权。

(一) 期权合约的基本内容

1. 看涨期权与看跌期权

如果期权合约的买方有权选择买进某种金融资产，这种期权通常称为看涨期权，因为行情看涨才对购买有利，所以看涨期权即购买选择权。如果期权合约的买方有权选择卖出某种金融资产，这种期权通常称为看跌期权，因为行情看跌才对卖出有利，所以看跌期权即销售选择权。

2. 期权合约的标的物(基础工具)

期权合约是一项债权性证券，而作为期权合约交易对象的标的物则可能是要求卖方向买方转让或从买方受让的一项金融资产，而且，当期权合约得到执行时，这一债权性证券也就构成买方的一项金融资产。但是，在执行之前，买方的权利和卖方的义务并不受合约将予执行这一可能情况的影响，合约是否执行，完全由买方决定。因此，作为期权合约交易对象标的物的风险仍在卖方一边，买方能否在签约时就将这一标的物确认为金融资产或金融负债（同时，把相应的承诺确认为金融负债或金融资产），还是要在决定执行合约之时，才将作为交易对象的标的物确认为金融资产或金融负债，在目前仍然是一个有争议的问题，并没有达成固定的处理办法。

3. 期权费

在签订期权合约时，买方向卖方支付的期权费应符合对衍生金融工具初始确认的两项标准，然后，对期权费的公允价值变动，可以参照金融市场上其标的物的行情，没有市场报价的则通过期权定价模型确定其变动后的公允价值。从性质上说，期权费就是标的物的现行市价与期权合约的执行价格之差，可称为期权的内含价值；在期权合约未到期之前，期权费的价值中还包括表示获利可能性的时间价值。

4. 期权合约的终止确认

期权合约在被执行或期满不执行时或是转让给其他买方时终止确认。得到的收益或承受的损失，将计入当期损益。

（二）期权交易的会计处理举例

【例 3-4】 A 公司 2×20 年 10 月 31 日以 30 000 元的价格签订一份 4 个月的购买 20 000 份黄山公司股票的看涨期权，黄山公司股票的价格此时为每股 50 元。2×20 年 12 月 31 日，黄山公司股票的价格为每股 60 元，该期权的时间价值为 20 000 元。2×21 年 1 月 1 日，A 公司以 200 000 元的价格出售手中的股票期权。

A 公司的会计处理如下：

① 2×20 年 10 月 31 日，购入股票期权时：

借：衍生金融工具——股票看涨期权	30 000	
贷：银行存款		30 000

② 2×20 年 12 月 31 日，登记股票期权的公允价值变动和时间价值时：

借：衍生金融工具——股票看涨期权	200 000	
贷：公允价值变动损益——股票看涨期权[(60－50)×20 000]		200 000
借：公允价值变动损益——股票看涨期权(30 000－20 000)	10 000	
贷：衍生金融工具——股票看涨期权		10 000

③ 2×21 年 1 月 1 日，出售股票期权时：

借：银行存款　200 000

　公允价值变动损益——股票看涨期权　190 000

　贷：衍生金融工具——股票看涨期权　220 000

　　投资收益　170 000

五、金融互换的会计处理

互换是在跨国公司以及国外附属公司之间常用的一种财务活动安排，是交易双方协议以一定价格，在固定时间互相交换现金流量的一种合同。不管是利率互换还是货币互换，交易可由交易双方直接进行，也可通过中介机构进行。互换业务自从产生以来得到空前发展。根据客户的不同需求和市场的资金供应状况，产生和发展了许多不同结构的金融互换产品。

签订金融互换合约时不涉及会计业务，故不作会计分录，只在备忘录中作登记。合同约定的折算期末，登记互换的价值变动，借记“公允价值变动损益”账户，贷记“衍生金融工具”账户；登记互换的净额结算时，借记“财务费用”账户，贷记“银行存款”账户。每个约定时期（如每半年）都如此处理。互换到期时，登记互换的价值变动，借记“公允价值变动损益”账户，贷记“衍生金融工具”账户；同时登记互换的净额结算，借记“财务费用”账户，贷记“银行存款”账户。

下面以利率互换为例对金融互换的会计处理进行说明。

【例 3-5】 2×20 年 1 月 1 日，A 公司作为支付浮动利息收取固定利息的一方参与一项名义本金为 5 000 000 美元的 2 年期的互换。合同约定，每个半年年末，公司可以收到年利率为 8%的固定利息收入，并以 LIBOR＋1%支付浮动利息，以前一个利息支付日的 LIBOR 为准。2×20 年 1 月 1 日，LIBOR 为 7.5%的合同期间利率见表 3-3。

表 3-3

合同期间利率表

日　　期	LIBOR
2×20 年 1 月 1 日	7.50%
2×20 年 6 月 30 日	7.60%
2×20 年 12 月 31 日	7.70%
2×21 年 6 月 30 日	7.80%
2×21 年 12 月 31 日	8.00%

运用零息法对互换的公允价值进行计算，见表 3-4。

表 3-4

零息法对互换的公允价值进行计算表

金额单位：美元

日期	浮动利率（LIBOR+1%）	8%的固定利率与浮动利率之间的差额	下半年支付额	剩下的利息期	以 LIBOR+1%折现的 NPV	NPV 的变动值
2×20 年 1 月 1 日	8.5%	-0.50%	25 000	4	-90 215	-90 215
2×20 年 6 月 30 日	8.6%	-0.60%	30 000	3	-82 781	7 434
2×20 年 12 月 31 日	8.7%	-0.70%	35 000	2	-65 684	17 097
2×21 年 6 月 30 日	8.8%	-0.80%	40 000	1	-38 314	27 370
2×21 年 12 月 31 日	9.0%	-1.00%		0		38 314

温馨提示

净现值(net present value，NPV)是指投资方案所产生的现金净流量以资金成本为贴现率折现之后与原始投资额现值的差额。

互换中的借款利息金额和互换的支付额见表 3-5。

表 3-5

支 付 额 表

金额单位：美元

日　期	支 付 额
2×20 年 1 月 1 日	0
2×20 年 6 月 30 日	25 000
2×20 年 12 月 31 日	30 000
2×21 年 6 月 30 日	35 000
2×21 年 12 月 31 日	40 000

会计分录如下：

① 2×20 年 1 月 1 日：

借：公允价值变动损益——利率互换　　90 215

　　贷：衍生金融工具——利率互换　　90 215

② 2×20 年 6 月 30 日：

借：衍生金融工具——利率互换　　7 434
　　贷：公允价值变动损益——利率互换　　7 434

同时，登记互换的净额结算：

借：财务费用　　25 000
　　贷：银行存款　　25 000

③ 2×20 年 12 月 31 日：

借：衍生金融工具——利率互换　　7 434
　　贷：公允价值变动损益——利率互换　　7 434

同时，登记互换的净额结算：

借：财务费用　　25 000
　　贷：银行存款　　25 000

④ 2×21 年 6 月 30 日：

借：衍生金融工具——利率互换　　7 434
　　贷：公允价值变动损益——利率互换　　7 434

同时，登记互换的净额结算：

借：财务费用　　25 000
　　贷：银行存款　　25 000

⑤ 2×21 年 12 月 31 日，登记互换的价值变动：

借：衍生金融工具——互换　　38 314
　　贷：公允价值变动损益——互换　　38 314

同时，登记互换的净额结算：

借：财务费用　　40 000
　　贷：银行存款　　40 000

第三节　套期保值与套期工具

一、套期保值的概念

（一）套期保值的概念

套期保值简称套期，是指企业为规避外汇风险、利率风险、商品价格风险、股票价格风险、信用风险等，指定一项或一项以上套期工具，使套期工具的公允价值或现金流量变动预期抵销被套期项目全部或部分公允价值变动或现金流量变动。

企业运用商品期货进行套期时，其套期保值策略通常是买入（卖出）与现货市场数量相当、但交易方向相反的期货合同，以期在未来某一时间通过卖出（买入）期货合同来补偿因现货市场价格变动所带来的实际价格风险。

（二）套期保值的基本原理

套期保值的基本做法是：在现货市场和期货市场对同一种类的商品同时进行数量相等但方向相反的买卖活动，即在买进或卖出实际货物的同时，在期货市场上卖出或买进同等数量的期货，经过一段时间，当价格变动使现货买卖上出现盈亏时，可由期货交易上的亏盈得到抵销或弥补。从而在“现”与“期”之间、近期和远期之间建立一种对冲机制，以使价格风险降到最低限度。

相对于非金融企业，金融企业面临较多的金融风险，如利率风险、外汇风险、信用风险等，对套期保值有更多的需求。例如，某上市银行为规避汇率变动风险，与汇金公司签订外币期权合同，对现存数额较大的美元敞口进行套期保值。套期之所以能够保值，是因为同一种特定商品的期货和现货的主要差异在于交货日期前后不一，而它们的价格则受相同的经济因素和非经济因素影响和制约，而且，期货合约到期必须进行实货交割的规定性，使现货价格与期货价格还具有趋合性，即当期货合约临近到期日时，两者价格的差异接近于零，否则就有套利的机会，因而，在到期日前，期货和现货价格具有高度的相关性。在相关的两个市场中反向操作，必然有相互冲销的效果。套期保值就是对现货进行保值。简单地说，就是在现货市场价格出现波动时，一个市场上的亏损可以通过另一个市场上的盈利来补偿。

温馨提示

外汇敞口主要来源于资产、负债及资本金的货币错配，以及外币利润和报表折算等方面。当在某一时段内，银行某一币种的多头头寸与空头头寸不一致时，所产生的差额就形成了外汇敞口。在存在外汇敞口的情况下，汇率变动可能会给银行的当期收益或经济价值带来损失，从而形成汇率风险。

【例3-6】 A公司于2×20年1月在现货市场上预销10 000吨大豆，2×20年5月交货，预销价是2 800元/吨。该公司担心交货时大豆价格会上涨而不能保证实际利润甚至引起亏损，于是就在期货市场上买进10 000吨大豆期货合约，价格是2 850元/吨。到5月份交货时，大豆价格果然上涨到3 200元/吨，每吨比预销价高400元，势必引起亏损。由于现货和期货受同一经济因素的影响，两者价格具有趋同性，这时期货价格也上涨到

3 250 元/吨，该公司以 3 250 元/吨的价格卖出原来买进的全部合约，经过对冲，期货每吨盈利 400 元，这样现货与期货的盈亏抵销，这就保障了边际利润的实现，避免了价格波动带来的风险。

套期保值是期货市场产生的原动力。无论是农产品期货市场，还是金属、能源期货市场，其产生都是源于生产经营过程中面临现货价格剧烈波动而带来风险时自发形成的买卖远期合同的交易行为。这种远期合约买卖的交易机制经过不断完善，如将合约标准化、引入对冲机制、建立保证金制度等，从而形成现代意义的期货交易。企业通过期货市场，为生产经营买了保险，保证了生产经营活动的可持续发展。可以说，没有套期保值，期货市场也就没有存在的价值和意义了。

二、套期保值的分类

为运用套期会计方法，套期保值按套期关系（即套期工具和被套期项目之间的关系）可划分为公允价值套期、现金流量套期和境外经营净投资套期三类。

（一）公允价值套期

公允价值套期是指对已确认资产或负债、尚未确认的确定承诺，或该资产或负债、尚未确认的确定承诺中可辨认部分的公允价值变动风险敞口进行的套期。

该类价值变动源于某类特定风险，且将影响企业的损益。以下是公允价值套期的例子：

（1）企业对承担固定利率负债的公允价值变动风险进行套期。

（2）航空公司签订了一项 3 个月后以固定外币金额购买飞机的合同（未确认的确定承诺），为规避外汇风险对该确定承诺的价格变动风险进行套期。

（3）电力公司签订了一项 6 个月后以固定外币金额购买煤炭的合同（未确认的确定承诺），为规避价格变动风险对该确定承诺的价格变动风险进行套期。

（二）现金流量套期

现金流量套期是指对现金流量变动风险进行的套期。该类现金流量变动源于与已确认资产或负债、很可能发生的预期交易有关的某类特定风险，且将影响企业的损益。以下是现金流量套期的例子：

（1）企业对承担浮动利率债务的现金流量变动风险进行套期。

（2）航空公司为规避 3 个月后预期很可能发生的与购买飞机相关的现金流量变动风险进行套期。

（3）商业银行对 3 个月后预期很可能发生的与其他权益工具投资处置相关的现金流

量变动风险进行套期。

对确定承诺的外汇风险进行的套期，企业既可以作为现金流量套期也可以作为公允价值套期。

（三）境外经营净投资套期

境外经营净投资套期是指对境外经营净投资外汇风险敞口进行的套期。境外经营净投资是指企业在境外经营净资产中拥有的权益份额。企业既无计划也无可能于可预见的未来会计期间结算的长期外币货币性应收项目（含贷款），应当视同境外经营净投资的组成部分。因销售商品或提供劳务等形成的期限较短的应收账款，不构成境外经营净投资。

三、套期工具与被套期项目

（一）套期工具

套期工具是指企业为进行套期而指定的，其公允价值或现金流量变动预期可抵销被套期项目的公允价值或现金流量变动的金融工具。对外汇风险进行套期可以将非衍生金融资产或非衍生金融负债作为套期工具。

1. 可以作为套期工具的金融工具

（1）衍生金融工具通常可以作为套期工具。它包括远期合同、期货合同、互换和期权，以及具有远期合同、期货合同、互换和期权中一种或一种以上特征的工具，例如，某企业为规避库存铜价格下跌的风险，可以卖出一定数量的铜期货合同。其中，铜期货合同即是套期工具。

（2）非衍生金融资产或非衍生金融负债通常不能作为套期工具，但被套期风险为外汇风险时，某些非衍生金融资产或非衍生金融负债可以作为被套期工具。例如，某种外币借款可以作为对同种外币结算销售承诺的套期工具。又如，持有至到期投资可以作为规避外汇风险的套期工具。

（3）无论是衍生金融工具还是非衍生金融资产或非衍生金融负债，其作为套期工具的基本条件就是其公允价值应当能够可靠地计量。

（4）在运用套期会计方法时，只有涉及报告主体的金融工具（含符合条件的衍生金融工具，非衍生金融资产或非衍生金融负债）才能作为套期工具。

2. 对套期工具的指定

（1）企业对套期工具进行计量时，通常以该工具整体为对象，采用单一的公允价值基础对其进行计量；同时，由于引起套期工具公允价值变动的因素具有相互关联性，因此，企业应当将其整体或其一定比例（如名义金额的50%）指定为套期工具。但是，由于期权的内在价值和远期合同的升水通常可以单独计量，为便于提高某些套期策略的有效性，套期保值准则允许企业在对套期工具进行指定时，就期权和远期合同作出例外处理，即：对于期权，企业可以将期权的内在价值和时间价值分开，只就内在价值变动将期权指定为套期工具；对于远期合同，企业可以将远期合同的利息和即期价格分开，只就即期价格变动将远期合同指定为套期工具。

(2) 企业通常可将单项衍生金融工具指定为对一种风险进行套期，但同时满足下列条件的，也可以指定为对一种以上的风险进行套期：① 各项被套期风险可以清晰辨认。② 套期有效性可以证明。③ 可以确保该衍生金融工具与不同风险头寸之间存在具体指定关系。其中，套期有效性是指套期工具的公允价值或现金流量变动能够抵销被套期风险引起的被套期项目公允价值或现金流量变动的程度。

例如，甲企业的记账本位币是人民币，承担了一项5年期美元浮动利率负债。为规避该金融负债的外汇风险和利率风险，甲企业可以与某金融机构签订一项交叉货币利率互换合同，使该互换合同的条款与该金融负债的条款相"匹配"，并将该互换合同指定为套期工具。根据该互换合同，甲企业可以定期收取按美元浮动利率计算确定的利息，同时支付按人民币固定利率计算确定的利息。

(3) 企业可以将两项或两项以上衍生金融工具的组合或该组合的一定比例指定为套期工具。对于外汇风险套期，企业可以将两项或两项以上非衍生金融工具的组合或该组合的一定比例，或将衍生金融工具和非衍生金融工具的组合或该组合的一定比例指定为套期工具。

(4) 企业虽然可以将整体套期工具的一定比例指定为套期工具，但不能在套期关系中将套期工具剩余期限内的某一时段进行套期指定。例如，某公司拥有一项支付固定利息、收取浮动利息的互换合同，打算将其用于对所发行的浮动利率债券进行套期。该互换合同的剩余期限为10年，而债券的剩余期限为5年。在这种情况下，甲公司不能在互换合同剩余期限中的某5年，将互换指定为套期工具。

温馨提示

升水(premium)表示远期汇率高于即期汇率。在直接标价法下，升水表示本币贬值；反之，在间接标价法下，升水表示本币升值。贴水(discount)表示远期汇率低于即期汇率。在直接标价法下，贴水表示本币升值；反之，在间接标价法下，贴水表示本币贬值。远期汇率是以即期汇率为基础的，即用即期汇率的升水、贴水、平价来表示。其中，如果远期汇率比即期汇率贵，高出的差额称为升水；如果远期汇率比即期汇率便宜，低出的差额称为贴水；如果远期汇率与即期汇率相等，没有升水和贴水，则称为平价(par)。

（二）被套期项目

被套期项目是指使企业面临公允价值或现金流量变动风险，且被指定为被套期对象的下列项目：① 已确认资产或负债能够可靠计量的。② 尚未确认的确定承诺。确定承诺是指在未来某特定日期或期间，以约定价格交换特定数量资源、具有法律约束力的协议。③ 极可能发生的预期交易。预期交易是指尚未承诺但预期会发生的交易。④ 境外经营净投资。

1. 可以作为被套期项目的项目

（1）作为被套期项目，应当使企业面临公允价值或现金流量变动风险（即被套期风险），在本期或未来期间会影响企业的损益。与之相关的被套期风险，通常包括外汇风险、利率风险、商品价格风险、股票价格风险、信用风险等。企业的一般经营风险（如固定资产毁损风险等）不能作为被套期风险，因为这些风险不能具体辨认和单独计量。同样地，企业合并交易中，与购买另一个企业的确定承诺相关的风险（不包括外汇风险）也不能作为被套期风险。

（2）衍生金融工具不能作为被套期项目，但对于外购的、嵌在另一项金融工具（主合同）中的期权，如果其与主合同存在紧密关系，且混合工具没有被指定为以公允价值计量且其变动计入当期损益的金融工具，则可以作为被套期项目。

（3）对于信用风险或外汇风险，企业可以将持有至到期投资作为被套期项目，而对于利率风险或提前还款风险，则不可以作为被套期项目。

（4）采用权益法核算的投资不能成为公允价值套期中的被套期项目，因为权益法计入当期损益的是投资人在关联方损益中享有的份额，而不是这项投资公允价值的变动。出于类似的原因，在公允价值套期中，对合并的子公司的投资不能成为被套期项目，因为合并中计入当期损益的是子公司的损益，而不是这项投资公允价值的变动。对国外业务净投资的套期则不同，因为这种套期是对外汇敞口的套期，而不是对该投资价值变动的公允价值套期。

（5）在套期会计中，只有涉及企业以外的某一方的资产、负债、确定承诺或很可能发生的预期交易，才可能被指定为被套期项目。因而，只有在同一集团内各企业或分部的单独或独立的财务报告中，而不是整个集团的合并财务报告中，套期会计才适用于同一集团内企业或分部之间的交易。例外的是，如果集团内货币性项目的外汇风险（如两个子公司之间的应付款项或应收款项）造成了汇率利得或损失的风险敞口，且该风险敞口在合并时不能被完全抵销，则集团内货币性项目的外汇风险在合并财务报表中可能不符合被套期项目的要求。

2. 对被套期项目的指定

（1）将金融项目指定为被套期项目。对于金融资产或金融负债而言，将其指定为被套期项目具有较多选择。只要被套期风险可以辨认且套期有效性可以计量，仅与金融资产或金融负债现金流量或公允价值的一部分相关的风险，均可以作为被套期风险。相应地，相关金融资产或金融负债可以指定为被套期项目。例如，某附息金融资产或金融负债全部利率风险中的可辨认且可单独计量的部分（如无风险利率组成部分），就可以作为被套期风险。

金融资产和金融负债现金流量的一部分指定为被套期项目时，被指定部分的现金流量应当少于该金融资产或金融负债现金流量总额。但是，企业可以仅就一项特定风险（如 LIBOR 变动形成的风险等），将金融资产或金融负债整体的所有现金流量进行指定。例如，假定企业有一项实际利率为 LIBOR－1％的附息金融负债，则其不能将债务本金和以 LIBOR 确定的利息指定为被套期项目，也不能将－1％指定为被套期项目，但企业可以就 LIBOR 变动引起的该金融负债整体（即债务本金和以 LIBOR－1％确定的利息）公允价值或现金流量变动，将该金融负债整体指定为被套期项目。

在金融资产或金融负债组合利率风险的公允价值套期中（也仅限于这种套期），企业可以将某种货币金额（如人民币、美元或欧元金额）而不是单项资产或负债指定为被套期项目，并对与其相关的利率风险部分进行套期。在风险管理实务中，一项组合中可能既包括金融资产，也包括金融负债，但指定的货币金额应当反映为资产或负债。

（2）将非金融项目指定为被套期项目。在通常情况下，企业难以区分和计量与非金融项目特定风险（不包括外汇风险）相关的公允价值或现金流量变动。因此，企业在将非金融资产或非金融负债指定为被套期项目时，对应的被套期风险只限于与该非金融资产或非金融负债相关的全部风险或外汇风险。

例如，甲公司预期从乙公司购买一批轮胎。甲公司和乙公司的记账本位币分别为美元和人民币。由于轮胎是非金融项目，因此，甲公司只能将与轮胎有关的所有风险或其中的外汇风险指定为被套期风险。但是，甲公司不能将预期购买的轮胎所含橡胶成分的成本变动风险指定为被套期风险。

（3）将若干项目的组合指定为被套期项目。对具有类似风险特征的资产或负债组合进行套期时，该组合中的各单项资产或负债应当同时承担被套期风险，且该组合内各单项金融资产或单项金融负债由被套期风险引起的公允价值变动，应当预期与该组合由被套期风险引起的公允价值整体变动基本成比例。例如，当被套期组合因被套期风险形成的公允价值变动为 10％时，该组合中各单项金融资产或单项金融负债因被套期风险形成的公允价值变动应当限制在 9％～11％的较小范围内。

套期有效性是通过比较套期工具（或一组类似的套期工具）和被套期项目（或一组类似的被套期项目）的公允价值或现金流量变动而确定的，因此，在运用套期会计方法时，企业不能将金融资产和金融负债形成的净头寸指定为被套期项目。例如，企业不能将具有类似期限的固定利率金融资产和固定利率金融负债形成的净头寸指定为被套期项目。在这种情况下，企业往往可以通过其他办法达到几乎相同的规避风险效果。

【例 3-7】 某商业银行有承担类似风险和到期期限的金融资产和金融负债分别为 1 亿元和 9 000 万元，两者形成的净头寸为 1 000 万元。对此，该商业银行可以仅将金融资产总额中的 1 000 万元指定为被套期项目。如果相关的资产和负债是固定利率项目，对应的套期关系是公允价值套期；如果相关的资产和负债是浮动利率项目，则对应的套期关系是现金流量套期。

第四节　套期保值的会计处理

一、套期保值应设置的会计账户

套期保值一般要设置以下几个专门的会计账户进行核算。

1. “套期工具”账户

“套期工具”账户用于核算开展套期保值业务（包括公允价值套期、现金流量套期和境外经营净投资套期）后因套期工具公允价值变动形成的资产或负债。该账户可按套期工具类别进行明细核算。

（1）当企业将已确认的衍生金融工具等金融资产或金融负债指定为套期工具时，应按其账面价值，借记或贷记“套期工具”账户，贷记或借记“衍生金融工具”等账户。

（2）资产负债表日，对于有效套期，应按套期工具产生的利得，借记“套期工具”账户，贷记“公允价值变动损益”“其他综合收益”等账户；套期工具产生损失时，作相反的会计分录。

（3）金融资产或金融负债不再作为套期工具的，应按套期工具形成的资产或负债，借记或贷记有关账户，贷记或借记“套期工具”账户。

“套期工具”账户期末借方余额，反映企业套期工具形成资产的公允价值；贷方余额反映企业套期工具形成负债的公允价值。

2. “被套期项目”账户

企业开展套期保值业务的，被套期项目公允价值变动形成的资产或负债应通过“被套期项目”账户核算。该账户可按被套期项目类别进行明细核算。

（1）当企业将已确认的金融资产或金融负债指定为被套期工具时，应按其账面价值，借记或贷记“被套期项目”账户，贷记或借记“库存商品”“长期股权投资”“持有至到期投资”等账户。已计提跌价准备或减值准备的，还应同时结转跌价准备或减值准备。

（2）资产负债表日，对于有效套期，应按被套期项目产生的利得，借记“被套期项目”账户，贷记“套期损益”“其他综合收益”等账户；被套期项目产生损失时，作相反的会计分录。

（3）资产或负债不再作为被套期项目的，应按被套期项目形成的资产或负债，借记或贷记有关账户，贷记或借记“被套期项目”账户。

“被套期项目”账户期末借方余额,反映企业被套期项目形成资产的公允价值;贷方余额反映企业被套期项目形成负债的公允价值。

3.“套期损益”账户

该账户核算企业开展套期保值业务时,资产负债表日有效套期关系中套期工具或被套期项目公允价值变动的金额。如果套期业务不多的企业,也可以将套期业务公允价值变动损益合并记入“公允价值变动损益”账户。

资产负债表日,企业应将套期工具或被套期项目的公允价值高于其账面余额的差额,借记“套期工具”或“被套期项目”账户,贷记“套期损益”账户;公允价值低于其账面余额的差额,作相反的会计分录。

待处置出售套期工具和被套期项目时,将该账户的金额转入“投资收益”账户。

二、公允价值套期的会计处理

(一)公允价值套期会计处理的基本原则

1. 公允价值套期会计处理的基本要求

公允价值套期满足运用套期会计方法条件的,应当按照下列规定处理:

(1)套期工具产生的利得或损失应当计入当期损益。如果套期工具是对选择以公允价值计量且其变动计入其他综合收益的非交易性权益工具投资(或其组成部分)进行套期的,套期工具产生的利得或损失应当计入其他综合收益。

(2)被套期项目因被套期风险敞口形成的利得或损失应当计入当期损益,同时调整未以公允价值计量的已确认被套期项目的账面价值。被套期项目为以公允价值计量且其变动计入其他综合收益的金融资产(或其组成部分)的,其因被套期风险敞口形成的利得或损失应当计入当期损益,其账面价值已经按公允价值计量,不需要调整;被套期项目为企业选择以公允价值计量且其变动计入其他综合收益的权益工具投资(或其组成部分)的,其因被套期风险敞口形成的利得或损失应当计入其他综合收益,其账面价值已经按公允价值计量,不需要调整。

2. 被套期项目的利得或损失的具体处理要求

(1)对于金融资产或金融负债组合一部分的利率风险的公允价值套期,企业对被套期项目的利得或损失可按下列方法处理:① 被套期项目在重新定价期间内是资产的,在资产负债表中资产项下单列项目反映,待终止确认时转销。② 被套期项目在重新定价期间内是负债的,在资产负债表中负债项下单列项目反映,待终止确认时转销。

(2)被套期项目是以摊余成本计量的金融工具的,对被套期项目的账面价值所作的调整,应当按照调整日重新计算的实际利率在调整日至到期日的期间内进行摊销,计入当期损益。对利率风险组合的公允价值套期,在资产负债表中负债项下单列的相关项目,也应当按照调整日重新计算的实际利率在调整日至相关的重新定价期间结束日期间内摊销。采用实际利率法进行摊销不切实可行的，可以采用直线法进行摊销。此调整金额应当于金融工具到期日前摊销完毕；对于利率风险组合的公允价值套期，应当于重新定价期间结束日前摊销完毕。

(3) 被套期项目为尚未确认的确定承诺的，该确定承诺因套期风险引起的公允价值变动累计额应当确认为一项资产或负债，相关的利得或损失应当计入当期损益。

(4) 在购买资产或承担负债的确定承诺的公允价值套期中，该确定承诺因被套期风险引起的公允价值变动累计额(已确认为资产或负债)，应当调整履行该确定承诺所取得的资产或承担的负债的初始确认金额。

3. 终止使用公允价值套期会计方法的条件

发生以下情况之一时，企业不应再按照《企业会计准则第 24 号——套期保值》第十条的规定对公允价值套期进行处理，且不追溯调整：

(1) 套期工具已到期、被出售、合同终止或者被行使。套期工具展期或被另一项套期工具替换时，如展期或替换是企业正式书面文件所载明套期策略的组成部分，不作为已到期或合同终止处理。

(2) 该套期不再符合运用套期会计方法的条件。

(3) 企业撤销了套期关系的指定。

对于停止采用套期会计方法的，如果原属于公允价值套期保值的，改按《企业会计准则第 22 号——金融工具确认和计量》处理。原属于现金流量套期保值的，在此种情况下，在套期有效期间直接计入所有者权益中的套期工具利得或损失不应转出，直至预期交易实际发生时，再按照现金流量套期保值相关处理。对于预期交易套期，在套期有效期间直接计入所有者权益中的套期工具利得或损失不应转出，直至预期交易实际发生或预计不会发生。如预期交易实际发生了，按照现金流量套期保值相关规定处理；如预期交易预计不会发生，原直接计入所有者权益中的套期工具利得或损失应当转出，计入当期损益。

(二) 公允价值套期保值会计处理举例

【例 3-8】 2×20 年 1 月 1 日，A 公司为规避存货甲的公允价值变动风险，与某金融机构签订了一项衍生金融工具合同(即乙衍生金融工具)，并将其指定为 2×20 年上半年存货甲价格变化引起的公允价值变动风险的套期。乙衍生金融工具的标的资产与被套期项目在数量、质次、价格变动和产地方面相同。

2×20 年 1 月 1 日，乙衍生金融工具的公允价值为零，被套期项目(甲存货)的账面价值和成本均为 1 000 000 元，公允价值为 1 100 000 元。2×20 年 6 月 30 日，乙衍生金融工具的公允价值上涨了 25 000 元，甲存货的公允价值下降了 25 000 元。当日，A 公司将甲存货出售，并对乙衍生金融工具进行结算。

A 公司采用比率分析法评价套期有效性，即通过比较乙衍生金融工具和甲存货的公允价值变动，评价套期有效性，A 公司预期该套期完全有效。

假定不考虑衍生金融工具的时间价值、商品销售相关的增值税及其他因素，A 公司的账务处理如下：

① 2×20 年 1 月 1 日：

借：被套期项目——甲存货　　1 000 000

　　贷：库存商品——甲存货　　1 000 000

② 2×20 年 6 月 30 日：

借：套期工具——乙衍生金融工具　　25 000

　　贷：套期损益　　25 000

借：套期损益　　25 000

　　贷：被套期项目——甲存货　　25 000

借：应收账款或银行存款　　1 075 000

　　贷：主营业务收入　　1 075 000

借：主营业务成本　　975 000

　　贷：被套期项目——甲存货　　975 000

借：银行存款　　25 000

　　贷：套期工具——乙衍生金融工具　　25 000

由于 A 公司采用了套期策略，规避了存货公允价值变动风险，因此其存货公允价值下降没有对预期毛利额 100 000 元(1 100 000－1 000 000)产生不利影响。

假定 2×20 年 6 月 30 日，乙衍生金融工具的公允价值上涨了 22 500 元，甲存货的公允价值下降了 25 000 元，其他资料不变，则 A 公司的账务处理如下：

① 2×20 年 1 月 1 日：

借：被套期项目——甲存货　　1 000 000

　　贷：库存商品——甲存货　　1 000 000

② 2×20 年 6 月 30 日：

借：套期工具——乙衍生金融工具　　22 500

　　贷：套期损益　　22 500

借：套期损益　　25 000

　　贷：被套期项目——甲存货　　25 000

借：应收账款或银行存款　　1 075 000

　　贷：主营业务收入　　1 075 000

借：主营业务成本　　975 000

　　贷：被套期项目——甲存货　　975 000

借：银行存款　　22 500

　　贷：套期工具——乙衍生金融工具　　22 500

温馨提示

两种情况的差异在于：前者不存在“无效套期损益”；后者存在“无效套期损益”2 500元，从而对A公司当期利润总额的影响相差2 500元。

三、现金流量套期的会计处理

（一）现金流量套期会计处理的基本规定

《企业会计准则第24号——套期保值》对企业现金流量套期的会计处理作出了明确规定。

1. 现金流量套期会计处理的原则

现金流量套期满足运用套期会计方法条件的，应当按照下列规定处理：

（1）套期工具利得或损失中属于有效套期的部分，应当直接确认为所有者权益，并单列项目反映。该有效套期部分的金额，按照下列两项的绝对额中较低者确定：① 套期工具自套期开始的累计利得或损失。② 被套期项目自套期开始的预计未来现金流量现值的累计变动额。

（2）套期工具利得或损失中属于无效套期的部分（即扣除直接确认为所有者权益后的其他利得或损失），应当计入当期损益。

（3）在风险管理策略的正式书面文件中，载明了在评价套期有效性时将排除套期工具的某部分利得或损失或相关现金流量影响的，被排除的该部分利得或损失的处理适用《企业会计准则第22号——金融工具确认和计量》。

2. 套期工具利得或损失的后续处理要求

（1）被套期项目为预期交易，且该预期交易使企业随后确认一项金融资产或一项金融负债的，原直接确认为所有者权益的相关利得或损失，应当在该金融资产或金融负债影响企业损益的相同期间转出，计入当期损益。但是，企业预期原直接在所有者权益中确认的净损失全部或部分在未来会计期间不能弥补时，应当将不能弥补的部分转出，计入当期损益。

（2）被套期项目为预期交易，且该预期交易使企业随后确认一项非金融资产或一项非金融负债的，企业可以选择下列方法处理：① 原直接在所有者权益中确认的相关利得或损失，应当在该非金融资产或非金融负债影响企业损益的相同期间转出，计入当期损益。但是，企业预期原直接在所有者权益中确认的净损失全部或部分在未来会计期间不能弥补时，应当将不能弥补的部分转出，计入当期损益。② 将原直接在所有者权益中确认的相关利得或损失转出，计入该非金融资产或非金融负债的初始确认金额。

非金融资产或非金融负债的预期交易形成了一项确定承诺时，该确定承诺满足运用《企业会计准则第24号——套期保值》规定的套期会计方法条件的，也应当选择上述①和

②两种方法之一处理。企业选择了上述①和②两种方法之一作为会计政策后，应当一致地运用于相关的所有预期交易套期，不得随意变更。

(3) 不属于上述①和②所指情况的，原直接计入所有者权益中的套期工具利得或损失，应当在被套期预期交易影响损益的相同期间转出，计入当期损益。

3. 终止使用现金流量套期会计方法的条件

(1) 套期工具已到期、被出售、合同终止或者被行使。套期工具展期或被另一项套期工具替换时，如展期或替换是企业正式书面文件所载明套期策略的组成部分，不作为已到期或合同终止处理。

(2) 该套期不再符合运用套期会计方法的条件。

(3) 对预期交易的现金流量套期，预期交易预计不会发生。

(4) 企业撤销了对套期关系的指定。

(二) 现金流量套期会计处理举例

【例 3-9】 2×20 年 1 月 1 日，A 公司预期在 2×20 年 6 月 30 日将销售一批甲商品，数量为 100 000 吨。为规避该预期销售有关的现金流量变动风险，A 公司于 2×20 年 1 月 1 日与某金融机构签订了一项衍生金融工具合同(即乙衍生金融工具)，并将其指定为该预期商品销售的套期工具。乙衍生金融工具的标的资产与被套期项目在数量、质次、价格变动和产地方面相同。而且乙衍生金融工具的结算日和预期商品销售日均为 2×20 年 6 月 30 日。

2×20 年 1 月 1 日，乙衍生金融工具的公允价值为零，商品的预期销售价格为 1 100 000 元。2×20 年 6 月 30 日，乙衍生金融工具的公允价值上涨了 25 000 元，预期销售价格下降了 25 000 元。当日，A 公司将甲商品出售，并将乙衍生金融工具结算。

A 公司采用比率分析法评价套期有效性，即通过比较乙衍生金融工具和甲商品的公允价值变动评价套期有效性，A 公司预期该套期完全有效。假定不考虑衍生金融工具的时间价值、与商品销售相关的增值税及其他因素，则 A 公司的账务处理如下：

① 2×20 年 1 月 1 日，A 公司不作账务处理。

② 2×20 年 6 月 30 日：

借：套期工具——乙衍生金融工具	25 000	
贷：其他综合收益——套期工具价值变动		25 000
借：应收账款或银行存款	1 075 000	
贷：主营业务收入		1 075 000
借：银行存款	25 000	
贷：套期工具——乙衍生金融工具		25 000
借：其他综合收益——套期工具价值变动	25 000	
贷：主营业务收入		25 000

四、境外经营净投资套期的会计处理

（一）境外经营净投资套期会计处理的基本原则

对境外经营净投资的套期，企业应按类似于现金流量套期会计的规定进行处理：

(1) 套期工具形成的利得或损失中属于有效套期的部分，应当直接确认为所有者权益，并单列项目反映。处置境外经营时，上述在所有者权益中单列项目反映的套期利得或损失应当转出，计入当期损益。

(2) 套期工具形成的利得或损失中属于无效套期的部分，应当计入当期损益。

（二）境外经营净投资套期会计处理举例

【例 3-10】 2×20 年 10 月 1 日，A 公司（记账本位币为人民币）在其境外子公司 B 公司有一项境外净投资外币 500 万元（即 FC 500 万元）。为规避境外经营净投资外汇风险，A 公司与某境外金融机构签订了一项外汇远期合同，约定于 2×21 年 4 月 1 日卖出 FC 500 万元。A 公司每季度对境外净投资余额进行检查，且依据检查结果调整对净投资价值的套期。其他有关资料见表 3-6。

表 3-6

境外经营净投资套期情况

单位：元

日　　期	即期汇率(FC/CNY)	远期汇率(FC/CNY)	远期合同的公允价值
2×20 年 10 月 1 日	1.71	1.70	0
2×20 年 12 月 31 日	1.64	1.63	3 430 000
2×21 年 12 月 31 日	1.60	不适用	5 000 000

A 公司在评价套期有效性时，将远期合同的时间价值排除在外。假定 A 公司的上述套期满足运用套期会计方法的所有条件。A 公司的账务处理如下：

① 2×20 年 10 月 1 日：

借：被套期项目——境外经营净投资　　85 500 000

　贷：长期股权投资　　85 500 000

外汇远期合同的公允价值为零，不作账务处理。

② 2×20 年 12 月 31 日：

借：套期工具——外汇远期合同　　3 430 000
　　汇兑损益　　70 000
　　贷：其他综合收益——套期工具价值变动　　3 500 000
借：其他综合收益——外币报表折算差额　　3 500 000
　　贷：被套期项目——境外经营净投资　　3 500 000

③ 2×21 年 3 月 31 日：

借：套期工具——外汇远期合同　　1 570 000
　　汇兑损益　　430 000
　　贷：其他综合收益——套期工具价值变动　　2 000 000
借：其他综合收益——外币报表折算差额　　2 000 000
　　贷：被套期项目——境外经营净投资　　2 000 000
借：银行存款　　5 000 000
　　贷：套期工具——外汇远期合同　　5 000 000

境外经营净投资套期产生的利得在所有者权益中列示，直至子公司被处置。

复习思考题

1. 什么是衍生金融工具？其特点和作用主要表现在哪些方面？
2. 衍生金融工具分为哪几类？其划分标准是什么？
3. 什么是套期保值？试述套期保值的基本原理。
4. 套期保值业务分为哪几类？
5. 运用套期保值会计的条件有哪些？
6. 什么是套期有效性？套期有效性的评价方法有哪几种？

练　习　题

一、单项选择题

1. 下列各项中，属于衍生金融工具的是（　　）。
   A. 股票　　B. 债券　　C. 基金　　D. 期货
2. 以股票或者股票指数为基础金融工具的衍生金融工具属于（　　）。
   A. 货币式衍生金融工具　　B. 股票式衍生金融工具
   C. 利率式衍生金融工具　　D. 利率互换
3. 衍生金融交易双方同意在未来日期按固定价格交换金融资产的合约称为（　　）。
   A. 金融远期　　B. 金融期货　　C. 金融期权　　D. 金融互换

4. 交易双方在有组织的交易所内以公开竞价的形式达成协议，在将来某一特定时间交割标准数量金融现货的协议是(　　)。

A. 金融远期　　B. 金融期货　　C. 金融期权　　D. 金融互换

5. 两个或两个以上当事人按共同约定的条件，在特定时间内交换一系列支付款项的金融交易属于(　　)。

A. 金融远期　　B. 金融期货　　C. 金融期权　　D. 金融互换

6. 买家享有在合约期满或期满之前按约定的价格购买或销售一定数额的某种金融资产的权利，属于(　　)。

A. 远期交易　　B. 期货交易　　C. 期权交易　　D. 互换交易

7. 为了取得金融期货交易会员资格而交纳的会员费应记入(　　)账户。

A. "期货投资"　　B. "期权投资"

C. "衍生金融工具"　　D. "长期股权投资"

8. 衍生金融工具需要以公允价值进行后续计量。衍生金融工具公允价值变动的影响损益的金额应该记入(　　)账户。

A. "投资收益"　　B. "公允价值变动损益"

C. "套期损益"　　D. "汇兑损益"

9. 将一种货币的本金和固定利息与等价的另一种货币的本金和固定利息进行互换，属于(　　)。

A. 利率互换　　B. 货币互换　　C. 期权互换　　D. 期货互换

10. 登记金融互换净额结算的会计账户是(　　)账户。

A. "投资收益"　　B. "公允价值变动损益"

C. "套期损益"　　D. "财务费用"

11. 对于与金融资产或金融负债现金流量或公允价值的一部分相关的风险，其(　　)可以计量的，企业可以就该风险将金融资产或金融负债指定为被套期项目。

A. 预期价值　　B. 风险报酬率　　C. 套期有效性　　D. 现金流量

12. 在金融资产或金融负债组合的利率风险(　　)中，可以将某货币金额(如人民币、美元或欧元金额)的资产或负债指定为被套期项目。

A. 公允价值套期　　B. 现金流量套期

C. 境外经营净投资套期　　D. ABC三者均可

13. 非金融资产或非金融负债指定为被套期项目的，被套期风险应当是该非金融资产或非金融负债相关的(　　)。

A. 利率风险和信用风险　　B. 利率风险和外汇风险

C. 全部风险　　D. 全部风险或外汇风险

14. 企业至少应当在编制(　　)时对套期有效性进行评价。

A. 月度财务报告　　B. 季度财务报告
C. 中期或年度财务报告　　D. 合并财务报表

15. 企业可以将金融资产或金融负债现金流量的全部指定为被套期项目。但金融资产或金融负债现金流量的一部分被指定为被套期项目的，被指定部分的现金流量应当(　　)该金融资产或金融负债现金流量总额。

A. 多于　　B. 等于　　C. 少于　　D. 以上选项均可

16. 被套期项目因被套期风险形成的利得或损失应当计入当期损益，同时(　　)。

A. 调整被套期项目的账面价值　　B. 确定被套期项目的公允价值
C. 计量被套期项目的市场价值　　D. 确定被套期项目的重置成本

17. 当套期同时满足：① 在套期开始及以后期间，该套期预期会高度有效地抵销套期指定期间被套期风险引起的公允价值或现金流量变动。② 该套期的实际抵销结果在(　　)范围内。企业应当认定其为高度有效。

A. 50%～100%　　B. 80%～100%　　C. 50%～125%　　D. 80%～125%

18. 对利率风险组合的公允价值套期，在资产负债表中单列的相关项目，也应当按照调整日重新计算的实际利率在调整日至相关的重新定价期间结束日的期间内摊销。采用实际利率法进行摊销不切实可行的，可以采用(　　)进行摊销。

A. 直线法　　B. 双倍余额递减法
C. 年数总和法　　D. 工作量法

19. 套期保值业务较多的企业进行公允价值套期时，由于公允价值变动发生的利得或损失，应记入(　　)账户。

A. "公允价值变动损益"　　B. "套期损益"
C. "汇兑损益"　　D. "财务费用"

20. 对境外经营净投资套期，套期工具利得或损失属于有效套期部分的，应当直接确认为(　　)。

A. 套期损益　　B. 公允价值变动损益
C. 汇兑损益　　D. 其他综合收益

二、多项选择题

1. 下列各项中，属于金融工具的有(　　)。

A. 支票　　B. 汇票
C. 信托书　　D. 股权证

2. 按企业会计准则的规定，衍生金融工具应具有的特征有(　　)。

A. 价值随特定利率、证券价格、商品价格等变动而变动
B. 不要求初始投资或投资额很少
C. 不要求初始净投资或净投资很少

D. 在未来日期结算

3. 按衍生金融工具产品形态和业务特点来划分，衍生金融工具分为(　　)等几种。

A. 金融远期　　B. 金融期货

C. 金融期权　　D. 金融互换

4. 按照衍生金融工具的基础金融工具来划分，衍生金融工具可划分为(　　)等几种。

A. 股票式衍生金融工具　　B. 货币式衍生金融工具

C. 利率式衍生金融工具　　D. 期权式衍生金融工具

5. 进行衍生金融工具投资，涉及的投资核算账户有(　　)账户。

A. "长期股权投资"　　B. "期货投资"

C. "衍生金融工具"　　D. "投资收益"

6. 套期保值主要涉及的要素有(　　)。

A. 套期工具　　B. 被套期项目

C. 套期关系　　D. 套期有效性

7. 套期保值按套期关系(即套期工具和被套期项目之间的关系)可划分为(　　)等几类。

A. 公允价值套期　　B. 现金流量套期

C. 外币套期　　D. 境外净投资套期

8. 企业通常可将单项衍生金融工具指定为对一种风险进行套期，但同时满足(　　)等条件的，可以指定单项衍生金融工具对一种以上的风险进行套期。

A. 预期收益可以计量

B. 各项被套期风险可以清晰辨认

C. 套期有效性可以证明

D. 可以确保该衍生金融工具与不同风险头寸之间存在具体指定关系

9. 被套期项目是指使企业面临公允价值或现金流量变动风险，且被指定为被套期对象的项目有(　　)。

A. 单项已确认资产、负债、确定承诺、很可能发生的预期交易，或境外经营净投资

B. 一组具有类似风险特征的已确认资产、负债、确定承诺、很可能发生的预期交易，或境外经营净投资

C. 被套期风险必须是非金融资产

D. 分担同一被套期利率风险的金融资产或金融负债组合的一部分(仅适用于利率风险公允价值组合套期)

10. 某一项目能够作为被套期项目，应当使企业面临公允价值或现金流量变动风险(即被套期风险)，在本期或未来期间会影响企业的损益。与之相关的被套期风险，通常包

括(　　)等。

A. 外汇风险　　　　　　　　　　　　B. 利率风险

C. 商品价格及股票价格风险　　　　　D. 信用风险

三、判断题

1. 衍生金融工具的层出不穷对传统财务会计理论与实务产生了重大影响和冲击,但是,新企业会计准则的颁布已从根本上解决了这一难题。(　　)

2. 所有的远期金融工具合同都是衍生金融工具。(　　)

3. 衍生金融工具对传统财务会计计量的冲击主要表现在对单一历史成本计量属性的挑战。(　　)

4. 无论任何种类的金融资产或金融负债,企业在对它们进行初始确认时,均应按照公允价值计量。(　　)

5. 企业运用衍生金融工具对以外币结算的应收账款进行套期,就是为了消除汇率变动可能给企业带来的风险。(　　)

6. 进行套期保值,不会使企业受到任何损失。(　　)

7. 企业用远期外汇合同对已购进资产进行套期保值,因规避了风险从而一定会增加企业的净收益。(　　)

8. 套期工具是指企业为进行套期而指定的,其公允价值或现金流量变动预期可抵销被套期项目的公允价值或现金流量变动的衍生金融工具。(　　)

9. 套期有效性是指套期工具的公允价值变动能够抵销被套期项目现金流量变动的程度。(　　)

10. 外汇期货合约既可服务于套期保值,也可以用于投机。(　　)

四、计算及账务处理题

1. W公司2×20年期货业务的经济事项如下:

(1) 1月1日,支付1万元取得某期货交易所的会员资格,另外,支付年费5 000元。

(2) 3月1日,为业务所需,存入保证金60 000元。

(3) 5月1日,买入1 000吨大米期货合约,每吨价格为2 500元,交易佣金为1‰(下同)。

(4) 5月10日,卖出铜制品期货100吨,每吨价格为20 000元。

(5) 6月30日,期货的市场价格为大米每吨2 540元,铜制品每吨20 050元。

(6) 8月1日,以每吨2 560的价格卖出大米期货,交易佣金为1‰。

(7) 8月30日,以每吨20 100元的价格进行铜制品期货实物交割(不考虑增值税),交易佣金为1.2‰,该铜制品的实际成本为每吨18 000元。

要求:试作出上述事项的会计分录。

2. 2×20年1月1日,W公司签订一份4个月期的购买10 000 000美元的远期合同。各时点有关该远期合同的即期汇率和远期汇率的资料见表3-7。

表3-7

相关资料表

日　　期	美元兑人民币的即期汇率	2×20年4月30日美元兑换人民币的远期汇率
2×20年1月1日	6.50	6.55
2×20年3月31日	6.40	6.45
2×20年4月30日	6.60	6.60

已知长江公司折现率(年增量贷款利率)为12%。

要求：计算各时点远期合约的公允价值并作出会计处理。

3. 2×20年10月31日，长江公司以价格为30 000元签订一份4个月的购买80 000份黄河公司股票的看涨期权，黄河公司股票的价格此时为每股20元。2×20年12月31日，黄河公司股票的价格为每股30元，该期权的时间价值为50 000元。2×21年1月1日，长江公司以400 000元的价格出售手中的股票期权。

要求：作出上述业务的会计处理。

4. 2×20年1月1日，甲上市公司决定采用某衍生金融工具对甲存货进行公允价值套期。套期开始时，衍生金融工具的公允价值为零，甲存货的账面价值为20 000元，公允价值为22 000元。2×20年4月30日，衍生金融工具的公允价值上升了2 500元，甲存货公允价值下降了1 500元。

要求：假定不考虑其他因素，作出甲上市公司的会计处理。

第四章　非货币性资产交换

【内容提要】 非货币性资产交换是指企业主要以固定资产、无形资产、投资性房地产和长期股权投资等非货币性资产进行的交换。该交换不涉及或只涉及少量的货币性资产(即补价)。本章主要阐述了非货币性资产交换中换入资产入账价值的确定、换出资产相关损益的确定、非货币性资产交换的核算。

【导入案例】 2000年3月，在上海证券交易所上市的武汉诚成文化投资集团股份有限公司，以下简称(诚成文化)发布了两份不同的1999年年报。这在中国证券市场史上也是头一次出现两份正式年报。两份年报的最大差异就是第一份年报多出了5 000多万元的投资收益。那么产生这种差异的根源是什么呢？诚成文化董事会秘书邹毅生解释说:“概念上这种置换‘传世藏书’，它是一个产品，一个实物产品。当然置换长印文化娱乐公司870万元的房地产，也是一个产品，也是一个实物资产。以‘传世藏书’置换进来，一定要形成销售以后才能计入当期利润，当时财政部是这个说法，没有形成销售你就不能计入当期收入，财政部认为有一些和会计政策不相吻合的地方。”

邹毅生提到的这次资产置换就是导致两份年报出台的真实原因。一开始，诚成文化将评估价值为870万元的一家子公司——长印文化娱乐公司与大股东海南诚成企业集团评估价值为6 528万元的1 600套“传世藏书”进行了资产置换，产生了5 000多万元的置换差额，最后在报表中就被计算成5 000多万元的投资收益，使诚成文化每股收益达到了0.36元，净资产收益率达到了12%。但是由于这次资产置换属于非货币性交易，换进来的资产是1 600套书籍，财政部认定这次置换不公平、不合理，不能确认相关利润，于是就产生了两份差异极大的报表。

思考　你认为诚成文化是否应该确认损益？为什么？

第一节　非货币性资产交换的概念及认定

一、非货币性资产交换的概念

非货币性资产交换是一种非经常性的特殊交易行为，是指企业主要以固定资产、无形资产、投资性房地产和长期股权投资等非货币性资产进行的交换。这里的非货币性资产是相对于货币性资产而言的。货币性资产是指企业持有的货币资金和将以固定或可确定的金额收取的资产，包括库存现金、银行存款、应收账款、应收票据以及准备持有至到期的债券投资等。非货币性资产是指货币性资产以外的资产，该类资产在将来为企业带来的经济利益不固定或不可确定，包括存货（如原材料、库存商品等）、长期股权投资、固定资产等。在实务中，交易双方通过非货币性资产交换，一方面可以满足自身生产经营的需求；另一方面可以在一定程度上减少货币资产的流失。

温馨提示

非货币性资产和非现金资产不是一回事。前者是指货币性资产之外的各种资产；后者是指现金之外的各种资产。应收账款是非现金资产，但不属于非货币性资产。

二、非货币性资产交换的认定

非货币性资产交换一般不涉及货币性资产，或只涉及少量的货币性资产（即补价）。《企业会计准则第 7 号——非货币性资产交换》规定，认定涉及少量货币性资产的交换为非货币性资产交换，通常以补价占整个资产交换金额的比例是否低于 25% 作为参考比例。一般认为，如果补价占整个资产交换的比例低于 25%，则认为所涉及的补价为“少量”，该资产交换为非货币性资产交换；如果该比例等于或高于 25%，则视为货币性资产交换，或者企业以存货换入固定资产、无形资产的，适用于《企业会计准则第 14 号——收入》等相关准则规定。非货币性资产交换的认定条件可以用以下公式表示：

支付补价的企业：

$$\frac{\text{支付的货币性资产}}{\text{换入资产公允价值（或换出资产公允价值＋支付的货币性资产）}} < 25\%$$

收到补价的企业：

$$\frac{\text{收到的货币性资产}}{\text{换出资产公允价值（或换入资产公允价值＋收到的货币性资产）}} < 25\%$$

第二节 非货币性资产交换的会计处理原则

一、非货币性资产交换的确认和计量原则

（一）确认原则

企业应当分别按照下列原则对非货币性资产交换中的换入资产进行确认，对换出资产终止确认：①对于换入资产，企业应当在换入资产符合资产定义并满足资产确认条件时予以确认。②对于换出资产，企业应当在换出资产满足资产终止确认条件时终止确认。

换入资产的确认时点与换出资产的终止确认时点存在不一致的，企业在资产负债表日应当按照下列原则进行处理：①换入资产满足资产确认条件，换出资产尚未满足终止确认条件的，在确认换入资产的同时将交付换出资产的义务确认为一项负债。②换入资产尚未满足资产确认条件，换出资产满足终止确认条件的，在终止确认换出资产的同时将取得换入资产的权利确认为一项资产。

（二）计量原则

在非货币性资产交换的情况下，换入资产的入账价值（成本）有公允价值和账面价值两种计量基础。

1. 公允价值

非货币性资产交换同时满足下列两个条件的，应当以换出资产的公允价值为基础计算换入资产的成本，换出资产公允价值与账面价值的差额计入当期损益：

(1) 交换具有商业实质。

(2) 换入资产或换出资产的公允价值能够可靠地计量。满足下列三个条件之一的，视为公允价值能够可靠地计量：① 换入资产或换出资产存在活跃市场。② 换入资产或换出资产不存在活跃市场，但同类或类似资产存在活跃市场。③ 换入资产或换出资产不存在同类或类似资产可比市场，采用估值技术确定公允价值。采用估值技术确定的公允价值满足下列条件之一的，视为能够可靠地计量：第一，采用估值技术确定的公允价值估计数的变动区间很小；第二，在公允价值估计数变动区间内，各种用于确定公允价值估计数的概率能够合理确定。

2. 账面价值

非货币性资产交换不具有商业实质或换出资产和换入资产的公允价值均不能可靠地计量的，应当以账面价值为基础计算换入资产的成本，不确认损益。

温馨提示

资产的账面价值一般为资产的账面余额扣除有关累计折旧(摊销)、资产减值准备等金额后的净值。其中,“账面余额”是指资产账户在期末的实际余额。例如,固定资产的账面余额是指固定资产的原始成本,固定资产的账面价值则是指固定资产原始成本扣除累计折旧、固定资产减值准备后的净额。

二、商业实质的判断

企业应当遵循实质重于形式的要求判断非货币性资产交换是否具有商业实质。根据换入资产的性质和换入企业经营活动的特征等,可以确认换入资产与企业其他现有资产相结合能够产生更大的效用,从而导致企业受该换入资产影响产生的现金流量与换出资产明显不同,表明该项资产交换具有商业实质。

根据《企业会计准则第 7 号——非货币性资产交换》规定,认定某项非货币性资产交换具有商业实质,必须满足下列条件之一:

(1) 换入资产的未来现金流量在风险、时间和金额方面与换出资产显著不同。这种情况通常包括下列情形:① 未来现金流量的风险、金额相同,时间不同。此种情形是指换入资产和换出资产产生的未来现金流量总额相同,获得这些现金流量的风险相同,但现金流量流入企业的时间明显不同。② 未来现金流量的时间、金额相同,风险不同。此种情形是指换入资产和换出资产产生的未来现金流量时间和金额相同,但企业获得现金流量的不确定性程度存在明显差异。③ 未来现金流量的风险、时间相同,金额不同。此种情形是指换入资产和换出资产产生的未来现金流量总额相同,预计为企业带来现金流量的时间跨度相同,风险也相同,但各年产生的现金流量金额存在明显差异。

(2) 换入资产与换出资产的预计未来现金流量现值不同,且其差额与换入资产和换出资产的公允价值相比是重大的。这种情况是指换入资产对换入企业的特定价值(即预计未来现金流量现值)与换出资产存在明显差异。

温馨提示

在确定非货币性资产交换是否具有商业实质时,企业应当关注交易各方之间是否存在关联方关系。关联方关系的存在可能导致发生的非货币性资产交换不具有商业实质。

第三节　非货币性资产交换的会计处理

一、以公允价值计量的会计处理

非货币性资产交换同时满足下列条件的，应当以换出资产的公允价值和应支付的相关税费作为换入资产的成本，换出资产公允价值与账面价值的差额计入当期损益：① 该项交换具有商业实质。② 换入资产或换出资产的公允价值能够可靠地计量。

换入资产和换出资产公允价值均能够可靠地计量的，应当以换出资产的公允价值作为确定换入资产成本的基础，但有确凿证据表明换入资产的公允价值更加可靠的除外。

非货币性资产交换的会计处理视换出资产类别的不同而有所区别：

（1）换出资产为存货的，应当作为销售处理，按其公允价值确认收入，同时结转相应的成本。

（2）换出资产为固定资产、无形资产的，应当视同固定资产、无形资产处置，换出资产公允价值与其账面价值的差额，计入资产处置损益。

（3）换出资产为长期股权投资、交易性金融资产、其他债权投资或其他权益工具投资的，换出资产公允价值与其账面价值的差额，计入投资收益或留存收益，并将长期股权投资和其他债权投资或其他权益工具投资持有期间形成的“其他综合收益”和“资本公积——其他资本公积”转入投资收益或留存收益。

（一）不涉及补价的情况

在以公允价值为基础确定换入资产成本的情况下，不涉及补价时，换入资产成本和计入当期损益的金额的计算公式如下：

换入资产成本＝换出资产公允价值＋应支付的相关税费

计入当期损益的金额＝换出资产公允价值－换出资产账面价值

【例 4－1】 2×20 年 1 月，江华公司以生产经营过程中使用的一台设备交换鸿运公司生产的一批电脑，换入的电脑作为固定资产管理。江华公司和鸿运公司均为增值税一般纳税人，适用的增值税税率为 13%。设备的账面原值为 120 万元，在交换日的累计折旧为 15 万元，公允价值为 60 万元。电脑的账面价值为 90 万元，在交换日的市场价格为 60 万元，计税价格等于市场价格。鸿运公司换入江华公司的设备是生产电脑过程中需要使用的设备。

假设江华公司此前没有为该设备计提资产减值准备，整个交易过程中，除支付运杂费 15 000 元外，没有发生其他相关税费。鸿运公司此前也没有为库存电脑计提存货跌价准备，其在整个交易过程中没有发生除增值税以外的其他税费。

江华公司的账务处理如下：

换出设备应交的增值税销项税额＝600 000×13%＝78 000(元)

换入电脑可以抵扣的增值税进项税额＝600 000×13%＝78 000(元)

换入电脑成本＝600 000＋78 000－78 000＝600 000(元)

借：固定资产清理	1 050 000	
累计折旧	150 000	
贷：固定资产——设备		1 200 000
借：固定资产清理	15 000	
贷：银行存款		15 000
借：固定资产——电脑	600 000	
应交税费——应交增值税(进项税额)	78 000	
资产处置损益	465 000	
贷：固定资产清理		1 065 000
应交税费——应交增值税(销项税额)		78 000

鸿运公司的账务处理如下：

换出打印机应交的增值税销项税额＝600 000×13%＝78 000(元)

换入设备可以抵扣的增值税进项税额＝600 000×13%＝78 000(元)

换入设备成本＝600 000＋78 000－78 000＝600 000(元)

借：固定资产——设备	600 000	
应交税费——应交增值税(进项税额)	78 000	
贷：主营业务收入		600 000
应交税费——应交增值税(销项税额)		78 000
借：主营业务成本	900 000	
贷：库存商品——电脑		900 000

温馨提示

整个资产交换过程没有涉及收付货币性资产，因此，该项交换属于非货币性资产交换。本例是以存货换入固定资产，对江华公司来讲，换入的电脑是经营过程中必须使用的机器，对鸿运公司来讲，换入的设备是生产电脑过程中必须使用的机器，两项资产交换后对换入企业的特定价值显著不同，两项资产的交换具有商业实质；同时，两项资产的公允价值都能够可靠地计量，符合以公允价值计量的两个条件，因此，江华公司和鸿运公司均应当以换出资产的公允价值为基础，确定换入资产的成本，并确认产生的损益。

（二）涉及补价的情况

在以公允价值为基础确定换入资产成本的情况下，涉及补价时，支付补价方和收到补价方换入资产成本、计入当期损益的金额的计算公式如下：

支付补价方：

换入资产成本＝换出资产公允价值＋应支付的相关税费＋支付的补价

计入当期损益的金额＝换出资产公允价值－换出资产账面价值

收到补价方：

换入资产成本＝换出资产公允价值＋应支付的相关税费－收到的补价

计入当期损益的金额＝换出资产公允价值－换出资产账面价值

【例 4－2】 华伟股份有限公司拥有一个出租车队以经营出租业务，其主要车辆是福特公司的汽车。华伟股份有限公司希望通过添加通用公司的汽车来增加出租车队汽车的种类。因此，华伟股份有限公司与经营汽车出租业务的凯盛股份有限公司商定，华伟股份有限公司用一辆福特汽车交换凯盛股份有限公司的一辆通用汽车。福特汽车的账面原值为 150 000 元，在交换日的累计折旧为 20 000 元，公允价值为 140 000 元；通用汽车的账面原值为 200 000 元，在交换日的累计折旧为 55 000 元，公允价值为 150 000 元。华伟股份有限公司另外向凯盛股份有限公司支付银行存款 10 000 元。在整个交换过程中华伟股份有限公司发生运杂费 2 100 元，凯盛股份有限公司发生运杂费 3 200 元，两公司都没有计提固定资产减值准备。假设不考虑相关税费。

分析：该项资产交换涉及收付货币性资产，即补价 10 000 元。

对凯盛股份有限公司而言，收到的补价÷换出资产的公允价值＝10 000÷150 000＝6.67％＜25％，属于非货币性资产交换。

对华伟股份有限公司而言，支付的补价÷换入资产的公允价值＝10 000÷150 000＝6.67％＜25％，属于非货币性资产交换。

假设经分析，该交易符合公允价值计量的条件，应采用公允价值进行计量。

华伟股份有限公司的账务处理如下：

换入资产入账价值＝140 000＋10 000＋2 100＝152 100(元)

借：固定资产清理	130 000	
累计折旧	20 000	
贷：固定资产——福特汽车		150 000
借：固定资产清理	2 100	
贷：银行存款		2 100

借：固定资产——通用汽车	152 100	
贷：固定资产清理		132 100
银行存款		10 000
资产处置损益		10 000

凯盛股份有限公司的账务处理如下：

换入资产入账价值＝150 000－10 000＋3 200＝143 200(元)

借：固定资产清理	145 000	
累计折旧	55 000	
贷：固定资产——通用汽车		200 000
借：固定资产清理	3 200	
贷：银行存款		3 200
借：固定资产——福特汽车	143 200	
银行存款	10 000	
贷：固定资产清理		148 200
资产处置损益		5 000

温馨提示

整个资产交换过程虽然涉及收付货币性资产，但是，涉及的补价占整个资产交换的金额低于25%，因此该项交换属于非货币性资产交换。

二、以账面价值计量的会计处理

非货币性资产交换不具有商业实质，或者虽然具有商业实质但换入资产和换出资产的公允价值均不能可靠地计量的，应当以换出资产账面价值为基础确定换入资产成本，无论是否支付补价，均不确认损益。

（一）不涉及补价的情况

企业发生非货币性资产交换时，应以换出资产的账面价值，加上应支付的相关税费，作为换入资产的成本。用公式表示如下：

换入资产成本＝换出资产账面价值＋应支付的相关税费

（二）涉及补价的情况

在以账面价值为基础确定换入资产成本的情况下，涉及补价时，支付补价方和收到补价方换入资产成本的计算公式如下：

支付补价方：

换入资产成本＝换出资产账面价值＋应支付的相关税费＋支付的补价

收到补价方：

换入资产成本＝换出资产账面价值＋应支付的相关税费－收到的补价

在以账面价值为基础计量换入资产入账价值时，不论是否发生补价，均不产生损益。

【例 4－3】 根据业务需要，华伟公司决定以生产的账面价值为 114 000 元的库存商品办公桌与凯盛公司的账面价值为 96 000 元的库存商品复印机进行交换。华伟公司换入的复印机作为固定资产进行管理，凯盛公司换入的办公桌作为库存商品进行管理。办公桌的公允价值为 110 000 元，复印机的公允价值为 110 000 元。华伟公司销售办公桌的增值税税率为 13%，计税价格等于公允价值。凯盛公司销售复印机的增值税税率为 13%，计税价格等于公允价值。假定华伟公司和凯盛公司都没有对存货计提存货跌价准备，整个交易过程中没有发生除增值税以外的其他相关税费。

分析：华伟公司以其库存商品办公桌与凯盛公司的库存商品复印机进行交换，在这项交换中不涉及货币性资产，即补价。属于非货币性资产交换。

华伟公司的会计处理如下：

第一步，计算换出资产办公桌增值税销项税额：

换出办公桌应交的增值税销项税额＝110 000×13%＝14 300(元)

换入复印机可抵扣的增值税进项税额＝110 000×13%＝14 300(元)

换入复印机成本＝114 000＋14 300－14 300＝114 000(元)

第二步，编制会计分录如下：

借：固定资产——复印机　114 000
　　应交税费——应交增值税(进项税额)　14 300
　贷：库存商品　114 000
　　　应交税费——应交增值税(销项税额)　14 300

凯盛公司的会计处理如下：

第一步，计算换出资产复印机增值税销项税额和换入资产办公桌增值税进项税额：

换出复印机应交的增值税销项税额＝110 000×13%＝14 300(元)

换入办公桌可抵扣的增值税进项税额＝110 000×13%＝14 300(元)

换入办公桌成本＝96 000＋14 300－14 300＝96 000(元)

第二步，编制会计分录如下：

借：库存商品——办公桌　96 000
　应交税费——应交增值税（进项税额）　14 300
　贷：库存商品——复印机　96 000
　　应交税费——应交增值税（销项税额）　14 300

温馨提示

对于非货币性资产交换中发生的应交增值税，企业应贷记“应交税费——应交增值税（销项税额）”账户，同时计入换入资产入账价值；如果是消费税等价内税，则应区分不同情况处理：以公允价值为核算基础的，不计入换入资产入账价值；以账面价值为核算基础的，应计入换入资产入账价值。

三、非货币性资产交换中涉及多项资产的会计处理

在非货币性资产交换中，可能会发生企业以一项非货币性资产同时换入另一企业的多项非货币性资产或同时以多项非货币性资产换入另一企业的一项非货币性资产或以多项货币性资产同时换入多项非货币性资产。非货币性资产交换涉及多项资产的交换时，不可能具体区分换出的某一资产是与换入的某一特定资产相交换，根据《企业会计准则第7号——非货币性资产交换》的规定，应当分别下列情况处理：

(1) 非货币性资产交换具有商业实质，且换入资产的公允价值能够可靠地计量的，应当按照换入各项资产的公允价值占换入资产公允价值总额的比例，对换入资产的成本总额进行分配，确定各项换入资产的成本。

(2) 非货币性资产交换不具有商业实质，或虽具有商业实质但换入资产的公允价值不能可靠地计量的，应当按照换入各项资产的原账面价值占换入资产原账面价值总额的比例，对换入资产的成本总额进行分配，确定各项换入资产的成本。

【例4-4】 华伟公司以生产用的一辆货车和一辆客运汽车同时交换凯盛公司生产用的1台机床和10台电脑。华伟公司货运汽车的账面价值为20万元，在交换日的累计折旧为10万元，公允价值为15万元；客运汽车的账面原价为10万元，在交换日的累计折旧为5万元，公允价值为7.5万元。凯盛公司机床的账面原价为50万元，在交换日的累计折旧为20万元，公允价值为16万元；10台电脑的账面原价为10万元，在交换日的累计折旧为2万元，公允价值为6.5万元，假定华伟公司和凯盛公司都没有为固定资产计提减值准备，整个交换过程没有发生相关税费。

假设该非货币性资产交换具有商业实质，且换入资产的公允价值能够可靠地计量，应采用公允价值的比例分配确定各项换入资产的成本。

华伟公司的会计处理如下：

第一步，计算确定换入各项资产的公允价值占换入资产公允价值总额的比例：

机床公允价值占换入资产公允价值总额的比例＝160 000÷(160 000＋65 000)×100%＝71%

电脑公允价值占换入资产公允价值总额的比例＝65 000÷(160 000＋65 000)×100%＝29%

第二步，计算确定换入各项资产的成本：

机床的成本＝(150 000＋75 000)×71%＝159 750(元)

电脑的成本＝(150 000＋75 000)×29%＝65 250(元)

第三步，编制会计分录如下：

借：固定资产清理	150 000	
累计折旧	150 000	
贷：固定资产——货运汽车		200 000
——客运汽车		100 000
借：固定资产——机床	159 750	
——电脑	65 250	
贷：固定资产清理		150 000
资产处置损益		75 000

凯盛公司的会计处理如下：

第一步，计算确定换入各项资产的公允价值占换入资产公允价值总额的比例：

货运汽车公允价值占换入资产公允价值总额的比例＝150 000÷(150 000＋75 000)×100%＝66.67%

客运汽车公允价值占换入资产公允价值总额的比例＝75 000÷(150 000＋75 000)×100%＝33.33%

第二步，计算确定换入各项资产的成本：

货运汽车的成本＝(160 000＋65 000)×66.67%＝150 008(元)

客运汽车的成本＝(160 000＋65 000)×33.33%＝74 992(元)

第三步，编制会计分录如下：

借：固定资产清理	380 000	
累计折旧	220 000	
贷：固定资产——机床		500 000
——电脑		100 000
借：固定资产——货运汽车	150 008	
——客运汽车	74 992	
资产处置损益	155 000	
贷：固定资产清理		380 000

另外，假设经分析，该项非货币性资产交换不具有商业实质，则应按照换入各项资产的原账面价值占换入资产原账面价值的总额的比例，来确定各项换入资产的入账价值。

华伟公司的会计处理如下：

第一步，计算确定各项换入资产原账面价值占换入资产原账面价值总额的比例：

机床原账面价值占换入资产原账面价值总额的比例＝300 000÷(300 000＋80 000)×100％＝78.95％

电脑原账面价值占换入资产原账面价值总额的比例＝80 000÷(300 000＋80 000)×100％＝21.05％

第二步，计算确定换入各项资产的成本：

机床的成本＝(100 000＋50 000)×78.95％＝118 425(元)

电脑的成本＝(100 000＋50 000)×21.05％＝31 575(元)

第三步，编制会计分录如下：

借：固定资产清理	150 000	
累计折旧	150 000	
贷：固定资产——货运汽车		200 000
——客运汽车		100 000
借：固定资产——机床	118 425	
——电脑	31 575	
贷：固定资产清理		150 000

凯盛公司的会计处理如下：

第一步，计算确定各项换入资产原账面价值占换入资产原账面价值总额的比例：

货运汽车原账面价值占换入资产原账面价值总额的比例＝100 000÷(100 000＋50 000)×100％＝66.67％

客运汽车原账面价值占换入资产原账面价值总额的比例＝50 000÷(100 000＋50 000)×100％＝33.33％

第二步，计算确定换入各项资产的成本：

货运汽车的成本＝(300 000＋80 000)×66.67％＝253 346(元)

客运汽车的成本＝(300 000＋80 000)×33.33％＝126 654(元)

第三步，编制会计分录如下：

借：固定资产清理	380 000	
累计折旧	220 000	
贷：固定资产——机床		500 000
——电脑		100 000
借：固定资产——货运汽车	253 346	
——客运汽车	126 654	
贷：固定资产清理		380 000

复习思考题

1. 什么是货币性资产和非货币性资产?
2. 非货币性资产交换的会计处理原则是什么?

练 习 题

一、单项选择题

1. 下列项目中,属于货币性资产的是(　　)。

A. 应收账款　　B. 长期股权投资

C. 固定资产　　D. 交易性金融资产

2. 企业对具有商业实质、且换入或换出资产的公允价值能够可靠地计量的非货币性资产交换,在换出库存商品且其公允价值包含增值税的情况下,下列会计处理中,正确的是(　　)。

A. 按库存商品含税的公允价值确认主营业务收入

B. 按库存商品不含税的公允价值确认主营业务收入

C. 按库存商品公允价值高于账面价值的差额确认营业外收入

D. 按库存商品公允价值低于账面价值的差额确认资产减值损失

3. 长安公司以一项交易性金融资产换入时代公司的一项固定资产,该项交易性金融资产的账面价值为35万元,其公允价值为38万元,时代公司该项固定资产的账面原价为60万元,已计提折旧的金额为18万元,计提减值准备的金额为7万元,公允价值为35万元,同时假定时代公司支付长安公司补价3万元,换入的金融资产仍作为交易性金融资产核算。假设两公司资产交换不具有商业实质,则时代公司换入交易性金融资产的入账价值为(　　)万元。

A. 38　　B. 40　　C. 35　　D. 33

4. 甲公司将其持有的一项固定资产换入乙公司一项专利技术,该项交易不涉及补价。假设具有商业实质。甲公司该项固定资产的账面价值为150万元,公允价值为200万元。乙公司该项专利技术的账面价值为160万元,公允价值为200万元。甲公司在此交易中为换入资产发生了20万元的税费。甲公司换入该项资产的入账价值为(　　)万元。

A. 150　　B. 220　　C. 160　　D. 170

5. A公司和B公司均为增值税一般纳税人,适用的增值税税率均为13%。A公司以一批库存商品和固定资产与B公司持有的长期股权投资进行交换,A公司该批库存商品的账面价值为80万元，不含增值税的公允价值为100万元；固定资产原价为300万元，已计提折旧190万元，未计提减值准备，该项固定资产的公允价值为160万元，交换中发生固定资产清理费用10万元。B公司持有的长期股权投资的账面价值为260万元，公允价值为277万元，假设该项非货币性资产交换具有商业实质。则A公司该项交易计入损益的金额为(　　)万元。

A. 20　　B. 40　　C. 60　　D. 100

6. 甲公司以生产经营用的客车和货车交换乙公司生产经营用的C设备和D设备。甲公司换出：客车原值45万元，已计提折旧3万元，公允价值45万元；货车原值37.50万元，已计提折旧10.50万元，公允价值30万元。乙公司换出：C设备原值22.50万元，已计提折旧9万元，公允价值15万元；D设备原值63万元，已计提折旧7.50万元，公允价值60万元。假定该项交换具有商业实质，不考虑增值税等相关税费。则甲公司取得C设备的入账价值为(　　)万元。

A. 15　　B. 63　　C. 60　　D. 55.20

7. 甲公司以长期股权投资和交易性金融资产交换乙公司生产经营用的C设备。有关资料如下：甲公司换出：长期股权投资的账面价值为35万元(其中，成本为40万元、“损益调整”账户贷方余额为5万元)，公允价值为45万元；交易性金融资产的账面价值为20万元(其中成本为18万元、“公允价值变动”账户借方余额为2万元)，公允价值30万元，甲公司因换出资产而支付的相关费用0.5万元。乙公司换出：C设备原值22.50万元，已计提折旧9万元，公允价值75万元。假定该项交换具有商业实质。则甲公司因该资产交换而记入利润表“投资收益”项目的金额为(　　)万元。

A. 20　　B. 25　　C. 17　　D. 16.5

8. 甲公司以生产经营用的客车和货车交换乙公司生产经营用的C设备和D设备。甲公司换出：客车原值45万元，已计提折旧3万元；货车原值37.50万元，已计提折旧10.50万元。乙公司换出：C设备原值22.50万元，已计提折旧9万元；D设备原值63万元，已计提折旧7.50万元。假定该项交换不具有商业实质(不考虑增值税等相关税费)。则甲公司取得C设备的入账价值为(　　)万元。

A. 14.67　　B. 63　　C. 60　　D. 13.5

9. 下列项目中，属于非货币性资产交换的是(　　)。

A. 以一项公允价值为200万元的无形资产交换一项准备持有至到期的债券投资，并且收到补价10万元

B. 以一项账面价值为100万元的固定资产交换一项公允价值为120万元的交易性金融资产，并收到补价20万元

C. 以一批不含增值税的公允价值为50万元的存货换入一项无形资产，同时收到补价20万元

D. 以一项公允价值为300万元的投资性房地产交换了一项账面价值为200万元的交易性金融资产，且收到补价75万元

10. 下列关于非货币性资产交换的表述中，不正确的是（　　）。

A. 在同时换入多项资产，具有商业实质且换入资产的公允价值能够可靠地计量的情况下，应当按照换入各项资产的公允价值占换入资产账面价值总额的比例，对换入资产的成本总额进行分配，确认各项换入资产的成本

B. 企业持有的应收账款、应收票据以及持有至到期投资，均属于企业的货币性资产

C. 在具有商业实质且其公允价值能够可靠地计量的非货币性资产交换中，换出资产的公允价值和账面价值之间的差额计入当期损益

D. 在不具有商业实质的情况下，交换双方不确认损益

11. 某企业用一批库存商品换入一台设备，并收到对方支付的补价30万元。该批库存商品的账面价值为120万元，不含增值税的公允价值为150万元，计税价格为140万元，适用的增值税税率为13%（假定不考虑运费可抵扣的进项税额）；换入设备的原账面价值为160万元，公允价值为143.8万元，该企业因该项交换影响损益的金额为（　　）万元。

A. 30　　B. 31.2　　C. 150　　D. 140

二、多项选择题

1. 甲股份有限公司发生的下列非关联交易中，属于非货币性资产交换的有（　　）。

A. 以公允价值为260万元的固定资产换入乙公司账面价值为320万元的无形资产，并支付补价80万元

B. 以账面价值为280万元的固定资产换入丙公司公允价值为400万元的专利权，并支付补价80万元

C. 以公允价值为320万元的长期股权投资换入丁公司账面价值为460万元的交易性金融资产，并支付补价140万元

D. 以账面价值为420万元准备持有至到期的长期债券投资换入戊公司公允价值为390万元的设备，并收到补价30万元

2. 在非货币性资产交换中，以换出资产的公允价值和应支付的相关税费作为换入资产的入账价值，应同时满足的条件有（　　）。

A. 该项交换具有商业实质

B. 换入资产或换出资产的公允价值能够可靠地计量

C. 换入资产的公允价值大于换出资产的公允价值

D. 换入资产的公允价值小于换出资产的公允价值

3. 对于涉及多项资产、收到补价的非货币性资产交换（具有商业实质），在确定换入

资产的入账价值时需要考虑的因素有(　　)。

A. 换入资产的进项税　　　　B. 换出资产的销项税

C. 收到对方支付的补价　　　　D. 换入资产的公允价值

4. 下列说法中,可以表明换入资产或换出资产的公允价值能够可靠地计量的有(　　)。

A. 换入资产或换出资产存在活跃市场

B. 换入资产或换出资产不存在活跃市场,但同类或类似资产存在活跃市场

C. 不存在同类或类似资产的可比市场交易,应当采用估值技术确定其公允价值,采用估值技术确定的公允价值估计数的变动区间很小,视为公允价值能够可靠地计量

D. 不存在同类或类似资产的可比市场交易,在公允价值估计数变动区间内,各种用于确定公允价值估计数的概率能够合理确定,视为公允价值能够可靠地计量

5. 在具有商业实质且公允价值能够可靠地计量的非货币性资产交换中,则换出资产公允价值与其账面价值的差额,下列会计处理中,错误的有(　　)。

A. 换出资产为其他权益工具投资的,换出资产公允价值和换出资产账面价值的差额,计入其他综合收益

B. 换出资产为投资性房地产的,换出资产公允价值和换出资产账面价值的差额,计入投资收益

C. 换出资产为库存商品的,应当视同销售处理,按其公允价值确认商品销售收入,同时结转商品销售成本

D. 换出资产为无形资产的,换出资产公允价值和换出资产账面价值的差额,计入资产处置损益

6. 甲公司与A公司均为增值税一般纳税人,适用的增值税税率均为13%。甲公司以其一项交易性金融资产换入A公司所生产的一批X产品。该项交易性金融资产的账面价值为115万元(其中成本为105万元,公允价值变动为10万元),当日的公允价值为130万元;A公司用于交换的X产品的成本为90万元,不含税公允价值为120万元,甲公司另支付补价10.4万元。A公司为换入该项金融资产另支付手续费等1.2万元。甲公司将换入的X产品作为库存商品核算,A公司将换入的金融资产作为其他权益工具投资核算。假定该项交易具有商业实质,不考虑其他因素,则下列表述中,不正确的有(　　)。

A. A公司换入其他权益工具投资的入账价值为140.4万元

B. 甲公司换入存货的入账价值为109.6万元

C. 甲公司应确认的投资收益为15万元

D. A公司应确认的损益为30万元

7. 下列关于非货币性资产交换的表述中,正确的有(　　)。

A. 如果换入与换出资产的预计未来现金流量的现值不同，且其差额与换入资产和换出资产公允价值相比是重大的，则说明该项交换具有商业实质

B. 企业持有的其他权益工具投资属于货币性资产

C. 以银行本票购买固定资产不属于非货币性资产交换

D. 具有商业实质且其换入或换出资产的公允价值能够可靠地计量的非货币性资产交换，应当以换出资产的公允价值为基础确定换入资产的成本，有确凿证据表明换入资产公允价值更加公允的，可以按照换入资产公允价值为基础来确定换入资产的成本

8. 在不具有商业实质、涉及补价的非货币性资产交换中，影响换入资产入账价值的因素有(　　)。

A. 换出资产的账面价值　　B. 换出资产计提的减值准备

C. 为换入资产支付的相关税费　　D. 换出资产收到的补价

9. 非货币性资产交换同时换入多项资产的，在确定各项换入资产的成本时，下列表述中，不正确的有(　　)。

A. 非货币性资产交换不具有商业实质，或者虽具有商业实质但换入资产的公允价值不能可靠地计量的，应当按照换入各项资产的原账面价值占换入资产原账面价值总额的比例，对换入资产的成本总额进行分配，确定各项换入资产的成本

B. 均按各项换入资产的账面价值确定

C. 均按各项换入资产的公允价值确定

D. 非货币性资产交换不具有商业实质，或者虽具有商业实质但换入资产的公允价值不能可靠地计量的，应当按照换入各项资产的公允价值占换入资产公允价值总额的比例，对换入资产的成本总额进行分配，确定各项换入资产的成本

三、判断题

1. 当换入资产的未来现金流量在风险、时间和金额方面与换出资产显著不同时，则说明该项非货币性资产交换具有商业实质。(　　)

2. 非货币性资产交换具有商业实质且公允价值能够可靠地计量的，在发生补价的情况下，支付补价方，应当以换入资产的公允价值和应支付的相关税费，作为换入资产的成本。(　　)

3. 非货币性资产交换具有商业实质且换入或换出资产的公允价值能够可靠地计量的情况下，换出的长期股权投资账面价值和公允价值之间的差额，计入营业外收支。(　　)

4. 非货币性资产交换不具有商业实质，或虽具有商业实质但所涉及资产的公允价值不能可靠地计量的，无论是否支付补价，均不确认损益。(　　)

5. 在非货币性资产交换中，企业可以自行确定是采用换出资产的公允价值，还是换出资产的账面价值对换入资产的成本进行计量。 （ ）

6. 在非货币性资产交换中，只要该项交换具有商业实质，就可以按照公允价值计量换入资产的成本。 （ ）

7. 不具有商业实质且换入资产的公允价值不能可靠地计量的非货币性资产交换，在同时换入多项资产的情况下，确定各项换入资产的入账价值时，需要按照换入各项资产的原账面价值占换入资产原账面价值总额的比例，确定各项换入资产的成本。 （ ）

四、计算及账务处理题

1. 2×20 年 12 月 1 日，恒通公司与东大公司经协商用一项长期股权投资交换东大公司的固定资产和无形资产。该项长期股权投资的成本为 1 300 万元，损益调整为借方余额 200 万元，公允价值为 1 600 万元。固定资产的账面余额为 800 万元，累计折旧为 200 万元，已提取的固定资产减值准备为 100 万元，公允价值为 600 万元。无形资产的账面原价为2 000 万元，已计提摊销为 1 000 万元，减值准备为 100 万元，公允价值为 1 000 万元。恒通公司换入的固定资产和无形资产仍作为固定资产和无形资产核算，东大公司换入的长期股权投资仍作为长期股权投资核算，假定该项交易不具有商业实质，且不考虑增值税等相关税费。

要求：分别计算恒通、东大公司换入资产的入账价值并进行账务处理。

2. 甲公司以一项长期股权投资与乙公司交换一台设备和一项无形资产，甲公司的长期股权投资账面余额为 250 万元，计提减值准备 30 万元，公允价值为 190 万元；乙公司的设备原价为 80 万元，累计折旧为 40 万元，公允价值为 50 万元；无形资产账面价值为 170 万元，公允价值为 150 万元，甲公司支付给乙公司补价 10 万元。乙公司发生固定资产清理费用 5 万元。假设该项交换具有商业实质且换出资产和换入资产的公允价值均能够可靠地计量（假定不考虑设备的增值税）。

要求：

(1) 判断上述交易是否属于非货币性资产交换，如是非货币性资产交换，计算甲公司换入的各项资产的入账价值。

(2) 编制甲公司的相关会计分录。

(3) 假设上述交易不具有商业实质，编制甲公司相关的会计分录。

第五章 或有事项

【内容提要】 或有事项是指过去的交易或者事项形成的，其结果须由某些未来事项的发生或不发生才能决定的不确定事项。本章主要介绍或有事项的概念、确认、计量及其相关会计处理。

【导入案例】 2011年4月6日，云南锡业股份有限公司(证券简称：云南锡业)发布重大仲裁事项公告：公司2009年11月5日收到新加坡国际仲裁中心当日签发并送达的《对云锡股份有限公司关于2007年10月2日云锡股份有限公司、新加坡锡业(私人)有限公司以及荷兰银行新加坡分行签署的备用承购合同的索赔仲裁通知》。荷兰银行新加坡分行向公司提出23 209 698.60美元加上7%消费税及13 871.86美元的含铅物料销毁补偿款或经鉴定的其他损失。此前，由于该仲裁发生于新加坡，受新加坡法律以及新加坡国际仲裁中心的法则管辖，公司经审慎考虑并在公司聘请的新加坡律师的建议下，暂未对该仲裁事项进行公告，目前该仲裁事项尚在审理之中。

2011年8月2日，云南锡业公布2011年1～6月半年报。以下是云南锡业股份有限公司2011年半年度报告摘要中的部分内容：

"我们提醒财务报表使用者关注，如财务报表附注十、2所述，截至财务报表批准日，荷兰银行新加坡分行对锡业股份公司提出的索赔仲裁事项正在审理之中，其结果具有不确定性。本段内容不影响已发表的审计意见。

上述强调事项段中涉及的事项为荷兰银行新加坡分行(现为皇家苏格兰银行新加坡分行)对本公司关于2007年10月2日云锡股份有限公司、新加坡锡业(私人)有限公司以及荷兰银行新加坡分行签署的备用承购合同进行索赔仲裁。目前进展情况如下：该仲裁已于2011年4月4日在新加坡召开了听证会，新加坡仲裁庭进行了18天的口头证据取证听证会，截至2011年6月3日，控辩双方以及证人问询、法庭答辩工作已经结束，待45个工作日之后，双方律师将进行第一次法庭辩论，截至目前，该仲裁尚未判决，暂无法判断对公司造成的确切影响。

负责公司年报审计的信永中和会计师事务所对该仲裁事项进行了跟踪核查，并收集了相关证据。同时，就该仲裁事项向公司聘请的境外律师发函，并取得了其书面回

（续上）

函。根据回函，公司聘请的境外律师认为：由于该仲裁事项正在审理之中，其结果无法确定，该仲裁事项存在不确定性，但成功辩护的概率高于 50%。

根据《企业会计准则第 13 号——或有事项》第二章第四条规定，该事项仍不满足或有事项相关的义务确认为预计负债的条件。因此，截至 2011 年 7 月 31 日，该或有事项相关的义务均不满足确认为预计负债条件，因此，未确认为预计负债。"

思考

1. 云南锡业在 2009 年 11 月 5 日收到"索赔仲裁通知"后，未对该事项进行任何确认和披露，是否正确？为什么？

2. 云南锡业是否应该在 2011 年半年报中确认相关损失？你认为在什么情况下应该确认？为什么？

第一节　或有事项概述

一、或有事项的概念和特征

企业在经营活动中有时会面临诉讼、仲裁、债务担保、产品质量保证、重组等具有较大不确定性的经济事项。这些不确定事项对企业的财务状况和经营成果可能会产生较大的影响，其最终结果须由某些未来事项的发生或不发生加以决定。会计上将这种不确定事项称为或有事项。

根据《企业会计准则第 13 号——或有事项》的规定，或有事项是指过去的交易或者事项形成的，其结果须由某些未来事项的发生或不发生才能决定的不确定事项。常见的或有事项主要包括未决诉讼或未决仲裁、债务担保、产品质量保证（含产品安全保证）、亏损合同、重组义务、环境污染整治、承诺等。或有事项具有以下特征。

（一）或有事项是由过去的交易或者事项形成的

或有事项作为一种不确定事项，是由企业过去的交易或者事项形成的。由过去的交易或者事项形成是指或有事项的现存状况是过去交易或者事项引起的客观存在。例如，未决诉讼虽然是正在进行中的诉讼，但该诉讼是企业因过去的经济行为导致起诉其他单位或被其他单位起诉，这是现存的一种状况，而不是未来将要发生的事项。

温馨提示

由于或有事项具有因过去的交易或者事项而形成这一特征,未来可能发生的自然灾害、交通事故、经营亏损等事项,则不属于或有事项。

(二)或有事项的结果具有不确定性

或有事项的结果具有不确定性是指或有事项的结果是否发生具有不确定性或者或有事项的结果预计将会发生,但发生的具体时间或金额具有不确定性。例如,有些未决诉讼,被告是否会败诉,在案件审理过程中有时是难以确定的,需要根据法院判决情况加以确定。又如,某企业因生产排污治理不力并对周围环境造成污染而被起诉,如无特殊情况,该企业很可能败诉。但是,在诉讼成立时,该企业因败诉将支出多少金额,或者何时将发生这些支出,可能是难以确定的。

在或有事项中,不确定性一般包括四种情况,分别是:①“基本确定”指发生的可能性大于95%但小于100%。②“很可能”指发生的可能性大于50%但小于或等于95%。③“可能”指发生的可能性大于5%但小于或等于50%。④“极小可能”指发生的可能性大于0但小于或等于5%。

(三)或有事项的结果须由未来事项决定

由未来事项决定是指或有事项的结果只能由未来不确定事项的发生或不发生才能决定。或有事项对企业是有利影响还是不利影响,或已知是有利影响或不利影响但影响多大,在或有事项发生时是难以确定的,只能由未来不确定事项的发生或不发生才能证实。例如,企业为其他单位提供债务担保,该担保事项最终是否会要求企业履行偿还债务的连带责任,一般只能看被担保方的未来经营情况和偿债能力。如果被担保方经营情况和财务状况良好且有较好的信用,那么企业将不需要履行该连带责任。只有在被担保方到期无力还款时,企业(担保方)才承担偿还债务的连带责任。

温馨提示

或有事项虽然是与不确定性联系在一起的,但结果不确定的事项并不都属于或有事项。例如,计提折旧虽然涉及对固定资产净残值和使用寿命的估计,具有一定的不确定性,但固定资产原值是确定的,其价值最终会转移到成本或费用中也是确定的,因此折旧不是或有事项。

二、或有负债和或有资产

或有事项的结果可能会产生预计负债、或有负债或者或有资产等，其中，预计负债属于负债的范畴，一般符合负债的确认条件而应予确认。随着某些未来事项的发生或者不发生，或有负债可能转化为企业的预计负债，或者消失；或有资产也有可能形成企业的资产或者消失。

（一）或有负债

或有负债是指过去的交易或者事项形成的潜在义务，其存在须通过未来不确定事项的发生或不发生予以证实；或过去的交易或者事项形成的现时义务，履行该义务不是很可能导致经济利益流出企业或该义务的金额不能可靠地计量。或有负债涉及两类义务：一类是潜在义务；另一类是现时义务。

(1) 潜在义务。潜在义务是指结果取决于不确定未来事项的可能义务。也就是说，潜在义务最终是否转变为现时义务，由某些未来不确定事项的发生或不发生才能决定。或有负债作为一项潜在义务，其结果如何只能由未来不确定事项的发生或不发生来证实。

(2) 现时义务。现时义务是指企业在现行条件下已承担的义务。作为或有负债的现时义务，其特征是：该现时义务的履行不是很可能导致经济利益流出企业，或者该现时义务的金额不能可靠地计量。

【例 5-1】 2×20 年 4 月，B 公司从银行贷款 100 万美元，期限为 1 年，由 A 公司担保 50%；2×20 年 6 月，C 公司通过银行从 G 公司贷款人民币 1 000 万元，期限 2 年，由 A 公司全额担保。

2×20 年 12 月 31 日，B 公司由于受政策影响和内部管理不善等原因，经营效益不如以往，可能不能偿还到期美元债务；C 公司经营情况良好，预期不存在还款困难。

本例中，对 B 公司而言，A 公司可能需履行连带责任；就 C 公司而言，A 公司履行连带责任的可能性极小。根据《企业会计准则第 13 号——或有事项》的规定，这两项债务担保形成 A 公司的或有负债，不符合预计负债的确认条件，A 公司应当在 2×21 年 12 月 31 日的财务报表附注中披露相关债务担保的被担保单位、担保金额及财务影响等。

（二）或有资产

或有资产是指过去的交易或者事项形成的潜在资产，其存在须通过未来不确定事项的发生或不发生予以证实。

或有资产作为一种潜在资产，其结果具有较大的不确定性，只有随着经济情况的变化，通过某些未来不确定事项的发生或不发生才能证实其是否会形成企业真正的资产。例如，甲企业向法院起诉乙企业侵犯了其专利权。法院尚未对该案件进行公开审理，甲企业是否胜诉尚难判断。对于甲企业而言，将来可能胜诉而获得的赔偿属于一项或有资产，但这项或有资产是否会转化为真正的资产，要由法院的判决结果来确定。如果终审判决结果是甲企业胜诉，那么这项或有资产就转化为甲企业的一项资产。如果终审判决结果是甲企业败诉，那么或有资产就消失了，更不可能形成甲企业的资产。

温馨提示

或有负债和或有资产都不能确认。

第二节　或有事项的确认和计量

一、或有事项的确认

与或有事项相关的义务同时满足下列条件的，应当确认为预计负债：该义务是企业承担的现时义务；履行该义务很可能导致经济利益流出企业；该义务的金额能够可靠地计量。

（一）该义务是企业承担的现时义务

“该义务是企业承担的现时义务”是指与或有事项相关的义务是在企业当前条件下已承担的义务，企业没有其他现实的选择，只能履行该现时义务。在通常情况下，过去的事项是否导致现时义务是比较明确的，但也存在极少情况，如法律诉讼，特定事项是否已发生或这些事项是否已产生了一项现时义务可能难以确定，企业应当考虑包括资产负债表日后所有可获得的证据、专家意见等，以此确定资产负债表日是否存在现时义务。如果据此判断，资产负债表日很可能存在现时义务，且符合预计负债确认条件的，应当确认一项预计负债；如果资产负债表日现时义务很可能不存在的，企业应披露一项或有负债，除非含有经济利益的资源流出企业的可能性极小。

这里所指的义务包括法定义务和推定义务。其中，法定义务是指因合同、法规或其他司法解释等产生的义务，通常是企业在经济管理和经济协调中，依照经济法律、法规的规定必须履行的责任。比如，企业与另外企业签订购货合同产生的义务，就属于法定义务。如果拟定中的新法律的具体条款还未最终确定，并且仅当该法律基本确定会按草拟的文本颁布时才形成义务，该义务应视为法定义务。推定义务是指因企业的特定行为而产生的义务。企业的特定行为泛指企业以往的习惯做法、已公开的承诺或已公开宣布的经营政策。由于以往的习惯做法或通过这些承诺或公开的声明，企业向外界表明了它将承担特定的责任，从而使受影响的各方形成了其将履行那些责任的合理预期。例如，甲公司是一家化工企业，因扩大经营规模，到A国创办了一家分公司。假定A国尚未针对甲公司这类企业的生产经营可能产生的环境污染制定相关法律，因而甲公司的分公司对在A国生产经营可能产生的环境污染不承担法定义务。但是，甲公司为在A国树立良好的形象，自行向社会公告，宣称将对生产经营可能产生的环境污染进行治理。甲公司的分公司为此承担的义务就属于推定义务。

（二）履行该义务很可能导致经济利益流出企业

“履行该义务很可能导致经济利益流出企业”是指履行与或有事项相关的现时义务时，导致经济利益流出企业的可能性超过50%但小于或等于95%。

企业因或有事项承担了现时义务，并不说明该现时义务很可能导致经济利益流出企业。例如，2×20年5月1日，甲企业与乙企业签订协议，承诺为乙企业的2年期银行借款提供全额担保。对于甲企业而言，由于担保事项而承担了一项现时义务，但这项义务的履行是否很可能导致经济利益流出企业，需依据乙企业的经营情况和财务状况等因素加以确定。假定2×20年年末，乙企业的财务状况恶化，且没有迹象表明可能发生好转。此种情况出现，表明乙企业很可能违约，从而甲企业履行承担的现时义务将很可能导致经济利益流出企业。

温馨提示

对于某些义务，如产品质量保证，对于某个项目而言，可能经济利益流出的可能性较小，此时，应通过总体考虑来确定其可能性。

（三）该义务的金额能够可靠地计量

“该义务的金额能够可靠地计量”是指与或有事项相关的现时义务的金额能够合理地估计。由于或有事项具有不确定性，因或有事项产生的现时义务的金额也具有不确定性，需要估计。对或有事项确认一项预计负债，相关现时义务的金额应当能够可靠估计。例如，甲企业（被告）涉及一桩诉讼案，根据以往的审判案例推断，甲企业很可能要败诉，相关的赔偿金额也可以估算出一个范围。在这种情况下，可以认为甲企业因未决诉讼承担的现时义务的金额能够可靠地估计。

温馨提示

预计负债与应付账款、应计项目等其他负债的主要差异在于：与预计负债相关的未来支出的时间或金额具有一定的不确定性，应付账款和应计项目一般是确定的，尽管有时需要估计应计项目的金额或时间，但是其不确定性通常远小于预计负债。

二、预计负债的计量

或有事项的计量主要涉及两方面：最佳估计数的确定和预期可获得补偿的处理。

（一）最佳估计数的确定

预计负债应当按照履行相关现时义务所需支出的最佳估计数进行初始计量。最佳估计数的确定应当分别以下两种情况处理：

（1）所需支出存在一个连续范围（或区间，下同），且该范围内各种结果发生的可能性相同，则最佳估计数应当按照该范围内的中间值，即上下限金额的平均数确定。

【例 5-2】 2×19 年 11 月 20 日，A 银行批准 B 公司的信用贷款（无担保、无抵押）申请，同意向其贷款 2 000 万元，期限为 1 年，年利率为 7.2%。2×20 年 11 月 20 日，B 公司的借款（本金和利息）到期。B 公司具有还款能力，但因与 A 银行之间存在其他经济纠纷，而未按时归还 A 银行的贷款。A 银行遂与 B 公司协商，但没有达成协议。2×20 年 12 月 25 日，A 银行向法院提起诉讼。截至 2×20 年 12 月 31 日，法院尚未对 A 银行提起的诉讼进行审理。

本例中，A 银行如无特殊情况很可能在诉讼中获胜。因此，从 2×20 年 12 月 31 日来看，A 银行可以作“很可能胜诉”的判断，并预计除可以收回本金和利息外，还可能获得罚息等。假定 A 银行根据规定的标准估计，将来最可能获得罚息等的收入 24 万元（这项金额在提起诉讼时已作估计）。根据《企业会计准则第 13 号——或有事项》的规定，A 银行不应当确认这项或有资产，而应当在 2×20 年 12 月 31 日于资产负债表附注中披露或有资产 24 万元，同时说明很可能收回 B 公司所欠的贷款本金和利息 2 144 万元。

B 公司如无特殊情况很可能败诉。为此，B 公司不仅需偿还贷款本金和利息，还需要支付罚息、诉讼费等费用。假定 B 公司预计将要支付的罚息、诉讼费等费用估计为 20 万～24 万元，而且这个区间内每个金额的可能性都大致相同。根据《企业会计准则第 13 号——或有事项》的规定，B 公司应在 2×20 年 12 月 31 日确认一项预计负债 22 万元[（20＋24）÷2]，其中支付的诉讼费为 3 万元，同时也应在附注中进行披露。有关账务处理如下：

借：管理费用——诉讼费　　30 000
　营业外支出——罚息支出　　190 000
　贷：预计负债——未决诉讼　　220 000

(2) 所需支出不存在一个连续范围，或者虽然存在一个连续范围但该范围内各种结果发生的可能性不相同。在这种情况下，最佳估计数按照如下方法确定：

其一，或有事项涉及单个项目的，按照最可能发生金额确定。涉及单个项目是指或有事项涉及的项目只有一个，如一项未决诉讼、一项未决仲裁或一项债务担保等。

【例 5-3】 2×20 年 12 月 1 日，甲公司因与乙公司签订了互相担保协议，成为相关诉讼的第二被告。截至 2×20 年 12 月 31 日，诉讼尚未判决。但由于乙公司经营困难，甲公司很可能要承担还款连带责任。据预计，甲公司承担还款金额 300 万元责任的可能性为 70%，而承担还款金额 250 万元责任的可能性为 30%(假定不考虑诉讼费)。

本例中，甲公司因连带责任而承担了现时义务，该义务的履行很可能导致经济利益流出企业，且该义务的金额能够可靠地计量。因此，甲公司应在 2×20 年 12 月 31 日确认一项预计负债 300 万元(最可能发生金额)，并在附注中作相关披露。有关账务处理如下：

借：营业外支出——赔偿支出　　3 000 000
　贷：预计负债——未决诉讼　　3 000 000

其二，或有事项涉及多个项目的，按照各种可能结果及相关概率计算确定。涉及多个项目指或有事项涉及的项目不止一个，如在产品质量保证中，提出产品保修要求的可能有许多客户。相应地，企业对这些客户负有保修义务。

【例 5-4】 2×20 年，乙企业销售产品 3 万件，销售额 1.2 亿元。乙企业的产品质量保证条款规定：产品售出后 1 年内，如发生正常质量问题，乙企业将免费负责修理。根据以往的经验，如果出现较小的质量问题，则须发生的修理费为销售额的 1%；而如果出现较大的质量问题，则须发生的修理费为销售额的 2%。据预测，本年度已售产品中，有 80%不会发生质量问题，有 15%将发生较小质量问题，有 5%将发生较大质量问题。

本例中，2×20 年年末，乙企业应确认的预计负债金额(最佳估计数)为 0.003 亿元[(1.2×1%)×15%+(1.2×2%)×5%]。有关账务处理如下：

借：销售费用　　30 000
　贷：预计负债　　30 000

(二) 预期可获得补偿的处理

企业清偿预计负债所需支出全部或部分预期由第三方补偿的，补偿金额只有在基本确定能够收到时才能作为资产单独确认。确认的补偿金额不应当超过预计负债的账面价值。补偿金额的确认涉及两个问题：一是确认时间，补偿只有在“基本确定”能够收到时予以确认；二是确认科目，补偿作为资产单独确认，该资产即“其他应收款”，不能够与预计负债相互抵冲；三是确认金额，确认的金额是基本确定能够收到的金额，而且不能超过相关预计负债的账面价值。例如，甲企业因或有事项确认了一项预计负债100万元，同时，因该或有事项，甲企业还可从乙企业获得60万元的赔偿，且这项金额基本确定能收到。在这种情况下，甲企业应分别确认预计负债100万元和其他应收款60万元。

三、预计负债计量需要考虑的因素

企业在确定预计负债最佳估计数时，应当综合考虑与或有事项有关的风险和不确定性、货币时间价值等因素。

1. 风险和不确定性

风险是对过去的交易或事项结果的变化可能性的一种描述。风险的变动可能增加预计负债的金额。企业在不确定的情况下进行判断需要谨慎，使得收益或资产不会被高估、费用或负债不会被低估。

企业需要谨慎从事，充分考虑与或有事项有关的风险和不确定性，既不能忽略风险和不确定性对或有事项计量的影响，也要避免对风险和不确定性进行重复调整，从而在低估和高估预计负债金额之间寻找平衡点。

2. 货币时间价值

预计负债的金额通常应当等于未来应支付的金额，但未来应支付金额与其现值相差较大的，如油气井及相关设施或核电站的弃置费用等，应当按照未来应支付金额的现值确定。也就是说，如果预计负债的确认时点距离实际清偿有较长的时间跨度，货币时间价值的影响重大，那么在确定预计负债的金额时，应考虑采用现值计量，即通过对相关未来现金流出进行折现后确定最佳估计数。

将未来现金流出折算为现值时，需要注意以下三点：① 用来计算现值的折现率，应当是反映货币时间价值的当前市场估计和相关负债特有风险的税前利率。② 风险和不确定性既可以在计量未来现金流出时作为调整因素，也可以在确定折现率时予以考虑，但不能重复反映。③ 随着时间的推移，即使在未来现金流出和折现率均不改变的情况下，预计负债的现值将逐渐增长。企业应当在资产负债表日，对预计负债的现值进行重新计量。

3. 未来事项

在确定预计负债金额时，企业应当考虑可能影响履行现时义务所需金额的相关未来事项。也就是说，如果有足够的客观证据表明相关未来事项将会发生，则应当在预计负债计量中予以考虑相关未来事项的影响，但不应考虑预期处置相关资产形成的利得。

预期的未来事项对预计负债的计量可能较为重要。例如，某核电企业预计在生产结束时清理核废料的费用将因未来技术的变化而显著降低。那么，该企业因此确认的预计负债金额应当反映有关专家对技术发展以及清理费用减少作出的合理预测。但是,这种预计需要得到相当客观的证据予以支持。

四、对预计负债账面价值的复核

企业应当在资产负债表日对预计负债的账面价值进行复核。有确凿证据表明该账面价值不能真实反映当前最佳估计数的,应当按照当前最佳估计数对该账面价值进行调整。例如,某化工企业对环境造成了污染,按照当时的法律规定,只需要对污染进行清理。随着国家对环境保护越来越重视,按照现在的法律规定,该企业不但需要对污染进行清理,还很有可能要对居民进行赔偿。这种法律要求的变化会对企业预计负债的计量产生影响。企业应当在资产负债表日对为此确认的预计负债金额进行复核,如有确凿证据表明预计负债金额不再能反映真实情况时,需要按照当前情况下企业清理和赔偿支出的最佳估计数对预计负债的账面价值进行相应的调整。

第三节　或有事项的具体会计处理

一、未决诉讼或未决仲裁

诉讼是指当事人不能通过协商解决争议,因而在人民法院起诉、应诉,请求人民法院通过审判程序解决纠纷的活动。仲裁是指经济法的各方当事人依照事先约定或事后达成的书面仲裁协议,共同选定仲裁机构并由其对争议依法作出约束力裁决的一种活动。

在诉讼和仲裁结果尚未判决之前,属于典型的或有事项,原告可能会形成一项或有资产,被告则可能构成一项潜在义务或者现时义务。

【例 5-5】 2×20 年 11 月 1 日,黄河股份有限公司因合同违约而被 A 公司起诉。2×20 年 12 月 31 日,法院尚未判决。A 公司预计,如无特殊情况很可能在诉讼中获胜,假定 A 公司估计将来很可能获得赔偿金额 800 000 元。黄河股份有限公司认为最终的法律判决很可能对公司不利,估计将要支付的赔偿金额在 600 000～800 000 元,而且这个区间内每个金额的概率基本相同,诉讼费为 20 000 元。

分析:此例中,A 公司不应当确认或有资产,而应当在 2×20 年 12 月 31 日的报表附注中披露或有资产 800 000 元。

黄河股份有限公司应在资产负债表中确认一项预计负债,金额为 700 000 元[(600 000+800 000)÷2]。

借：营业外支出　　700 000
　　管理费用——诉讼费　　20 000
　　贷：预计负债——未决诉讼　　720 000

同时，黄河股份有限公司对此项预计负债应在2×20年12月31日的报表附注中进行披露。

应当注意的是，对于未决诉讼，企业当期实际发生的诉讼损失金额与已计提的相关预计负债之间的差额，应分别情况处理：

第一，企业在前期资产负债表日，依据当时实际情况和所掌握的证据合理预计了预计负债，应当将当期实际发生的诉讼损失金额与已计提的相关预计负债之间的差额，直接计入或冲减当期营业外支出。

第二，企业在前期资产负债表日，依据当时实际情况和所掌握的证据，原本应当能够合理估计诉讼损失，但企业所作的估计却与当时的事实严重不符(如未合理预计损失或不恰当地多计或少计损失)，应当按照重大会计差错更正的方法进行处理。

第三，企业在前期资产负债表日，依据当时实际情况和所掌握的证据，确实无法合理预计诉讼损失，因而未确认预计负债，则在该项损失实际发生的当期，直接计入当期营业外支出。

第四，资产负债表日后至财务报告批准报出日之间发生的需要调整或说明的未决诉讼，按照资产负债表日后事项的有关规定进行会计处理。

二、债务担保

债务担保是指担保方和债权人约定，当债务人不履行债务时，担保方按照约定履行债务或者承担责任的行为。作为提供担保的一方，在被担保方无法履行合同的情况下，常常承担连带义务，如果该义务很可能导致担保方发生担保损失，并且金额能够合理估计的，则应该确认预计负债；否则，应该作为或有负债在报表附注中披露。

【例5-6】 2×18年10月，B公司从银行贷款人民币20 000 000元，期限为2年，由A公司全额担保；2×20年4月，C公司从银行贷款美元1 000 000元，期限为1年，由A公司担保50%；2×20年6月，D公司通过银行从G公司贷款人民币10 000 000元，期限为2年，由A公司全额担保。

截至2×20年12月31日，各贷款单位的情况如下：B公司贷款逾期未还，银行已起诉B公司和A公司，A公司因连带责任需赔偿多少金额尚无法确定；C公司由于受政策影响和内部管理不善等原因，经营效益不如以往，预计不能偿还到期美元债务；D公司经营情况良好，预期不存在还款困难。

本例中，对B公司而言，A公司很可能需履行连带责任，但损失金额是多少，目前还难以预计；就C公司而言，A公司可能需履行连带责任；就D公司而言，A公司履行连带责任的可能性极小。这三项债务担保形成A公司的或有负债，不符合预计负债的确认条件，A公司在2×20年12月31日编制财务报表时，应当在附注中作相应披露。

三、产品质量保证

产品质量保证是指在销售商品或提供劳务后，对客户提供质量保证的一种承诺。例如，客户可以在一定时间内退货、更换产品、免费或者按成本价维修等。企业一般应该在期末估计承担的产品质量保证义务，确认相应的预计负债。

【例5-7】 甲公司为机床生产和销售企业。假定2×19年“预计负债——产品质量保证”账户年末余额为12万元。2×20年第一季度、第二季度、第三季度、第四季度分别销售机床200台、300台、400台和350台，每台售价为5万元。对购买其产品的消费者，A公司作出如下承诺：机床售出后3年内如出现非意外事件造成的机床故障和质量问题，A公司免费负责保修(含零部件更换)。根据以往的经验，发生的保修费一般为销售额的1%～1.5%。假定甲公司2×20年四个季度实际发生的维修费分别为2万元、20万元、18万元和35万元，假设发生的维修费均由银行存款支付。

本例中，甲公司因销售机床而承担了现时义务，该义务的履行很可能导致经济利益流出甲公司，且该义务的金额能够可靠地计量。甲公司根据《企业会计准则第13号——或有事项》的规定在每季度末确认一项负债。有关账务处理如下：

① 第一季度发生产品质量保证费用(维修费)：

借：预计负债——产品质量保证	20 000	
贷：银行存款		20 000

第一季度末应确认的产品质量保证预计负债金额＝200×5×[(0.01＋0.015)÷2]＝12.5(万元)

温馨提示

> 每个季度确认的产品质量保证预计负债金额仅与本期销售金额和估计比例相关，而与其原有余额没有直接关系。

借：销售费用——产品质量保证	125 000	
贷：预计负债——产品质量保证		125 000

第一季度末，“预计负债——产品质量保证”账户余额为225 000元。

② 第二季度发生产品质量保证费用(维修费)：

借：预计负债——产品质量保证　　200 000
　贷：银行存款　　200 000

第二季度末应确认的产品质量保证预计负债金额＝300×5×(0.01＋0.015)÷2＝18.75(万元)

借：销售费用——产品质量保证　　187 500
　贷：预计负债——产品质量保证　　187 500

第二季度末，“预计负债——产品质量保证”账户余额为 212 500 元。

③ 第三季度发生产品质量保证费用(维修费)：

借：预计负债——产品质量保证　　180 000
　贷：银行存款　　180 000

第三季度末应确认的产品质量保证预计负债金额＝400×5×(0.01＋0.015)÷2＝25(万元)

借：销售费用——产品质量保证　　250 000
　贷：预计负债——产品质量保证　　250 000

第三季度末，“预计负债——产品质量保证”账户余额为 282 500 元。

④ 第四季度发生产品质量保证费用(维修费)：

借：预计负债——产品质量保证　　350 000
　贷：银行存款　　350 000

第四季度末应确认的产品质量保证预计负债金额＝350×50 000×(0.01＋0.015)÷2＝218 750(元)

借：销售费用——产品质量保证　　218 750
　贷：预计负债——产品质量保证　　218 750

第四季度末，“预计负债——产品质量保证”账户余额为 151 250 元。

在对产品质量保证确认预计负债时，需要注意以下几个问题：

(1) 如果发现保证费用的实际发生额与预计数相差较大，应及时对预计比例进行调整。

(2) 如果企业针对特定批次产品确认预计负债，则在保修期结束时，应将“预计负债——产品质量保证”账户余额冲销，同时冲减销售费用。

(3) 已对其确认预计负债的产品，如企业不再生产了，应在相应的产品质量保证期满后，将“预计负债——产品质量保证”账户余额冲销，不留余额。

四、亏损合同

亏损合同是指履行合同义务不可避免会发生的成本超过预期经济利益的合同。亏损合同产生的义务满足预计负债确认条件的，应当确认为预计负债。其中，预计负债的计量应当反映退出该合同的最低净成本，即履行该合同的成本与未能履行该合同而发生的补偿或处罚两者之中的较低者。企业对亏损合同进行会计处理，需要遵循以下两点：

(1) 如果与亏损合同相关的义务不需支付任何补偿即可撤销，企业通常就不存在现时义务，不应确认预计负债；如果与亏损合同相关的义务不可撤销，企业就存在了现时义务，同时满足该义务很可能导致经济利益流出企业和金额能够可靠地计量的，通常应当确认预计负债。

(2) 亏损合同存在标的资产的，应当对标的资产进行减值测试并按规定确认减值损失，如果预计亏损超过该减值损失，应将超过部分确认为预计负债；合同不存在标的资产的，亏损合同相关义务满足预计负债确认条件时，应当确认为预计负债。

【例 5-8】 2×19 年 12 月 10 日，长江公司与 A 公司签订了一项产品销售合同，约定在 2×20 年 3 月 5 日以每件产品 1 500 元的价格向 A 公司销售 2 000 件甲产品。长江公司开始筹备原材料以生产这批产品时，原材料价格突然上升，预计生产每件产品需要花费成本 1 700 元。假设合同不得撤销，否则长江公司将承担更大损失。目前产品尚未开始生产。

长江公司有关账务处理如下：

① 确认预计负债时：

每件甲产品预计亏损 200 元，共计亏损 400 000 元，产品尚未开始生产，标的资产不存在，应该将其确认为一项预计负债。

借：营业外支出　　400 000
　　贷：预计负债——亏损合同　　400 000

② 将已确认的预计负债冲减成本时：

待相关产品生产完成后，将已确认的预计负债冲减产品成本。

借：预计负债　　400 000
　　贷：库存商品　　400 000

沿用[例 5-8]，假设上述甲产品已经生产，每件产品实际生产成本为 1 700 元。其他条件不变。存在标的资产，长江公司不能确认预计负债，而是确认资产减值损失。假设不考虑相关销售税费，会计处理如下：

借：资产减值损失　　400 000
　　贷：存货跌价准备　　400 000

五、重组义务

重组是指企业制定和控制的将显著改变企业组织形式、经营范围或经营方式的计划实施行为。属于重组的事项主要包括：① 出售或终止企业的部分业务。② 对企业的组织结构进行较大调整。③ 关闭企业的部分营业场所，或将营业活动由一个国家或地区迁移到其他国家或地区。

温馨提示

要注意将企业重组与企业合并、债务重组区别开。因为重组通常是企业内部资源的调整和组合，谋求现有资产效能的最大化；企业合并是在不同企业之间的资本重组和规模扩张；债务重组是债权人对债务人作出让步，债务人减轻债务负担，债权人尽可能减少损失。

企业只有在承诺出售部分业务（即签订了约束性出售协议）时，才能确认因重组而承担了重组义务。

企业因重组而承担了重组义务，并且同时满足预计负债确认条件时，才能确认预计负债。首先，同时存在下列情况的，表明企业承担了重组义务：① 有详细、正式的重组计划，包括重组涉及的业务、主要地点、需要补偿的职工人数、预计重组支出、计划实施时间等。② 该重组计划已对外公告，重组计划已开始实施，或已向受其影响的各方通告了该计划的主要内容，从而使各方形成了对该企业将实施重组的合理预期。其次，需要判断重组义务是否同时满足预计负债确认条件：① 判断其承担的重组义务是否是现时义务。② 履行重组义务是否很可能导致经济利益流出企业。③ 重组义务的金额是否能够可靠地计量。只有同时满足上述这三个确认条件，才能将重组义务确认为预计负债。

例如，某公司董事会决定关闭一个事业部。如果有关决定尚未传达到受影响的各方，也未采取任何措施实施该项决定，该公司就没有开始承担重组义务，不应确认预计负债；如果有关决定已经传达到受影响的各方并使各方对企业将关闭事业部形成合理预期，通常表明企业开始承担重组义务，同时满足该义务很可能导致经济利益流出企业和金额能够可靠地计量的，应当确认预计负债。

企业应当按照与重组有关的直接支出确定预计负债金额，计入当期损益。其中，直接支出是企业重组必须承担的直接支出，不包括留用职工岗前培训、市场推广、新系统和营销网络投入等支出。

温馨提示

在计量与重组义务相关的预计负债时，不考虑处置相关资产（厂房、店面，有时是一个事业部整体）可能形成的利得或损失，即使资产的出售构成重组的一部分也是如此。这些利得或损失应当单独确认。

复习思考题

1. 什么是或有事项？或有事项具有哪些特征？
2. 什么是或有资产和或有负债？
3. 或有事项的确认条件是什么？
4. 预计负债如何进行计量？预期补偿金额如何进行处理？
5. 什么是亏损合同？如何进行相关账务处理？

练 习 题

一、单项选择题

1. 2×20 年 8 月 1 日，甲公司因产品质量不合格而被乙公司起诉。至 2×20 年 12 月 31 日，该起诉讼尚未判决，甲公司估计很可能承担违约赔偿责任，需要赔偿 300 万元的可能性为 70%，需要赔偿 200 万元的可能性为 30%。2×20 年 12 月 31 日，甲公司对该起诉讼应确认的预计负债金额为(　　)万元。

A. 270　　B. 300　　C. 200　　D. 250

2. 2×20 年 12 月 10 日，甲公司因合同违约而涉及一桩诉讼案。根据企业的法律顾问判断，最终的判决很可能对甲公司不利。2×20 年 12 月 31 日，甲公司尚未接到法院的判决，因诉讼须承担的赔偿金额也无法准确地确定。不过，据专业人士估计，赔偿金额可能在 90 万～100 万元的某一金额(不含甲公司将承担的诉讼费 2 万元)。根据《企业会计准则第 13 号——或有事项》的规定，甲公司应在 2×20 年 12 月 31 日资产负债表中确认负债的金额为(　　)万元。

A. 92　　B. 90　　C. 95　　D. 97

3. 甲公司于 2×20 年 10 月 25 日接到银行通知，向该银行的借款已逾期，银行已向法院起诉，要求归还本息 250 万元，另支付逾期罚息 20 万元。至 2×20 年 12 月 31 日法院尚未作出判决。对于此诉讼，甲公司预计除需偿还全部本息外，有 70%的可能性还需支付罚息 10 万～15 万元，有 95%的可能性支付诉讼费 3 万元。据此，甲公司 2×20 年 12 月 31 日应确认的预计负债金额为(　　)万元。

A. 11.6　　B. 15.5　　C. 18　　D. 23

4. 下列有关或有事项的表述中，正确的是(　　)。

A. 因担保引起的或有事项不一定随着被担保人债务的全部清偿而消失

B. 或有事项有可能给企业带来有利影响，也有可能给企业带来不利影响

C. 对于或有事项既要确认或有负债，也要确认或有资产

D. 或有负债与或有事项相联系，有或有事项就有或有负债

5. 或有事项的特征不包括(　　)。

A. 属于一种潜在义务

B. 由过去的交易或事项形成

C. 结果具有不确定性

D. 由未来事项决定

6. 下列事项中，不属于或有事项的是(　　)。

A. 重组业务

B. 债务担保

C. 未决仲裁

D. 未来可能发生的交通事故

7. 企业由于或有事项而确认的负债所需的支出，有时全部或部分由第三方补偿，对于这些补偿金额，只有在(　　)时才可能作为资产单独确认。

A. 发生的概率大于95%但小于100%

B. 发生的概率大于5%但小于或等于50%

C. 发生的概率大于50%但小于或等于95%

D. 发生的概率大于0但小于或等于50%

8. 2×20年12月28日，昌盛公司因合同违约而涉及一桩诉讼案。根据企业的法律顾问判断，最终的判决很可能对昌盛公司不利。2×20年12月31日，昌盛公司尚未接到法院的判决，因诉讼须承担的赔偿金额也无法准确地确定。不过，据专业人士估计，赔偿金额很可能是720万～1 000万元的某一金额，则下列表述中，不正确的是(　　)。

A. 2×20年年末，昌盛公司确认860万元的预计负债

B. 2×20年年末，昌盛公司确认860万元的营业外支出

C. 2×20年年末，昌盛公司需要进行相应的披露

D. 2×20年年末，昌盛公司根据谨慎性要求应该确认720万元预计负债

9. B公司于2×20年10月被A公司起诉，称B公司侵犯了A公司的软件版权，要求B公司予以赔偿，赔偿金额为800万元。在应诉过程中，B公司发现诉讼所涉及的软件主体部分是有偿委托乙公司开发的。如果这套软件确有侵权问题，乙公司应当承担连带责任，对B公司予以赔偿。B公司在年末编制财务报表时，根据法律诉讼的进展情况以及律师的意见，认为对A公司予以赔偿的可能性在70%，最有可能发生的赔偿金额为500万元；从乙公司获得的补偿基本可以确定，最有可能获得的赔偿金额为550万元。在上述情况下，B公司在年末应确认的负债和资产分别是(　　)。

A. 800万元和800万元

B. 500万元和550万元

C. 500万元和500万元

D. 550万元和550万元

10. 2×20年12月15日，大海公司因合同违约而涉及一桩诉讼案。根据企业的法律顾问判断，最终的判决可能对大海公司不利。2×20年12月31日，大海公司尚未接到法院的判决，因诉讼须承担的赔偿金额也无法准确地确定。不过，据专业人士估计，赔偿金额可能在500万～800万元的某一金额。根据相关的规定，大海公司应在2×20年12月

31 日资产负债表中确认负债的金额为(　　)。

A. 500 万元　　B. 0　　C. 800 万元　　D. 650 万元

二、多项选择题

1. 根据国家统一的会计制度规定,下列各项中,属于或有事项的有(　　)。

A. 某单位为其他企业的贷款提供担保

B. 某公司为其子公司的贷款提供担保

C. 某企业以财产作抵押向银行借款

D. 某公司被国外企业提起诉讼

2. 下列事项中,属于或有事项的有(　　)。

A. 正在进行当中的诉讼案　　B. 重组义务

C. 待执行合同变为亏损合同　　D. 因污染环境可能发生赔偿支出

3. 下列关于或有事项的表述中,正确的有(　　)。

A. 将或有事项确认为预计负债的事项应在财务报表附注中披露

B. 企业不应确认或有资产和或有负债

C. 极小可能导致经济利益流出企业的或有负债也应在财务报表附注中披露

D. 与或有事项有关的义务的履行很可能导致经济利益流出企业,就应将其确认为一项预计负债

4. 如果清偿因或有事项而确认的负债所需支出全部或部分预期由第三方补偿,下列表述中,错误的有(　　)。

A. 补偿金额只能在基本确定收到时,作为资产单独确认,且确认的补偿金额不应超过所确认负债的账面价值

B. 补偿金额只能在很可能收到时,作为资产单独确认,且确认的补偿金额不应超过所确认负债的账面价值

C. 补偿金额在基本确定收到时,企业应按所需支出扣除补偿金额确认负债

D. 补偿金额在基本确定收到时,企业应按所需支出确认预计负债,而不能扣除补偿金额

5. 对于或有事项相关的义务要确认为一项负债,应同时符合的条件有(　　)。

A. 该项义务为企业承担的现时义务

B. 该项义务为企业承担的潜在义务

C. 该义务的履行很可能导致经济利益流出企业

D. 该义务的金额能够可靠地计量

三、判断题

1. 或有事项是指过去的交易或者事项形成的,其结果须由某些过去或未来事项的发生或不发生才能决定的不确定事项。(　　)

2. 企业在一定条件下是可以确认或有负债和或有资产。（　　）

3. 企业清偿预计负债所需支付的全部或部分预期由第三方补偿的，补偿金额只有在完全确定能够收到时才能作为资产单独确认。（　　）

4. 或有事项的结果不确定，仅指或有事项的结果是否发生具有不确定性。（　　）

5. 企业的或有负债和或有资产在满足一定条件时可以转化为负债或资产。（　　）

6. 现时义务是指企业在现行条件下已承担的义务。或有负债作为现时义务，其特征在于该现时义务的履行很可能导致经济利益流出企业。（　　）

7. 企业在计算预计负债时不考虑与履行该现时义务所需金额的相关未来事项。（　　）

四、计算及账务处理题

1. 甲公司为上市公司，该公司内部审计部门在对其2×20年度财务报表进行内审时，对以下交易或事项的会计处理提出疑问：

(1) 2×20年12月31日，甲公司有以下三份尚未履行的合同：

其一，2×20年2月，甲公司与乙公司签订一份不可撤销合同，约定在2×21年3月以每箱2万元的价格向乙公司销售100箱A产品；乙公司应预付定金20万元，若甲公司违约，双倍返还定金。

2×20年12月31日，甲公司的库存中没有A产品及生产该产品所需原材料。因原材料价格大幅上涨，甲公司预计每箱A产品的生产成本为2.3万元。

其二，2×20年8月，甲公司与丙公司签订一份B产品销售合同，约定在2×21年2月底以每件0.3万元的价格向丙公司销售300件B产品，违约金为合同总价款的20%。

2×20年12月31日，甲公司库存B产品300件，成本总额为120万元，按目前市场价格计算的市价总额为110万元。假定甲公司销售B产品不发生销售费用。

其三，2×20年8月，甲公司与丁公司签订一份C产品销售合同，约定在2×21年2月底以每件0.3万元的价格向丙公司销售300件C产品，违约金为合同总价款的20%。

2×20年12月31日，甲公司库存C产品300件，成本总额为120万元，按目前市场价格计算的市价总额为100万元。假定甲公司销售C产品不发生销售费用。

因上述合同至2×20年12月31日尚未完全履行，甲公司2×20年将收到的乙公司定金确认为预收账款，未进行其他会计处理，其会计处理如下：

借：银行存款　　200 000

　　贷：预收账款　　200 000

(2) 甲公司从2×19年1月起为售出产品提供“三包”服务，规定产品出售后一定期限内出现质量问题，负责退换或免费提供修理。甲公司为D产品“三包”确认的预计负债在2×20年年初账面余额为8万元，D产品已于2×20年7月31日停止生产，D产品的

“三包”截止日期为2×20年12月31日。甲公司库存的D产品已于2×19年年底以前全部售出。2×20年第四季度发生的D产品“三包”费用为5万元(均为人工成本),其他各季度均未发生“三包”费用。甲公司20×9年会计处理如下:

借:预计负债　　50 000

　贷:应付职工薪酬　　50 000

要求:根据资料(1)和资料(2),逐项判断甲公司会计处理是否正确;如不正确,简要说明理由,并编制更正有关会计差错的会计分录(有关会计差错更正按当期差错处理,不要求编制结转损益的会计分录)。

2. 甲公司为一家非金融类上市公司,2×20年6月份发生了下列与或有事项有关的交易或事项:

(1) 1日,由甲公司提供贷款担保的乙公司因陷入严重财务困难无法支付到期贷款本息2 000万元,被贷款银行提起诉讼。6月20日,法院一审判决甲公司承担连带偿还责任,甲公司不服判决并决定上诉。6月30日,甲公司律师认为,甲公司很可能需要为乙公司所欠贷款本息承担全额连带偿还责任。甲公司在2×20年6月1日前,未确认过与该贷款担保相关的负债。

(2) 10日,甲公司收到丙公司提供的相关证据表明,2×19年12月销售给丙公司的A产品出现了质量问题,丙公司根据合同规定要求甲公司赔偿50万元。甲公司经确认很可能发生赔偿支出,估计赔偿金额为50万元。鉴于甲公司就A产品已在保险公司投了产品质量保险,6月30日,甲公司基本确定可从保险公司获得理赔30万元,甲公司尚未向丙公司支付赔偿款。

(3) 15日,甲公司与丁公司签订了不可撤销的产品销售合同。合同约定:甲公司为丁公司生产B产品1万件,售价为每件1 000元,4个月后交货,若无法如期交货,应按合同总价款的30%向丁公司支付违约金。但6月下旬因原油等能源价格上涨,导致生产成本上升,甲公司预计B产品生产成本变为每件1 100元。至6月30日,甲公司无库存B产品所需原材料,公司计划7月上旬调试有关生产设备和采购原材料,开始生产B产品。假定不考虑所得税和其他相关税费。

要求:

(1) 编制甲公司2×20年6月30日与上述或有事项有关的会计分录。

(2) 请分析计算上述交易或事项对甲公司2×20年上半年利润的总体影响金额。

第六章 借款费用

【内容提要】 借款费用是指企业因借款而发生的利息及其他相关成本，具体包括利息、折价溢价摊销、辅助费用和汇兑差额。借款费用的会计处理包括资本化和费用化两种方法。本章主要介绍借款费用的确认和计量，尤其是借款费用资本化的条件以及借款费用资本化金额的计量等问题。

【导入案例】 攀钢集团重庆钛业股份有限公司(简称"攀渝钛业"，原渝钛白股份公司)公布了1997年度财务报告后，立即在证券市场引起轩然大波，成为万众瞩目的对象，因为负责审计该公司的重庆会计师事务所对其年度财务报表发表了否定意见。这是中国证券市场上第一家被注册会计师出具否定意见审计报告的上市公司。在编制1997年度财务报表时，该公司将钛白粉工程建设项目建设期间的借款及应付债券利息8 064万元资本化为在建工程成本。重庆会计师事务所的注册会计师审计时发现，钛白粉工程已于1995年下半年开始试产，1996年就已经生产出合格产品，按会计制度规定，该8 064万元应当计入1997年度的财务费用。重庆会计师事务所要求该公司更正这一违反会计规定的账务处理，将这8 064万元利息支出反映为期间费用，但遭到该公司的"严正拒绝"。经过多次徒劳无益的协商后，重庆会计师事务所的注册会计师被迫出具否定意见的审计报告。上市公司被出具否定意见的审计报告，这在我国上市公司中还是第一次，在国际证券界也是十分罕见的。明知自己公司的财务报表要被发表否定意见，管理层竟欣然接受，可谓无知者无畏！针对该公司上述年度报告，《中国证券报》进行了连续2周的跟踪报道，引起证券监管部门的高度关注。1998年6月30日，该公司召开股东大会，经表决，一致同意按重庆会计师事务所的审计报告调整1997年度财务报表，调整后，该公司1997年度的亏损额由原来的3 879万元增至11 943万元。

思考

1. 该公司借款及应付债券利息为什么不能资本化？
2. 借款费用在什么条件下可以资本化？

第一节　借款费用概述

一、借款费用的范围

借款费用是企业因借入资金所付出的代价，它包括借款利息、折价或者溢价的摊销、辅助费用以及因外币借款而发生的汇兑差额等。对于企业发生的权益性融资费用，不应包括在借款费用中。但是，承租人根据《企业会计准则第21号——租赁》所确认的融资租赁发生的融资费用属于借款费用。

【例6-1】 甲企业2×20年发生了借款手续费10万元，发行公司债券的佣金6万元，发行公司债券产生的溢价摊销50万元，发行公司股票的佣金80万元，借款利息200万元；其中，除发行公司股票属于公司权益性融资性质，所发生的佣金80万元，不属于借款费用范畴，不应按照借款费用进行会计处理外，其余的均为借款费用。

（一）因借款而发生的利息

因借款而发生的利息，包括企业向银行或者其他金融机构等借入资金发生的利息、发行公司债券发生的利息，以及为购建或者生产符合资本化条件的资产而发生的带息债务所承担的利息等。

（二）因借款而发生的折价或溢价的摊销

因借款而发生的折价或者溢价主要是指发行债券等所发生的折价或者溢价，发行债券中的折价或者溢价摊销，其实质是对债券票面利息的调整（即将债券票面利率调整为实际利率），属于借款费用的范畴。

温馨提示

折价或者溢价本身不属于借款费用，摊销时才属于借款费用。

（三）因外币借款而发生的汇兑差额

因外币借款而发生的汇兑差额是指由于汇率变动导致市场汇率与账面汇率出现差异，从而对外币借款本金及其利息的记账本位币金额所产生的影响金额。由于汇率的变化往往和利率的变化相联动，它是企业外币借款所需承担的风险，因此，因外币借款相关汇率变化所导致的汇兑差额属于借款费用的有机组成部分。

（四）因借款而发生的辅助费用

因借款而发生的辅助费用是指企业在借款过程中发生的诸如手续费、佣金、印刷费等费用，由于这些费用是因安排借款而发生的，也属于借入资金所付出的代价，是借款费用的构成部分。

二、借款的范围

借款既包括专门借款，也包括一般借款。专门借款是指为购建或者生产符合资本化条件的资产而专门借入的款项。专门借款通常应当有明确的用途，即为购建或者生产某项符合资本化条件的资产而专门借入的，并通常应当具有标明该用途的借款合同。例如，某制造企业为了建造厂房向某银行专门贷款 2 亿元；某房地产开发企业为了开发某住宅小区向某银行专门贷款 3 亿元；某造船厂为生产大型轮船而向银行专门贷款 8 000 万元等，均属于专门借款，其使用目的明确，而且其使用受与银行签订的相关合同限制。

一般借款是指除专门借款之外的借款，相对于专门借款而言，一般借款在借入时，其用途通常没有特指用于符合资本化条件的资产的购建或者生产。

三、符合资本化条件的资产

企业发生的借款费用，可直接归属于符合资本化条件的资产的购建或者生产的，应当予以资本化，计入符合资本化条件的资产成本。其他借款费用，应当在发生时根据其发生额确认为财务费用，计入当期损益。

符合资本化条件的资产是指需要经过相当长时间(1 年或 1 年以上)的购建或者生产活动才能达到预定可使用或者可销售状态的固定资产、投资性房地产和存货等资产。符合资本化条件的存货，主要包括房地产开发企业开发的用于对外出售的房地产开发产品、企业制造的用于对外出售的大型机械设备等，这类存货通常需要经过相当长时间的建造或者生产过程才能达到预定可销售状态。

建造合同成本、确认为无形资产的开发支出等在符合条件的情况下，也可以认定为符合资本化条件的资产。

温馨提示

在实务中，如果由于人为或者故意等非正常因素导致资产的购建或者生产时间相当长的，该资产不属于符合资本化条件的资产。购入即可使用的资产，或者购入后需要

（续上）

安装但所需安装时间较短的资产，或者需要建造或者生产但所需建造或者生产时间较短的资产，均不属于符合资本化条件的资产。

【例 6－2】 某房地产开发企业于 2×20 年 1 月 1 日起，用银行借款开工建设一幢简易写字楼，该写字楼于当年 10 月 28 日完工，达到预定可使用状态。

在本例中，尽管企业借款用于固定资产的购建，但是由于该固定资产建造时间较短，不属于需要经过相当长时间的购建才能达到预定可使用状态的资产，因此，所发生的相关借款费用不应予以资本化计入在建工程成本，而应当根据发生额计入当期财务费用。

【例 6－3】 甲企业向银行借入资金用于生产 A 产品，A 产品属于大型发电设备，生产时间较长，为 1 年零 5 个月。

为生产存货而借入的借款费用在符合资本化条件的情况下应当予以资本化，A 产品的生产时间比较长，属于需要经过相当长时间的生产才能达到预定可销售状态的资产，因此，符合资本化的条件，有关借款费用可以资本化，计入 A 产品的成本中。

第二节　借款费用的确认

一、借款费用的确认原则

借款费用的确认主要解决的是将每期发生的借款费用资本化，并计入相关资产的成本，还是将有关借款费用费用化，并计入当期损益的问题。

根据借款费用准则的规定，借款费用确认的基本原则是：企业发生的借款费用，可直接归属于符合资本化条件的资产的购建或者生产的，应当予以资本化，计入相关资产成本；其他借款费用，应当在发生时根据其发生额确认为费用，计入当期损益。

温馨提示

每一会计期间的利息资本化金额，不应当超过当期相关借款实际发生的利息金额。

二、借款费用资本化期间的确定

企业只有发生在资本化期间内的有关借款费用，才允许资本化，资本化期间的确定是借款费用确认和计量的重要前提。借款费用资本化期间是指从借款费用开始资本化时点到停止资本化时点的期间，但不包括借款费用暂停资本化的期间。

(一) 借款费用开始资本化时点的确定

借款费用允许开始资本化必须同时满足三个条件，即资产支出已经发生、借款费用已经发生、为使资产达到预定可使用或者可销售状态所必要的购建或者生产活动已经开始。

1. 资产支出已经发生

资产支出已经发生是指企业已经发生了支付现金、转移非现金资产或者承担带息债务形式所发生的支出。其中：

(1) 支付现金是指用货币资金支付符合资本化条件的资产的购建或者生产支出。

(2) 转移非现金资产是指企业将自己的非现金资产直接用于符合资本化条件的资产的购建或者生产。

【例 6-4】 某企业将自己生产的产品，包括自己生产的水泥、钢材等，用于符合资本化条件的资产的建造或者生产，企业同时还将自己生产的产品向其他企业换取用于符合资本化条件的资产的建造或者生产所需工程物资的，这些产品成本均属于资产支出。

(3) 承担带息债务是指企业为了购建或者生产符合资本化条件的资产所需物资等而承担的带息应付款项(如带息应付票据)。企业以赊购方式购买这些物资所产生的债务可能带息，也可能不带息。如果企业赊购这些物资承担的是不带息债务，就不应当将购买价款计入资产支出，因为该债务在偿付前不需要承担利息，也没有占用借款资金，企业只有等到实际偿付债务，发生了资源流出时，才能将其作为资产支出。如果企业赊购物资承担的是带息债务，则企业要为这笔债务付出代价，支付利息，与企业向银行借入款项用于支付资产支出在性质上是一致的。所以，企业为购建或者生产符合资本化条件的资产而承担的带息债务应当作为资产支出，当该带息债务发生时，视同资产支出已经发生。

【例 6-5】 某企业因建设厂房所需，于 2×20 年 6 月 1 日购入一批钢材，开出一张 100 万元的带息商业承兑汇票，期限为 3 个月，票面年利率为 8%。对于该事项，企业尽管没有为工程建设的目的直接支付现金，但承担了带息债务，所以应当将 100 万元的购买钢材款作为资产支出，自 6 月 1 日开出承兑汇票开始即表明资产支出已经发生。

2. 借款费用已经发生

借款费用已经发生是指企业已经发生了因购建或者生产符合资本化条件的资产而专门借入款项的借款费用或者所占用的一般借款的借款费用。

3. 为使资产达到预定可使用或者可销售状态所必要的购建或者生产活动已经开始

为使资产达到预定可使用或者可销售状态所必要的购建或者生产活动已经开始是指符合资本化条件的资产的实体建造或者生产工作已经开始，如主体设备的安装、厂房的实际开工建造等。它不包括仅仅持有资产、但没有发生为改变资产形态而进行的实质上建造或者生产活动。

温馨提示

企业只有在上述三个条件同时满足的情况下，有关借款费用才可开始资本化，只要其中的任何一个条件没有满足，借款费用都不能开始资本化。

【例6－6】 甲上市公司股东大会于2×20年1月4日作出决议，决定建造厂房。为此，甲公司于3月5日向银行专门借款5 000万元，年利率为6%，款项于当日划入甲公司银行存款账户。3月15日，厂房正式动工兴建。3月16日，甲公司购入建造厂房用水泥和钢材一批，价款500万元，当日用银行存款支付。3月31日，计提当月专门借款利息。甲公司在3月份没有发生其他与厂房购建有关的支出，则甲公司专门借款利息应开始资本化的时间为3月16日。3月15日，该事项只满足借款费用开始资本化的第二、第三个条件，但是没有满足第一个条件，到3月16日，专门借款利息开始资本化的三个条件都已具备。

（二）借款费用暂停资本化的时间

符合资本化条件的资产在购建或者生产过程中发生非正常中断、且中断时间连续超过3个月的，应当暂停借款费用的资本化。中断的原因必须是非正常中断，属于正常中断的，相关借款费用仍可资本化。

【例6－7】 A公司为建造厂房于2×20年4月1日从银行借入2 000万元专门借款，借款期限为2年，年利率为6%，不考虑借款手续费。2×20年7月1日，A公司采取出包方式委托B公司为其建造该厂房，并预付了1 000万元工程款，厂房实体建造工作于当日开始。该工程因发生施工安全事故，在2×20年8月1日至11月30日中断施工，12月1日恢复正常施工，至年末工程尚未完工。

由于工程施工发生了安全事故，导致工程中断，该中断就属于非正常中断，因此，上述专门借款在2×20年8月1日至11月30日期间所发生的借款费用不应资本化，而应作为财务费用计入当期损益。

非正常中断通常是由于企业管理决策上的原因或者其他不可预见的原因等所导致的中断。比如，企业因与施工方发生了质量纠纷，或者工程、生产用料没有及时供应，或者资金周转发生了困难，或者施工、生产发生了安全事故，或者发生了与资产购建、生产有关的劳动纠纷等原因，导致资产购建或者生产活动发生中断，均属于非正常中断。

非正常中断与正常中断显著不同。正常中断通常仅限于因购建或者生产符合资本化条件的资产达到预定可使用或者可销售状态所必要的程序，或者事先可预见的不可抗力因素导致的中断。比如，某些工程建造到一定阶段必须暂停下来进行质量或者安全检查，检查通过后才可继续下一阶段的建造工作，这类中断是在施工前可以预见的，而且是工程建造必须经过的程序，属于正常中断。某些地区的工程在建造过程中，由于可预见的不可抗力因素（如雨季或冰冻季节等原因）导致施工出现停顿，也属于正常中断。

（三）借款费用停止资本化的时点

购建或者生产符合资本化条件的资产达到预定可使用或者可销售状态时，借款费用应当停止资本化。在符合资本化条件的资产达到预定可使用或者可销售状态之后所发生的借款费用，应当在发生时根据其发生额确认为费用，计入当期损益。购建或者生产符合资本化条件的资产达到预定可使用或者可销售状态，可从下列几个方面进行判断：

(1) 符合资本化条件的资产的实体建造（包括安装）或者生产工作已经全部完成或者实质上已经完成。

(2) 所购建或者生产的符合资本化条件的资产与设计要求、合同规定或者生产要求相符或者基本相符，即使有极个别与设计、合同或者生产要求不相符的地方，也不影响其正常使用或者销售。

(3) 继续发生在所购建或生产的符合资本化条件的资产上的支出金额很少或者几乎不再发生。

(4) 所购建或者生产的资产分别建造、分别完工的，企业应当区别情况界定借款费用停止资本化的时点。

所购建或者生产的符合资本化条件的资产的各部分分别完工，且每部分在其他部分继续建造或者生产过程中可供使用或者可对外销售，且为使该部分资产达到预定可使用或可销售状态所必要的购建或者生产活动实质上已经完成的，应当停止与该部分资产相关的借款费用的资本化，因为该部分资产已经达到了预定可使用或者可销售状态。

【例 6-8】 企业建设三个项目：第一个项目是电冰箱项目，第二个项目是洗衣机项目，第三个项目是电视机项目，假定第二个项目已经完工并达到预定可使用状态，但是第一个、第三个项目还处于建造中，此时第二个项目应该停止资本化。

如果企业购建或者生产的资产的各部分分别完工，但必须等到整体完工后才可使用或者对外销售的，应当在该资产整体完工时停止借款费用的资本化。在这种情况下，即使各部分资产已经完工，也不能够认为该部分资产已经达到了预定可使用或者可销售状态，企业只能在所购建固定资产整体完工时，才能认为资产已经达到了预定可使用或者可销售状态，借款费用方可停止资本化。

【例 6-9】 企业建设钢铁冶炼项目，一共有五个车间，只有在每个车间都建造完毕后，整个冶炼项目才能正式运转，达到生产和设计要求，所以每一个单项工程完工后不应认为资产已经达到了预定可使用状态，企业只有等到整个冶炼项目全部完工，达到预定可使用状态时，才能停止借款费用的资本化。

第三节　借款费用的计量

一、借款利息资本化金额的确定

在借款费用资本化期间内，每一会计期间的利息(包括折价或溢价的摊销，下同)资本化金额，应当按专门借款和一般借款分别处理。

（一）专门借款

为购建或者生产符合资本化条件的资产而借入专门借款的，应当以专门借款当期实际发生的利息费用，减去将尚未动用的借款资金存入银行取得的利息收入或进行暂时性投资取得的投资收益后的金额确定。

温馨提示

专门借款利息资本化金额＝资本化期间借款利息－资本化期间存款利息或暂时性投资收益

【例 6-10】 某企业于2×20年7月1日为建造厂房，从银行取得3年期专门借款300万元，年利率为6%，按单利计算，到期一次归还本息，借入款项存入银行。工程于2×21年年底达到预定可使用状态。2×20年10月1日，企业用银行存款支付工程价款150万元并开始厂房的建造。2×21年4月1日，企业用银行存款支付工程价款150万元。该项专门借款在2×22年第三季度的利息收入为3万元，第四季度的利息收入为1.5万元。

该企业借款利息开始资本化的时点是2×20年10月1日，则2×20年借款费用的资本化金额为3万元(300×6%×3÷12－1.5)。

【例 6-11】 ABC公司于2×20年1月1日正式动工兴建一幢办公楼，工期预计为1年零6个月，工程采用出包方式，分别于2×20年1月1日、2×20年7月1日和2×21年1月1日支付工程进度款。公司为建造办公楼于2×20年1月1日专门借款2 000万元，借款期限为3年，年利率为6%。另外，公司在2×20年7月1日又专门借款4 000万元，借款期限为5年，年利率为7%。借款利息按年支付(如无特别说明，本章例题中名义利率与实际利率均相同)。闲置借款资金均用于固定收益债券短期投资，该短期投资月收益率为0.5%。办公楼于2×21年6月30日完工，达到预定可使用状态。

公司为建造该办公楼的支出金额见表6-1。

表 6-1

资产支出情况表

单位：万元

日　　期	每期资产支出金额	累计资产支出金额	闲置借款资金用于短期投资金额
2×20 年 1 月 1 日	1 500	1 500	500
2×20 年 7 月 1 日	2 500	4 000	2 000
2×21 年 1 月 1 日	1 500	5 500	500
总　　计	5 500	—	3 000

由于 ABC 公司使用了专门借款建造办公楼，而且办公楼建造支出没有超过专门借款金额，因此公司在 2×20、2×21 年为建造办公楼应予资本化的利息金额计算如下：

确定借款费用资本化期间为 2×20 年 1 月 1 日至 2×21 年 6 月 30 日。

① 2×20 年度：

计算在资本化期间内专门借款实际发生的利息金额：

2×20 年专门借款发生的利息金额 ＝2 000×6%＋4 000×7%×6÷12＝260(万元)

计算在资本化期间内利用闲置的专门借款资金进行短期投资的收益：

2×20 年短期投资收益＝500×0.5%×6＋2 000×0.5%×6＝75(万元)

由于在资本化期间内，专门借款利息费用的资本化金额应当以其实际发生的利息费用减去将闲置的借款资金进行短期投资取得的投资收益后的金额确定，因此：公司 2×20 年的利息资本化金额为 185 万元(260－75)。

2×20 年 12 月 31 日，有关账务处理如下：

借：在建工程	1 850 000	
应收利息(或银行存款)	750 000	
贷：应付利息		2 600 000

② 2×21 年度：

计算在资本化期间内专门借款实际发生的利息金额：

2×21 年 1 月 1 日至 6 月 30 日专门借款发生的利息金额＝2 000×6%×6÷12＋4 000×7%×6÷12＝200(万元)

计算在资本化期间内利用闲置的专门借款资金进行短期投资的收益：

2×21 年 1 月 1 日至 6 月 30 日短期投资收益＝500×0.5%×6＝15(万元)

由于在资本化期间内，专门借款利息费用的资本化金额应当以其实际发生的利息费用减去将闲置的借款资金进行短期投资取得的投资收益后的金额确定，因此：

2×21 年的利息资本化金额＝200－15＝185(万元)

2×21 年 6 月 30 日，有关账务处理如下：

借：在建工程	1 850 000	
应收利息(或银行存款)	150 000	
贷：应付利息		2 000 000

（二）一般借款

为购建或者生产符合资本化条件的资产而占用了一般借款的，企业应当根据累计资产支出超过专门借款部分的资产支出加权平均数乘以所占用一般借款的资本化率，计算确定一般借款应予资本化的利息金额。资本化率应当根据一般借款加权平均利率计算确定。具体计算公式如下：

一般借款利息费用资本化金额＝累计资产支出超过专门借款部分的资产支出加权平均数×所占用一般借款的加权平均资本化率

具体核算方法为：

(1) 先计算资本化期间总的一般借款的利息费用。

(2) 计算资本化的金额。

(3) 两者差额为计入财务费用的金额。

1. 累计资产支出加权平均数的确定

具体计算公式如下：

累计资产支出加权平均数＝Σ(每笔资产支出金额×每笔资产在当期所占用的天数÷当期天数)

这里的权数是指时间的权数。时间的权数中分母始终是整个资本化期间含有的天数或者是月数。假设按照季度资本化，则分母应该是 90 天或者是 3 个月；按照半年度资本化，则分母是 180 天或者 6 个月；按照年度资本化则分母是 360 天或者 12 个月，既可以用月数，也可以用天数。分子是每笔支出实际占用的天数，比如一个季度，1 月 1 日支出 100 万元，则权数就是 90/90；因为支出借款的金额是占用了整个季度。2 月 1 日又支出了 200 万元，则在本季度中该笔支出只占用了 60 天，所以权数就是 60/90；3 月 1 日又支出了 300 万元，则在本季度中该笔支出只占用了 30 天，所以权数就是 30/90。则本季度的累计资产支出加权平均数为 333.33(100×90÷90＋200×60÷90＋300×30÷90)。

2. 所占用一般借款的资本化率的确定

若是只有一笔一般借款，则该笔借款的实际利率就是资本化率。当然计算的时候要注意题目条件告诉的是按季度资本化或者是按照半年度资本化还是按照年度进行资本化。

若是存在多笔一般借款，则要计算加权平均资本化率。具体计算公式如下：

所占用一般借款的资本化率＝所占用一般借款加权平均利率
＝所占用一般借款当期实际发生的利息之和
÷所占用一般借款本金加权平均数

$$\text{所占用一般借款本金加权平均数}=\sum\left(\text{所占用每笔一般借款本金}\times\text{每笔一般借款在当期所占用的天数}\div\text{当期天数}\right)$$

温馨提示

存在多笔一般借款的情况下，各笔一般借款的时间和利率都是不尽相同的。但是一般借款本金加权平均数的分子就是本期间所占用一般借款当期实际发生的利息之和，比如一笔一般借款是7月1日借入的，则计算实际利息费用的时候则是计算6个月的利息；后在9月1日又借入一笔一般借款，则计算4个月的利息，计算本年度一般借款的资本化率的时候，分子就是上述两笔一般借款计提的利息之和，分母就是加权之后得出的本金即所占用一般借款本金加权平均数。

【例6-12】 公司为建造办公楼发生有关一般借款有两笔，分别为：

(1) 2×20年3月1日借款2 000万元，借款期限为3年，年利率为6%，利息按年支付。

(2) 2×20年9月1日借款5 000万元，借款期限为5年，年利率为8%，利息按年支付。

年资本化率＝(2 000×6%×10÷12＋5 000×8%×4÷12)÷(2 000×10÷12＋5 000×4÷12)＝7%

【例6-13】 ABC公司建造办公楼没有专门借款，占用的都是一般借款。

ABC公司为建造办公楼占用的一般借款有两笔，具体如下：

(1) 向A银行长期贷款2 000万元，期限为2×20年12月1日至2×23年12月1日，年利率为6%，按年支付利息。

(2) 发行公司债券1亿元，于2×20年1月1日发行，期限为5年，年利率为8%，按年支付利息。

假定这两笔一般借款除了用于办公楼建设外，没有用于其他符合资本化条件的资产的购建或者生产活动。假定全年按360天计算。

该办公楼于2×21年1月1日正式动工兴建，工期预计为1年零6个月，工程采用出包方式，分别于2×21年1月1日、2×21年7月1日和2×22年1月1日支付工程进度款。办公楼于2×22年6月30日完工，达到预定可使用状态。

鉴于ABC公司建造办公楼没有占用专门借款，而占用了一般借款，因此，公司应当首先计算所占用一般借款的加权平均利率作为资本化率，然后计算建造办公楼的累计资产支出加权平均数，将其与资本化率相乘，计算求得当期应予资本化的借款利息金额。具体如下：

首先，计算所占用一般借款资本化率。

一般借款资本化率(年)＝(2 000×6%＋10 000×8%)÷(2 000＋10 000)＝7.67%

其次，计算2×21年度的累计资产支出加权平均数和每期利息资本化金额。

2×21年累计资产支出加权平均数＝(1 500×360＋2 500×180)÷360＝2 750(万元)

2×21年为建造办公楼的利息资本化金额＝2 750×7.67%＝210.93(万元)

2×21年实际发生的一般借款利息费用＝2 000×6%＋10 000×8%＝920(万元)

根据上述计算结果，2×21年12月31日，账务处理如下：

借：在建工程	2 109 300	
财务费用	7 090 700	
贷：应付利息		9 200 000

再次，计算2×22年度的累计资产支出加权平均数和每期利息资本化金额。

2×22年累计资产支出加权平均数＝(4 000＋1 500)×180÷360＝2 750(万元)

2×22年为建造办公楼的利息资本化金额＝2 750×7.67%＝210.93(万元)

2×22年1月1日至6月30日实际发生的一般借款利息费用＝(2 000×6%＋10 000×8%)×180÷360＝460(万元)

根据上述计算结果，2×22年6月30日，账务处理如下：

借：在建工程	2 109 300	
财务费用	2 490 700	
贷：应付利息		4 600 000

【例6-14】 AS公司于2×20年1月1日动工兴建一幢办公楼，工程采用出包方式，每半年支付一次工程进度款。工程于2×21年6月30日完工，达到预定可使用状态。

(1) 建造工程资产支出如下：

2×20年1月1日，支出4 500万元。

2×20年7月1日，支出7 500万元。

2×21年1月1日，支出4 500万元。

(2) 专门借款如下：

公司为建造办公楼于2×20年1月1日取得专门借款6 000万元,借款期限为3年,年利率为5%,按年支付利息。除此之外,无其他专门借款。

(3) 一般借款如下:

办公楼的建造还占用两笔一般借款:2×19年12月1日取得长期借款6 000万元,借款期限为3年,年利率为6%,按年支付利息。2×19年1月1日,取得长期借款4 000万元,期限为5年,年利率为7%,按年支付利息。

闲置专门借款资金存入银行,月存款利率为0.5%。假定全年按360天计算。

编制AS公司的资产支出与借款情况表,见表6-2。

表6-2

资产支出与借款情况表

单位:万元

日　期	支　出	累计支出	存款利息收入	占用了一般借款
2×20年1月1日	4 500	4 500	1 500×0.5%×6=45	—
2×20年7月1日	7 500	12 000	—	6 000
2×21年1月1日	4 500	—	—	4 000

① 计算2×20年专门借款利息资本化金额:

应付利息=6 000×5%=300(万元)

存款利息收入=1 500×0.5%×6=45(万元)

资本化金额=300−45=255(万元)

② 计算2×20年一般借款利息资本化金额:

占用了一般借款资金的资产支出加权平均数=6 000×6÷12=3 000(万元)

资本化率(年)=(6 000×6%+4 000×7%)÷(6 000+4 000)=6.4%

资本化金额=3 000×6.4%=192(万元)

应付利息=6 000×6%+4 000×7%=640(万元)

费用化金额=640−192=448(万元)

③ 计算2×20年借款利息资本化金额和费用化金额的合计并编制有关会计分录。

利息资本化金额=255+192=447(万元)

利息费用化金额=0+448=448(万元)

借：在建工程　　4 470 000

　　财务费用　　4 480 000

　　应收利息　　450 000

　　贷：应付利息(3 000 000+6 400 000)　　9 400 000

④ 计算2×21年6月30日专门借款利息资本化金额：

应付利息＝6 000×5%÷2＝150(万元)

资本化金额＝150(万元)

⑤ 计算2×21年6月30日一般借款利息资本化金额：

占用了一般借款资金的资产支出加权平均数＝(6 000+4 000)×6÷12＝5 000(万元)

资本化率＝6.4%

利息资本化金额＝5 000×6.4%＝320(万元)

应付利息＝(6 000×6%+4 000×7%)÷2＝320(万元)

费用化金额＝320－320＝0

⑥ 计算2×21年6月30日借款利息资本化金额和费用化金额：

资本化的利息金额＝150+320＝470(万元)

费用化的利息金额＝0

有关账务处理如下：

借：在建工程　　4 700 000

　　贷：应付利息　　4 700 000

二、借款辅助费用资本化金额的确定

辅助费用是企业为了安排借款而发生的必要费用，包括借款手续费(如发行债券手续费)、佣金等。如果企业不发生这些费用，就无法取得借款，因此辅助费用是企业借入款项所付出的一种代价，是借款费用的有机组成部分。

对于企业发生的专门借款辅助费用，在所购建或者生产的符合资本化条件的资产达到预定可使用或者可销售状态之前发生的，应当在发生时根据其发生额予以资本化；在所购建或者生产的符合资本化条件的资产达到预定可使用或者可销售状态之后发生的，应当在发生时根据其发生额确认为费用，计入当期损益。上述资本化或计入当期损益的辅助费用的发生额，是根据《企业会计准则第22号——金融工具确认和计量》规定，按照实际利率法所确定的金融负债交易费用对每期利息费用的调整额。借款实际利率与合同利率差异较小的，也可以采用合同利率计算确定利息费用。一般借款发生的辅助费用也应当按照上述原则确定其发生额并进行处理。

考虑到借款辅助费用与金融负债交易费用是一致的，其会计处理也应当保持一致。根据《企业会计准则第22号——金融工具确认和计量》的规定，除以公允价值计量且其变动计入当期损益的金融负债之外，其他金融负债相关的交易费用应当计入金融负债的初始确认金额。为购建或者生产符合资本化条件的资产的专门借款或者一般借款，通常都属于除以公允价值计量且其变动计入当期损益的金融负债之外的其他金融负债。因此对于这些金融负债所发生的辅助费用需要计入借款的初始确认金额，即抵减相关借款的初始金额，从而影响以后各期实际利息的计算。换句话说，由于辅助费用的发生将导致相关借款实际利率的上升，从而需要对各期利息费用作相应调整，在确定借款辅助费用资本化金额时可以结合借款利息资本化金额一起计算。

三、外币专门借款汇兑差额资本化金额的确定

当企业为购建或者生产符合资本化条件的资产所借入的专门借款为外币借款时，由于企业取得外币借款日、使用外币借款日和会计结算日往往并不一致，而外汇汇率又在随时发生变化，因此，外币借款会产生汇兑差额。相应地，在借款费用资本化期间内，为购建固定资产而专门借入的外币借款所产生的汇兑差额，是购建固定资产的一项代价，应当予以资本化，计入固定资产成本。出于简化核算的考虑，在资本化期间内，外币专门借款本金及其利息的汇兑差额，应当予以资本化，计入符合资本化条件的资产的成本。而除外币专门借款之外的其他外币借款本金及其利息所产生的汇兑差额应当作为财务费用，计入当期损益。

【例6-15】 甲公司于2×20年1月1日为建造某工程项目专门从银行借入1 000万美元，年利率为8%，期限为3年，假定不考虑与借款有关的辅助费用、未支出专门借款的利息收入或投资收益。合同约定，每年1月1日支付上年利息，到期还本。

工程于2×20年1月1日开始实体建造，2×21年6月30日完工，达到预定可使用状态，期间发生的资产支出如下：

2×20年1月1日，支出200万美元；

2×20年7月1日，支出500万美元；

2×21年1月1日，支出300万美元。

公司的记账本位币为人民币，外币业务采用外币业务发生时当日的市场汇率折算。相关汇率如下：

2×20年1月1日市场汇率为1美元=7.70元人民币；

2×20 年 12 月 31 日，市场汇率为 1 美元=7.75 元人民币；
2×21 年 1 月 1 日，市场汇率为 1 美元=7.77 元人民币；
2×21 年 6 月 30 日，市场汇率为 1 美元=7.80 元人民币。
本例中，公司计算外币借款汇兑差额资本化金额及相应会计处理如下：
首先，计算 2×20 年汇兑差额资本化金额：

借款应付利息=1 000×8%×7.75=80×7.75=620(万元)

借：在建工程	6 200 000	
贷：应付利息		6 200 000

外币借款本金及利息汇兑差额=1 000×(7.75−7.70)+80×(7.75−7.75)=50(万元)

借：在建工程	500 000	
贷：长期借款		500 000

其次，2×21 年 1 月 1 日实际支付利息时，应当支付 80 万美元，折算为人民币621.60 万元。该金额与原账面金额 620 万元之间的差额 1.60 万元应当继续予以资本化，计入在建工程成本。

借：应付利息	6 200 000	
在建工程	16 000	
贷：银行存款		6 216 000

再次，计算 2×21 年 6 月 30 日时的汇兑差额资本化金额：

借款应付利息=1 000×8%×1÷2×7.80=40×7.80=312(万元)

借：在建工程	3 120 000	
贷：应付利息		3 120 000

外币借款本金及利息汇兑差额=1 000×(7.80−7.75)+40×(7.80−7.80)=50(万元)

借：在建工程	500 000	
贷：长期借款		500 000

复习思考题

1. 借款费用的处理原则是什么？
2. 如何确定借款费用资本化期间？
3. 借款费用资本化金额怎样确定？

练习题

一、单项选择题

1. 企业因资产支出数超过专门借款数，为此于2×20年又借入了两笔一般借款，1月1日借入300万元，3月1日又借入了900万元，资产的建造工作从2×19年10月1日开始。假定企业按季计算资本化金额。则2×20年第一季度一般借款本金加权平均数为(　　)万元。

A. 1 200　　B. 400　　C. 800　　D. 600

2.《企业会计准则第17号——借款费用》中的专门借款是指(　　)。

A. 为购建或者生产符合资本化条件的资产而专门借入的款项

B. 发行债券收款

C. 长期借款

D. 技术改造借款

3. 如果固定资产的购建活动发生非正常中断，并且中断时间连续超过(　　)，应当暂停借款费用的资本化，将其确认为当期费用，直至资产的购建活动重新开始。

A. 1年　　B. 3个月　　C. 半年　　D. 2年

4. 某企业于2×19年10月1日从银行取得一笔专门借款600万元用于固定资产的建造，年利率为8%，2年期。至2×20年1月1日该固定资产建造已发生资产支出600万元，该企业于2×20年1月1日从银行取得1年期一般借款300万元，年利率为6%。借入款项存入银行，工程于2×20年年底达到预定可使用状态。2×20年2月1日，企业用银行存款支付工程价款150万元。2×20年10月1日，企业用银行存款支付工程价款150万元。工程项目于2×20年3月31日至2×20年7月31日发生非正常中断。则2×20年借款费用的资本化金额为(　　)万元。

A. 7.5　　B. 32　　C. 95　　D. 39.5

5. 当所购建的固定资产(　　)时，应当停止其借款费用的资本化；以后发生的借款费用应当于发生当期确认为费用。

A. 达到预定可使用状态　　B. 交付使用

C. 竣工决算　　D. 交付使用并办理竣工决算手续

6. 生产经营期间，如果某项固定资产的购建发生非正常中断，并且中断时间超过3个月(含3个月)，应当将中断期间所发生的借款费用，记入(　　)账户。

A. "长期待摊费用"　　B. "在建工程成本"

C. "营业外支出"　　D. "财务费用"

7. 某企业于2×20年7月1日为建造厂房从银行取得3年期专门借款300万元，年利率为 6%，按单利计算，到期一次归还本息。借入款项存入银行，工程于 2×21 年年底达到预定可使用状态。2×20 年 10 月 1 日，企业用银行存款支付工程价款 150 万元并开始厂房的建造。2×21 年 4 月 1 日，企业用银行存款支付工程价款 150 万元。该项专门借款在 2×20 年第三季度的利息收入为 3 万元，第四季度的利息收入为 1.5 万元。则 2×20 年借款费用的资本化金额为(　　)万元。

A. 2.25　　B. 4.5　　C. 1.5　　D. 3

8. 甲公司为建造某固定资产专门于 2×20 年 12 月 1 日按面值发行 3 年期一次还本付息公司债券，债券面值为 12 000 万元(不考虑债券发行费用)，票面年利率为 3%。该固定资产建造采用出包方式。2×21 年，甲公司发生的与该固定资产建造有关的事项如下：1 月 1 日，工程动工并支付工程进度款 2 000 万元；3 月 1 日，支付工程进度款 1 000 万元；5 月 1 日至 8 月 31 日，因进行工程质量和安全检查停工；9 月 1 日重新开工；10 月 1 日支付工程进度款 2 300 万元。假定借款费用资本化金额按年计算，每月按 30 天计算，未发生与建造该固定资产有关的其他借款，资本化期间该项借款未动用资金存入银行所获得的利息收入 2×21 年为 50 万元。则 2×21 年度甲公司应计入该固定资产建造成本的利息费用金额为(　　)万元。

A. 240　　B. 360　　C. 310　　D. 190

9. 甲公司为股份有限公司，2×20 年 7 月 1 日为新建生产车间而向商业银行借入专门借款 1 000 万元，年利率为 5%，款项已存入银行。至 2×20 年 12 月 31 日，因建筑地面上建筑物的拆迁补偿问题尚未解决，建筑地面上原建筑物尚未开始拆迁；该项借款存入银行所获得的利息收入为 16.7 万元。甲公司 2×20 年就上述借款应予以资本化的利息为(　　)。

A. 0　　B. 20 万元　　C. 8.3 万元　　D. 50 万元

10. 在借款费用资本化期间内，为购建或者生产符合资本化条件的资产占用了一般借款的，下列关于占用的一般借款费用资本化的表述中，不正确的是(　　)。

A. 一般借款加权平均利率＝所占用一般借款当期实际发生的利息之和÷所占用一般借款本金之和

B. 应当根据累计资产支出超过专门借款部分的资产支出加权平均数乘以所占用一般借款的资本化率，计算确定一般借款应予资本化的利息金额

C. 当只涉及一笔一般借款的时候，此时该一般借款的实际利率就是一般借款的资本化率

D. 一般借款的借款费用的资本化金额的确定应当与资产支出相挂钩

二、多项选择题

1. 借款费用包括(　　)。

A. 因借款而发生的利息　　B. 折价或溢价的摊销

C. 因外币借款而发生的汇兑差额　　　　D. 因借款发生的借款承诺费

2. 关于借款费用，下列表述中，正确的有（　　）。

A. 在资本化期间内，外币专门借款本金及利息的汇兑差额，应当予以资本化，计入符合资本化条件的资产的成本

B. 借款费用是指企业因借款而发生的利息及其他相关成本

C. 符合资本化条件的资产是指需要经过相当长时间的购建或者生产活动才能达到预定可使用或者可销售状态的固定资产、投资性房地产和存货等资产

D. 资产支出包括为购建或者生产符合资本化条件的资产而以支付现金、转移非现金资产或者承担债务形式发生的支出

3. 借款费用开始资本化必须同时满足的条件包括（　　）。

A. 资产支出已经发生

B. 借款费用已经发生

C. 为使资产达到预定可使用或者可销售状态所必要的购建或者生产活动已经开始

D. 工程项目人员工资支出

4. 关于资本化期间和借款费用利息资本化限额，下列表述中，正确的有（　　）。

A. 资本化期间是指从借款费用开始资本化时点到停止资本化时点的期间，借款费用暂停资本化的期间不包括在内

B. 资本化期间是指从借款费用开始资本化时点到停止资本化时点的全部期间，借款费用暂停资本化的期间也包括在内

C. 在资本化期间内，每一会计期间的利息资本化金额，不应当超过当期相关借款实际发生的利息金额

D. 在资本化期间内，每一会计期间的利息资本化金额，不应当超过当期专门借款实际发生的利息金额

5. 关于借款费用暂停资本化，下列表述中，正确的有（　　）。

A. 符合资本化条件的资产在购建或者生产过程中发生非正常中断、且中断时间连续超过3个月的，应当暂停借款费用的资本化

B. 符合资本化条件的资产在购建或者生产过程中发生正常中断、且中断时间连续超过3个月的，借款费用的资本化应当继续进行

C. 暂停借款费用的资本化，在中断期间发生的借款费用应当确认为费用，计入当期损益

D. 如果因进行工程质量和安全检查停工中断，借款费用的资本化应当继续进行

6. A公司于2×20年动工兴建厂房，在该厂房建造过程中，该公司发生的下列支出或者费用中，属于规定的资产支出的有（　　）。

A. 用银行存款购买工程物资
B. 支付在建工程人员工资
C. 工程项目领用本企业生产的产品
D. 发生的业务招待费支出

7. 下列借款费用中，属于借款辅助费用的有(　　)。
A. 借款承诺费
B. 发行债券溢价摊销
C. 发行债券手续费
D. 外币借款汇兑损失

8. 下列各项中，属于非正常停工的原因的有(　　)。
A. 与施工方发生质量纠纷而停工
B. 与工程建设有关的劳动纠纷而停工
C. 资金周转困难而停工
D. 因可预见的不可抗力而停工

9. 关于借款费用暂停或停止资本化的时点，下列表述中，正确的有(　　)。
A. 如果某项工程建造到一定阶段必须暂停下来进行安全检查，检查通过之后才能开始下一阶段的建造工作，如果该检查使得工程施工中断超过3个月，借款费用仍可资本化
B. 所购建固定资产各部分分别完工，但每一部分都必须等到整体完工后才可使用，企业只能在所购建的固定资产整体完工时，借款费用才能停止资本化
C. 如果企业购建或者生产的资产的各部分分别完工，且每部分在其他部分继续建造或者生产过程中可供使用或者可对外销售，那么这部分资产达到预定可使用或可销售状态所必要的购建或者生产活动完成时，应当停止该部分资产相关的借款费用的资本化
D. 如果购建固定资产需要试运行，则在试运行结果表明资产能够正常运转时，认为资产已经达到预定可使用状态，借款费用应当停止资本化

10. 下列有关借款费用资本化的表述中，正确的有(　　)。
A. 在借款费用资本化期间内，为购建固定资产借入的专门借款产生的利息支出扣减了在此期间的闲置专门借款用于投资产生的收益后的金额计入工程成本
B. 一般借款的借款费用的资本化金额的确定应当与资产支出相挂钩
C. 外币专门借款产生的汇兑差额在资本化期间应计入相关资产成本
D. 只有专门借款产生的借款费用才可以资本化

三、判断题

1. 企业发生的借款费用，可直接归属于符合资本化条件的资产的购建或者生产的，应当予以资本化，否则应于发生时费用化。(　　)

2. 符合资本化条件的资产是指需要经过相当长时间的购建或者生产活动才能达到预定可使用或者可销售状态的固定资产、投资性房地产等资产，但不包括存货。(　　)

3. 专门借款实际发生的借款利息减去闲置资金的利息收入或投资收益后的金额应全部资本化。(　　)

4. 企业用自产产品换取为建造或生产符合资本化条件的资产所需用的工程物资的，

表明资产支出已经发生。 (　　)

5. 专门借款是指为购建固定资产而专门借入的款项。 (　　)

6. 企业借入的款项用于生产存货的，发生的借款费用均予以资本化。 (　　)

7. 在借款费用资本化期间内，为购建或者生产符合资本化条件的资产占用了一般借款的，该一般借款的利息均应予以资本化。 (　　)

四、计算及账务处理题

1. 长江公司于2×20年1月1日动工兴建一办公楼，工程于2×21年9月30日完工，达到预定可使用状态。

长江公司建造工程资产支出如下：

(1) 2×20年4月1日，支出3 000万元。

(2) 2×20年6月1日，支出1 000万元。

(3) 2×20年7月1日，支出3 000万元。

(4) 2×21年1月1日，支出3 000万元。

(5) 2×21年4月1日，支出2 000万元。

(6) 2×21年7月1日，支出1 000万元。

长江公司为建造办公楼于2×20年1月1日专门借款5 000万元，借款期限为3年，年利率为6%，按年支付利息。除此之外，无其他专门借款。

办公楼的建造还占用两笔一般借款：

(1) 从A银行取得长期借款4 000万元，期限为2×19年12月1日至2×22年12月1日，年利率为6%，按年支付利息。

(2) 发行公司债券2亿元，发行日为2×19年1月1日，期限为5年，年利率为8%，按年支付利息。

闲置专门借款资金用于固定收益债券暂时性投资，假定暂时性投资月收益率为0.25%，并收到款项存入银行。假定全年按360天计算。

因原料供应不及时，工程项目于2×20年8月1日至11月30日发生中断。

要求：

(1) 计算2×20年和2×21年专门借款利息资本化金额及应计入当期损益的金额。

(2) 计算2×20年和2×21年一般借款利息资本化金额及应计入当期损益的金额。

(3) 计算2×20年和2×21年利息资本化金额及应计入当期损益的金额。

(4) 编制2×20年和2×21年与利息资本化金额有关的会计分录。

2. 北方公司于2×20年1月1日正式动工兴建一办公楼，工期预计为1年零6个月，工程采用出包方式，每月1日支付工程进度款。公司为建造办公楼于2×20年1月1日专门借款本金2 000万元，借款期限为2年，票面年利率为6%，每年1月1日支付上年的利息，到期时归还本金和最后一次利息，实际收到款项1 992.69万元，实际利率为6.2%。

2×20 年 1 月 1 日至 4 月 30 日期间发生的专门借款的利息收入为 10 万元。2×20 年 4 月 30 日至 8 月 31 日发生的专门借款的利息收入 12 万元。2×20 年 9 月 1 日至 12 月 31 日发生的专门借款的利息收入 4 万元。公司按年计算应予资本化的利息金额。工程项目于 2×21 年 6 月 30 日达到预定可使用状态。2×21 年没有发生专门借款的利息收入。2×22 年 1 月 1 日，北方公司偿还上述专门借款并支付最后一次利息。

因发生质量纠纷，该工程项目于 2×20 年 4 月 30 日至 2×20 年 8 月 31 日发生中断。

要求：

(1) 计算 2×20 年应予资本化的利息。

(2) 计算 2×21 年应予资本化的利息。

(3) 编制从取得专门借款到归还专门借款有关业务的会计分录(假定按年计提利息，利息收入按年结算)。

第七章 租 赁

【内容提要】 租赁是指在一定期间内,出租人将资产的使用权让与承租人以获取对价的合同。本章主要讲述租赁的识别、承租人的会计处理、出租人的会计处理和售后租回交易的会计处理。

【导入案例】 2018年4月9日,中国飞机租赁(集团)控股公司发布公告,该公司通过其全资拥有特殊目的实体与云南红土航空订立《飞机租赁协议》,据此,该公司同意通过其全资拥有特殊目的实体向云南红土航空出租飞机。该协议显示,租期为自飞机交付予云南红土航空并获其接纳日期起计144个月,预期平均资产回报年率为1.2%,飞机的租金提前每季以现金支付,飞机预期于2018年上半年度交付予云南红土航空。关于购买权,云南红土航空将有权于交付飞机日起计第六个周年日后的任何时间内行使购买权向该公司购买飞机。行使价格将以行使购买权时飞机尚欠的本金及剩余租赁期的定期利息款项计算。

思考

1. 云南红土航空公司在此项租赁协议中,应否确认相关资产?你认为应当如何进行会计处理?

2. 你认为中国飞机租赁集团(控股)公司应当如何进行会计处理?

第一节 租赁的识别

一、租赁业的产生与发展

现代租赁产生于20世纪50年代,此时正值第二次世界大战结束的恢复建设时期,许多规模较大的企业需要重建,传统的设备需要更新,扩大投资、技术进步的需求旺盛。解决这些问题需要大量的资金支付，传统的融资方式已无法满足这种需求。因此，在银行和企业的共同参与下，金融资本和工业资本在信贷环节相互融通，以融通资金为特点的现代租赁便应运而生了。自 1952 年在美国诞生了第一家租赁公司开始，现代租赁业形成并迅速发展。20 世纪 60 年代，现代租赁业在欧洲和日本相继发展；70 年代中期，在发展中国家也得到了进一步发展；90 年代，现代租赁业又跨入了一个崭新的时期。根据世界银行的报告，租赁业已成为金融业的一个重要分支，在世界私人投资中已占有 1/8 的份额。

我国现代租赁业务起步较晚，20 世纪 80 年代先后成立的中国东方租赁有限公司和中国租赁有限公司，标志着我国现代租赁业的兴起。此后，我国现代租赁业迅速发展，取得了显著的成绩。其主要表现在：第一，成立了一批具有相当规模的专业租赁机构。目前，较大规模的租赁公司除中国东方租赁有限公司和中国租赁有限公司以外，还有中国环球租赁有限公司、中国对外贸易租赁公司、中国电子租赁公司等，以及其他各种类型的国有租赁公司及兼营租赁业务的专业银行、保险公司、外贸公司及信托公司等。截至 2019 年 9 月底，全国融资租赁企业（不含单一项目公司、分公司、SPV 公司和收购的海外公司，也不包括港澳台地区当地的租赁企业）总数约为 12 027 家。第二，建立了完整的租赁系统。租赁机构在租赁业务初步展开时，相对集中在经济发达的大城市。随着现代租赁业务的发展，我国各省市也纷纷组建租赁公司，进而形成了全国性公司、区域性公司和地方性公司，构成具有一定规模的租赁业务网络。在租赁业务经营范围上，我国不仅具有综合性租赁公司，而且成立了专业化的租赁公司，如中国飞机租赁集团控股公司、中国国际包装租赁有限公司、中国计算机租赁公司、广东建筑租赁有限公司等，我国的租赁业务不断拓展，已形成完整的租赁业务系统。第三，形成了一支专业的人才队伍。从事现代租赁业务的人员需要具备较高的业务素质，通晓国际金融、税收、会计、贸易、法律等方面的知识，了解国际市场行情，具有综合业务能力。在租赁业的发展中，我国培养了一大批从事租赁业务的人员，形成了一支具有专业能力的人才队伍。

二、租赁的定义及识别

（一）租赁的定义

根据《企业会计准则第 21 号——租赁》，租赁是指在一定期间内，出租人将资产的使用权让与承租人以获取对价的合同。如果合同中一方让渡了在一定期间内控制一项或多项已识别资产使用的权利以换取对价，则该合同为租赁或者包含租赁。

一项合同要被分类为租赁，必须满足以下三个要素：一是存在一定期间；二是存在已识别资产；三是资产供应方向客户转移对已识别资产使用权的控制。

在合同中，“一定期间”也可以表述为已识别资产的使用量，如某项设备的产出量。如果客户有权在部分合同期内控制已识别资产的使用，则合同包含一项在该部分合同期间的租赁。

除非合同条款和条件发生变化，企业无需重新评估合同是否为租赁或者包含租赁。

（二）已识别资产

1. 对资产的指定

已识别资产通常由合同明确指定，也可以在资产可供客户使用时隐性指定。但是，即使合同已对资产进行指定，如果资产的供应方在整个使用期间拥有对该资产的实质性替换权，则该资产不属于已识别资产。

同时符合下列条件时，表明供应方拥有资产的实质性替换权：①资产供应方拥有在整个使用期间替换资产的实际能力。②资产供应方通过行使替换资产的权利将获得经济利益。企业难以确定供应方是否拥有对该资产的实质性替换权的，应当视为供应方没有对该资产的实质性替换权。

【例 7-1】 甲公司（客户）与乙公司（供应方）签订了使用乙公司一节火车车厢的5年期合同。该车厢专为用于运输甲公司在生产过程中使用的特殊产品而设计，未经重大改造不适合其他客户使用。合同中没有明确指定轨道车辆（如通过序列号），但是乙公司仅拥有一节适合客户甲公司使用的火车车厢。如果车厢不能正常工作，合同要求乙公司修理或更换车厢。在这种情况下，合同中的火车车厢属于已识别资产。

【例 7-2】 承[例 7-1]，假设乙公司有若干类似的火车车厢可以满足合同要求，车厢不用于运输货物时存放在乙公司处。乙公司在整个使用期间有替换车厢的实际能力，用于替换的车厢是乙公司易于获得的，且不需甲公司批准即可替换，乙公司可通过替换车厢获得经济利益。因此，乙公司拥有车厢的实质性替换权，合同中的火车车厢不属于已识别资产。

2. 物理可区分

如果资产的部分产能在物理上可区分（如建筑物的一层），则该部分产能属于已识别资产。如果资产的某部分产能或其他部分在物理上不可区分（如光缆的部分容量），则该部分不属于已识别资产，除非其实质上代表该资产的全部产能，从而使客户获得因使用该资产所产生的几乎全部经济利益。

【例 7-3】 甲公司与乙公司签订了一份为期15年的合同，以取得连接A、B城市光缆中约定宽带的光纤使用权。甲公司约定的带宽相当于使用光缆中3条光缆的全部传输容量（乙公司光缆包含15条传输容量相近的光纤）。甲公司仅使用光纤的部分传输容量，提供甲公司使用的光纤与其他光纤在物理上不可区分，且不代表光缆的全部传输容量，因此本例不存在已识别资产。

（三）客户是否控制已识别资产使用权的判断

为确定合同是否让渡了在一定期间内控制已识别资产使用的权利，企业应当评估合同中的客户是否有权获得在使用期间内因使用已识别资产所产生的几乎全部经济利益，并有权在该使用期间主导已识别资产的使用。

1. 客户是否有权获得因使用资产所产生的几乎全部经济利益

在评估是否有权获得因使用已识别资产所产生的几乎全部经济利益时，企业应当在约定的客户可使用资产的权利范围内考虑其所产生的经济利益。

如果合同规定客户应向资产供应方或另一方支付因使用资产所产生的部分现金流量作为对价，该现金流量仍应视为客户因使用资产而获得的经济利益的一部分。

2. 客户是否有权主导资产的使用

存在下列情况之一的，可视为客户有权主导对已识别资产在整个使用期间内的使用：①客户有权在整个使用期间主导已识别资产的使用目的和使用方式。②已识别资产的使用目的和使用方式在使用期开始前已预先确定，并且客户有权在整个使用期间自行或主导他人按照其确定的方式运营该资产，或者客户设计了已识别资产并在设计时已预先确定了该资产在整个使用期间的使用目的和使用方式。

【例 7-4】 甲公司(客户)与乙公司(供应方)签订了使用指定船只的5年期合同。合同明确规定了船只，乙公司没有替换权。甲公司在整个5年使用期内决定运输的货物、船只是否航行以及航行的时间和目的港，但须遵守合同规定的限制条件。这些限制条件是为了防止甲公司将船只驶入遭遇海盗风险较高的水域和装载危险品。乙公司负责船只的操作与维护，并负责船上货物的运输安全。合同期间，甲公司不得雇佣其他人员操作船只和自行操作船只。

本例中，合同明确规定了船只，且乙公司无权替换，因此存在已识别资产。合同中关于船只可航行水域和可运输货物的限制，限定了甲公司使用船只的权利的范围，但目的仅是保护乙公司船只和人员安全。尽管船只的操作和维护，对于船只的有效使用必不可少，但乙公司在这些方面的决策并未赋予其主导船只使用目的和使用方式的权利；相反，乙公司的决策取决于甲公司关于船只使用目的和使用方式的决定，因此甲公司在整个5年使用期内有权主导该船只的使用。

三、租赁期

租赁期是指承租人有权使用租赁资产且不可撤销的期间。承租人有续租选择权，即有权选择续租该资产，且合理确定将行使该选择权的，租赁期还应当包含续租选择权涵盖的期间。承租人有终止租赁选择权，即有权选择终止租赁该资产，但合理确定将不会行使该选择权的，租赁期应当包含终止租赁选择权涵盖的期间。发生承租人可控范围内的重大事件或变化，且影响承租人是否合理确定将行使相应选择权的，承租人应当对其是否合理确定将行使续租选择权、购买选择权或不行使终止租赁选择权进行重新评估。

（一）租赁期开始日

租赁期开始日是指出租人提供租赁资产使其可供承租人使用的起始日期。

如果承租人在租赁协议约定的起租日和租金起付日之前，已获得对租赁资产使用权的控制，则表明租赁期已经开始。租赁协议中对起租日和租金支付时间的约定，并不影响租赁期开始日的判断。

温馨提示

租赁期开始日和租赁协调约定的开始日期可能一致。

（二）不可撤销期间

在确定租赁期和评估不可撤销租赁期间时，企业应根据租赁条款约定来确定可强制执行合同的期间。

如果承租人和出租人双方均有权在未经另一方许可的情况下终止租赁，且罚款金额不重大，则该租赁不再可强制执行。如果只有承租人有权终止租赁，则在确定租赁期时，企业应将该项权利视为承租人可行使的终止租赁选择权予以考虑。如果只有出租人有权终止租赁，则不可撤销的租赁期包括终止租赁选择权所涵盖的期间。

（三）续租选择权和终止租赁选择权

在租赁期开始日，企业应当评估承租人是否合理确定将行使续租和购买标的资产的选择权，或者将不行使终止租赁选择权。在评估时，企业应当考虑对承租人行使续租选择权和不行使终止租赁选择权带来经济利益的所有相关事实和情况，包括自租赁期开始日至选择权行使日之间的事实和情况的预期变化。

需要考虑的因素包括：与市价相比，选择权期间的合同条款和条件；在合同期内，承租人是否进行和预期进行重大租赁资产改良；与终止租赁相关的成本；对承租人运营的重要程度；与行使选择权相关的条件及满足相关条件的可能性等。

【例 7-5】 甲公司（承租人）与乙公司（出租人）签订了一份建筑物租赁合同，包括 4 年不可撤销期限和 2 年期固定价格续租选择权，续租选择权期间的合同条款和条件与市价接近，没有终止罚款或其他因素表明承租人合理确定将行使续租选择权，因此在租赁期开始日确定租赁期为 4 年。

【例 7-6】 承［例 7-5］，假设甲公司在搬入该建筑物之前，花费了大量资金对租赁建筑物进行了改良，预计在 4 年到期时，租赁资产改良仍将具有重大价值。且该价值仅可通过继续使用租赁资产来实现（如果不续租，将导致重大经济损失）。在此情况下，承租人合理确定将行使续租选择权。因此，在租赁开始时，承租人确定租赁期为6年。

第二节　承租人的会计处理

在租赁期开始日，承租人应当对租赁确认使用权资产和租赁负债，进行简化处理的短期租赁和低价值资产租赁除外。

一、承租人的初始计量

(一) 租赁负债的初始计量

租赁负债应当按照租赁期开始日尚未支付的租赁付款额的现值进行初始计量。

1. 租赁付款额

租赁付款额是指承租人向出租人支付的与在租赁期内使用租赁资产的权利相关的款项。其具体包括：

(1) 固定付款额及实质固定付款额，存在租赁激励的，扣除租赁激励相关金额。其中，实质固定付款额是指在形式上可能包含变量但实质上无法避免的付款额；租赁激励是指出租人为达成租赁向承租人提供的优惠。它包括出租人向承租人支付的与租赁有关的款项，出租人为承租人偿付或承担的成本等。存在租赁激励的，承租人在确定租赁付款额时，应扣除租赁激励相关金额。

【例7-7】 甲公司是一家知名零售商，从乙公司处租入已成熟开发的零售场所来开设一家商店。根据租赁合同，甲公司在正常工作时间内必须经营该商店，且甲公司不得将该商店闲置或者进行分租。合同中关于租赁付款额的条款为：如果甲公司开设的这家商店没有发生销售，则甲公司应付的年租金为100元；如果这家商店发生了任何销售，则甲公司应付的年租金为100万元。本例中，甲公司应在正常工作时间内经营该商店，甲公司开设的这家商店不可能不发生销售，因此，该租赁包含每年100万元的实质固定付款额。

(2) 取决于指数或比率的可变租赁付款额，该款项在初始计量时根据租赁期开始日的指数或比率确定。其中，可变租赁付款额是指承租人为取得在租赁期内使用租赁资产的权利，向出租人支付的因租赁期开始日后的事实或情况发生变化(而非时间推移)而变动的款项。取决于指数或比率的可变租赁付款额包括与消费者价格指数挂钩的款项、与基准利率挂钩的款项和为反映市场租金费率变化而变动的款项等。

【例7-8】 甲公司(承租人)签订了一项为期10年的不动产租赁合同，每年的租赁付款额为5万元，于每年年初支付。合同规定租赁付款额在租赁期开始日后，每2年基于过去24个月消费者价格指数的上涨进行调整，租赁期开始日的消费者价格指数为125。因此,甲公司在初始计量租赁负债时,应基于租赁开始日的消费者价格指数确定租赁付款额。

温馨提示

> 除了取决于指数和比率的可变租赁付款额以外,其他可变租赁付款额均不纳入租赁负债的初始计量中。

(3) 购买选择权的行权价格,前提是承租人合理确定将行使该选择权。

【例 7-9】 甲公司(承租人)与乙公司(出租人)签订了一份不可撤销的 5 年期设备租赁合同。合同规定,甲公司可以选择在租赁期结束时以 5 000 元的价格购买该项设备。已知该设备运用于不断更新、迅速变化的科技领域,租赁期结束时,其公允价值可能出现大幅波动,估计在 4 000~9 000 元,在 5 年租赁期内可能会有更好的替代产品出现。在这种情况下,可以合理确定甲公司不会行使购买选择权。

(4) 行使终止租赁选择权需支付的款项,前提是租赁期反映出承租人将行使终止租赁选择权。

(5) 根据承租人提供的担保余值预计应支付的款项。其中,担保余值是指与出租人无关的一方向出租人提供担保,保证在租赁结束时租赁资产的价值至少为某指定的金额。在租赁资产余值中,出租人无法保证能够实现或仅由与出租人有关的一方予以担保的部分,即为未担保余值。

温馨提示

> 资产余值是指在租赁期开始日估计的租赁期届满时租赁资产的公允价值。

【例 7-10】 甲公司(承租人)与乙公司(出租人)签订了一份汽车租赁合同,租赁期为 5 年。合同规定,如果标的汽车在租赁期结束时的公允价值低于 4 万元,则甲公司需向乙公司支付 4 万元与汽车公允价值之间的差额。在租赁期开始日,甲公司预计标的汽车在租赁期结束时的公允价值为 4 元,即甲公司预计在担保余值下将支付的金额为零,因此,甲公司在计算租赁负债时,与担保余值相关的付款额为零。

2. 折现率

在计算租赁付款额的现值时,承租人应当采用租赁内含利率作为折现率;无法确定租赁内含利率的,应当采用承租人增量借款利率作为折现率。其中,租赁内含利率是指使出租人的租赁收款额的现值与未担保余值的现值之和等于租赁资产公允价值与出租人的初始直接费用之和的利率;承租人增量借款利率是指承租人在类似经济环境下为获得与使用权资产价值接近的资产,在类似期间以类似抵押条件借入资金须支付的利率。

（二）使用权资产的初始计量

使用权资产是指承租人可在租赁期内使用租赁资产的权利。使用权资产应当按照成本进行初始计量。该成本包括：

(1)租赁负债的初始计量金额。

(2)在租赁期开始日或之前支付的租赁付款额，存在租赁激励的，扣除已享受的租赁激励相关金额。其中，租赁激励是指出租人为达成租赁向承租人提供的优惠，包括出租人向承租人支付的与租赁有关的款项、出租人为承租人偿付或承担的成本等。

(3)承租人发生的初始直接费用。其中，初始直接费用是指为达成租赁所发生的增量成本。增量成本是指若企业不取得该租赁，则不会发生的成本。

(4)承租人为拆卸及移除租赁资产、复原租赁资产所在场地或将租赁资产恢复至租赁条款约定状态预计将发生的成本。承租人应当按照《企业会计准则第 13 号——或有事项》对其进行确认和计量。

【例 7-11】 2×20 年 12 月 31 日，甲公司与乙租赁公司签订了一份设备租赁合同，租期为 3 年，起租日为 2×21 年 1 月 1 日，甲公司拥有 1 年的续租选择权。有关资料如下：

(1) 租金支付方式：每年年初支付租金 54 000 元；续租期每年租金为 55 000 元。甲公司评估后认为，不能合理确定将行使续租选择权。

(2) 为获得该项租赁，甲公司发生初始直接费用 5 000 元。

(3) 甲公司无法确定租赁内含利率，其增量借款利率为 6%。

(4)2×23 年 12 月 31 日，甲公司将该生产线交回乙租赁公司。

为简化处理，假设不考虑相关税费。

承租人甲公司的会计处理如下：

① 计算租赁开始日租赁付款额的现值，并确认租赁负债和所用权资产。

在本例中，每年年初支付租金 54 000 元，未来 2 年租赁付款额为 108 000 元。

租赁负债＝54 000×（P/A,6%,2)＝54 000×1.833＝98 982（元）

未确认融资费用＝(108 000＋54 000)－(98 982＋54 000)＝162 000－152 982＝9 018(元)

借：使用权资产	152 982	
租赁负债——未确认融资费用	9 018	
贷：租赁负债——租赁付款额		108 000
银行存款		54 000

② 将初始直接费用计入使用权资产的初始成本。

借：使用权资产	5 000	
贷：银行存款		5 000

二、承租人的后始计量

(一) 租赁负债的后续计量

1. 计量基础

在租赁期开始日后，承租人应当按以下原则对租赁负债进行后续计量：

(1) 确认租赁负债的利息时，增加租赁负债的账面金额。

(2) 支付租赁付款额时，减少租赁负债的账面金额。

(3) 因重估和租赁变更等原因导致租赁付款额发生变动时，重新计量租赁负债的账面价值。

承租人应当按照固定的周期性利率计算租赁负债在租赁期内各期间的利息费用，并计入当期损益。按照《企业会计准则第 17 号——借款费用》等准则规定应当计入相关资产成本的，从其规定。借记"财务费用""在建工程"等账户，贷记"租赁负债——未确认融资费用"账户。

周期性利率是指承租人对租赁负债进行初始计量时，所采用的折现率或者因租赁付款额发生变动或因租赁变更而须按照修订后的折现率对租赁负债进行重新计量时，承租人所采用的修订后的折现率。

承[例 7-11]，承租人甲公司 2×21 年、2×22 年和 2×23 年的会计处理如下：

①2×21 年 1 月 1 日，支付第一期租金时：

借：租赁负债——租赁付款额　　54 000
　贷：银行存款　　54 000

②2×21 年 12 月 31 日，计算利息费用时：

借：财务费用 (98 982×6%)　　5 938.92
　贷：租赁负债——未确认融资费用　　5 938.92

③2×22 年 1 月 1 日，支付第二期租金时：

借：租赁负债——租赁付款额　　54 000
　贷：银行存款　　54 000

④2×22 年 12 月 31 日，计算利息费用时：

借：财务费用(9 018−5 938.92)　　3 079.08
　贷：租赁负债——未确认融资费用　　3 079.08

⑤2×23 年 1 月 1 日，支付第三期租金时：

借：租赁负债——租赁付款额　　54 000

　　贷：银行存款　　54 000

未纳入租赁负债计量的可变租赁付款额应当在实际发生时计入当期损益。按照《企业会计准则第 1 号——存货》等准则规定应当计入相关资产成本的，从其规定。

2. 租赁负债的重新计量

在租赁期开始日后，发生下列情形的，承租人应当重新确定租赁付款额，并按变动后租赁付款额和修订后的折现率计算的现值重新计量租赁负债，同时相应调整使用权资产的账面价值。使用权资产的账面价值已调减至零，但租赁负债仍需进一步调减的，承租人应当将剩余金额计入当期损益：

(1) 实质固定付款额发生变动。承租人应当按照变动后租赁付款额的现值重新计量租赁负债，折现率不变。

(2) 担保余值预计的应付金额发生变动，或者因用于确定租赁付款额的指数或比率变动而导致未来租赁付款额发生变动的，承租人应当按照变动后租赁付款额的现值重新计量租赁负债。承租人采用的折现率不变。

(3) 购买选择权、续租选择权或终止租赁选择权的评估结果或实际行使情况发生变化，应当根据新的租赁期重新确定租赁付款额；在计算变动后租赁付款额的现值时，承租人应当采用剩余租赁期间的租赁内含利率作为修订后的折现率；无法确定剩余租赁期间的租赁内含利率的，应当采用重估日的承租人增量借款利率作为修订后的折现率。

(二) 使用权资产的后续计量

在租赁期开始日后，承租人应当采用成本模式对使用权资产进行后续计量，即以成本减累计折旧及累计减值准备计量使用权资产。

1. 使用权资产的折旧

承租人应当参照《企业会计准则第 4 号——固定资产》有关折旧规定，自租赁期开始日起对使用权资产计提折旧。使用权资产通常应自租赁期开始的当月计提折旧，计提的折旧金额应根据使用权资产的用途，计入相关资产的成本或者当期损益。

承租人在确定使用权资产的折旧方法时，应当根据与使用权资产有关的经济利益的预期实现方式作出决定。通常，承租人按直线法对使用权资产计提折旧。其他折旧方法更能反映使用权资产有关经济利益预期实现方式的，应采用其他折旧方法。

承租人能够合理确定租赁期届满时取得租赁资产所有权的，应当在租赁资产剩余使用寿命内计提折旧。无法合理确定租赁期届满时能够取得租赁资产所有权的，应当在租赁期与租赁资产剩余使用寿命两者孰短的期间内计提折旧。

承租人在会计处理时，借记“制造费用”“管理费用”等账户，贷记“使用权资产累计折旧”账户。

2. 使用权资产的减值

承租人应当按照《企业会计准则第 8 号——资产减值》的规定，确定使用权资产是否发生减值，并对已识别的减值损失进行会计处理。借记“资产减值损失”账户，贷记“使用权资产减值准备”账户。使用权资产减值准备一旦计提，不得转回。

承[例 7-11]，假设承租人甲公司采用直线法对使用权资产计提折旧。

每年计提折旧额＝152 982÷3＝50 994(元)

2×21 年、2×22 年、2×23 年，甲公司每年的会计处理如下：

借：制造费用——折旧费　　50 994

　贷：使用权资产累计折旧　　50 994

租赁期届满时：

借：使用权资产累计折旧　　152 982

　贷：使用权资产　　152 982

三、承租人的简化处理

对于短期租赁和低价值租赁，承租人可以选择不确认使用权资产和租赁负债，采用简化的处理方法。作出该选择的，承租人应当将短期租赁和低价值资产租赁的租赁付款额，在租赁期内各个期间按照直线法或其他系统、合理的方法计入相关资产成本或当期损益。其他系统、合理的方法能够更好地反映承租人的受益模式的，承租人应当采用该方法。

短期租赁是指在租赁期开始日，租赁期不超过 12 个月的租赁。它包含购买选择权的租赁不属于短期租赁。

低价值资产租赁是指单项租赁资产为全新资产时价值较低的租赁。低价值资产租赁的判定仅与资产的绝对价值有关，不受承租人规模、性质或其他情况影响。常见的低价值租赁如平板电脑、普通办公家具等小型资产的租赁。但是，承租人转租或预期转租租赁资产的，原租赁不属于低价值资产租赁。

【例 7-12】 甲公司因到异地临时办公需要，向乙公司租入一台笔记本电脑。租期为 6 个月，每个月租金为 500 元。全部租金在取得电脑使用权时一次性支付。

在本例中，笔记本电脑是典型的低价值资产，并且租赁期也不超过 12 个月，既属于短期租赁，也属于低价值租赁。因此，承租人甲公司可以选择采用简化的会计处理。

支付租金时：

借：合同资产　　3 000

　贷：银行存款　　3 000

每月摊销租赁费用时：

借：管理费用　　500
　贷：合同资产　　500

四、承租人的列报

（一）表内披露

承租人应当在资产负债表中单独列示使用权资产和租赁负债。其中，租赁负债通常分别非流动负债和1年内到期的非流动负债列示。在利润表中，承租人应当分别列示租赁负债的利息费用与使用权资产的折旧费用。租赁负债的利息费用在“财务费用”项目列示。在现金流量表中，偿还租赁负债本金和利息所支付的现金应当计入筹资活动现金流出，支付的按简化处理的短期租赁付款额和低价值资产租赁付款额以及未纳入租赁负债计量的可变租赁付款额应当计入经营活动现金流出。

（二）附注披露

承租人应当在附注中披露与租赁有关的下列信息：①各类使用权资产的期初余额、本期增加额、期末余额以及累计折旧额和减值金额。②租赁负债的利息费用。③计入当期损益的按《企业会计准则第21号——租赁》第三十二条简化处理的短期租赁费用和低价值资产租赁费用。④未纳入租赁负债计量的可变租赁付款额。⑤转租使用权资产取得的收入。⑥与租赁相关的总现金流出。⑦售后租回交易产生的相关损益。⑧其他按照《企业会计准则第37号——金融工具列报》应当披露的有关租赁负债的信息。承租人对短期租赁和低价值资产租赁进行简化处理的，应当披露这一事实。

第三节　出租人的会计处理

一、出租人的租赁分类

出租人应当分别经营租赁和融资租赁，采用不同的会计处理。

出租人应当在租赁开始日将租赁分为融资租赁和经营租赁。一项租赁属于融资租赁还是属于经营租赁，这取决于交易的实质，而不是合同的形式。如果一项租赁实质上转移了与租赁资产所有权有关的几乎全部风险和报酬，出租人应当将该项租赁分类为融资租赁。

租赁开始日是指租赁合同签署日与租赁各方就主要租赁条款作出承诺日中的较早者。

温馨提示

租赁期开始日和租赁开始日不是一个概念，注意掌握两者的区别。

（一）融资租赁

融资租赁是指实质上转移了与租赁资产所有权有关的几乎全部风险和报酬的租赁。其所有权最终可能转移，也可能不转移。

一项租赁存在下列一种或多种情形的，通常分类为融资租赁：

(1) 在租赁期届满时，租赁资产的所有权转移给承租人。即如果在租赁协议中已经约定，或者根据其他条件，在租赁开始日就可以合理判断，租赁期届满时出租人会将资产的所有权转移给承租人，那么该项租赁通常分类为融资租赁。

(2) 承租人有购买租赁资产的选择权，所订立的购买价款与预计行使选择权时租赁资产的公允价值相比足够低，因而在租赁开始日就可以合理确定承租人将行使该选择权。

(3) 资产的所有权虽然不转移，但租赁期占租赁资产使用寿命的大部分。实务中，这里的“大部分”一般是指租赁期占租赁开始日租赁资产尚可使用年限的75%以上（含75%）。但是，如果租赁资产是旧资产，在租赁开始日前已使用年限超过该资产全新时起算可使用年限的75%以上时，则该条标准不适用。

(4) 在租赁开始日，租赁收款额的现值几乎相当于租赁资产的公允价值。实务中，这里的“几乎相当于”通常掌握在90%以上。

(5) 租赁资产性质特殊，如果不作较大改造，只有承租人才能使用。租赁资产由出租人根据承租人对资产型号、规格等方面的特殊要求专门购买或建造的，具有专购、专用性质。

一项租赁存在下列一项或多项迹象的，也可能分类为融资租赁：

(1) 若承租人撤销租赁，撤销租赁对出租人造成的损失由承租人承担。

(2) 资产余值的公允价值波动所产生的利得或损失归属于承租人。例如，租赁结束时，出租人以相当于资产销售收益的绝大部分金额作为对租金的退还，说明承租人承担了租赁资产余值的几乎所有风险和报酬。

(3) 承租人有能力以远低于市场水平的租金继续租赁至下一期间。

在租赁开始日后，出租人无需对租赁的分类进行重新评估，除非发生租赁变更。租赁资产预计使用寿命、预计余值等会计估计变更或发生承租人违约等情况变化的，出租人不对租赁的分类进行重新评估。

（二）经营租赁

经营租赁是指除融资租赁以外的其他租赁。在经营租赁下，承租人只是要使用某项资产，而不想添置它，不会取得租赁资产的所有权，且在租赁期届满后，承租人有退租或续租的选择权，而不存在优惠购买选择权；而出租人要将租赁资产多次出租方能收回投资和获取利润；租赁期一般也明显短于租赁资产的使用年限。因此，在经营租赁下，与资产所有权相关的主要风险和报酬一般由出租人承担或享有，没有转移给承租人。

温馨提示

在承租人的会计处理中，没有区分融资租赁和经营租赁。

二、出租人融资租赁的会计处理

（一）初始计量

在租赁期开始日，出租人应当对融资租赁确认应收融资租赁款，并终止确认融资租赁资产。出租人对应收融资租赁款进行初始计量时，应当以租赁投资净额作为应收融资租赁款的入账价值。

租赁投资净额为未担保余值和租赁期开始日尚未收到的租赁收款额按照租赁内含利率折现的现值之和。其中，租赁内含利率是指使出租人的租赁收款额的现值与未担保余值的现值之和（即租赁投资净额）等于租赁资产公允价值与出租人的初始直接费用之和的利率。因此，出租人发生的初始直接费用包括在租赁投资净额中，也即包括在应收融资租赁款的初始入账价值中。

租赁收款额是指出租人因让渡在租赁期内使用租赁资产的权利而应向承租人收取的款项。其具体包括：

（1）承租人需支付的固定付款额及实质固定付款额，存在租赁激励的，扣除租赁激励相关金额。

（2）取决于指数或比率的可变租赁付款额，该款项在初始计量时根据租赁期开始日的指数或比率确定。

（3）购买选择权的行权价格，前提是合理确定承租人将行使该选择权。

（4）承租人行使终止租赁选择权需支付的款项，前提是租赁期反映出承租人将行使终止租赁选择权。

（5）由承租人、与承租人有关的一方以及有经济能力履行担保义务的独立第三方向出租人提供的担保余值。

【例 7－13】 2×20 年 12 月 31 日，乙租赁公司与甲公司签订了一份设备租赁合同，租期为 3 年，起租日为 2×21 年 1 月 1 日。有关资料如下：

（1）租金支付方式：每年年初支付租金 54 000 元。

(2) 租赁期开始日的租赁资产公允价值为162 000元,账面价值为160 000元。

为获得该项租赁,甲公司发生初始直接费用5 000元。

(3) 在签订租赁合同过程中,乙公司发生可归属于租赁项目的手续费、佣金8 000元。

(4) 租赁期届满时,承租人甲公司有优惠购买设备的选择权,优惠购买价为23 400元,估计该日租赁资产的公允价值为100 000元。

(5) 担保余值和未担保余值均为0。

(6) 设备全新时的使用寿命为4年。

为简化处理,假设不考虑相关税费。

出租人乙公司的会计处理如下:

第一步,判断租赁类型。本例存在优惠购买选择权,优惠购买价23 400元远低于行使选择权日租赁资产的公允价值100 000元,因此在2×20年12月31日就可合理确定甲公司将会行使这种选择权。另外,设备租赁期为3年,占租赁期开始日租赁资产使用寿命的75%(占租赁资产使用寿命的大部分)。乙公司综合考虑其他各种情形和迹象,认为该项租赁实质上转移了与租赁资产所有权有关的几乎全部风险和报酬,因此将此项租赁认定为融资租赁。

第二步,确定租赁收款额。在本例中,承租人的固定付款额为162 000元(54 000×3);租赁期届满时,优惠购买价23 400元远低于行使选择权日租赁资产的公允价值100 000元,因此在2×20年12月31日就可合理确定甲公司将会行使这种选择权,租赁付款额中应当包括承租人购买选择权的行权价23 400元。

租赁收款额=租赁资产在租赁期开始日公允价值+承租人购买选择权的行权价
=162 000+23 400=185 400(元)

第三步,确定租赁投资总额。

租赁投资总额=在融资租赁下出租人应收的租赁收款额+未担保余值
=185 400+0=185 400(元)

第四步 确认租赁投资净额的金额和未实现融资收益。

租赁投资净额=租赁资产在租赁期开始日公允价值+初始直接费用
=162 000+5 000=167 000(元)

未实现融资收益=租赁投资总额-租赁投资净额
=185 400-167 000=18 400(元)

第五步,计算租赁内含利率。

假设租赁内含利率为r,租赁投资总额的现值等于租赁投资净额,即:

$$54\ 000+54\ 000\times(P/A,\ 2,\ r)+23\ 400\times(P/V,\ 3,\ r)=167\ 000$$

解得:$r=9.03\%$。

第六步，账务处理。

2×21 年 1 月 1 日：

借：应收融资租赁款——租赁收款额　　185 400

　　贷：银行存款　　5 000

　　　　融资租赁资产　　160 000

　　　　资产处置损益　　2 000

　　　　应收融资租赁款——未实现融资收益　　18 400

借：银行存款　　54 000

　　贷：应收融资租赁款——租赁收款额　　54 000

温馨提示

融资租赁资产公允价值与账面价值的差额，计入资产处置损益。

生产商或经销商作为出租人的融资租赁，在租赁期开始日，该出租人应当按照租赁资产公允价值与租赁收款额按市场利率折现的现值两者孰低确认收入，并按照租赁资产账面价值扣除未担保余值的现值后的余额结转销售成本。

生产商或经销商出租人为取得融资租赁发生的成本，应当在租赁期开始日计入当期损益。

（二）后续计量

出租人应当按照固定的周期性利率计算并确认租赁期内各个期间的利息收入。按照《企业会计准则第 17 号——借款费用》等会计准则规定应当计入相关资产成本的，从其规定。

承[例 7-13]，乙公司的会计处理如下：

第一步，计算租赁期内各期的利息收入（见表 7-1）。

表 7-1

租赁期利息收入计算表

单位：元

日期 ①	租金 ②	确认的利息收入 ③＝期初④×9.03%	租赁投资净额余额 期末④＝期初④－②＋③
2×20 年 12 月 31 日			167 000.0
2×21 年 1 月 1 日	54 000		113 000.0
2×21 年 12 月 31 日		10 203.9	123 203.9

（续表）

日　期	租金	确认的利息收入	租赁投资净额余额
2×22年1月1日	54 000		69 203.9
2×22年12月31日		6 249.1	75 453.0
2×23年1月1日	54 000		21 453.0
2×23年12月31日		1 947.0*	23 400.0

*作尾数调整：1 947＝23 400－21 453。

第二步，账务处理。

2×21年1月1日，收到第一期租金时：

借：银行存款　　54 000
　贷：应收融资租赁款——租赁收款额　　54 000

2×21年12月31日，确认当年租赁收入时：

租赁收入＝(167 000－54 000)×9.03%＝10 203.9(元)

借：应收融资租赁款——未实现融资收益　　10 203.9
　贷：租赁收入　　10 203.9

2×22年1月1日，收到第二期租金时：

借：银行存款　　54 000
　贷：应收融资租赁款——租赁收款额　　54 000

2×22年12月31日，确认当年租赁收入时：

借：应收融资租赁款——未实现融资收益　　6 249.1
　贷：租赁收入　　6 249.1

2×23年1月1日，收到第三期租金时：

借：银行存款　　54 000
　贷：应收融资租赁款——租赁收款额　　54 000

2×23年12月31日，确认当年租赁收入时：

借：应收融资租赁款——未实现融资收益　　1 947
　贷：租赁收入　　1 947

（三）融资租赁的列报

出租人应当在附注中披露与融资租赁有关的下列信息：

(1) 销售损益、租赁投资净额的融资收益以及与未纳入租赁投资净额的可变租赁付款额相关的收入。

(2) 资产负债表日后连续五个会计年度每年将收到的未折现租赁收款额，以及剩余年度将收到的未折现租赁收款额总额。

(3) 未折现租赁收款额与租赁投资净额的调节表。

三、出租人经营租赁的会计处理

(一) 基本原则

1. 租金

在租赁期内各个期间，出租人应当采用直线法或其他系统合理的方法，将经营租赁的租赁收款额确认为租金收入。其他系统合理的方法能够更好地反映因使用租赁资产所产生经济利益的消耗模式的，出租人应当采用该方法。

2. 初始直接费用

出租人发生的与经营租赁有关的初始直接费用应当资本化，在租赁期内按照与租金收入确认相同的基础进行分摊，分期计入当期损益。

3. 租赁资产的折旧与减值

对于经营租赁资产中的固定资产，出租人应当采用类似资产的折旧政策计提折旧；对于其他经营租赁资产，应当根据该资产适用的企业会计准则，采用系统合理的方法进行摊销。

出租人应当按照《企业会计准则第 8 号——资产减值》的规定，确定经营租赁资产是否发生减值，并进行相应会计处理。

4. 可变租赁付款额

出租人取得的与经营租赁有关的未计入租赁收款额的可变租赁付款额，应当在实际发生时计入当期损益。

【例 7 - 14】 甲公司(制造企业)按照租赁协议出租一台闲置设备，租赁期限为 4 个月，共计应收租金 16 000 元，于租赁期开始日一次性收取。假设该项租赁为经营租赁，设备每月计提折旧额 2 000 元。

出租人甲公司的会计处理如下：

一次性收取租金时：

借：银行存款	16 000	
贷：合同负债		16 000

每月确认租金收入时：

借：合同负债　　4 000
　　贷：其他业务收入　　4 000

计提设备折旧时：

借：其他业务成本　　2 000
　　贷：累计折旧　　2 000

（二）经营租赁的列报

出租人应当根据资产的性质，在资产负债表中列示经营租赁资产。出租人应当在附注中披露与经营租赁有关的下列信息：

（1）租赁收入，并单独披露与未计入租赁收款额的可变租赁付款额相关的收入。

（2）将经营租赁固定资产与出租人持有自用的固定资产分开，并按经营租赁固定资产的类别提供《企业会计准则第 4 号——固定资产》要求披露的信息。

（3）资产负债表日后连续五个会计年度每年将收到的未折现租赁收款额，以及剩余年度将收到的未折现租赁收款额总额。

第四节　售后租回交易的会计处理

企业（卖方兼承租人）将资产转让给其他企业（买方兼出租人），并从买方兼出租人租回该项资产，则双方均应按照售后租回交易的规定进行会计处理。承租人和出租人应当按照《企业会计准则第 14 号——收入》的规定，评估确定售后租回交易中的资产转让是否属于销售。

一、售后租回交易的资产转让属于销售的情况

售后租回交易中的资产转让属于销售的，承租人应当按原资产账面价值中与租回获得的使用权有关的部分，计量售后租回所形成的使用权资产，并仅就转让至出租人的权利确认相关利得或损失；出租人应当根据其他适用的具体会计准则对资产购买进行会计处理，并根据《企业会计准则第 21 号——租赁》对资产出租进行会计处理。

如果销售对价的公允价值与资产的公允价值不同，或者出租人未按市场价格收取租金，企业应当进行以下调整：①销售对价低于市场价格的款项作为预付租金进行会计处理。②销售对价高于市场价格的款项作为出租人向承租人提供的额外融资进行会计处理。同时，承租人按照公允价值调整相关销售利得或损失，出租人按市场价格调整租金

收入。

在进行上述调整时，企业应当基于以下两者中更易于确定的项目：①销售对价的公允价值与资产公允价值之间的差额。②租赁合同中付款额的现值与按租赁市价计算的付款额现值之间的差额。

【例 7-15】 甲公司(卖方兼承租人)以 3 600 万元的价格(公允价值)向乙公司(买房兼出租人)出售一栋建筑物，收到银行存款。交易前，该建筑物的账面原值为 2 400 万元，累计折旧为 400 万元。与此同时，甲公司与乙公司签订了合同，取得了该建筑物 18 年的使用权(全部剩余使用寿命为 40 年)，年租金为 207 万元，于每年年末支付。根据交易的条款和条件，甲公司转让建筑物满足《企业会计准则第 14 号——收入》中关于销售成立的条件。假设不考虑初始直接费用和各项税费的影响。

甲公司相关会计处理如下：

第一步，计算租赁负债。

租赁付款额＝2 070 000×18＝37 260 000(元)

租赁付款额的现值＝2 070 000×(P/A,4.5%,18)＝25 171 188(元)

未确认融资费用＝37 260 000－25 171 188＝12 088 812(元)

第二步，计算使用权资产。

使用权资产＝(24 000 000－4 000 000)×25 171 188÷36 000 000
＝13 983 993(元)

第三步，计算资产处置损益。

出售该建筑物的全部利得＝36 000 000－20 000 000＝16 000 000(元)

与转让至乙公司的权利相关的利得＝16 000 000×[(36 000 000－25 171 188)]÷36 000 000
＝4 812 805(元)

第四步，账务处理。

借：银行存款	36 000 000	
使用权资产	13 983 993	
累计折旧	4 000 000	
租赁负债——未确认融资费用	12 088 812	
贷：固定资产		24 000 000
租赁负债——租赁付款额		37 260 000
资产处置损益		4 812 805

在[例 7-15]中，如果销售价格为 40 000 000 元，建筑物公允价值为 36 000 000 元，由超额售价 4 000 000 元作为乙公司向甲公司提供的额外融资进行确认。

借：银行存款　　4 000 000

　　贷：长期应付款　　40 000 000

二、售后租回交易的资产转让不属于销售的情况

售后租回交易中的资产转让不属于销售的，承租人应当继续确认被转让资产，同时确认一项与转让收入等额的金融负债，并按照《企业会计准则第 22 号——金融工具确认和计量》对该金融负债进行会计处理；出租人不确认被转让资产，但应当确认一项与转让收入等额的金融资产，并按照《企业会计准则第 22 号——金融工具确认和计量》对该金融资产进行会计处理。

【例 7-16】 2×20 年 1 月 1 日，甲公司(卖方兼承租人)以银行存款 2 400 万元的价格向乙公司(买房兼出租人)出售一栋建筑物。交易前，该建筑物的账面原值为 2 400 万元，累计折旧为 400 万元。与此同时，甲公司与乙公司签订了一份合同，取得了该建筑物 18 年的使用权(全部剩余使用寿命为 40 年)，年租金为 200 万元，于每年年末支付。租赁期满，甲公司将以 100 元的价格购买该建筑物。根据交易的条款和条件，甲公司转让建筑物不满足《企业会计准则第 14 号——收入》中关于销售成立的条件。假设不考虑初始直接费用和各项税费的影响。该建筑物在销售当日的公允价值为 3 600 万元。

2×20 年 1 月 1 日，甲公司对该交易的会计处理如下：

借：银行存款　　24 000 000

　　贷：长期应付款　　24 000 000

2×20 年 1 月 1 日，乙公司对该交易的会计处理如下：

借：长期应收款　　24 000 000

　　贷：银行存款　　24 000 000

复习思考题

1. 什么是租赁？如何识别租赁？
2. 承租人如何对租赁业务进行会计处理？
3. 承租人在什么情况下可以对租赁业务进行简化会计处理？如何对其进行简化会计处理？
4. 出租人如何判断融资租赁和经营租赁？
5. 出租人如何对融资租赁业务进行会计处理？
6. 出租人如何对经营租赁业务进行会计处理？
7. 售后租回交易如何进行会计处理？

练 习 题

一、单项选择题

1. 短期租赁是指在租赁期开始日，租赁期不超过( )的租赁。

A. 3个月 B. 6个月 C. 12个月 D. 近期

2. 出租人应当将经营租赁收款额在租赁期内采用( )确认为收入。

A. 直线法 B. 系统合理的方法

C. 实际利率法 D. 直线法或其他系统合理的方法

3. 承租人在租赁谈判和签订租赁合同过程中发生的、可直接归属于租赁项目的初始直接费用，应当( )。

A. 计入当期费用

B. 计入租入使用权资产成本

C. 部分计入当期费用，部分计入使用权资产成本

D. 计入租赁付款额

4. 出租人对应收融资租赁款进行初始计量时，应当以( )作为入账价值。

A. 租赁收款额 B. 租赁收款额的现值

C. 未担保余值和租赁收款额 D. 未担保余值和租赁收款额的现值

5. 在租赁开始日，如果租赁收款额的现值几乎相当于租赁资产的公允价值，出租人可以将该项租赁认定为融资租赁。这里的"几乎相当于"通常掌握在( )以上。

A. 80% B. 85% C. 90% D. 95%

6. 售后租回交易中的资产转让属于销售的，承租人应当按( )中与租回获得的使用权有关的部分，计量售后租回所形成的使用权资产。

A. 原资产账面价值 B. 原公允价值

C. 销售价格 D. 租赁付款额

二、多项选择题

1. 承租人租赁付款额包括( )。

A. 固定付款额，以及包括取决于指数或比率在内的全部可变租赁付款额

B. 在承租人合理确定将行权的前提下，购买选择权的行权价格

C. 在承租人可能行权的前提下，行使终止租赁选择权需支付的款项

D. 根据承租人提供的担保余值预计应支付的款项

2. 承租人使用权资产应当按照成本进行初始计量。该成本包括( )。

A. 租赁负债的初始确认金额

B. 初始直接费用

C. 承租人为拆除租赁资产预计将发生的成本

D. 承租人提供的担保余值

3. 承租人可以选择不确认使用权资产和租赁负债的情形有(　　)。

A. 短期租赁　　B. 低价值资产租赁

C. 经营租赁　　D. 融资租赁

4. 下列租赁中,承租人应当认定为融资租赁的有(　　)。

A. 在租赁期届满时,租赁资产的所有权转移给承租人

B. 承租人有购买租赁资产的选择权,所订立的购买价款预计将远低于行使选择权时租赁资产的公允价值

C. 租赁期占租赁资产使用寿命的70%

D. 如果租赁到期,其他公司不经修整可以直接使用该设备

三、判断题

1. 承租人租赁负债应当按照租赁期开始日尚未支付的租赁付款额进行初始计量。(　　)

2. 租赁期占租赁资产剩余使用寿命的75%以上的租赁,属于融资租赁。(　　)

3. 如果资产供应方拥有在整个使用期间替换资产的实际能力,则表明供应方拥有资产的实质性替换权。(　　)

4. 承租人应当对使用权资产计提折旧。(　　)

5. 租赁期开始日与租赁开始日可能不一致。(　　)

6. 出租人取得的未纳入租赁投资净额计量的可变租赁付款额应当在实际发生时计入当期损益。(　　)

四、计算及账务处理题

2×20年12月1日,A公司与B公司签订了一份租赁合同,A公司向B公司租入一台设备,合同主要条款如下:

(1) 租赁期开始日:2×21年1月1日。

(2) 租赁期:2×21年1月1日至2×24年12月31日,共4年。

(3) 租金支付:A公司每年年末向B公司支付租金150 000元。

(4) 该机器在2×20年12月1日的账面价值为480 000元,公允价值为500 000元,估计使用寿命为5年,按直线法计提折旧。

(5) 租赁合同规定的利率为7%,出租人租赁内含利率为7.72%(年利率)。

(6) 承租人与出租人的初始直接费用均为1 000元。

(7) 租赁期届满时,A公司享有优惠购买该机器的选择权,购买价为100元,估计该日租赁资产的公允价值为80 000元。

要求:分别做A公司、B公司租赁期开始日的会计处理。

第八章 所 得 税

【内容提要】 我国所得税会计核算采用资产负债表债务法。本章主要包括资产的计税基础和负债的计税基础、可抵扣暂时性差异和应纳税暂时性差异、递延所得税资产和递延所得税负债以及所得税费用的确认和计量等内容。

【导入案例】 文成股份有限公司 2×20 年利润总额为 500 万元，适用企业所得税税率为 25%。该公司 2×20 年发生的会计事项中，会计与税法存在的差异包括：① 确认国债投资利息收入 30 万元。② 持有的交易性金融资产成本 1 000 万元，年末公允价值 1 200 万元，税法规定资产在持有期间公允价值变动不计入应纳税所得额，出售时一并计算应税所得。③ 存货成本 500 万元，计提存货跌价准备 100 万元。④ 对账面价值为 1 400 万元某项管理用固定资产计提固定资产减值准备 200 万元。⑤ 公司因为未决诉讼确认预计负债 80 万元，按税法规定，有关赔偿损失在实际发生时可税前扣除。⑥ 营业外支出中含有因违反环保规定支付的罚款 100 万元，该笔款项尚未支付。⑦ 2×19 年 12 月，购入管理用固定资产，原价为 200 万元，不考虑预计净残值，折旧年限为 10 年，会计按双倍余额递减法计提折旧；税法规定按年限平均法计提折旧。

思考

1. 文成股份有限公司从会计角度和税务角度编制的 2×20 年资产负债表和利润表存在哪些差异？

2. 文成股份有限公司 2×20 年应交纳多少企业所得税？

第一节 所得税会计概述

企业的会计核算和税收处理分别遵循不同的原则，服务于不同的目的。我国会计的确认、计量、记录和报告应当遵从《企业会计准则》的规定，目的在于真实、完整地反映企业的财务状况、经营成果和现金流量等，为投资者、债权人以及其他会计信息使用者提供对其决策有用的信息。税法则是以课税为目的，根据国家有关税收法律、法规的规定，确定一定时期内纳税人应交纳的税额，从所得税的角度看，会计主要是依据《企业会计准则》等有关会计法规的规定确定计算应该作为所得税这部分费用的利润额，而税法主要是以《企业所得税法》等法律、法规确定企业的应纳税所得额，来对企业的经营所得征收当期所得税。

所得税会计是针对会计与税收规定之间的差异在所得税会计核算中的具体体现。《企业会计准则第 18 号——所得税》采用了资产负债表债务法核算所得税。

温馨提示

所得税会计处理方法包括应付税款法和纳税影响会计法两种。应付税款法是指将本期税前会计利润与应税所得之间的差异造成影响纳税的金额直接计入当期损益，而不递延到以后期间的一种方法；纳税影响会计法是将本期税前会计利润与应税所得之间的差异造成影响纳税的金额递延和分配到以后各期的一种方法，可分为递延法和债务法两种，其中，债务法又分为资产负债表债务法和利润表债务法。

一、资产负债表债务法

所谓资产负债表债务法，就是从资产负债表出发，通过比较资产负债表上列示的资产、负债按照会计准则规定确定的账面价值与按照税法规定确定的计税基础，对于两者之间的差异（即可抵扣暂时性差异与应纳税暂时性差异），确认相关的递延所得税资产与递延所得税负债，并在此基础上确定每一会计期间利润表中所得税费用的一种方法。

资产负债表债务法较好地体现了资产负债观，在所得税的会计核算方面贯彻了资产、负债的界定。从资产负债表角度考虑，资产的账面价值代表的是企业在持续持有及最终处置某项资产的一定期间内，该项资产为企业带来的未来经济利益的总额，而其计税基础代表的是在这一期间内，该项资产按照税法规定可以税前扣除的总额。一项资产的账面价值小于其计税基础的，表明该项资产于未来期间产生的经济利益流入低于按照税法规定允许税前扣除的金额，产生可抵减未来期间应纳税所得额的因素，减少未来期间以应交所得税的方式流出企业的经济利益，从其产生时点来看，应确认为资产；反之，一项资产的账面价值大于其计税基础的，两者之间的差额将会于未来期间产生应税金额，增加未来期间的应纳税所得额及应交所得税，对企业形成经济利益流出的义务，应确认为负债。有些负债的产生也与计税有关，其账面价值与计税基础产生差异，从而需要确认是可抵扣的暂时性差异还是应纳税的暂时性差异，并确认递延所得税资产和递延所得税负债。

二、所得税会计的一般程序

在采用资产负债表债务法核算所得税的情况下，企业一般应于每一资产负债表日进行所得税的核算。发生如企业合并等特殊交易或事项时，企业在确认因交易或事项取得的资产、负债时即应确认相关的所得税影响。企业进行所得税核算一般应遵循以下程序：

（1）按照相关会计准则规定确定资产负债表中除递延所得税资产和递延所得税负债以外的其他资产和负债项目的账面价值。其中，资产、负债的账面价值是指企业按照相关会计准则的规定进行核算后在资产负债表中列示的金额。例如，企业持有的应收账款账面余额为 2 000 万元，企业对该应收账款计提了 100 万元的坏账准备，其账面价值为1 900 万元，即该应收账款在资产负债表中的列示金额为 1 900 万元。

（2）按照相关会计准则中对于资产和负债计税基础的确定方法，以适用的税收法规为基础确定资产负债表中有关资产、负债项目的计税基础。

（3）比较资产、负债的账面价值与其计税基础，对于两者之间存在的差异，分析其性质，除准则中规定的特殊情况外，分别可抵扣暂时性差异与应纳税暂时性差异，并将其乘以适用的所得税税率，确定资产负债表日递延所得税资产和递延所得税负债的应有金额，并与期初递延所得税资产和递延所得税负债的余额相比，确定当期应予进一步确认的递延所得税资产和递延所得税负债的金额或应予转销的金额，作为构成利润表中所得税费用的一个组成部分——递延所得税。

（4）按照适用的税法规定计算确定当期应纳税所得额，将应纳税所得额与适用的所得税税率计算的结果确认为当期应交所得税，作为利润表中应予确认的所得税费用的另外一个组成部分——当期所得税。

（5）确定利润表中的所得税费用。利润表中的所得税费用包括当期所得税和递延所得税两个组成部分，企业在计算确定当期所得税和递延所得税后，将两者之和（或之差）作为利润表中的“所得税费用”项目。

温馨提示

递延所得税是指由于会计和税法规定的不同而产生的应由当期交纳而在以后期间不再交纳或在当期不交纳而在以后期间再交纳的所得税。递延所得税是递延所得税资产和递延所得税负债的合称，有时也称为递延税款。

第二节　资产、负债的计税基础及暂时性差异

所得税会计的关键内容之一在于确定资产、负债的计税基础。在确定资产、负债的计税基础时，应严格遵循税收法规中对于资产和负债的税务处理以及可予税前扣除的费用支出等的规定进行。

一、资产的计税基础

资产的计税基础是指在企业收回资产账面价值过程中，计算应纳税所得额时按照税法规定可以自应税经济利益中抵扣的金额，即某一项资产在未来期间计税时按照税法规定可以在税前扣除的金额。

资产在初始确认时，其计税基础一般为取得成本，即企业为取得某项资产支付的成本在未来期间准予税前扣除。在资产持续持有的过程中，其计税基础是指资产的取得成本减去以前期间和当期按照税法规定已经在税前扣除的金额后剩余的余额。如固定资产、无形资产等长期资产在某一资产负债表日的计税基础是指其成本扣除按照税法规定已在以前期间和当期税前扣除的累计折旧额或累计摊销额后的金额。其计算公式如下：

资产的计税基础＝该项资产的成本－该项资产当期及以前期间已在税前列支的金额
＝该项资产未来可在税前列支的金额

现举例说明部分资产项目计税基础的确定。

(一) 固定资产

以各种方式取得的固定资产在初始确认时，按照《企业会计准则》的规定所确定的入账价值基本上是被税法认可的，即取得时其账面价值一般等于其计税基础。

固定资产在持有期间进行后续计量时，由于会计与税法规定的折旧方法、折旧年限以及固定资产减值准备的提取等处理的不同，会造成固定资产的账面价值与计税基础的差异。

(1) 折旧方法、折旧年限的差异。《企业会计准则》规定，企业应当根据与固定资产有关的经济利益的预期实现方式合理选择折旧方法，如可以按照平均年限法计提折旧，也可以按照双倍余额递减法、年数总和法等计提折旧。税法中除某些按照规定可以加速折旧的情况外，基本上可在税前扣除的是按照平均年限法计提的折旧；另外，税法还就每一类

固定资产的最低折旧年限作出了规定，而会计准则规定折旧年限是由企业根据固定资产的性质和使用情况合理确定的。如企业进行会计处理时确定的折旧年限与税法规定不同，也会产生固定资产持有期间账面价值与计税基础的差异。

温馨提示

《企业所得税法实施条例》规定：下列固定资产不得计算折旧扣除：① 房屋、建筑物以外未投入使用的固定资产。② 以经营租赁方式租入的固定资产。③ 以融资租赁方式租出的固定资产。④ 已足额提取折旧仍继续使用的固定资产。⑤ 与经营活动无关的固定资产。⑥ 单独估价作为固定资产入账的土地。⑦ 其他不得计算折旧扣除的固定资产。会计准则规定企业应当对所有固定资产计提折旧。但是，已提足折旧仍继续使用的固定资产和单独计价入账的土地除外。

固定资产计算折旧的最短年限如下：房屋、建筑物，为 20 年；飞机、火车、轮船、机器、机械和其他生产设备，为 10 年；与生产经营活动有关的器具、工具、家具等，为 5 年；飞机、火车、轮船以外的运输工具，为 4 年；电子设备，为 3 年。

企业的固定资产由于技术进步等原因，确需加速折旧的，可以缩短折旧年限或者采取加速折旧的方法。税法规定需要采取缩短折旧年限或者采取加速折旧方法的固定资产，主要包括：① 由于科技进步，产品更新换代较快的固定资产。② 常年处于强震动、高腐蚀状态的固定资产。采取缩短折旧年限方法的，最短不得低于上述规定折旧年限的 60%；采取加速折旧方法的，为双倍余额递减法或年数总和法。

(2) 因计提固定资产减值准备产生的差异。在持有固定资产的期间内，对固定资产计提了减值准备以后，因税法规定企业计提的资产减值准备在发生实质性损失前不允许税前扣除，也会造成固定资产的账面价值与计税基础的差异。

温馨提示

《企业所得税法》规定：未经核定的准备金支出，不得税前扣除。

【例 8-1】 A 企业于 2×18 年 12 月 20 日取得的某项固定资产，原价为 750 万元，使用年限为 10 年，会计上采用年限平均法计提折旧，净残值为零。税法规定该类（由于技术进步、产品更新换代较快的）固定资产采用加速折旧法计提的折旧可予税前扣除，该企业在计税时采用双倍余额递减法计提折旧，净残值为零。2×20 年 12 月 31 日，企业估计该项固定资产的可收回金额为 550 万元。

2×20 年 12 月 31 日，该项固定资产的账面价值为 600 万元（750－75×2），该账面价值大于其可收回金额 550 万元，两者之间的差额应计提 50 万元的固定资产减值准备。

2×20 年 12 月 31 日，该项固定资产计提减值准备后的账面价值为 550 万元(750 － 75×2－50)。

其计税基础为 480 万元(750－750×20%－600×20%)，该项固定资产的账面价值 550 万元与其计税基础 480 万元之间的 70 万元差额，将于未来期间计入企业的应纳税所得额。

【例 8－2】 B 企业于 2×19 年 12 月以 750 万元购入一项生产用固定资产，按照该项固定资产的预计使用情况，B 企业在会计核算时估计其使用寿命为 5 年。计税时，按照适用税法规定，其最低折旧年限为 10 年，该企业计税时按照 10 年计算确定可税前扣除的折旧额。假定会计与税法规定均按平均年限法计提折旧，净残值均为零。计算 2×19 年和 2×20 年该固定资产的计税基础。本例中假定固定资产未发生减值。

该项固定资产在 2×19 年 12 月 31 日的账面价值＝750(万元)

该项固定资产在 2×19 年 12 月 31 日的计税基础＝750(万元)

账面价值等于计税基础，没有差异。

该项固定资产在 2×20 年 12 月 31 日的账面价值＝750－750÷5＝600(万元)

该项固定资产在 2×20 年 12 月 31 日的计税基础＝750－750÷10＝ 675(万元)

该项固定资产的账面价值 600 万元与其计税基础 675 万元之间产生的 75 万元差额，表明该固定资产在当期会计利润中比按税法规定的使用年限多计提 75 万元的折旧，在当期计算应纳税所得额时，应增加 75 万元，而这 75 万元会在未来期间减少企业的应纳税所得额。

(二) 无形资产

1. 无形资产初始计量产生的差异

除内部研究开发形成的无形资产以外，其他方式取得的无形资产，初始确认时按照《企业会计准则》的规定所确定的入账价值与按照税法的规定所确定的计税基础之间一般不存在差异。

内部研究开发形成的无形资产，其成本为开发阶段符合资本化条件以后至达到预定用途前发生的支出，除此之外，在开发过程中发生的其他支出和研究阶段发生的所有支出均应予费用化计入当期损益；税法规定，企业开展研究开发活动中实际发生的研究开发费用，未形成无形资产并计入当期损益的，在按照规定据实扣除的基础上，在 2018 年 1 月 1 日至 2020 年 12 月 31 日期间，再按照实际发生额的 75%在税前加计扣除；形成无形资产的，在上述期间按照无形资产成本的 175%在税前摊销。因此，自行开发形成的无形资产，以开发过程中该资产符合资本化条件后至达到预定用途前发生的支出为基础并加计 75%作为计税基础。

另外，如果无形资产的确认不是产生于企业合并交易，同时在确认时既不影响会计利润也不影响应纳税所得额，按照《企业会计准则第 18 号——所得税》的规定，不确认该项无形资产账面价值与计税基础的差异。

【例 8-3】 A 企业当期为开发新技术发生研究开发支出计 2 000 万元，其中研究阶段支出 400 万元，开发阶段符合资本化条件前发生的支出为 400 万元，符合资本化条件后至达到预定用途前发生的支出为 1 200 万元。税法规定，企业为开发新技术、新产品、新工艺发生的研究开发费用，未形成无形资产计入当期损益的，按照研究开发费用的 75% 加计扣除；形成无形资产的，按照无形资产成本的 175% 摊销。假定开发形成的无形资产在当期期末已达到预定用途（尚未开始摊销）。

A 企业当期发生的研究开发支出中，按照会计准则规定应予费用化的金额为 800 万元，形成无形资产的成本为 1 200 万元，即期末所形成无形资产的账面价值为 1 200 万元。

A 企业当期发生的 2 000 万元研究开发支出，按照税法规定可在当期税前扣除的金额为 1 400 万元。所形成的无形资产在未来期间可予税前扣除的金额为 2 064 万元，其计税基础为 2 064 万元，形成暂时性差异 864 万元。

2. 无形资产后续计量产生的差异

无形资产在后续计量时，会计与税法的差异主要产生于是否需要摊销、摊销年限是否相同以及无形资产减值准备的提取规定三个方面。

企业会计准则规定，应根据无形资产的使用寿命情况，区分为使用寿命有限的无形资产与使用寿命不确定的无形资产。对于使用寿命不确定的无形资产，不要求摊销，只需在持有期间内至少在每年年末进行减值测试。税法规定，企业取得的无形资产成本，应在一定期限内摊销。对没有界定使用寿命即使用寿命不确定的无形资产，除外购商誉外，所有的无形资产成本均应在一定期间内摊销，在计税时按照税法的规定所确定的摊销额允许在税前扣除，因而造成该类无形资产账面价值与计税基础的差异。

对于有使用寿命的无形资产，会计准则规定：合同规定有期限的，按合同规定期限进行摊销；合同没有规定使用期限但法律规定有使用期限的，按法律规定期限进行摊销；合同和法律都没有规定期限的，按不高于 10 年的期限进行摊销。税法规定：企业取得的无形资产成本，应在一定期限内摊销，合同、法律未明确规定摊销期限的，应按不少于 10 年的期限摊销。因此，如果会计和税法规定的摊销年限有差异，则账面价值与计税基础就产生暂时性差异。

企业会计准则规定，企业应定期对使用寿命不确定的无形资产进行减值测试，对无形资产可收回金额低于账面价值的应计提减值准备，确认为资产减值损失。但税法规定：对企业计提的无形资产减值准备在转变为实质性损失前不允许在税前扣除，即资产减值损失在未实际实现前不允许在税前扣除，因而无形资产的计税基础不会随减值准备的提取而发生变化，从而造成无形资产的账面价值与计税基础的差异。

【例 8-4】 乙企业于 2×20 年 1 月 1 日取得的某项无形资产，取得成本为 1 500 万元，取得该项无形资产后，根据各方面情况判断，乙企业无法合理预计其使用期限，将其作为使用寿命不确定的无形资产。2×20 年 12 月 31 日，对该项无形资产进行减值测试表明其未发生减值。企业在计税时，对该项无形资产按照 10 年的期限采用直线法进行摊销，摊销金额允许税前扣除。

会计上将该项无形资产作为使用寿命不确定的无形资产，因未发生减值，其在 2×20 年 12 月 31 日的账面价值为取得成本 1 500 万元。

该项无形资产在 2×20 年 12 月 31 日的计税基础为 1 350 万元(成本 1 500 万元－按照税法规定可予税前扣除的摊销额 150 万元)。

该项无形资产的账面价值 1 500 万元与其计税基础 1 350 万元之间的差额 150 万元将作为暂时性差异计入未来期间企业的应纳税所得额。

温馨提示

税法规定下列无形资产不得计算摊销费用扣除：① 自行开发的支出已在计算应纳税所得额时扣除的无形资产。② 自创商誉。③ 与经营活动无关的无形资产。④ 其他不得计算摊销费用扣除的无形资产。会计准则规定：企业自创商誉以及内部产生的品牌、报刊名等，不应确认为无形资产。

（三）以公允价值计量的金融资产

按照《企业会计准则第 22 号——金融工具确认和计量》的规定，以公允价值进行后续计量的金融资产于某一会计期末的账面价值即为其公允价值。税法规定，企业以公允价值计量的金融资产、金融负债以及投资性房地产等，持有期间公允价值的变动不计入应纳税所得额，在实际处置或结算时，处置取得的价款扣除其历史成本后的差额应计入处置或结算期间的应纳税所得额。按照该规定，以公允价值计量的金融资产在持有期间市价的波动产生的损益在计税时不予考虑，有关金融资产在某一会计期末的计税基础为其取得成本，从而造成在公允价值变动的情况下，对以公允价值计量的金融资产账面价值与计税基础之间产生差异。

以公允价值计量的金融资产主要指交易性金融资产、其他债权投资和其他权益工具投资两类。两者账面价值和计税基础的确定基本相同。所不同的是，交易性金融资产的成本不包括取得时的交易费用，而其他债权投资和其他权益工具投资的取得成本包括取得时发生的交易费用；在持有期公允价值的变动，交易性金融资产是调整账面价值的同时计入当期损益(即公允价值变动损益)，而其他债权投资和其他权益工具投资是计入所有者权益(即其他综合收益)，前者在计算应纳税所得额时需要进行调整，而后者则无需进行调整。因此对于期末账面价值与计税基础产生的差异影响未来纳税的金额在计入递延所得税资产或递延所得税负债的同时,前者是计入当期损益(即记入“所得税费用”账户),而后者是计入所有者权益(即记入“其他综合收益”账户)。

【例 8-5】 2×20 年 10 月 20 日,甲公司自公开市场取得一项权益性投资,支付价款 2 000 万元,作为交易性金融资产核算。2×20 年 12 月 31 日,该投资的市价为 2 200 万元。

该项交易性金融资产的期末市价为 2 200 万元,其按照会计准则规定进行核算,在 2×20 年年末需要增加公允价值变动的金额 200 万元,故在资产负债表日的账面价值为 2 200 万元。

因税法规定以公允价值计量的金融资产在持有期间公允价值的变动不计入应纳税所得额,其在 2×20 年资产负债表日应以原取得成本为计税基础,即为 2 000 万元。

因此,该交易性金融资产在该资产负债表日的账面价值 2 200 万元与其计税基础 2 000 万元之间产生了 200 万元的暂时性差异,该差异在未来期间转回时即在该公允价值变动实现时会增加实现期间的应纳税所得额。

【例 8-6】 2×20 年 11 月 8 日,甲公司自公开的市场上取得一项基金投资,作为其他权益工具投资核算。该投资的成本为 1 500 万元。2×20 年 12 月 31 日,其市价为 1 575 万元。

按照企业会计准则规定,该项金融资产在会计期末应以公允价值计量,在调整其他权益工具投资账面价值的同时计入其他综合收益,该公允价值变动不影响当期损益,其账面价值为期末公允价值 1 575 万元。

因税法规定资产在持有期间公允价值变动不计入应纳税所得额,则该项其他权益工具投资期末的计税基础应维持其原取得成本不变,为 1 500 万元。

该金融资产在 2×20 年资产负债表日的账面价值为 1 575 万元与其计税基础 1 500 万元之间产生的 75 万元暂时性差异,虽然既不影响当期应纳所得税,也不影响当期损益,但将会增加未来该资产处置期间的应纳税所得额,因此也应将其作为资产的账面价值与计税基础产生的暂时性差异处理。

(四) 其他资产

因企业会计准则规定与税法规定不同,企业持有的其他资产,可能造成其账面价值与计税基础之间存在差异的,如:

(1) 投资性房地产,企业持有的投资性房地产进行后续计量时,会计准则规定可以采用两种模式:一种是成本模式;另一种是公允价值模式。

采用成本模式计量的投资性房地产,其账面价值与计税基础的确定与固定资产、无形资产相同。这里指的相同只指固定资产中房屋、建筑物和无形资产中的土地使用权。因为投资性房地产只包括持有准备出租的房屋和建筑物以及持有准备出租或准备增值出售的土地使用权。

采用公允价值模式计量的投资性房地产，其计税基础的确定类似于固定资产或无形资产计税基础的确定；而在会计处理上则类似于金融资产。当固定资产、无形资产改变了用途，转换为投资性房地产且公允价值能够可靠地计量时，转换的投资性房地产以公允价值进行后续计量，如转换时的公允价值与转换的账面价值不同，其差额计入公允价值变动损益或其他综合收益；在持有期间其公允价值的变动在调整投资性房地产账面价值的同时，计入公允价值变动损益。由此产生投资性房地产的账面价值与其计税基础的差异。

【例 8-7】 A公司于2×20年1月1日将其自用房屋用于对外出租，该房屋的成本为750万元，预计使用年限为20年。转为投资性房地产之前，已使用4年，企业按照年限平均法计提折旧，预计净残值为零。转为投资性房地产核算后，预计能够持续可靠取得该投资性房地产的公允价值，A公司采用公允价值对该投资性房地产进行后续计量。假定税法规定的折旧方法、折旧年限及净残值与会计规定相同。同时，税法规定资产在持有期间公允价值的变动不计入应纳税所得额，待处置时一并计算确定应计入应纳税所得额的金额。该投资性房地产在2×20年12月31日的公允价值为900万元。

该投资性房地产在2×20年12月31日的账面价值为其公允价值900万元，其计税基础为取得成本扣除按照税法规定允许税前扣除的折旧额后的金额，其计税基础为562.5万元(750－750÷20×5)。

该项投资性房地产的账面价值900万元与其计税基础562.5万元之间产生了337.5万元的暂时性差异，会增加企业在未来期间的应纳税所得额。

(2) 其他计提了资产减值准备的各项资产。有关资产计提了减值准备后，其账面价值会随之下降，而税法规定资产在发生实质性损失之前，不允许税前扣除，即其计税基础不会因减值准备的提取而变化，造成在计提资产减值准备以后，资产的账面价值与计税基础之间的差异。

【例 8-8】 A公司于2×20年购入原材料成本为5 000万元，因部分生产线停工，当年未领用任何原材料，2×20年资产负债表日估计该原材料的可变现净值为4 000万元。假定该原材料在2×20年的期初余额为零。

该项原材料因期末可变现净值低于成本，应计提的存货跌价准备为1 000万元(5 000－4 000)。计提该存货跌价准备后，该项原材料的账面价值为4 000万元。

该项原材料的计税基础不会因存货跌价准备的提取而发生变化，其计税基础为5 000万元不变。

该存货的账面价值4 000万元与其计税基础5 000万元之间产生了1 000万元的暂时性差异，该差异会减少企业在未来期间的应纳税所得额。

【例 8-9】 A公司2×20年12月31日应收账款余额为6 000万元，该公司期末对应收账款计提了 600 万元的坏账准备。税法规定，不符合国务院财政、税务主管部门规定的各项资产减值准备不允许税前扣除。假定该公司应收账款及坏账准备的期初余额均为零。

该项应收账款在 2×20 年资产负债表日的账面价值为 5 400 万元(6 000－600)，因有关的坏账准备不允许税前扣除，其计税基础为 6 000 万元，该计税基础与其账面价值之间产生 600 万元暂时性差异，在应收账款发生实质性损失时，会减少未来期间的应纳税所得额和应交所得税。

二、负债的计税基础

负债的计税基础是指负债的账面价值减去未来期间计算应纳税所得额时按照税法规定可予抵扣的金额。其可用公式表示如下：

负债的计税基础＝账面价值－未来期间按照税法规定可予税前扣除的金额

温馨提示

负债的计税基础与资产的计税基础的计算完全不同。由于在一般情况下，资产的成本是代表未来需要转化为费用或支出的价值，其计税基础即为资产按税法规定可予未来税前扣除的金额。而与纳税调整有关的负债，其产生往往是因某项费用或支出的发生而产生的，因此其计税基础应以其账面价值扣除可予未来税前扣除的金额后计算得到。

负债的确认与偿还一般不会影响企业的损益，也不会影响其应纳税所得额，未来期间计算应纳税所得额时按照税法规定可予抵扣的金额为零，计税基础即为账面价值。但是，在某些情况下，负债的确认可能会影响企业的损益，进而影响不同期间的应纳税所得额，使得其计税基础与账面价值之间产生差额。

(一) 预计负债

按照《企业会计准则第 13 号——或有事项》规定，企业对于未决诉讼或仲裁、债务担保、产品质量保证(含产品安全保证)、环境污染整治等或有事项，在满足有关确认条件时确认为当期费用或损失，同时确认预计负债。但税法规定，由未决诉讼或仲裁、债务担保、产品质量保证(含产品安全保证)、环境污染整治等或有事项确认的相关费用或损失应于实际发生时在税前扣除，因而该类事项产生的预计负债在期末的计税基础为其账面价值与未来期间可抵扣的金额之间的差额，即该预计负债的计税基础为零；如果税法规定对于预计的相关费用或损失可以按照权责发生制原则确定税前扣除时，则所形成的预计负债其计税基础等于账面价值，就不会产生差异。在某些情况下，因或有事项确认的预计负债，税法规定其支出无论是否实际发生均不允许税前扣除，即未来期间按照税法规定可予抵扣的金额为零，账面价值等于计税基础，不产生暂时性差异。

【例 8-10】 甲企业 2×20 年因销售产品承诺提供 3 年的保修服务，在当年利润表中确认了 500 万元的销售费用，同时确认为预计负债，当年度未发生任何保修支出。假定按照税法规定，与产品售后服务相关的费用在实际发生时允许税前扣除。

该项预计负债 2×20 年 12 月 31 日的账面价值＝500(万元)

该项预计负债的 2×20 年 12 月 31 日的计税基础＝账面价值－未来期间计算应纳税所得额时按照税法规定可予抵扣的金额＝500－500＝0

（二）预收款项

企业在收到客户预付的款项时，因不符合收入确认条件，会计上将其确认为负债，一般记入"合同负债"或"预收账款"等账户。税法中对于收入的确认原则一般与会计规定相同，即会计上未确认收入时，计税时一般亦不计入应纳税所得额，该部分经济利益在未来期间计税时可予税前扣除的金额为零，计税基础等于账面价值。

在某些情况下，因不符合企业会计准则规定的收入确认条件，未确认为收入的预收款项(合同负债或预收账款)，按照税法规定应计入当期应纳税所得额，而在会计未来期间确认收入时则不需计入应纳税所得额，因此在未来期间可全额扣除，所以有关该项合同负债或预收账款的计税基础为零(账面价值与未来可扣除金额相等)，即产生了账面价值与计税基础的差异。

【例 8-11】 甲企业于 2×20 年 12 月 20 日从客户处收到一笔合同预付款，金额为 2 500 万元，企业作为合同负债核算。按照适用税法规定，应在发出商品时计入应纳税所得额计算交纳所得税。

该项合同负债 2×20 年 12 月 31 日的账面价值＝2 500(万元)

该项合同负债 2×20 年 12 月 31 日的计税基础＝账面价值－未来期间计算应纳税所得额时按照税法规定可予抵扣的金额＝2 500－0＝2 500(万元)

该项合同负债的账面价值与其计税基础相同，不形成暂时性差异。

（三）应付职工薪酬

《企业会计准则》规定，企业为获得职工提供的服务给予各种形式的报酬以及其他相关支出均应作为企业的成本费用，在未支付之前确认为负债。税法中对于合理的职工薪酬基本允许税前扣除，但税法中如果规定了税前扣除标准的，按照企业会计准则规定计入成本费用支出的金额超过规定标准部分，应进行纳税调整。因超过部分在发生当期不允许在税前扣除，在以后期间也不允许税前扣除，即该部分差额对未来期间计税不产生影响，所产生应付职工薪酬的账面价值等于计税基础。

【例 8－12】 甲企业 2×20 年 12 月计入成本费用的职工工资总额为 4 000 万元，至 2×20 年12 月 31 日尚未支付。按照适用税法规定，当期计入成本费用的 4 000 万元工资支出中，可予税前扣除的合理部分为 3 000 万元，超过部分不允许在税前扣除。

该项应付职工薪酬 2×20 年 12 月 31 日的账面价值＝4 000(万元)

该项应付职工薪酬 2×20 年 12 月 31 日的计税基础＝账面价值－未来期间计算应纳税所得额时按照税法规定可予抵扣的金额＝4 000－0＝4 000(万元)

该项负债的账面价值与其计税基础相同，不形成暂时性差异。

温馨提示

《企业所得税法实施条例》第三十八条规定，企业实际发生的合理职工工资薪金，准予在税前扣除。其第四十七条规定，除国务院财政、税务主管部门另有规定外，企业实际发生的职工教育经费支出，在职工工资总额 8%(含)以内的，准予据实扣除。而会计处理则以计提数计入有关成本费用。

(四) 其他负债

其他负债如企业应交的罚款和滞纳金等，在尚未支付之前按照会计规定确认为费用或损失，同时作为负债反映。税法规定，罚款和滞纳金不能税前扣除，即该部分费用无论是在发生当期还是在以后期间均不允许税前扣除，其计税基础为账面价值减去未来期间计税时可予税前扣除的金额零之间的差额，即计税基础等于账面价值，因而也不产生影响未来纳税金额的暂时性差异。

其他交易或事项产生的负债，其计税基础的确定应当遵从适用税法的相关规定。如会计在确认为费用或损失金额的同时确认某项负债，税法规定不允许在税前扣除的，均视为账面价值与计税基础相同，不产生影响未来纳税金额的暂时性差异。

【例 8－13】 2×20 年 12 月，A 公司因违反当地有关环保法规的规定，接到环保部门的处罚通知，被罚款 500 万元，企业在未支付罚款前将其作为负债处理。税法规定，企业因违反国家有关法律、法规支付的罚款和滞纳金，计算应纳税所得额时不允许税前扣除。至 2×20 年 12 月 31 日，该项罚款尚未支付。

应支付罚款产生的负债账面价值＝500(万元)

该项负债的计税基础＝账面价值－未来期间计算应纳税所得额时按照税法规定可予抵扣的金额＝500－0＝500(万元)

该项负债的账面价值与其计税基础相同，不形成暂时性差异。

三、特殊交易或事项中产生资产、负债计税基础的确定

除企业在正常生产经营活动过程中取得的资产和负债以外，对于某些特殊交易中产生的资产、负债，其计税基础的确定应遵从税法规定，如企业合并过程中取得资产、负债计税基础的确定。

《企业会计准则第 20 号——企业合并》中，视参与合并各方在合并前后是否为同一方或相同的多方最终控制，分为同一控制下的企业合并与非同一控制下的企业合并两种类型。同一控制下的企业合并，合并中取得的有关资产、负债基本上维持其原账面价值不变，合并中不产生新的资产和负债；对于非同一控制下的企业合并，合并中取得的有关资产、负债应按其在购买日的公允价值计量，企业合并成本大于合并中取得可辨认净资产公允价值的份额部分确认为商誉，企业合并成本小于合并中取得可辨认净资产公允价值的份额部分计入合并当期损益。

对于企业合并的税收处理，通常情况下被合并企业应视为按公允价值转让、处置全部资产，计算资产的转让所得，依法交纳所得税。合并企业接受被合并企业的有关资产，计税时可以按经评估确认的价值确定计税基础。另外，在考虑有关企业合并是应税合并还是免税合并时，某些情况下还需要考虑在合并中涉及的获取资产或股权的比例、非股权支付额的比例，具体划分标准和条件应遵从税法规定。

由于企业会计准则与税收法规对企业合并的划分标准不同，处理原则不同，在某些情况下，会造成企业合并中取得的有关资产、负债的入账价值与其计税基础的差异。

四、暂时性差异

暂时性差异是指资产、负债的账面价值与其计税基础不同产生的差额。因资产、负债的账面价值与其计税基础不同，产生了在未来收回资产或清偿负债的期间内，应纳税所得额增加或减少并导致未来期间应交所得税增加或减少的情况，形成企业的资产和负债，在有关暂时性差异发生当期，符合确认条件的情况下，应当确认相关的递延所得税资产或递延所得税负债。其计算公式如下：

暂时性差异＝资产或负债账面价值－资产或负债的计税基础

根据暂时性差异对未来期间应纳税所得额的影响，分为可抵扣暂时性差异和应纳税暂时性差异两类。

除因资产、负债的账面价值与其计税基础不同产生的暂时性差异以外，按照税法规定可以结转以后年度的未弥补亏损和税款抵减，也视同可抵扣暂时性差异处理。

（一）可抵扣暂时性差异

可抵扣暂时性差异是指在确定未来收回资产或清偿负债期间的应纳税所得额时，将导致产生可抵扣金额的暂时性差异。该差异在未来期间转回时会减少转回期间的应纳税所得额，减少未来期间的应交所得税。在可抵扣暂时性差异产生当期，符合确认条件时，应当确认相关的递延所得税资产。

可抵扣暂时性差异一般产生于以下情况：

(1) 资产的账面价值小于其计税基础。资产的账面价值代表的是企业在持续使用或最终出售该项资产时将取得的经济利益的总额，而计税基础代表的是资产在未来期间可予税前扣除的总金额。资产的账面价值小于其计税基础，意味着资产在未来期间产生的经济利益少，按照税法规定允许税前扣除的金额多，两者之间的差额可以减少企业在未来期间的应纳税所得额并减少应交所得税，符合有关条件时，应当确认相关的递延所得税资产。例如，一项资产的账面价值为 500 万元，计税基础为 650 万元，则企业在未来期间就该项资产可以在其自身取得经济利益的基础上多扣除 150 万元，未来期间应纳税所得额会减少，应交所得税也会减少，形成可抵扣暂时性差异。

这类情况典型的事例是资产的减值损失。按税法规定，资产减值损失在未实际发生时不允许在税前扣除，因而在计提减值准备的期间均会造成资产账面价值小于计税基础从而产生差异，而这一差异在资产减值损失实际发生时允许扣除即形成未来期间的可抵扣暂时性差异。

(2) 负债的账面价值大于其计税基础。负债产生的暂时性差异实质上是税法规定就该项负债可以在未来期间税前扣除的金额。

负债的账面价值大于其计税基础，意味着未来期间按照税法规定与负债相关的全部或部分支出可以自未来应税经济利益中扣除，减少未来期间的应纳税所得额和应交所得税。符合有关确认条件时，应确认相关的递延所得税资产。

这类情况典型的事例是预计负债。按税法规定，一般的预计负债在预提时所产生的费用或损失不允许在税前扣除而应在实际发生时扣除，计税基础为零。所形成的预计负债账面价值大于计税基础，产生的差异可以在未来期间全额抵扣，即形成可抵扣的暂时性差异。

（二）应纳税暂时性差异

应纳税暂时性差异是指在确定未来收回资产或清偿负债期间的应纳税所得额时，将导致产生应税金额的暂时性差异，即在未来期间不考虑该事项影响的应纳税所得额的基础上，由于该暂时性差异的转回，会进一步增加转回期间的应纳税所得额和应交所得税金额，在其产生当期应当确认相关的递延所得税负债。

应纳税暂时性差异通常产生于以下情况：

(1) 资产的账面价值大于其计税基础。资产的账面价值大于其计税基础，该项资产未来期间产生的经济利益不能全部税前抵扣，两者之间的差额需要交税，产生应纳税暂时性差异。例如，一项资产的账面价值为500万元，计税基础如为375万元，两者之间的差额会造成未来期间应纳税所得额和应交所得税的增加，在其产生当期，应确认相关的递延所得税负债。

(2) 负债的账面价值小于其计税基础。负债的账面价值为企业预计在未来期间清偿该项负债时的经济利益流出，而其计税基础代表的是账面价值在扣除税法规定未来期间允许税前扣除的金额之后的差额。负债的账面价值与其计税基础不同产生的暂时性差异，实质上是税法规定就该项负债在未来期间可以税前扣除的金额(即与该项负债相关的费用支出在未来期间可予税前扣除的金额)。负债的账面价值小于其计税基础，则意味着就该项负债在未来期间可以税前抵扣的金额为负数，即应在未来期间应纳税所得额的基础上调增，增加未来期间的应纳税所得额和应交所得税金额，产生应纳税暂时性差异，应确认相关的递延所得税负债。

(三) 特殊项目产生的暂时性差异

(1) 未作为资产、负债确认的项目产生的暂时性差异。某些交易或事项发生以后，因为不符合资产、负债确认条件而未体现为资产负债表中的资产或负债，其账面价值为零，但按照税法规定能够确定其计税基础的，所以其账面价值与计税基础之间的差异也构成暂时性差异。如企业发生的符合条件的广告费和业务宣传费支出，除另有规定外，不超过当年销售收入15%的部分准予扣除；超过部分准予在以后纳税年度结转扣除。该类费用在发生时按照企业会计准则规定即计入当期损益，不形成资产负债表中的资产，但按照税法规定可以确定其计税基础的，两者之间的差异也形成暂时性差异。

【例8-14】 A公司2×20年发生了2 000万元广告费支出，发生时已作为销售费用计入当期损益。税法规定，该类支出不超过当年销售收入15%的部分允许当期税前扣除，超过部分允许向以后年度结转税前扣除。A公司2×20年实现销售收入10 000万元。

该广告费支出因按照企业会计准则规定在发生时已计入当期损益，不体现为期末资产负债表中的资产，如果将其视为资产，其账面价值为0。

因按照税法规定，该类支出税前列支有一定的标准限制，根据当期A公司销售收入15%计算，当期可予税前扣除1 500万元(10 000×15%)，当期未予税前扣除的500万元可以向以后年度结转，其计税基础为500万元。

该项资产的账面价值(0)与其计税基础(500万元)之间产生了500万元的暂时性差异，该暂时性差异在未来期间可减少企业的应纳税所得额，为可抵扣暂时性差异，符合确认条件时，应确认相关的递延所得税资产。

（2）可抵扣亏损及税款抵减产生的暂时性差异。按照税法规定可以结转以后年度的未弥补亏损及税款抵减，虽不是因资产、负债的账面价值与计税基础不同产生的，但与可抵扣暂时性差异具有同样的作用，均能够减少未来期间的应纳税所得额，进而减少未来期间的应交所得税，会计处理上视同为可抵扣暂时性差异，符合条件的情况下，应确认与其相关的递延所得税资产。

【例 8－15】 2×20 年，甲公司因政策性原因发生经营亏损 2 000 万元，按照税法规定，该亏损可用于抵减以后 5 个年度的应纳税所得额。该公司预计其于未来 5 年期间能够产生足够的应纳税所得额弥补该亏损。

该经营亏损不是资产、负债的账面价值与其计税基础不同产生的，但从性质上可以减少未来期间企业的应纳税所得额和应交所得税，属于可抵扣暂时性差异。企业预计未来期间能够产生足够的应纳税所得额利用该可抵扣亏损时，应确认相关的递延所得税资产。

温馨提示

会计确认的税前会计利润（即利润表中的利润总额）和税法确认的应纳税所得额，简称会计收益和应税收益，有时又称会计利润和税务利润。两者由于对收益、费用或损失的确认口径和时间不同，从而产生两种性质不同的差异：一种是永久性差异；另一种是时间性差异。永久性差异是指某一会计期间，由于会计准则和税法在计算收益、费用或损失时口径不同，所产生的会计利润和应纳税所得额之间的差异。时间性差异是指某一会计期间，由于企业会计准则和税法确认收益、费用或损失的时间不同，所产生的会计利润和应纳税所得额之间的差异。

第三节　递延所得税的确认与计量

企业在计算确定了可抵扣暂时性差异与应纳税暂时性差异后，应当按照所得税会计准则规定的原则确认相关的递延所得税资产和递延所得税负债。

一、递延所得税资产的确认和计量

（一）确认递延所得税资产确认的情况

递延所得税资产产生于可抵扣暂时性差异。确认因可抵扣暂时性差异产生的递延所得税资产时，应以未来期间可能取得的应纳税所得额为限。在可抵扣暂时性差异转回的未来期间内，企业无法产生应纳税所得额进而利用可抵扣暂时性差异的影响，使得与可抵扣暂时性差异相关的经济利益无法全部实现的，则不应确认为递延所得税资产；企业有明确的证据表明其于可抵扣暂时性差异转回的未来期间能够产生足够的应纳税所得额，进而利用可抵扣暂时性差异的，则应以可能取得的应纳税所得额为限，确认相关的递延所得税资产。

在判断企业于可抵扣暂时性差异转回的未来期间是否能够产生足够的应纳税所得额时，应考虑企业在未来期间通过正常的生产经营活动能够实现的应纳税所得额以及以前期间产生的应纳税暂时性差异在未来期间转回时将增加的应纳税所得额。

确认递延所得税资产时，应当以预期收回该资产期间适用的所得税税率为基础计算确定。无论相关的可抵扣暂时性差异转回期间如何，递延所得税资产均不要求折现。其计算公式如下：

递延所得税资产＝可抵扣暂时性差异×转回期间适用的所得税税率

当期确认的递延所得税资产＝期末递延所得税资产余额－期初递延所得税资产余额

【例 8－16】 A 公司于 2×20 年年末存货的账面余额为 100 万元，已提存货跌价准备 10 万元，则存货的账面价值为 90 万元，存货在出售时按历史成本可以抵扣应纳税所得额 100 万元，其计税基础为 100 万元，账面价值与计税基础的差额，形成暂时性差异。假定 A 公司所得税的税率为 25%，对于可抵扣暂时性差异在未来期间能够有足够的应纳税所得额予以扣除，无期初递延所得税资产。

A 公司递延所得税资产的计算和账务处理如下：

递延所得税资产＝100 000×25%＝25 000(元)

借：递延所得税资产　　25 000

　　贷：所得税费用　　25 000

企业在确认了递延所得税资产以后，资产负债表日，应当对递延所得税资产的账面价值进行复核。如果未来期间很可能无法取得足够的应纳税所得额用于利用可抵扣暂时性差异带来的利益，应当减记递延所得税资产的账面价值。减记的递延所得税资产，除原确认时计入所有者权益的，其减记金额亦应计入所有者权益外，其他的情况均应增加所得税费用。因无法取得足够的应纳税所得额利用可抵扣暂时性差异减记递延所得税资产账面价值的，以后期间根据新的环境和情况判断能够产生足够的应纳税所得额利用可抵扣暂时性差异，使得递延所得税资产包含的经济利益能够实现的，应相应恢复递延所得税资产的账面价值。

【例 8－17】 2×20 年年末，A 公司产生的累计可抵扣暂时性差异为 1 000 万元，适用的税率为 25%，该暂时性差异预计在未来期间有足够的应纳税所得额予以抵减，所以A公司在2×20年年末确认250万元的递延所得税资产。2×21年年末，由于公司经营业绩显著下滑，预计公司未来存续时间不长，估计在存续期间最多只能产生500万元的应纳税所得额。但在2×22年，由于市场状况好转，预计公司在存续期间能够实现800万元的应纳税所得额。假定A公司在2×21年和2×22年均未发生其他暂时性差异。

2×21年，由于预计未来实现的应纳税所得额只有500万元，以该应纳税所得额为限，未来可抵减应纳所得税的递延所得税资产为125万元(500×25%)，而递延所得税资产的余额还有250万元(1 000×25%)，因此该递延所得税应减至125万元。账务处理如下：

借：所得税费用　　1 250 000
　贷：递延所得税资产　　1 250 000

2×22年，由于预计未来应纳税所得额为800万元，在未来期间可抵扣的应纳所得税额为200万元，未超过原有递延所得税资产250万元，因而应把原减记的递延所得税资产125万元恢复至200万元(800×25%)，即恢复递延所得税资产75万元。账务处理如下：

借：递延所得税资产　　750 000
　贷：所得税费用　　750 000

至此，递延所得税资产的余额为200万元。

应该特别注意的是，下列交易或事项产生的可抵扣暂时性差异，应根据交易或事项的不同情况确认相应的递延所得税资产：

(1) 对与子公司、联营企业、合营企业的投资相关的可抵扣暂时性差异，同时满足下列条件的，应当确认相关的递延所得税资产：一是暂时性差异在可预见的未来很可能转回；二是未来很可能获得用来抵扣可抵扣暂时性差异的应纳税所得额。

对联营企业和合营企业等的投资产生的可抵扣暂时性差异，主要产生于权益法下被投资单位发生亏损时，投资企业按照持股比例确认应予承担的部分并相应减少长期股权投资的账面价值，但税法规定长期股权投资的成本在持有期间不发生变化，造成长期股权投资的账面价值小于其计税基础，产生可抵扣暂时性差异。

【例8-18】 A公司2×20年所得税税率为25%，2×20年年末长期股权投资账面余额为150万元，其中投资成本为200万元，按权益法确认的投资损失为50万元。

该长期股权投资账面价值为150万元(投资成本200万元－损益调整50万元)，由于税法在当期不予以确认该项损失，计税基础为投资成本200万元。长期股权投资的账面价值150万元与计税基础200万元的差额，形成了可抵扣的暂时性差异，应将其确认为递延所得税资产。计算和账务处理如下：

递延所得税资产＝500 000×25%＝125 000(元)

借：递延所得税资产　　125 000

　贷：所得税费用　　125 000

温馨提示

投资企业对有关投资计提减值准备的情况下，也会产生可抵扣暂时性差异。

(2) 对于按照税法规定可以结转到以后年度的未弥补亏损和税款抵减，应视同可抵扣暂时性差异处理。除企业会计准则中规定不予确认的情况外，在有关的亏损或税款抵减金额得到税务部门的认可或预计能够得到税务部门的认可且预计可利用未弥补亏损或税款抵减未来期间内能够取得足够的应纳税所得额时，应当以很可能取得的应纳税所得额为限，确认相应的递延所得税资产，同时减少确认当期的所得税费用。

【例 8-19】 A公司 2×20 年发生政策性经营亏损 400 万元，按税法规定可以由以后年度连续 5 年的税前利润弥补。假定 A 公司存续期间的所得税税率均为 25%，并且在存续期间能够产生足够可弥补的应纳税所得额。

对于能够结转以后年度的未弥补亏损，应视同可抵扣暂时性差异，并且在未来期间很可能获得用来抵扣该部分亏损的未来应纳税所得额，因此应全额确认为递延所得税资产。其计算和账务处理如下：

递延所得税资产＝4 000 000×25%＝1 000 000(万元)

借：递延所得税资产　　1 000 000

　贷：所得税费用　　1 000 000

(二) 不确认递延所得税资产的情况

在某些情况下，企业发生的某项交易或事项不属于企业合并，并且交易发生时既不影响会计利润也不影响应纳税所得额，且该项交易中产生的资产、负债的初始确认金额与其计税基础不同，产生可抵扣暂时性差异的，所得税会计准则中规定在交易或事项发生时不确认相应的递延所得税资产。

【例 8-20】 沿用[例 8-3]，A 企业进行内部研究开发所形成的无形资产成本为 1 200 万元，因按照税法规定可于未来期间税前扣除的金额为 1 800 万元，其计税基础为 1 800 万元。

该项无形资产并非产生于企业合并，同时在初始确认时既不影响会计利润也不影响应纳税所得额，确认其账面价值与计税基础之间产生暂时性差异的所得税影响需要调整该项资产的历史成本，准则规定该种情况下不确认相关的递延所得税资产。

二、递延所得税负债的确认和计量

(一) 确认递延所得税负债的情况

除企业会计准则中明确规定可不确认递延所得税负债的情况以外，企业对于所有的应纳税暂时性差异均应确认相关的递延所得税负债。除与直接计入所有者权益的交易或事项以及企业合并中取得资产、负债相关的以外，在确认递延所得税负债的同时，应增加利润表中的所得税费用。

递延所得税负债的计量与递延所得税资产的计量原则一样。企业会计准则规定，资产负债表日，对于递延所得税负债，应当根据适用税法规定，按照预期收回该资产或清偿该负债期间的适用税率计量。即递延所得税负债应以相关应纳税暂时性差异转回期间按照税法规定适用的所得税税率计量。无论应纳税暂时性差异的转回期间如何，相关的递延所得税负债不要求折现。

递延所得税负债的计算公式如下：

递延所得税负债＝应纳税暂时性差异×转回期间适用的所得税税率

当期确认的递延所得税负债＝期末递延所得税负债余额－期初递延所得税负债余额

无论是递延所得税资产还是递延所得税负债的计量，均应考虑资产负债表日企业预期收回资产或清偿负债方式的所得税影响，在计量递延所得税资产和递延所得税负债时，应当采用与收回资产或清偿债务的预期方式相一致的税率和计税基础。例如，企业持有的某项固定资产，在一般情况下是为企业的正常生产经营活动提供必要的生产条件，但在某一时点上，企业决定将该固定资产对外出售，实现其为企业带来的未来经济利益，且假定税法规定长期资产处置时适用的所得税税率与一般情况不同的，则企业在计量因该资产产生的应纳税暂时性差异或可抵扣暂时性差异的所得税影响时，应考虑该资产带来的经济利益预期实现方式的影响。

【例 8－21】 A 企业于 2×20 年 12 月 6 日购入某项设备，取得成本为 500 万元，会计上采用年限平均法计提折旧，使用年限为 10 年，净残值为零，因该资产常年处于变动频繁状态，税法允许其在计税时按双倍余额递减法计提折旧，使用年限及净残值与会计相同。A 企业适用的所得税税率为 25%。假定该企业不存在其他会计与税收处理的差异。

2×21 年资产负债表日，该项固定资产按照会计规定计提的折旧额为 50 万元，计税时允许扣除的折旧额为 100 万元，则该固定资产的账面价值 450 万元与其计税基础 400 万元的差额构成应纳税暂时性差异，企业应确认相关的递延所得税负债。

【例 8－22】 A 公司于 2×21 年 12 月购入 1 台机器设备，成本为 525 000 元，预计使用年限为 6 年，预计净残值为零。为了核算的简便，会计按平均年限法计提折旧，因该设备符合税法规定的税收优惠条件，计税时可采用年数总和法计提折旧，假定税法规定的使用年限及净残值均与会计相同。本例中，假定该公司各会计期间均未对固定资产计提减值准备，除该项固定资产产生的会计与税法之间的差异外，不存在其他会计与税收的差异。

该公司每年因固定资产账面价值与计税基础不同应予确认的递延所得税情况见表8－1。

表 8－1

递延所得税计算表

单位：元

项　目	2×22 年	2×23 年	2×24 年	2×25 年	2×26 年	2×27 年
实际成本	525 000	525 000	525 000	525 000	525 000	525 000
累计会计折旧	87 500	175 000	262 500	350 000	437 500	525 000
账面价值	437 500	350 000	262 500	175 000	87 500	0
累计计税折旧	150 000	275 000	375 000	450 000	500 000	525 000
计税基础	375 000	250 000	150 000	75 000	25 000	0
暂时性差异	62 500	100 000	112 500	100 000	62 500	0
适用税率	25%	25%	25%	25%	25%	25%
递延所得税负债余额	15 625	25 000	28 125	25 000	15 625	0

该项固定资产各年度账面价值与计税基础确定如下：

① 2×22 年资产负债表日：

账面价值＝实际成本－会计折旧＝525 000－87 500＝437 500(元)

计税基础＝实际成本－税前扣除的折旧额
＝525 000－150 000＝375 000(元)

因账面价值 437 500 元大于其计税基础 375 000 元，两者之间产生了 62 500 元差异会增加未来期间的应纳税所得额和应交所得税，属于应纳税暂时性差异，应确认与其相关的递延所得税负债 15 625 元(62 500×25 %)，账务处理如下：

借：所得税费用　　15 625
　　贷：递延所得税负债　　15 625

② 2×23 年 12 月 31 日：

账面价值＝525 000－175 000＝350 000(元)

计税基础＝实际成本－累计已税前扣除的折旧额
＝ 525 000－275 000＝250 000(元)

因资产的账面价值 350 000 元大于其计税基础 100 000 元，两者之间的差异为应纳税暂时性差异，应确认与其相关的递延所得税负债 25 000 元，但递延所得税负债的期初余额为 15 625 元，当期应进一步确认递延所得税负债 9 375 元，账务处理如下：

借：所得税费用　　9 375
　　贷：递延所得税负债　　9 375

③ 2×24 年 12 月 31 日：

账面价值＝525 000－262 500＝262 500(元)

计税基础＝525 000－375 000＝150 000(元)

因账面价值 262 500 元大于其计税基础 150 000 元，两者之间为应纳税暂时性差异，应确认与其相关的递延所得税负债 28 125 元，但递延所得税负债的期初余额为 25 000 元，当期应进一步确认递延所得税负债 3 125 元，账务处理如下：

借：所得税费用　　3 125
　　贷：递延所得税负债　　3 125

④ 2×25 年 12 月 31 日：

账面价值＝525 000－350 000＝175 000(元)

计税基础＝525 000－450 000＝75 000(元)

因其账面价值 175 000 元大于计税基础 75 000 元，两者之间为应纳税暂时性差异，应确认与其相关的递延所得税负债 25 000 元，但递延所得税负债的期初余额为 28 125 元，当期应确认的递延所得税负债为－3 125 元(25 000－25 125)，即当期转回原已确认的递延所得税负债 3 125 元，递延所得税负债做相反的方向。账务处理如下：

借：递延所得税负债　　3 125
　　贷：所得税费用　　3 125

⑤ 2×26 年 12 月 31 日：

账面价值＝525 000－437 500＝87 500(元)

计税基础＝525 000－500 000＝25 000(元)

因其账面价值 87 500 元大于计税基础 25 000 元，两者之间的差异为应纳税暂时性差异，应确认与其相关的递延所得税负债 15 625 元，但递延所得税负债的期初余额为25 000 元，当期应转回递延所得税负债 9 375 元，账务处理如下：

借：递延所得税负债　　9 375
　　贷：所得税费用　　9 375

⑥ 2×27 年 12 月 31 日：

该项固定资产的账面价值及计税基础均为零，两者之间不存在暂时性差异，原已确认的与该项资产相关的递延所得税负债应予全额转回，账务处理如下：

借：递延所得税负债　　15 625
　　贷：所得税费用　　15 625

（二）不确认递延所得税负债的情况

在有些情况下，虽然资产、负债的账面价值与其计税基础不同，产生了应纳税暂时性差异，但出于各方面考虑，所得税会计准则中规定不确认相应的递延所得税负债，主要包括：

（1）商誉的初始确认。非同一控制下的企业合并中，企业合并成本大于合并中取得的被购买方可辨认净资产公允价值份额的差额，应确认为商誉。因会计与税收的划分标准不同，会计上作为非同一控制下的企业合并，但如果按照税法规定计税时作为免税合并的情况下，商誉的计税基础为零，其账面价值与计税基础形成应纳税暂时性差异，准则中规定不确认与其相关的递延所得税负债。

【例 8-23】 A 企业以增发市场价值为 15 000 万元的自身普通股为对价购入 B 企业 100%的净资产，对 B 企业进行吸收合并，合并前 A 企业与 B 企业不存在任何关联方关系。假定该项合并符合税法规定的免税合并条件，交易各方选择进行免税处理，购买日 B 企业各项可辨认资产、负债的公允价值及其计税基础见表 8-2。

表 8-2

暂时性差异计算表

单位：万元

项　　目	公允价值	计税基础	暂时性差异
固定资产	6 750	3 875	2 875
应收账款	5 250	5 250	—
存货	4 350	3 100	1 250
其他应收款	−750	0	−750
应付账款	−3 000	−3 000	0
不包括递延所得税的可辨认净资产的公允价值	12 600	9 225	3 375

B 企业适用的所得税税率为 25%，预期在未来期间不会发生变化，该项交易中应确认递延所得税负债及商誉的金额计算见表 8-3。

表 8-3

递延所得税及商誉计算表

单位：元

可辨认净资产公允价值	12 600.00
递延所得税资产	(750×25%)187.50
递延所得税负债	(4 125×25 %) 1 031. 25
考虑递延所得税后可辨认净资产的公允价值	11 756.25
商誉	3 243.75

注：商誉＝企业合并成本－考虑递延所得税后可辨认净资产公允价值×股份比例＝15 000－11 756.25×100%＝3 243.75(元)。

因该项合并符合税法规定的免税合并条件，当事各方选择进行免税处理的情况下，购买方在免税合并中取得的被购买方有关资产、负债应维持其原计税基础不变。被购买方原账面上未确认商誉，即商誉的计税基础为零。

该项合并中所确认的商誉金额 3 243.75 万元与其计税基础零之间产生的应纳税暂时性差异，不再进一步确认相关的所得税影响。

应予说明的是，按照企业会计准则规定在非同一控制下企业合并中确认了商誉，并且按照所得税法规的规定商誉在初始确认时计税基础等于账面价值的，该商誉在后续计量过程中因会计准则与税法规定不同产生暂时性差异的，应当确认相关的所得税影响。

(2) 除企业合并以外的其他交易或事项中，如果该项交易或事项发生时既不影响会计利润，也不影响应纳税所得额，则所产生的资产、负债的初始确认金额与其计税基础不同，形成应纳税暂时性差异的，交易或事项发生时不确认相应的递延所得税负债。该规定主要是考虑到由于交易发生时既不影响会计利润，也不影响应纳税所得额，确认递延所得税负债的直接结果是增加有关资产的账面价值或是降低所确认负债的账面价值，使得资产、负债在初始确认时，违背历史成本原则，影响会计信息的可靠性。

(3) 与子公司、联营企业、合营企业投资等相关的应纳税暂时性差异，一般应确认相应的递延所得税负债，但同时满足以下两个条件的除外：一是投资企业能够控制暂时性差异转回的时间；二是该暂时性差异在可预见的未来很可能不会转回。满足上述条件时，投资企业可以运用自身的影响力决定暂时性差异的转回，如果不希望其转回，则在可预见的未来该项暂时性差异即不会转回，对未来期间计税不产生影响，从而无须确认相应的递延所得税负债。

对于采用权益法核算的长期股权投资，其账面价值与计税基础产生的有关暂时性差异是否应确认相关的所得税影响，应当考虑该项投资的持有意图：

其一，对于采用权益法核算的长期股权投资，如果企业拟长期持有，则因初始投资成本的调整产生的暂时性差异预计未来期间不会转回，对未来期间没有所得税影响；因确认投资损益产生的暂时性差异，如果在未来期间逐期分回现金股利或利润时免税，也不存在对未来期间的所得税影响；因确认应享有被投资单位其他权益变动而产生的暂时性差异而形成的递延所得税负债，在长期持有的情况下预计未来时间也不会转回。因此，在准备长期持有的情况下，对于采用权益法核算的长期股权投资账面价值与计税基础之间的差异，投资企业一般不确认相关的所得税影响。

其二，对于采用权益法核算的长期股权投资，如果投资企业改变持有意图拟对外出售的情况下，按照税法规定，企业在转让或者处置投资资产时，投资资产的成本准予扣除。在持有意图由长期持有转变为拟近期出售的情况下，因长期股权投资的账面价值与计税基础不同产生的有关暂时性差异，均应确认相关的所得税影响。

三、适用税率变化对已确认递延所得税资产和递延所得税负债的影响

因税收法规的变化导致企业在某一会计期间适用的所得税税率发生变化的，企业应对已确认的递延所得税资产和递延所得税负债按照新的税率进行重新计量。递延所得税资产和递延所得税负债的金额代表的是有关可抵扣暂时性差异或应纳税暂时性差异于未来期间转回时，导致企业应交所得税金额的减少或增加的情况。适用税率变动的情况下，应对原已确认的递延所得税资产及递延所得税负债的金额进行调整，反映税率变化带来的影响。

除直接计入所有者权益的交易或事项产生的递延所得税资产及递延所得税负债，相关的调整金额应计入所有者权益以外，其他情况下因税率变化产生的调整金额应确认为税率变化当期的所得税费用（或收益）。

第四节　所得税费用的确认和计量

所得税会计的主要目的是为了确定当期所得税以及利润表中的所得税费用。在按照资产负债表债务法核算所得税的情况下，利润表中确认的所得税费用或收益由当期所得税和递延所得税两部分组成。

一、当期所得税

当期所得税是指企业按照税法规定计算确定的针对当期发生的交易或者事项，应向

国家交纳的所得税金额，即当期应交所得税。

企业在确定当期应交所得税时，对于当期发生的交易或事项，若会计处理与税法处理不同的，应在会计利润的基础上，按照适用税收法规的规定进行调整，计算出当期应纳税所得额，按照应纳税所得额与适用所得税税率计算确定当期应交所得税。在一般情况下，应纳税所得额可在会计利润的基础上，考虑会计与税收法规之间的差异，按照以下公式计算确定：

应纳税所得额＝利润总额±纳税调整项目
＝利润总额＋会计确认为费用但计税时不允许税前扣除的费用
－会计确认为收益而税法规定不征税的收益
＋会计未确认为收益而税法要求确认的收益
－会计未确认为费用而税法允许在税前扣除的费用
±其他需要调整因素

二、递延所得税

递延所得税是指按照所得税会计准则规定当期应予确认的递延所得税资产和递延所得税负债的合称。其金额是递延所得税资产和递延所得税负债当期发生额的综合结果，但不包括计入所有者权益的交易或事项的所得税影响金额。期末的递延所得税资产和递延所得税负债余额是对资产负债表日资产负债表中资产和负债的账面价值和计税基础计算出可抵扣暂时性差异和应纳税暂时性差异乘上未来转回期间适用所得税税率的累计影响金额，即包含了当期和以前期间计量的对未来所得税的影响金额。所以应计算当期递延所得税。其计算公式如下：

$$\text{当期递延所得税}=\left(\text{递延所得税负债的期末余额}-\text{递延所得税负债的期初余额}\right)-\left(\text{递延所得税资产的期末余额}-\text{递延所得税资产的期初余额}\right)$$

应予说明的是，企业当期确认递延所得税资产和递延所得税负债，一般应当计入所得税费用，但以下两种情况除外：

一是某项交易或事项按照企业会计准则规定应计入所有者权益的，由该交易或事项产生的递延所得税资产或递延所得税负债及其变化亦应计入所有者权益，不构成利润表中的递延所得税费用。

【例 8-24】 A 企业持有的某项其他权益工具投资，成本为 800 万元，期末公允价值为 1 000 万元，该企业适用的所得税税率为 25%。除该事项外，该企业不存在其他会计与税收法规之间的差异，且递延所得税资产和递延所得税负债不存在期初余额。

期末，确认 200 万元的公允价值变动时，账务处理如下：

借：其他权益工具投资　　2 000 000
　贷：其他综合收益　　2 000 000

确认应纳税暂时性差异的所得税影响时，账务处理如下：

借：其他综合收益　　500 000
　贷：递延所得税负债　　500 000

二是企业合并中取得的资产、负债，其账面价值与计税基础不同，应确认相关递延所得税资产和递延所得税负债的，该递延所得税资产或递延所得税负债的确认影响合并中产生的商誉或是计入当期损益的金额，不影响所得税费用。

三、所得税费用

计算确定了当期所得税及递延所得税以后，利润表中应予确认的所得税费用为两者之和，其计算公式如下：

所得税费用＝当期所得税＋当期递延所得税
＝当期所得税＋当期确认的递延所得税负债－当期确认的递延所得税资产

【例 8-25】 A 公司 2×20 年度利润表中利润总额为 3 000 万元，该公司适用的所得税税率为 25%。递延所得税资产及递延所得税负债不存在期初余额。与所得税核算有关的情况如下：

2×20 年发生的有关交易或事项中，会计处理与税收处理存在差别的有：

(1) 2×20 年 1 月开始计提折旧的一项固定资产，成本为 1 500 万元，使用年限为 10 年，净残值为零，会计处理按双倍余额递减法计提折旧，税收处理按直线法计提折旧。假定税法规定的使用年限及净残值与会计规定相同。

(2) 向关联企业捐赠现金 500 万元。假定按照税法规定，该公司向关联方的捐赠不允许税前扣除。

(3) 当期取得作为交易性金融资产核算的股票投资成本为 800 万元，2×20 年 12 月 31 日的公允价值为 1 200 万元。税法规定，以公允价值计量的金融资产持有期间市价变动不计入应纳税所得额。

(4) 违反环保法规定应支付罚款 250 万元。

(5) 期末对持有的存货计提了 75 万元的存货跌价准备。

要求：确认当期的所得税费用并作出相应账务处理。

① 2×20 年度当期应交所得税：

应纳税所得额＝3 000＋150＋500－400＋250＋75
＝3 575(万元)

$$应交所得税=3\ 575\times25\%=893.75(万元)$$

② 2×20 年度递延所得税资产和负债：

$$递延所得税资产=225\times25\%=56.25(万元)$$

$$递延所得税负债=400\times25\%=100(万元)$$

③ 当期应确认的所得税费用：

$$所得税费用=893.75+43.75=937.50(万元)$$

确认所得税费用的账务处理如下：

借：所得税费用	9 375 000	
递延所得税资产	562 500	
贷：应交税费——应交所得税		8 937 500
递延所得税负债		1 000 000

四、所得税的列报

企业对所得税的核算结果，除利润表中列示的所得税费用以外，在资产负债表中形成的应交税费（应交所得税）以及递延所得税资产和递延所得税负债应当遵循企业会计准则规定列报。其中，递延所得税资产和递延所得税负债一般应当分别作为非流动资产和非流动负债在资产负债表中单独列示，所得税费用应当在利润表中单独列示，同时还应在附注中披露与所得税有关的信息。

在一般情况下，在个别财务报表中，当期所得税资产与所得税负债及递延所得税资产及递延所得税负债可以以抵销后的净额列示。在合并财务报表中，纳入合并范围的企业中，一方的当期所得税资产或递延所得税资产与另一方的当期所得税负债或递延所得税负债一般不能予以抵销，除非所涉及的企业具有以净额结算的法定权利并且意图以净额结算。

复习思考题

1. 什么是资产负债表债务法？其主要的特点是什么？
2. 所得税会计的核算程序包括哪些步骤？
3. 什么是资产的计税基础？什么是负债的计税基础？

4. 什么是暂时性差异？暂时性差异分为哪几类？各自对未来应纳税所得额有何影响？

5. 如何计算递延所得税资产和递延所得税负债？它们对所得税费用有何影响？

6. 对于不影响损益的递延所得税资产和递延所得税负债，应如何进行处理？

练 习 题

一、单项选择题

1. 下列资产和负债中，因账面价值和计税基础不一致形成暂时性差异的是（　　）。

A. 计提职工工资形成的应付职工薪酬

B. 购买国债确认的利息收入

C. 因违反税法规定应交纳但尚未交纳的罚款

D. 因确认产品质量保证形成的预计负债

2. A 公司 2×20 年 12 月取得某项环保设备，原价为 1 000 万元，会计处理时按照直线法计提折旧，使用年限为 10 年，净残值为零。税收允许采用双倍余额递减法加速计提折旧，使用年限为 10 年，净残值为零。计提了 2 年的折旧后，2×22 年年末公司对该项固定资产计提了 80 万元的固定资产减值准备。则 2×22 年 12 月 31 日公司的暂时性差异为（　　）。

A. 应纳税暂时性差异的余额为 80 万元

B. 可抵扣暂时性差异的余额为 80 万元

C. 应纳税暂时性差异的余额为 160 万元

D. 可抵扣暂时性差异的余额为 640 万元

3. A 公司 2×20 年 1 月取得一项无形资产，成本为 160 万元，因其使用寿命无法合理估计，会计上视为使用寿命不确定的无形资产，不予摊销。但税法规定按不短于 10 年的期限进行摊销。则 2×20 年 12 月 31 日产生的暂时性差异为（　　）。

A. 无暂时性差异　　B. 可抵扣暂时性差异 16 万元

C. 应纳税暂时性差异 16 万元　　D. 可抵扣暂时性差异 144 万元

4. 2×20 年，A 企业当期发生研发支出 1 000 万元，会计准则规定符合资本化条件后发生的支出构成无形资产成本，其中资本化形成的无形资产为 600 万元。税法规定企业为开发新技术、新产品、新工艺发生的研究开发费用，未形成无形资产的计入当期损益，在按照规定据实扣除的基础上，按照研究开发费用的 75%加计扣除；形成无形资产的，按照无形资产成本的 175%摊销。假定税法和会计均规定本年无形资产摊销 60 万元，则本期产生的暂时性差异为（　　）。

A. 应纳税暂时性差异 450 万元　　B. 可抵扣暂时性差异 450 万元

C. 应纳税暂时性差异405万元　　D. 可抵扣暂时性差异405万元

5. 甲公司2×20年因债务担保等原因于当期确认了100万元的预计负债。税法规定，有关因债务担保不得税前列支。则本年产生的暂时性差异为(　　)。

A. 0　　B. 可抵扣暂时性差异100万元

C. 应纳税暂时性差异100万元　　D. 可抵扣暂时性差异25万元

6. 2×20年12月31日购入价值500万元的设备，预计使用期为5年，无残值。采用直线法计提折旧，税法允许采用双倍余额递减法计提折旧。甲企业2×22年末扣折旧前的利润总额为1 100万元，适用所得税税率为25%。2×22年年末"递延所得税负债"账户贷方发生额为(　　)万元。

A. 25　　B. 30　　C. 5　　D. 120

7. A公司2×20年12月6日购入设备1台，原值为360万元，净残值为60万元。税法规定采用年数总和法计提折旧，折旧年限为5年；会计规定采用年限平均法，折旧年限为4年。税前会计利润每年均为1 000万元，所得税税率为25%。则2×22年年末"递延所得税负债"账户余额为(　　)万元。

A. 5　　B. 7.5　　C. 10　　D. 30

8. A公司2×20年实现税前利润11 250万元。当年发生存货项目可抵扣暂时性差异1 125万元，固定资产项目发生应纳税暂时性差异450万元，当年转回坏账准备可抵扣暂时性差异750万元。假定该公司2×20年的所得税税率为33%，2×20年所得税税率为25%。则A公司2×20年应交所得税为(　　)万元。

A. 3 172.50　　B. 3 687.75

C. 2 793.75　　D. 3 802. 50

9. A公司2×20年年初购入股票作为其他权益工具投资，成本为100万元，2×20年年末公允价值为120万元，2×20年所得税税率为33%，2×21年所得税税率为25%。则2×20年年末有关所得税会计处理中，正确的是(　　)。

A. 借：其他综合收益　　66 000
　　贷：递延所得税负债　　66 000

B. 借：所得税费用　　66 000
　　贷：递延所得税负债　　66 000

C. 借：递延所得税资产　　66 000
　　贷：其他综合收益　　66 000

D. 借：其他综合收益　　50 000
　　贷：递延所得税负债　　50 000

10. 2×20年12月1日，某公司购入一项环保设备，原价为1 000万元，使用年限为10年，会计处理时按照直线法计提折旧，税收规定允许按双倍余额递减法计提折旧，设备净残值为0。2×22年年末，企业对该项固定资产计提了80万元的固定资产减值准备。则该项设备2×22年年末的计税基础是(　　)万元。

A. 640　　B. 720　　C. 800　　D. 560

二、多项选择题

1. 根据《企业会计准则第18号——所得税》的规定，下列表述中，正确的有(　　)。

A. 资产的计税基础是指企业收回资产账面价值过程中，计算应纳税所得额时按照税法规定可以自应税经济利益中抵扣的金额

B. 负债的计税基础是指负债的账面价值减去未来期间计算应纳税所得额时按照税法规定可予抵扣的金额

C. 在通常情况下，资产在取得时其入账价值与计税基础是相同的，后续计量过程中因企业会计准则规定与税法规定不同，可能造成账面价值与计税基础的差异

D. 在通常情况下，短期借款、应付票据、应付账款等负债的确认和偿还，不会对当期损益和应纳税所得额产生影响，其计税基础即为账面价值

2. 下列经济业务或事项中，一定能够产生可抵扣暂时性差异的有(　　)。

A. 预提产品保修费用

B. 结转以后年度的未弥补亏损

C. 计提存货跌价损失

D. 按应收账款余额的30%计提坏账准备

3. 下列有关暂时性差异的表述中，正确的有(　　)。

A. 暂时性差异是指资产或负债的账面价值与其计税基础之间的差额

B. 未作为资产和负债确认的项目，该计税基础与其账面价值之间的差额为零

C. 按照暂时性差异对未来期间应税金额的影响，分为应纳税暂时性差异和可抵扣暂时性差异

D. 应纳税暂时性差异是指在确定未来收回资产或清偿负债期间的应纳税所得额时，产生的应税金额的暂时性差异

4. 下列投资收益中，按税法规定交纳所得税，在计算纳税所得时应予以调整的项目有(　　)。

A. 交易性金融资产转让的净收益

B. 国债的利息收入

C. 作为持有至到期投资的公司债券利息收入

D. 债权投资转让形成的净收益

5. 根据《企业会计准则第18号——所得税》计量的规定，下列表述中，正确的有(　　)。

A. 资产负债表日，对于当期和以前期间形成的当期所得税负债（或资产），应当按照税法规定计算的预期应交纳（或返还）的所得税金额计量
B. 资产负债表日，对于递延所得税资产和递延所得税负债，应当根据税法规定，按照预期收回该资产或清偿该负债期间的适用税率计量
C. 适用税率发生变化的，应对已确认的递延所得税资产和递延所得税负债进行重新计量，除直接在所有者权益中确认的交易或者事项产生的递延所得税资产和递延所得税负债以外，应当将其影响数计入变化当期的所得税费用
D. 递延所得税资产和递延所得税负债的计量，应当反映资产负债表日企业预期收回资产或清偿负债方式的所得税影响，即在计量递延所得税资产和递延所得税负债时，应当采用与收回资产或清偿债务的预期方式相一致的税率和计税基础

6. 有关所得税列报的表述中，不正确的有（　　）。
A. 递延所得税资产应当作为非流动资产在资产负债表中列示
B. 递延所得税资产应当作为流动资产在资产负债表中列示
C. 递延所得税负债应当作为非流动负债在资产负债表中列示
D. 递延所得税负债应当作为流动负债在资产负债表中列示

7. 企业当期发生的所得税费用，正确的处理方法有（　　）。
A. 在一般情况下计入利润表
B. 与直接计入所有者权益的交易或者事项相关的当期所得税和递延所得税，应当计入资本公积
C. 与直接计入所有者权益的交易或者事项相关的当期所得税和递延所得税，应当计入其他综合收益
D. 因企业合并产生的应纳税暂时性差异或可抵扣暂时性差异的影响，在确认递延所得税负债或递延所得税资产的同时，相关的递延所得税费用（或收益），一般应调整在合并中应予确认的商誉

8. 下列有关所得税的表述中，不正确的有（　　）。
A. 在通常情况下，资产在取得时其入账价值与计税基础是相同的，后续计量过程中因企业会计准则规定与税法规定不同，可能造成账面价值与计税基础的差异
B. 按照企业会计准则规定，交易性金融资产期末应以公允价值计量，公允价值的变动计入当期损益；如税法规定交易性金融资产在持有期间公允价值变动不计入应纳所得额，则该差异是可抵扣暂时性差异
C. 负债的计税基础是指负债的账面价值减去未来期间计算应纳税所得额时按照税法规定不可予抵扣的金额

D. 资产的计税基础是指企业收回资产账面价值过程中，计算应纳税所得额时按照税法规定不可以自应税经济利益中抵扣的金额

9. 下列有关所得税的表述中，正确的有（　　）。

A. 从资产和负债来看，是一项资产或一项负债的计税基础和其在资产负债表中的账面金额之间的差额，随着时间推移将会消除。该项差异在以后年度资产收回或负债清偿时，会产生应税利润或可抵扣税额

B. 时间性差异是暂时性差异，但是暂时性差异不一定是时间性差异

C. 递延所得税资产的确认原则是：以可抵扣暂时性差异转回期间预计将获得的应税所得为限，确认相应的递延所得税资产

D. 可抵扣暂性差异将导致在销售或使用资产或偿付负债的未来期间内减少应纳税所得额，应确认为递延所得税资产

10. 下列业务中，不影响递延所得税资产的有（　　）。

A. 资产减值准备的计提　　B. 非公益性捐赠支出

C. 国债利息收入　　D. 罚款支出

三、判断题

1. 企业确认了递延所得税资产或负债，就应当相应确认递延所得税收益或费用。（　　）

2. 只要存在暂时性差异，企业就应当确认递延所得税资产或递延所得税负债。（　　）

3. 在采用应付税款法进行所得税会计处理时，当期的所得税费用等于按应纳税所得额与当期的所得税税率计算的应交所得税额。（　　）

4. 如果资产的账面价值大于资产的计税基础或负债的账面价值小于计税基础，本期则应确认递延所得税负债。（　　）

5. 企业计提资产减值准备，会形成可抵扣暂时性差异。（　　）

6. 因其他权益工具公允价值变动形成的暂时性差异，不确认递延所税费用或收益。（　　）

7. 企业被行政罚款而发生的支出，形成可抵扣暂时性差异。（　　）

8. 递延所得税资产或递延所得税负债，应在资产负债表上分别反映，而不得相互抵销。（　　）

9. 所得税会计是会计与税收规定之间的差异在所得税会计核算中的具体体现。（　　）

10. 只要不存在永久性差异，当期所得税费用与应交所得税的数额应当是相等的。（　　）

四、计算及账务处理题

1. 甲公司 2×20 年度实现的利润总额为 5 000 万元，所得税税率为 25%。2×20 年，

甲公司有关资产减值准备的计提及转回等资料见表8-4。

表8-4

甲公司资产减值准备明细表

单位：万元

项　　目	年初余额	本年增加数	本年转回数	年末余额
存货跌价准备	220	90	150	160
长期股权投资减值准备	1 400	100	—	1 500
固定资产减值准备	0	300	—	300
无形资产减值准备	0	150	—	150

要求：分别计算甲公司2×20年应交所得税、递延所得税资产发生额、所得税费用，并编制会计分录。

2. 甲公司2×20年度实现利润总额10 000万元，适用的所得税税率为25%；预计未来期间适用的所得税税率不会发生变化，假定未来期间能够产生足够的应纳税所得额用于抵扣暂时性差异。甲公司2×20年度发生的有关交易或事项中，会计处理与税法规定存在差异的有：

(1) 某批外购存货年初、年末借方余额分别为9 900万元和9 000万元，相关递延所得税资产年初余额为235万元，该批存货跌价准备年初、年末贷方余额分别为940万元和880万元，当年转回存货跌价准备60万元，税法规定，该笔准备金在计算应纳税所得额时不包括在内。

(2) 某项外购固定资产当年计提的折旧为1 200万元，未计提固定资产减值准备。该项固定资产系2×19年12月18日安装调试完毕并投入使用，原价为6 000万元，预计使用年限为5年，预计净残值为0。采用年限平均法计提折旧，税法规定，类似固定资产采用年数总和法计提的折旧准予在计算应纳税所得额时扣除，企业在纳税申报时按照年数总和法将该折旧调整为2 000万元。

(3) 12月31日，甲公司根据收到的税务部门罚款通知，将应缴罚款300万元确认为营业外支出，款项尚未支付。税法规定，企业该类罚款不允许在计算应纳税所得额时扣除。

(4) 当年实际发生的广告费用为25 740万元，款项尚未支付。税法规定，企业发生的广告费、业务宣传费不超过当年销售收入15%的部分允许税前扣除，超过部分允许结转以后年度税前扣除。甲公司当年销售收入为170 000万元。

(5) 通过红十字会向地震灾区捐赠现金500万元，已计入营业外支出。税法规定，企业发生的公益性捐赠支出，在年度利润总额12%以内的部分，准予在计算应纳税所得额时扣除。

要求：

(1) 分别计算甲公司有关资产、负债在2×20年年末的账面价值、计税基础，及其相关的暂时性差异、递延所得税资产或递延所得税负债的余额。

(2) 逐项计算甲公司2×20年年末应确认或转销递延所得税资产、递延所得税负债的金额。

(3) 分别计算甲公司2×20年度应纳税所得额、应交所得税和所得税费用(或收益)的金额。

(4) 编制甲公司2×20年度与确认所得税费用(或收益)相关的会计分录。

第九章　会计政策、会计估计变更与会计差错更正

【内容提要】 会计变更通常指会计政策变更和会计估计变更。本章主要介绍会计政策及其变更、会计估计及其变更、前期差错及其更正的处理方法。

【导入案例】 甘肃靖远煤电股份有限公司(简称“靖远煤电”)2008年年度报告摘要部分内容如下：

根据《财政部关于做好执行会计准则企业2008年年报工作的通知》(财会函[2008]60号)的要求，本公司对计提的维简费(不包括井巷工程基金)、安全生产费，按照《企业会计准则讲解(2008)》的具体要求，在所有者权益“盈余公积”项下以“专项储备”项目单独列报，不再作为负债列示。本公司对此项会计政策的变更采用了追溯调整法，2007年报表已重新表述。2007年期初运用上述新会计政策追溯计算的会计政策变更累积影响数为23 601 056.97元。调增2007年的期初留存收益23 601 056.97元，其中：调减未分配利润597 123.03元，调增盈余公积29 371 859.00元，调减资本公积5 173 679.00元[①]。上述会计政策变更对本公司2007年年末的财务状况及2007年度经营成果形成的主要影响见表9-1。

表9-1

会计政策变更影响情况表　　单位：元

项　　目	变更前金额	变更影响额	变更后金额
资本公积	101 307 402.99	−14 070 572.00	87 236 830.99
盈余公积	2 869 662.17	37 667 377.55	40 537 039.72
未分配利润	190 800.44	7 011 298.17	7 202 098.61
股东权益合计	282 237 865.60	30 608 103.72	312 845 969.32
净利润	45 266 308.97	15 903 939.75	61 170 248.72
提取法定盈余公积	21 200.05	1 530 681.67	1 551 881.72
提取专项储备		26 880 000.00	26 880 000.00

① 资本公积不应属于留存收益，此处是披露表述有误。

（续上）

思考

1. 靖远煤电 2008 年变更会计政策，为什么要对 2007 年报表进行重新表述？

2. 该项业务对靖远煤电 2008 年财务报告有什么影响？

第一节 会计政策及其变更

一、会计政策的含义

会计政策是指企业在会计确认、计量和报告中所采用的原则、基础和会计处理方法。其中，原则是指按照企业会计准则规定的、适合于企业会计核算所采用的具体会计原则；基础是指为了将会计原则应用于交易或者事项而采用的基础，主要是指计量基础；会计处理方法是指企业在会计核算中按照法律、行政法规或者国家统一的会计制度等规定采用或者选择的、适合于本企业的具体会计处理方法。会计政策具有选择性、强制性、层次性等特点。

企业应当披露重要的会计政策，不具有重要性的会计政策可以不予披露。企业应当披露的重要会计政策包括：

(1) 发出存货成本的计量是指企业确定发出存货成本所采用的会计处理。例如，企业发出存货成本的计量是采用先进先出法，还是采用其他计量方法。

(2) 长期股权投资的后续计量是指企业取得长期股权投资后的会计处理。例如，企业对被投资单位的长期股权投资是采用成本法，还是采用权益法核算。

(3) 投资性房地产的后续计量是指企业在资产负债表日对投资性房地产进行后续计量所采用的会计处理。例如，企业对投资性房地产的后续计量是采用成本模式，还是公允价值模式。

(4) 固定资产的初始计量是指对取得的固定资产初始成本的计量。例如，企业取得的固定资产初始成本是以购买价款，还是以购买价款的现值为基础进行计量。

(5) 生物资产的初始计量是指对取得的生物资产初始成本的计量。例如，企业为取得生物资产而产生的借款费用，应当予以资本化，还是计入当期损益。

(6) 无形资产的确认是指对无形项目的支出是否确认为无形资产。例如，企业内部研究开发项目开发阶段的支出是确认为无形资产，还是在发生时计入当期损益。

(7) 非货币性资产交换的计量是指非货币性资产交换事项中对换入资产成本的计

量。例如,非货币性资产交换是以换出资产的公允价值作为确定换入资产成本的基础,还是以换出资产的账面价值作为确定换入资产成本的基础。

(8) 收入的确认是指收入确认所采用的会计原则。例如,企业确认收入是否满足客户已经取得相关商品控制权等条件;企业是在某一时点确认收入,还是在某一时段内确认收入。

(9) 借款费用的处理是指借款费用的会计处理方法,即是采用资本化,还是采用费用化。

(10) 合并政策是指编制合并财务报表所采纳的原则。例如,母公司与子公司的会计年度不一致的处理原则,合并范围的确定原则等。

(11) 其他重要会计政策。

二、会计政策变更的条件

会计政策变更是指企业对相同的交易或者事项由原来采用的会计政策改用另一会计政策的行为。为保证会计信息的可比性,使财务报表使用者在比较企业一个以上期间的财务报表时,能够正确判断企业的财务状况、经营成果和现金流量的趋势,在一般情况下,企业采用的会计政策,在每一会计期间和前后各期应当保持一致,不得随意变更;否则,势必削弱会计信息的可比性。但是,在下述两种情形下,企业可以变更会计政策:

第一,法律、行政法规或者国家统一的会计制度等要求变更。这种情况是指按照法律、行政法规以及国家统一的会计制度的规定,要求企业采用新的会计政策,则企业应当按照法律、行政法规以及国家统一的会计制度的规定改变原会计政策,按照新的会计政策执行。例如,《企业会计准则第 8 号——资产减值》规定,已计提的固定资产减值准备不允许转回,这就要求执行企业会计准则体系的企业按照新规定改变原允许固定资产减值准备转回的做法,变更原有会计政策。

第二,会计政策变更能够提供更可靠、更相关的会计信息。由于经济环境、客观情况的改变,使企业原采用的会计政策所提供的会计信息,已不能恰当地反映企业的财务状况、经营成果和现金流量等情况。在这种情况下,应改变原有会计政策,按变更后新的会计政策进行会计处理,以便对外提供更可靠、更相关的会计信息。例如,企业一直采用成本模式对投资性房地产进行后续计量,如果企业能够从房地产交易市场上持续地取得同类或类似房地产的市场价格及其他相关信息,从而能够对投资性房地产的公允价值作出合理的估计,此时,企业可以将投资性房地产的后续计量方法由成本模式变更为公允价值模式。

对会计政策变更的认定,直接影响会计处理方法的选择。因此,在会计实务中,企业应当正确认定属于会计政策变更的情形。下列两种情况不属于会计政策变更:

第一，本期发生的交易或者事项与以前相比具有本质差别而采用新的会计政策。这是因为，会计政策是针对特定类型的交易或事项，如果发生的交易或事项与其他交易或事项有本质区别，那么，企业实际上是为新的交易或事项选择适当的会计政策，并没有改变原有的会计政策。例如，企业出租一台短期内暂时闲置的设备，按经营租赁进行会计处理，但对于本年以来租赁期较长的其他出租设备，则采用融资租赁方式，按融资租赁会计原则核算。由于该企业原出租的设备均为经营租赁，本年度起出租的设备均改为融资租赁，经营租赁和融资租赁有着本质差别，因而改变会计政策不属于会计政策变更。

第二，对初次发生的或不重要的交易或者事项采用新的会计政策。对初次发生的某类交易或事项采用适当的会计政策，并未改变原有的会计政策。例如，企业原在生产经营过程中使用少量的低值易耗品，并且价值较低，故企业在领用低值易耗品时一次计入费用；该企业于近期投产新产品，所需低值易耗品比较多，且价值较大，企业对领用的低值易耗品处理方法改为五五摊销法。该企业低值易耗品在企业生产经营中所占的费用比例并不大，改变低值易耗品处理方法后，对损益的影响也不大，属于不重要的事项，会计政策在这种情况下的改变不属于会计政策变更。

三、会计政策变更的会计处理

（一）会计政策变更的会计处理原则

会计政策变更要根据具体情况，分别按照以下规定处理：

（1）法律、行政法规或者国家统一的会计制度等要求变更的情况下，企业应当分别按以下情况进行处理：① 国家发布相关的会计处理办法，则按照国家发布的相关会计处理规定进行处理。② 国家没有发布相关的会计处理办法，则采用追溯调整法进行会计处理。

（2）会计政策变更能够提供更可靠、更相关的会计信息的情况下，企业应当采用追溯调整法进行会计处理，将会计政策变更累积影响数调整列报前期最早期初留存收益，其他相关项目的期初余额和列报前期披露的其他比较数据也应当一并调整。

（3）确定会计政策变更对列报前期影响数不切实可行的，应当从可追溯调整的最早期间期初开始应用变更后的会计政策。

（4）在当期期初确定会计政策变更对以前各期累积影响数不切实可行的，应当采用未来适用法处理，例如，企业因账簿、凭证超过法定保存期限而销毁，或因不可抗力而毁坏、遗失，如火灾、水灾等，或因人为因素，如盗窃、故意毁坏等，可能使当期期初确定会计政策变更对以前各期累积影响数无法计算，即不切实可行，在这种情况下，会计政策变更应当采用未来适用法进行处理。

（二）会计政策变更的会计处理方法

发生会计政策变更时，有两种会计处理方法，即追溯调整法和未来适用法，两种方法适用于不同情形。

1. 追溯调整法

追溯调整法是指对某项交易或事项变更会计政策，视同该项交易或事项初次发生时即采用变更后的会计政策，并以此对财务报表相关项目进行调整的方法。采用追溯调整法时，对于比较财务报表期间的会计政策变更，应调整各期间净损益各项目和财务报表其他相关项目，视同该政策在比较财务报表期间上一直采用。对于比较财务报表可比期间以前的会计政策变更的累积影响数，应调整比较财务报表最早期间的期初留存收益，财务报表其他相关项目的数字也应一并调整。

追溯调整法通常由以下步骤构成：

第一步，计算会计政策变更的累积影响数。

第二步，编制相关项目的调整分录。

第三步，调整列报前期最早期初财务报表相关项目及其金额。

第四步，附注说明。

其中，"会计政策变更累积影响数"是指按照变更后的会计政策对以前各期追溯计算的列报前期最早期初留存收益应有金额与现有金额之间的差额。累积影响数通常可以通过以下各步计算获得：

第一步，根据新会计政策重新计算受影响的前期交易或事项。

第二步，计算两种会计政策下的差异。

第三步，计算差异的所得税影响金额。

第四步，确定前期中的每一期的税后差异。

第五步，计算会计政策变更的累积影响数。

温馨提示

对以前年度损益进行追溯调整或追溯重述的，应当重新计算各列报期间的每股收益。

【例 9-1】 甲上市公司于 2×20 年 12 月建造完工的办公楼作为投资性房地产对外出租，该办公楼的原价为 3 000 万元（同建造完工时的公允价值），至 2×22 年 1 月 1 日，已提折旧 340 万元。2×22 年 1 月 1 日，甲公司决定采用公允价值对出租的办公楼进行后续计量。该办公楼 2×21 年 12 月 31 日的公允价值为 2 800 万元，2×21 年 12 月 31 日之前该投资性房地产的公允价值无法合理确定，该公司按净利润的 10%提取盈余公积，所得税税率为25%，采用资产负债表债务法核算。按照税法规定折旧方法与会计折旧一致，公司发行股票份额为4 500万股。

根据上述资料，甲公司的会计处理如下：

① 计算会计政策变更累积影响数(见表9－2)。

表9－2

会计政策变更累积影响数计算表

单位：万元

年 度	政策变更前	政策变更后		所得税税前差异	所得税影响	累积影响数
	折旧	折旧	公允价值变动损益			
2×21年	340	0	－200	140	35	105
合计	340	0	－200	140	35	105

② 编制有关项目的调整分录：

借：投资性房地产——成本　28 000 000
　　投资性房地产累计折旧(摊销)　3 400 000
　　贷：投资性房地产　30 000 000
　　　　递延所得税负债　350 000
　　　　利润分配——未分配利润　1 050 000
借：利润分配——未分配利润　105 000
　　贷：盈余公积　105 000

③ 财务报表调整和重述(财务报表略)。甲公司在列报2×22年财务报表时，应调整2×22年资产负债表有关项目的年初余额、利润表有关项目的上年金额及所有者权益变动表有关项目的上年金额和本年金额。

其一，资产负债表项目的调整：调增投资性房地产年初余额1 400 000元；调增递延所得税负债年初余额350 000元；调增盈余公积年初余额105 000元；调增未分配利润年初余额945 000元。

其二，利润表项目的调整：调增公允价值变动损失上年金额2 000 000元；调减其他业务成本3 400 000元，调增所得税费用上年金额350 000元；调增净利润上年金额1 050 000元；调增基本每股收益上年金额0.023 3元。

其三，所有者权益变动表项目的调整：调增会计政策变更项目中盈余公积本年金额105 000元，未分配利润本年金额945 000元，所有者权益合计本年金额1 050 000元。

④ 附注说明。本公司2×22年因满足公允价值计量的条件，对投资性房地产由成本模式改为以公允价值计量。此项会计政策变更采用追溯调整法，2×22年比较财务报表已重新表述。2×22年期初运用新会计政策追溯计算的会计政策变更累积影响数为

1 050 000 元。调增 2×22 年的期初留存收益 1 050 000 元，其中，调增未分配利润 945 000 元，调增盈余公积 105 000 元，调增净利润 1 050 000 元。

2. 未来适用法

未来适用法是指将变更后的会计政策应用于变更日及以后发生的交易或者事项，或者在会计估计变更当期和未来期间确认会计估计变更影响数的方法。

在未来适用法下，不需要计算会计政策变更产生的累积影响数，也无须重编以前年度的财务报表。企业会计账簿记录及财务报表上反映的金额，变更之日仍保留原有的金额，不因会计政策变更而改变以前年度的既定结果，并在现有金额的基础上再按新的会计政策进行核算。

四、会计政策变更的披露

企业应当在附注中披露与会计政策变更有关的下列信息：

（1）会计政策变更的性质、内容和原因。包括：对会计政策变更的简要阐述、变更的日期、变更前采用的会计政策和变更后所采用的新会计政策及会计政策变更的原因。

（2）当期和各个列报前期财务报表中受影响的项目名称和调整金额。包括：采用追溯调整法时，计算出的会计政策变更的累积影响数；当期和各个列报前期财务报表中需要调整的净损益及其影响金额，以及其他需要调整的项目名称和调整金额。

（3）无法进行追溯调整的，说明该事实和原因以及开始应用变更后的会计政策的时点、具体应用情况。包括：无法进行追溯调整的事实；确定会计政策变更对列报前期影响数不切实可行的原因；在当期期初确定会计政策变更对以前各期累积影响数不切实可行的原因；开始应用新会计政策的时点和具体应用情况。

需要注意的是，在以后期间的财务报表中，不需要重复披露在以前期间的附注中已披露的会计政策变更的信息。

第二节　会计估计及其变更

一、会计估计概述

会计估计是指企业对结果不确定的交易或者事项以最近可利用的信息为基础所作的判断。会计估计具有如下特点：

第一，会计估计的存在是由于经济活动中内在的不确定性因素的影响。在会计核算中，企业总是力求保持会计核算的准确性，但有些经济业务本身具有不确定性。例如，坏账、固定资产折旧年限、固定资产残余价值、无形资产摊销年限等,因而需要根据经验作出估计。可以说,在进行会计核算和相关信息披露的过程中,会计估计是不可避免的。

第二,进行会计估计时,往往以最近可利用的信息或资料为基础。企业在会计核算中,由于经营活动中内在的不确定性,不得不经常进行估计。一些估计的主要目的是为了确定资产或负债的账面价值,如坏账准备、担保责任引起的负债;另一些估计的主要目的是确定将在某一期间记录的收益或费用的金额,如某一期间的折旧、摊销的金额。企业在进行会计估计时,通常应根据当时的情况和经验,以一定的信息或资料为基础进行。但是,随着时间的推移、环境的变化,进行会计估计的基础可能会发生变化。因此,进行会计估计所依据的信息或者资料不得不经常发生变化。由于最新的信息是最接近目标的信息,以其为基础所作的估计最接近实际,所以进行会计估计时,应以最近可利用的信息或资料为基础。

第三,进行会计估计并不会削弱会计确认和计量的可靠性。企业为了定期、及时地提供有用的会计信息,将延续不断的经营活动人为地划分为一定的期间并在权责发生制的基础上对企业的财务状况和经营成果进行定期确认和计量。例如,在会计分期的情况下,许多企业的交易跨越若干会计年度,以至于需要在一定程度上作出决定:某一年度发生的开支,哪些可以合理地预期能够产生其他年度以收益形式表示的利益,从而全部或部分向后递延,哪些可以合理地预期在当期能够得到补偿,从而确认为费用。由于会计分期和货币计量的前提,在确认和计量过程中,不得不对许多尚在延续中、其结果尚未确定的交易或事项予以估计入账。

企业应当披露重要的会计估计,不具有重要性的会计估计可以不披露。判断会计估计是否重要,应当考虑与会计估计相关项目的性质和金额。企业应当披露的重要会计估计包括:

(1) 存货可变现净值的确定。

(2) 采用公允价值模式下的投资性房地产公允价值的确定。

(3) 固定资产的预计使用寿命与净残值;固定资产的折旧方法。

(4) 生物资产的预计使用寿命与净残值;各类生产性生物资产的折旧方法。

(5) 使用寿命有限的无形资产的预计使用寿命与净残值。

(6) 可收回金额按照资产组的公允价值减去处置费用后的净额确定的,确定公允价值减去处置费用后的净额的方法。可收回金额按照资产组的预计未来现金流量的现值确定的,预计未来现金流量的确定。

(7) 合同履约进度的确定。

(8) 权益工具公允价值的确定。

(9) 债务人债务重组中转让的非现金资产的公允价值、由债务转成的股份的公允价值和修改其他债务条件后债务的公允价值的确定。

债权人债务重组中受让的非现金资产的公允价值、由债权转成的股份的公允价值和修改其他债务条件后债权的公允价值的确定。

(10) 预计负债初始计量的最佳估计数的确定。

(11) 金融资产公允价值的确定。

(12) 承租人对未确认融资费用的分摊;出租人对未实现融资收益的分配。

(13) 探明矿区权益、井及相关设施的折耗方法,与油气开采活动相关的辅助设备及设施的折旧方法。

(14) 非同一控制下企业合并成本的公允价值的确定。

(15) 其他重要会计估计。

二、会计估计变更的概念及条件

会计估计变更是指由于资产和负债的当前状况及预期经济利益和义务发生了变化,从而对资产或负债的账面价值或者资产的定期消耗金额进行调整。

由于企业经营活动中内在的不确定因素,许多财务报表项目不能准确地计量,只能加以估计,估计过程涉及以最近可以得到的信息为基础所作的判断。但是,估计毕竟是就现有资料对未来所作的判断,随着时间的推移,如果赖以进行估计的基础发生变化,或者由于取得了新的信息、积累了更多的经验或后来的发展可能不得不对估计进行修订,但会计估计变更的依据应当真实、可靠。会计估计变更的情形包括:

第一,赖以进行估计的基础发生了变化。企业进行会计估计,总是依赖于一定的基础。如果其所依赖的基础发生了变化,则会计估计也应相应发生变化。例如,企业的某项无形资产摊销年限原定为 10 年,以后发生的情况表明,该资产的受益年限已不足 10 年,则相应调减摊销年限。

第二,取得了新的信息、积累了更多的经验。企业进行会计估计是就现有资料对未来所做的判断,随着时间的推移,企业有可能取得新的信息、积累更多的经验,在这种情况下,企业可能不得不对会计估计进行修订,即发生会计估计变更。例如,企业原根据当时能够得到的信息,对应收账款每年按其余额的 5%计提坏账准备。现在掌握了新的信息,判定不能收回的应收账款比例已达 15%,企业改按 15%的比例计提坏账准备。

温馨提示

会计估计变更并不意味着以前期间会计估计是错误的,只是由于情况发生变化,或者掌握了新的信息,积累了更多的经验,使得变更会计估计能够更好地反映企业的财务状况和经营成果。如果以前期间的会计估计是错误的,则属于会计差错,应按会计差错更正的会计处理办法进行处理。

当会计估计变更和会计政策变更不容易区分时，企业可以采用以下具体方法划分会计政策变更与会计估计变更：分析并判断该事项是否涉及会计确认、计量基础选择或列报项目的变更，当至少涉及其中一项划分基础变更的，该事项是会计政策变更；不涉及上述划分基础变更时，该事项可以判断为会计估计变更。

【例 9-2】 某企业在前期将某项内部研发项目开发阶段的支出计入当期损益，而当期按照《企业会计准则第 6 号——无形资产》的规定，该项支出符合无形资产的确认条件，应当确认为无形资产。该事项的会计确认发生变更，即前期将开发费用确认为一项费用，而当期将其确认为一项资产。该事项中会计确认发生了变化，所以该变更属于会计政策变更。

【例 9-3】 某企业在前期对购入的价款超过正常信用条件延期支付的固定资产初始计量采用历史成本，而当期按照《企业会计准则第 4 号——固定资产》的规定，该类固定资产的初始成本应以购买价款的现值为基础确定。该事项的计量基础发生了变化，所以该变更属于会计政策变更。

【例 9-4】 某商业企业在前期将商品采购费用列入销售费用，当期根据《企业会计准则第 1 号——存货》的规定，将采购费用列入成本。因为列报项目发生了变化，所以该变更是会计政策变更。当然这里也涉及会计确认的变更。

【例 9-5】 某企业需要对某项资产采用公允价值进行计量，而公允价值的确定需要根据市场情况选择不同的处理方法。在不存在销售协议和资产活跃市场的情况下，需要根据同行业类似资产的近期交易价格对该项资产进行估计；在不存在销售协议但存在资产活跃市场的情况下，其公允价值应当按照该项资产的市场价格为基础进行估计。因为企业所确定的公允价值是与该项资产有关的金额，所以为确定公允价值所采用的处理方法是会计估计，不是会计政策。相应地，当企业面对的市场情况发生变化时，其采用的确定公允价值的变更方法是会计估计变更，不是会计政策变更。

三、会计估计变更的会计处理

企业对会计估计变更应当采用未来适用法处理。即在会计估计变更当期及以后期间，采用新的会计估计不改变以前期间的会计估计，也不调整以前期间的报告结果。

第一，会计估计变更仅影响变更当期的，其影响数应当在变更当期予以确认。例如，企业原按应收账款余额的 5% 提取坏账准备，由于企业不能收回应收账款的比例已达 10%，则企业改按应收账款余额的 10% 提取坏账准备。这类会计估计的变更，只影响变更当期，因此，应于变更当期确认。

第二，既影响变更当期又影响未来期间的，其影响数应当在变更当期和未来期间予以确认。例如，企业的某项可计提折旧的固定资产，其有效使用年限或预计净残值的估计发生的变更，常常影响变更当期及资产以后使用年限内各个期间的折旧费用，这类会计估计的变更，应于变更当期及以后各期确认。

会计估计变更的影响数应计入变更当期与前期相同的项目中。为了保证不同期间的财务报表具有可比性，如果以前期间的会计估计变更的影响数计入企业日常经营活动损益，则以后期间也应计入日常经营活动损益；如果以前期间的会计估计变更的影响数计入特殊项目中，则以后期间也应计入特殊项目。

第三，企业应当正确划分会计政策变更和会计估计变更，并按不同的方法进行相关会计处理。企业通过判断会计政策变更和会计估计变更划分基础仍然难以对某项变更进行区分的，应当将其作为会计估计变更处理。

四、会计估计变更的披露

企业应当在附注中披露与会计估计变更有关的下列信息：

(1) 会计估计变更的内容和原因。包括变更的内容、变更日期以及为什么要对会计估计进行变更。

(2) 会计估计变更对当期和未来期间的影响数。包括会计估计变更对当期和未来期间损益的影响金额，以及对其他各项目的影响金额。

(3) 会计估计变更的影响数不能确定的，披露这一事实和原因。

【例 9-6】 2×20 年 12 月 20 日，甲公司购入一台管理用设备，原始价值为 100 万元，原估计使用年限为 10 年，预计净残值为 4 万元，按双倍余额递减法计提折旧。由于固定资产所含经济利益预期实现方式的改变和技术因素的原因，已不能继续按原定的折旧方法、折旧年限计提折旧。2×23 年 1 月 1 日，甲公司将设备的折旧方法改为年限平均法，将设备的折旧年限由原来的 10 年改为 8 年，预计净残值仍为 4 万元。甲公司所得税采用债务法核算，适用的所得税税率为 25%。

甲公司对上述会计估计变更的会计处理如下：

① 不调整以前各期折旧，也不计算累积影响数。

② 变更日以后发生的经济业务改按新估计使用寿命提取折旧。

设备 2×21 年计提的折旧额＝100×20%＝20(万元)

设备 2×22 年计提的折旧额＝(100－20)×20%＝16(万元)

2×23 年 1 月 1 日设备的账面净值＝100－20－16＝64(万元)

设备 2×23 年计提的折旧额＝(64－4)÷(8－2)＝10(万元)

按原会计估计，设备 2×23 年计提的折旧额＝(100－20－16)×20%＝12.8(万元)

上述会计估计变更使 2×23 年净利润增加 2.1 万元[(12.8－10)×(1－25%)]。

2×23 年，甲公司编制会计分录如下：

借：管理费用　　100 000
　　贷：累计折旧　　100 000

③ 附注说明。本公司的一台管理用设备，其原始价值为 1 000 000 元，原预计使用寿命为 10 年，预计净残值为 40 000 元，按双倍余额递减法计提折旧。由于固定资产所含经济利益预期实现方式的改变和技术因素的原因，已不能继续按原定的折旧方法、折旧年限计提折旧。甲公司于 2×23 年 1 月 1 日将设备的折旧方法改为年限平均法，以反映该设备的真实耐用寿命和净残值。此估计变更影响本年度净利润增加数为 21 000 元。

第三节　前期差错及其更正

一、前期差错概述

前期差错是指由于没有运用或错误运用下列两种信息，而对前期财务报表造成省略或错报：① 编报前期财务报表时预期能够取得并加以考虑的可靠信息。② 前期财务报告批准报出时能够取得的可靠信息。前期差错通常包括计算错误、应用会计政策错误、疏忽或曲解事实以及舞弊产生的影响以及存货、固定资产盘盈等。没有运用或错误运用上述两种信息而形成前期差错的情形主要有：

(1) 计算以及账户分类错误。例如，企业购入的 5 年期国债，意图长期持有，但在记账时计入了交易性金融资产，导致账户分类上的错误，并导致在资产负债表上流动资产和非流动资产的分类也有误。

(2) 采用法律、行政法规或者国家统一的会计制度等不允许的会计政策。例如，按照《企业会计准则第 17 号——借款费用》的规定，为购建固定资产的专门借款而发生的借款费用，满足一定条件的，在固定资产达到预定可使用状态前发生的，应予资本化，计入所购建固定资产的成本；在固定资产达到预定可使用状态后发生的，计入当期损益。如果企业固定资产已达到预定可使用状态后发生的借款费用，也计入该固定资产的价值，予以资本化，则属于采用法律或会计准则等行政法规、规章所不允许的会计政策。

(3) 对事实的疏忽或曲解，以及舞弊。例如，企业对某项建造合同应按建造合同规定的方法确认营业收入，但该企业却按确认商品销售收入的原则确认收入。

(4) 在期末对应计项目与递延项目未予调整。例如，企业应在本期摊销的费用在期末未予摊销。

(5) 漏记已完成的交易。例如，企业销售一批商品，商品已经发出，开出了增值税专用发票，商品销售收入确认条件均已满足，但企业在期末时未将已实现的销售收入入账。

(6) 提前确认尚未实现的收入或不确认已实现的收入。例如，在采用委托代销商品的销售方式下，应以收到代销单位的代销清单，确认商品销售收入的实现，如企业在发出委托代销商品时即确认为收入，则为提前确认尚未实现的收入。

(7) 资本性支出与收益性支出划分差错等。例如，企业发生的管理人员的工资一般作为收益性支出，而发生的在建工程人员工资一般作为资本性支出。如果企业将发生的在建工程人员工资计入了当期损益，则属于资本性支出与收益性支出的划分差错。

温馨提示

就会计估计的性质来说，它是个近似值，随着更多信息的获得，估计可能需要进行修正，但是会计估计变更不属于前期差错更正。

二、前期差错更正的会计处理

如果财务报表项目的遗漏或错误表述可能影响财务报表使用者根据财务报表所作出的经济决策，则该项目的遗漏或错误是重要的。重要的前期差错是指足以影响财务报表使用者对企业财务状况、经营成果和现金流量作出正确判断的前期差错。不重要的前期差错是指不足以影响财务报表使用者对企业财务状况、经营成果和现金流量作出正确判断的会计差错。

前期差错的重要性取决于在相关环境下对遗漏或错误表述的规模和性质的判断。前期差错所影响的财务报表项目的金额或性质，是判断该前期差错是否具有重要性的决定性因素。一般来说，前期差错所影响的财务报表项目的金额越大、性质越严重，其重要性水平越高。

企业应当采用追溯重述法更正重要的前期差错，但确定前期差错累积影响数不切实可行的除外。追溯重述法是指在发现前期差错时，视同该项前期差错从未发生过，从而对财务报表相关项目进行更正的方法。

(一) 不重要的前期差错的会计处理

对于不重要的前期差错，企业不需调整财务报表相关项目的期初数，但应调整发现当期与前期相同的相关项目。属于影响损益的，应直接计入本期与上期相同的净损益项目；属于不影响损益的，应调整本期与前期相同的相关项目。

【例 9－7】 A 公司在 2×21 年 12 月 31 日发现了一台价值 4 800 元本应计入固定资产、并于 2×20 年 7 月 1 日开始计提折旧的管理用设备，在 2×20 年计入了当期费用。该公司固定资产折旧采用直线法，该资产估计使用年限为 4 年，假设不考虑净残值因素。则在 2×21 年 12 月 31 日更正此差错的会计分录如下：

借：固定资产　　4 800
　　贷：管理费用　　3 000
　　　　累计折旧　　1 800

假设该项差错直到2×24年7月后才发现，则不需要做任何分录，因为该项差错已经抵销了。

（二）重要的前期差错的会计处理

对于重要的前期差错，企业应当在其发现当期的财务报表中，调整前期比较数据。具体地说，企业应当在重要的前期差错发现当期的财务报表中，通过下述处理对其进行追溯更正：

（1）追溯重述差错发生期间列报的前期比较金额。

（2）如果前期差错发生在列报的最早前期之前，则追溯重述列报的最早前期的资产、负债和所有者权益相关项目的期初余额。

对于发生的重要的前期差错，如影响损益，应将其对损益的影响数调整发现当期的期初留存收益，财务报表其他相关项目的期初数也应一并调整；如不影响损益，应调整财务报表相关项目的期初数。

在编制比较财务报表时，对于比较财务报表期间的重要的前期差错，应调整各该期间的净损益和其他相关项目，视同该差错在产生的当期已经更正；对于比较财务报表期间以前的重要的前期差错，应调整比较财务报表最早期间的期初留存收益，财务报表其他相关项目的数字也应一并调整。

确定前期差错影响数不切实可行的，可以从可追溯重述的最早期间开始调整留存收益的期初余额，财务报表其他相关项目的期初余额也应当一并调整，也可以采用未来适用法。当企业确定前期差错对列报的一个或者多个前期比较信息的特定期间的累积影响数不切实可行时，应当追溯重述切实可行的最早期间的资产、负债和所有者权益相关项目的期初余额（可能是当期）；当企业在当期期初确定前期差错对所有前期的累积影响数不切实可行时，应当从确定前期差错影响数切实可行的最早日期开始采用未来适用法追溯重述比较信息。

需要注意的是，为了保证经营活动的正常进行，企业应当建立健全内部稽核制度，保证会计资料的真实、完整。对于年度资产负债表日至财务报告批准报出日之间发现的报告年度的会计差错，应按照《企业会计准则第29号——资产负债表日后事项》的规定进行处理。

三、前期差错更正的披露

企业应当在附注中披露与前期差错更正有关的下列信息：① 前期差错的性质。

② 各个列报前期财务报表中受影响的项目名称和更正金额。③ 无法进行追溯重述的，说明该事实和原因以及对前期差错开始进行更正的时点、具体更正情况。

在以后期间的财务报表中，不需要重复披露在以前期间的附注中已披露的前期差错更正的信息。

【例 9-8】 乙公司在 2×21 年发现，2×20 年公司漏记一项管理用固定资产的折旧费用 300 000 元，所得税申报表中未扣除该项费用。假设 2×20 年适用所得税税率为 25%，无其他纳税调整事项。该公司按净利润的 10%、5%分别提取法定盈余公积和任意盈余公积。公司发行股票份额为 1 800 000 股。假定税法允许调整应交所得税。

首先，分析前期差错的影响数：2×20 年少计折旧费用 300 000 元；多计所得税费用 75 000 元(300 000×25%)；多计净利润 225 000 元；多计应交税费 75 000 元(300 000×25%)；多提法定盈余公积 22 500 元(225 000×10%)和任意盈余公积 11 250 元(225 000×5%)。

其次，编制有关项目的调整分录：

① 补提折旧时：

借：以前年度损益调整	300 000	
贷：累计折旧		300 000

② 调整应交所得税时：

借：应交税费——应交所得税	75 000	
贷：以前年度损益调整		75 000

③ 将"以前年度损益调整"账户余额转入利润分配时：

借：利润分配——未分配利润	225 000	
贷：以前年度损益调整		225 000

④ 调整利润分配有关数字时：

借：盈余公积	33 750	
贷：利润分配——未分配利润		33 750

再次，财务报表调整和重述(财务报表略)。乙公司在列报 2×21 年财务报表时，应调整 2×21 年资产负债表有关项目的年初余额、利润表有关项目及所有者权益变动表的上年金额也应进行调整。

① 资产负债表项目的调整：调减固定资产(调增累计折旧)300 000 元；调减应交税费 75 000 元；调减盈余公积 33 750 元；调减未分配利润 191 250 元。

② 利润表项目的调整：调增管理费用上年金额 300 000 元；调减所得税费用上年金额 75 000 元；调减净利润上年金额 225 000 元；调减基本每股收益上年金额 0.125 元。

③ 所有者权益变动表项目的调整：调减前期差错更正项目中盈余公积上年金额33 750元，未分配利润上年金额191 250元，所有者权益合计上年金额225 000元。

最后，附注说明。本年度发现2×20年漏记固定资产折旧150 000元，在编制2×20年与20×21年可比财务报表时，已对该项差错进行了更正。更正后，调减2×20年净利润及留存收益225 000元，调增累计折旧300 000元。

复习思考题

1. 什么是会计政策？
2. 会计政策变更的含义是什么？在哪些情况下可以进行会计政策变更？
3. 如何区分会计政策变更和会计估计变更？
4. 会计政策变更和会计估计变更的处理方法有哪些？
5. 前期重大会计差错应如何处理？

练　习　题

一、单项选择题

1. 会计政策是指(　　)。
   A. 企业在会计确认、计量和报告中所采用的原则、基础和会计处理方法
   B. 企业在会计确认中所采用的原则、基础和会计处理方法
   C. 企业在会计计量中所采用的原则、基础和会计处理方法
   D. 企业在会计报告中所采用的原则、基础和会计处理方法
2. 某上市公司发生的下列交易或事项中，属于会计政策变更的是(　　)。
   A. 固定资产预计使用年限由6年延长至9年
   B. 期末对原按交易发生日的即期汇率折算的外币长期借款余额，按期末市场汇率进行调整
   C. 发出存货的计价方法由先进先出法改为加权平均法
   D. 对不重要的交易或事项采用新的会计政策
3. 下列各项中，属于会计估计变更的是(　　)。
   A. 企业根据客户的资信情况的恶化，提高坏账准备的计提比例
   B. 企业执行新准则，将发出存货的计价方法由后进先出法改为先进先出法
   C. 收入确认由完成合同法改为完工百分比法
   D. 为了提高报表利润，企业将厂房总的折旧年限由20年延长至30年
4. 关于会计估计变更的会计处理方法，下列表述中，正确的是(　　)。

A. 企业对会计估计变更应当采用未来适用法处理

B. 企业对会计估计变更应当采用追溯调整法处理

C. 企业对会计估计变更，既可以采用追溯调整法处理，也可以采用未来适用法处理

D. 企业对会计估计变更，既不能采用追溯调整法处理，也不能采用未来适用法处理

5. 对本期发生的属于本期的会计差错，采取的会计处理方法是（　　）。

A. 不作任何调整

B. 调整前期相同的相关项目

C. 调整本期相关项目

D. 直接计入当期净损益项目

二、多项选择题

1. 关于会计政策变更的会计处理方法，下列表述中，正确的有（　　）。

A. 企业根据法律、行政法规或者国家统一的会计制度等要求变更会计政策的，应当按照国家相关会计规定执行

B. 会计政策变更能够提供更可靠、更相关的会计信息的，应当采用追溯调整法处理，用会计政策变更累积影响数调整列报前期最早期初留存收益，其他相关项目的期初余额和列报前期披露的其他比较数据也应当一并调整，但确定该项会计政策变更累积影响数不切实可行的除外

C. 在当期期初确定会计政策变更对以前各期累积影响数不切实可行的，应当采用未来适用法处理

D. 确定会计政策变更对列报前期影响数不切实可行的，只能采用未来适用法进行会计处理

2. 下列会计处理中，应采用未来适用法处理的有（　　）。

A. 当期期初确定会计政策变更对以前各期累积影响数不切实可行

B. 无形资产摊销方法发生变更

C. 固定资产预计使用年限发生变更

D. 难以对某项变更区分为会计政策变更或会计估计变更

3. 关于会计估计变更，下列表述中，正确的有（　　）。

A. 会计估计变更是指由于资产和负债的当前状况及预期经济利益和义务发生了变化，从而对资产或负债的账面价值或者资产的定期消耗金额进行调整

B. 会计估计变更仅影响变更当期的，其影响数应当在变更当期予以确认

C. 会计估计变更既影响变更当期又影响未来期间的，其影响数应当在变更当期和未来期间予以确认

D. 会计估计变更既影响变更当期又影响未来期间的，其影响数应当在变更当期予以确认

4. 关于前期差错，下列表述中，正确的有(　　)。

A. 企业应当采用追溯重述法更正重要的前期差错，但确定前期差错累积影响数不切实可行的除外

B. 企业应当采用追溯重述法更正所有的前期差错

C. 追溯重述法是指在发现前期差错时，视同该项前期差错从未发生过，从而对财务报表相关项目进行更正的方法

D. 确定前期差错影响数不切实可行的，可以从可追溯重述的最早期间开始调整留存收益的期初余额，财务报表其他相关项目的期初余额也应当一并调整，也可以采用未来适用法

5. 关于会计政策变更的追溯调整法和未来适用法，下列表述中，正确的有(　　)。

A. 追溯调整法是指对某项交易或事项变更会计政策，视同该项交易或事项初次发生时即采用变更后的会计政策，并以此对财务报表相关项目进行调整的方法

B. 未来适用法是指将变更后的会计政策应用于变更日及以后发生的交易或者事项，或者在会计估计变更当期和未来期间确认会计估计变更影响数的方法

C. 对于追溯调整法，新的会计政策不会影响变更当期的损益

D. 未来适用法一定不会影响变更当期期初的留存收益

三、判断题

1. 企业对初次发生的或不重要的交易或事项采用新的会计政策，属于会计政策变更。(　　)

2. 企业对于本期发现属于以前年度的重大会计差错，只需调整财务报表相关项目的期初数，无需在财务报表附注中披露。(　　)

3. 为了对外提供更可靠、更相关的会计信息，甲公司从2×20年1月1日起将某一生产设备的折旧年限缩短了3年，同时将折旧方法由年限平均法改为双倍余额递减法。该公司对此业务按会计估计变更并采用未来适用法进行会计处理。(　　)

4. 企业对于本期发现的、属于影响以前年度损益的重大前期差错，应调整本期利润表相关项目的金额。(　　)

5. 确定前期差错影响数不切实可行的，可以从可追溯重述的最早期间开始调整留存收益的期初余额，财务报表其他相关项目的期初余额也应当一并调整，不可以采用未来适用法。(　　)

6. 企业曲解事实以及舞弊的，应当作为重大会计差错，按前期差错的会计处理方法进行处理。(　　)

7. 由于经济环境的改变而变更会计政策的，无论会计政策变更的影响数是否能合理确定，均应采用未来适用法进行会计处理。 （　）

8. 企业采用的会计政策前后各期应当保持一致，一经选定则不得变更。 （　）

9. 对以前年度损益进行追溯调整或追溯重述的，应重新计算各列报期间的每股收益。 （　）

10. 会计估计变更即意味着以前期间的会计估计是错误的。 （　）

四、计算及账务处理题

1. 甲股份有限公司2×20年度实现净利润1 000 000元，适用的所得税税率为25%，按净利润的10%计提法定盈余公积。该公司所得税采用资产负债表债务法核算。有关事项如下：

(1) 考虑到技术进步因素，自2×20年1月1日起将一套办公自动化设备的使用年限改为5年。该套设备系2×17年12月28日购入并投入使用，原价为810 000元，预计使用年限为8年，预计净残值为10 000元，采用直线法计提折旧。按税法规定，该套设备的使用年限为8年，并按直线法计提折旧。

(2) 2×20年年底发现如下差错：

其一，2×20年2月份购入一批管理用低值易耗品，价款为6 000元，误记为固定资产，至年底已提折旧600元计入管理费用。甲公司对低值易耗品采用领用时一次摊销的方法，至年底该批低值易耗品已被管理部门领用50%。

其二，2×19年3月3日购入的一项专利权，价款为15 000元，会计和税法规定的摊销期均为15年，但2×20年未予摊销。

其三，2×19年11月3日销售的一批产品，符合销售收入确认条件，已经确认收入300 000元，但销售成本250 000元尚未结转，在计算2×19年度应纳税所得额时也未扣除该项销售成本。假定此项销售成本可计入2×20年应纳税所得额。

要求：

(1) 计算2×20年该套办公自动化设备应计提的折旧额，以及上述会计估计变更对2×20年度所得税费用和净利润的影响额，并列出计算过程。

(2) 编制上述会计差错更正相关的会计分录(不考虑期末结转损益类账户的影响。涉及“应交税费”账户的，应写出明细账户)。

2. 甲股份公司所得税税率为33%，按照税后利润10%计提法定盈余公积，所得税采用资产负债表债务法，对短期股票投资采用成本与市价孰低法计价。2×19年1月1日，甲公司首次执行新企业会计准则，将以下投资划分为以公允价值计量且其变动计入当期损益的交易性金融资产，改用公允价值进行期末计量。按照企业会计准则要求，甲公司应当进行追溯处理。甲公司股票投资各年年末余额及市价表见表9－3。

要求：

(1) 将累积影响数表(见表 9-4)填写完整并作出追溯处理。

(2) 写出 2×20 年年末公允价值计价的会计处理。

表 9-3

甲公司股票投资各年年末余额及市价表

单位：元

项　目	2×19 年 12 月 31 日		2×20 年 12 月 31 日	
	成本	市价	成本	市价
股票 A	54 000	45 000	54 000	46 000
股票 B	100 000	110 000	100 000	112 000
股票 C	90 000	97 000	90 000	80 000

表 9-4

股票投资改为公允价值计价后的累积影响数

2×19 年 12 月 31 日

单位：元

项目	成本市价孰低	公允价值计价	原方法损益	新方法损益	差异	所得税影响	累积影响数
股票 A	45 000		−9 000				
股票 B	100 000		0				
股票 C	90 000		0				
合　计							

第十章　资产负债表日后事项

【内容提要】 资产负债表日后事项是指资产负债表日至财务会计报告批准报出日之间发生的有利或不利的事项。本章主要讲述资产负债表日后事项的概念、资产负债表日后事项的内容、调整事项的处理方法和非调整事项的处理原则。

【导入案例】 吉林炭素股份有限公司(当时股票简称“吉林炭素”,现在简称“中钢吉炭”)是一家上市公司,2001 年 3 月 1 日公布了 2000 年年度报告,在其 2000 年年度财务报告的附注中披露了以下信息。

1. 资产负债表日后事项中的非调整事项

因吉林炭素进出口公司需要扩大出口规模,根据公司 2001 年 2 月 27 日第二届董事会第十次会议的决议,于 2001 年 2 月 27 日对其全资子公司吉林炭素进出口公司追加现金投资 4 800 万元,并经吉林建元会计师事务所有限公司吉建元会审字[2001]第 4 号验资确认,使得公司对吉林炭素进出口公司的投资增加到 5 000 万元。

除上述事项外,截至本财务报表签发日(2001 年 2 月 25 日),公司并未发生影响本公司财务报表阅读和理解的重大其他资产负债表日后事项。

2. 资产负债表日后事项中的调整事项

公司按照招股说明书要求及与吉林炭素集团有限责任公司签订的《兼并补充协议书》,于 2000 年 11 月 30 日开始实施对吉林炭素集团长春有限公司(原名为长春轻质耐火材料厂)整体兼并(剥离非经营性资产及相应负债),并于 2001 年 2 月 22 日完成有关兼并事宜。

公司招股说明书中约定以承担全部债务方式实施零资产兼并,在公司延迟兼并期间(招股说明书:股票上市后实施兼并),吉林炭素集团长春有限公司不断扩大生产规模并已对电极糊改造项目进行了部分投入,公司本次实施兼并,依据为吉林省财政厅确认的评估结果(评估基准日为 2000 年 11 月 30 日)及公司与吉林炭素集团有限责任公司签订的《兼并补充协议书》中关于兼并实施日至完成日的损益处理有关规定,成本为 32 205 082.90 元;公司相应调整增加流动资产 23 409 810.44 元、固定资产 19 404 406.19 元、无形资产 27 370 000.00 元、流动负债 70 184 216.63 元。

（续上）

思考 吉林炭素对全资子公司吉林炭素进出口公司追加现金投资和以承担全部债务方式对长春有限公司实施零资产兼并两项业务的处理有何不同？为什么会存在不同的会计处理？

第一节 资产负债表日后事项概述

一、资产负债表日后事项的概念

资产负债表日后事项是指资产负债表日至财务报告批准报出日之间发生的有利或不利事项。

（一）资产负债表日

资产负债表日是指会计年度末和会计中期期末。其中，年度资产负债表日是指每年公历 12 月 31 日；会计中期通常包括半年度、季度和月度等，会计中期期末相应地是指公历半年末、季末和月末等。另外，如果母公司或者子公司在国外，无论该母公司或子公司如何确定会计年度和会计中期，其向国内提供的财务报告都应根据我国《会计法》和会计准则的要求确定资产负债表日。

（二）财务报告批准报出日

财务报告批准报出日是指董事会或类似机构批准财务报告报出的日期，通常是指对财务报告的内容负有法律责任的单位和个人批准财务报告对外公布的批准日期。

财务报告的批准者包括所有者、所有者中的多数、董事会或类似的管理单位、部门和个人。公司制企业的董事会有权批准对外报出财务报告，因此，公司制企业财务报告批准报出日是指公司董事会批准财务报告报出日的日期。对于非公司制企业，财务报告批准报出日是指经理（或厂长）会议或类似权力机构批准财务报告报出的日期。

温馨提示

按照我国有关规定，企业年度财务报告应当于次年 4 月 30 日之前报出。

（三）有利或不利事项

资产负债表日后事项概念中所说的"有利或不利事项"是指资产负债表日后事项中肯定对企业财务状况和经营成果具有一定的影响（既包括有利影响，也包括不利影响）的事项。如果某些事项的发生对企业并无影响，那么，那些事项既不是有利事项，也不是不利事项，也就不属于资产负债表日后事项。

温馨提示

资产负债表日后事项不是指期间的全部事项，而是与资产负债表日存在状况有关的事项，或虽然与资产负债表日存在状况无关，但对企业财务状况具有重大影响的事项。例如，资产负债表日正在进行的诉讼案件在资产负债表日后事项期间结案，这一事项是与资产负债表日存在状况有关的事项。又如，某公司董事会在资产负债表日后事项期间内通过以发行可转换公司债券方式筹集资金的决议，此事项与资产负债表日存在状况不存在直接的关系，但如果发行了可转换公司债券，则将对公司的财务状况产生重大影响。

二、资产负债表日后事项涵盖的期间

资产负债表日后事项涵盖的期间是资产负债表日次日至财务报告批准报出日止的一段时间。这一期间包括：

（1）报告年度次年的1月1日或报告期间下一期的第一天至董事会或类似机构批准财务报告对外公布的日期，即以董事会或类似机构批准财务报告对外公布的日期为截止日期。

（2）董事会或类似机构批准财务报告对外公布之后，实际对外公布之前又发生与资产负债表日后事项有关的事项，并由此影响财务报告对外公布日期的，应以董事会或类似机构再次批准财务报告对外公布的日期为截止日期。

如果公司管理层由此修改了财务报表，注册会计师应当根据具体情况实施必要的审计程序，并针对修改后的财务报表出具新的审计报告。新的审计报告日期不应早于董事会或类似机构批准修改后的财务报表对外公布日期。

温馨提示

资产负债表日后期间是以最后一次批准的财务报表对外公布日期为截止日期。

【例10-1】 甲上市公司2×19年度的财务报告于2×20年2月17日编制完成，注册会计师完成整个年度审计工作并签署审计报告的日期2×20年3月26日，董事会批准财务报告对外公布的日期为2×20年4月20日，财务报告实际对外公布的日期为2×20年4月25日，股东大会召开日期为2×20年5月5日。

根据资产负债表日后事项涵盖期间的规定，财务报告批准报出日为2×20年4月22日，资产负债表日后事项涵盖的期间为2×20年1月1日至2×20年4月20日。假如甲上市公司在4月20日至4月25日之间发生了重大事项，需要调整财务报表相关项目，经调整的财务报告再经董事会批准对外报出的日期为2×20年4月28日，实际对外公布的日期为2×20年4月30日，则资产负债表日后事项涵盖的期间为2×20年1月1日至2×20年4月28日。

第二节　资产负债表日后事项的内容

资产负债表日后事项包括资产负债表日后调整事项（以下简称调整事项）和资产负债表日后非调整事项（以下简称非调整事项）两种类型。

一、调整事项

（一）概念

资产负债表日后调整事项是指对资产负债表日已经存在的情况提供了新的或进一步证据的事项。如果资产负债表日及所属会计期间已经存在某种情况，但当时并不知道其存在或者不能知道确切结果，资产负债表日后发生的事项能够证实情况的存在或者确切结果，则该事项属于资产负债表日后事项中的调整事项。调整事项能对资产负债表日的存在情况提供追加的证据，并会影响编制财务报表过程中的内在估计。

（二）特点

调整事项的特点是：① 在资产负债表日已经存在，资产负债表日后得以证实的事项。② 对资产负债表日存在状况编制的财务报表产生重大影响的事项。

（三）内容

企业发生的资产负债表日后调整事项，通常包括下列各项：① 资产负债表日后诉讼案件结案，法院判决证实了企业在资产负债表日已经存在现时义务，需要调整原先确认的与诉讼案件相关的预计负债，或确认一项新负债。② 资产负债表日后取得确凿证据，表明某项资产在资产负债表日发生了减值或者需要调整该项资产原先确认的减值金额。

③ 资产负债表日后进一步确定了资产负债表日前购入资产的成本或售出资产的收入。
④ 资产负债表日后发现了财务报表舞弊或差错。

【例 10-2】 甲公司因产品质量问题被客户起诉。截至 2×20 年 12 月 31 日，人民法院尚未判决，考虑到客户胜诉要求甲公司赔偿的可能性较大，甲公司为此确认了 4 000 000 元的预计负债。2×21 年 2 月 25 日，在甲公司 2×20 年度财务报告对外报出之前，人民法院判决客户胜诉，要求甲公司支付赔偿款 5 000 000 元。董事会批准财务报告对外公布的日期为 2×21 年 4 月 20 日。

本例中，甲公司在 2×20 年 12 月 31 日结账时已经知道客户胜诉的可能性较大，但不知道人民法院判决的确切结果，因此确认了 4 000 000 元的预计负债。2×21 年 2 月 25 日人民法院判决结果为甲公司预计负债的存在提供了进一步的证据。此时，按照 2×20 年 12 月 31 日存在状况编制的财务报表所提供的信息已不能真实反映甲公司的实际情况，应据此对财务报表相关项目的数字进行调整。

【例 10-3】 甲公司与乙公司签订合同，合同中订明乙公司在 2×20 年内给甲公司提供指定数量的电力。由于乙公司延迟了修建新发电厂的计划，致使乙公司没有履行合同规定的义务，甲公司不得不以明显高的价格从另一供电单位购买电力。在 2×20 年内，甲公司通过法律手段要求乙公司赔偿由于其对供电合同的违约造成的经济损失。在 2×20 年的后期，法院作出了乙公司赔偿甲公司的判决。在编制 2×20 年 12 月 31 日的资产负债表时，甲公司与其法律顾问协商后得出结论，认为自己有法定权利获得赔偿并且乙公司的任何上诉都不会获胜，因此甲公司将可能收到的赔款作为一项应收款项列示在资产负债表上。在 2×21 年 2 月，乙公司建议用现金结算大部分赔款，余下的赔款不再支付，甲公司接受了此全部提案的建议。

本例中，2×21 年 2 月，乙公司的建议得到了甲公司的认可，为甲公司 2×20 年 12 月 31 日的应收款项估计提供了进一步的证据，此时，按照 2×20 年 12 月 31 日存在状况编制的财务报表所提供的信息已不能真实反映甲公司的实际情况。因此，甲公司应对 2×20 年 12 月 31 日所作出的估计进行调整，调整财务报表相关项目的数字。

【例 10-4】 甲公司应收乙公司账款 100 万元，按合同约定乙公司应在 2×20 年 12 月 25 日前偿还欠款。在 2×20 年 12 月 31 日结账时甲公司尚未收到这笔应收账款，并已知乙公司财务状况不佳，近期内难以偿还债务，甲公司对该应收账款提取 5% 的坏账准备。2×21 年 2 月 25 日，在甲公司报出报告前收到乙公司通知，乙公司已宣告破产，无法偿付部分欠款。

本例中，甲公司在 2×20 年 12 月 31 日结账时已经知道乙公司财务状况不佳，即在 2×20 年 12 月 31 日，乙公司财务状况不佳的事实已经存在，但未得到乙公司破产的确切证据。2×21 年 2 月 25 日，甲公司正式收到乙公司通知，得知乙公司破产，并且无法偿付部分货款，即 2×21 年 2 月 25 日对 2×20 年 12 月 31 日存在的情况提供了新的证据，表明2×20年12月31日根据存在情况提供的资产负债表所反映的应收乙公司账款中已有部分成为坏账，据此应对财务报表相关项目的数字进行调整。

【例10-5】 2×20年，某建筑公司承建一项总收入1 000万元、合同总成本800万元的建筑合同，在2×20年12月31日按估计的20%的完工程度确认2×20年度的收入200万元、毛利为40万元；2×21年3月根据修订后的工程进度报告书，该工程在2×20年12月31日已完成30%。董事会批准财务报告对外公布的日期为2×21年4月20日。

本例中，2×21年3月根据修订后的工程进度报告书对2×20年12月31日按估计的20%的完工程度进行了修正，因此，该建筑公司应对根据2×20年12月31日的估计确认的2×20年度收益进行调整。

【例10-6】 2×20年10月11日，甲公司销售给乙公司一批产品，销售价格为200万元，增值税额为32万元，该批产品的生产成本为120万元，货款在2×20年12月31日尚未收到。2×20年11月11日，甲公司接到乙公司通知，乙公司在验收货物时发现该批产品存在严重质量问题，要求退货。甲公司希望协商解决问题，并与乙公司共同寻找解决办法。甲公司在12月31日编制资产负债表时，将该应收账款232万元减去已计提的坏账准备后的金额（甲公司按应收账款年末余额的5%计提坏账准备）列示于资产负债表中的"应收账款"项目内，并将200万元的货款作为收入列入利润表。董事会批准财务报告对外公布的日期为2×21年4月20日。2×21年3月12日，甲、乙双方未达成协议，甲公司收到乙公司通知，该批产品全部退回。甲公司在2×21年3月20日收到乙公司退回的产品和增值税专用发票的发票联、税款抵扣额。在这种情况下，甲公司就需要将该项退货作为资产负债表日后事项的调整事项进行处理。

二、非调整事项

（一）概念

非调整事项是指表明资产负债表日后发生的情况的事项。非调整事项的发生虽然不影响资产负债表日企业的财务报表数字，只说明了资产负债表日后发生了某些情况，但不加以说明将会影响财务报告使用者作出正确估计和决策。

（二）特点

非调整事项的特点是：① 在资产负债表日并未发生或存在，完全是其后才发生的事项。② 对理解和分析财务报告有重大影响的事项。

（三）内容

企业发生的资产负债表日后非调整事项，通常包括下列各项：① 资产负债表日后发生重大诉讼、仲裁、承诺。② 资产负债表日后资产价格、税收政策、外汇汇率发生重大变化。③ 资产负债表日后因自然灾害导致资产发生重大损失。④ 资产负债表日后发行股票和债券以及其他巨额举债。⑤ 资产负债表日后资本公积转增资本。⑥ 资产负债表日后发生巨额亏损。⑦ 资产负债表日后发生企业合并或处置子公司。⑧ 资产负债表日后企业利润分配方案中拟分配的以及经审议批准宣告发放的股利或利润。

【例 10－7】 甲公司 2×20 年 10 月向乙公司销售一批货物，销售价款 100 万元，增值税额 16 万元。2×20 年 12 月 31 日，乙公司财务状况良好，甲公司预计应收账款可按时收回；乙公司 2×21 年 2 月发生重大火灾，导致甲公司 80％的应收账款无法收回。2×21 年 3 月 10 日，甲公司的财务报告经批准对外公布。

本例中，导致 2×20 年度应收账款损失的因素是火灾，应收账款发生损失这一事实在资产负债表日后发生，且在财务报告批准日（即 2×21 年 3 月 10 日）之前。因此，乙公司发生火灾导致甲公司 80％的应收账款无法收回，这一事项属于非调整事项。

三、调整事项与非调整事项的区别

资产负债表日后发生的某一事项究竟是调整事项还是非调整事项，取决于该事项表明的情况在资产负债表日或资产负债表日以前是否已经存在。调整事项存在于资产负债表日或资产负债表日以前，资产负债表日后提供了证据对以前已存在的事项所作的进一步说明；而非调整事项在资产负债表日尚未存在，但在财务报告批准日之前发生或存在。尽管调整事项与非调整事项存在区别，但两者都是资产负债表日后事项，存在着共同点：调整事项和非调整事项都是在资产负债表日后至财务报告批准报出日之间发生或存在，对报告年度的财务报告所反映的财务状况、经营成果都产生重大影响。

【例 10－8】 甲公司于 2×20 年 10 月向乙公司出售原材料 50 000 000 元，根据销售合同，乙公司应在收到原材料后 3 个月内付款。至 2×20 年 12 月 31 日，乙公司尚未付款。假定甲公司在编制 2×20 年度财务报告时有两种情况：① 2×20 年 12 月 31 日，甲公司根据掌握的资料判断，乙公司有可能破产清算，估计该应收账款将有 30％无法收回，故按 30％的比例计提坏账准备；2×21 年 1 月 10 日，甲公司收到通知，乙公司已被宣告破产清算，甲公司估计有 70％的应收账款无法收回。② 2×20 年 12 月 31 日，乙公司的财务状况良好，甲公司预计应收账款可按时收回；2×21 年 1 月 10 日，乙公司遭受重大雪灾，导致甲公司 60％的应收账款无法收回。2×21 年 3 月 10 日，甲公司的财务报告经批准对外公布。

本例中，情况①导致甲公司应收账款无法收回的事实是乙公司财务状况恶化，该事实在资产负债表日已经存在，乙公司被宣告破产清算只是证实了资产负债表日乙公司财务状况恶化的情况，因此，乙公司被宣告破产清算导致甲公司应收账款无法收回的事项属于调整事项。情况②导致甲公司应收账款损失的因素是雪灾，不可预计，应收账款发生损失这一事实在资产负债表日以后才发生，因此乙公司遭受雪灾导致甲公司应收账款发生坏账的事项属于非调整事项。

温馨提示

资产负债表日后事项存在的情况若在资产负债表日或之前已经存在，则属于调整事项；反之，则属于非调整事项。

第三节　资产负债表日后调整事项的会计处理

一、资产负债表日后调整事项的处理原则

企业发生资产负债表日后调整事项，应当调整资产负债表日已编制的财务报表。对于年度财务报告而言，由于资产负债表日后事项发生在报告年度的次年，报告年度的有关账目已经结转，特别是损益类账户在结账后已无余额。因此，年度资产负债表日后发生的调整事项，应分别按以下情况进行处理：

(1) 涉及损益的事项，通过“以前年度损益调整”账户核算。调整增加以前年度利润或调整减少以前年度亏损的事项，记入“以前年度损益调整”账户的贷方；反之，记入“以前年度损益调整”账户的借方。只有通过“以前年度损益调整”账户，才不会计入当期损益，才能正确评价业绩。

温馨提示

涉及损益的调整事项，如果发生在资产负债表日所属年度(即报告年度)所得税汇算清缴之前的，应按税法规定要求调整报告年度应纳税所得额和应纳所得税税额；发生在报告年度所得税汇算清缴之后的，应按税法规定调整本年度(即报告年度的次年)应纳税所得额和应纳所得税税额。

(2) 涉及利润分配调整的事项，直接在“利润分配——未分配利润”账户核算。

(3) 不涉及损益以及利润分配的事项，调整相关账户。

(4) 通过上述账务处理后，还应同时调整财务报表相关项目的数字，包括：① 资产负债表日编制的财务报表相关项目的期末数或本年发生数。② 当期编制的财务报表相关

项目的期初余额数或上年数。③ 经过上述调整后，如果涉及财务报表附注内容的，还应当调整报表附注相关项目的数字。

二、资产负债表日后调整事项释例

【例 10－9】 A 公司因违约，于 2×20 年 8 月被 B 公司告上法庭，要求 A 公司赔偿 200 万元。2×20 年 12 月 31 日法院尚未判决，A 公司按《企业会计准则第 13 号——或有事项》对该诉讼事项确认预计负债 150 万元。2×21 年 3 月 3 日，经法院判决 A 公司应赔偿 B 公司 170 万元。A 公司、B 公司双方均服从判决。判决当日 A 公司向 B 公司支付赔偿款 170 万元。A、B 两公司 2×20 年所得税汇算清缴在 2×21 年 4 月 5 日完成。公司财务报告批准报出日是次年 3 月 31 日，所得税税率为 25%，按净利润的 10%提取法定盈余公积，提取法定盈余公积后不再作其他分配。

本例中，2×21 年 3 月 3 日的判决证实了 A 公司、B 公司在资产负债表日(即 2×20 年 12 月 31 日)分别存在现实赔偿义务和获赔权利，因此，两公司都应将“法院判决”这一事项作为调整事项进行处理。

A 公司的账务处理如下：

① 2×21 年 3 月 3 日，记录支付的赔款，并调整递延所得税资产：

借：以前年度损益调整	200 000	
贷：其他应付款		200 000
借：预计负债	1 500 000	
贷：其他应付款		1 500 000
借：其他应付款	1 700 000	
贷：银行存款		1 700 000

温馨提示

资产负债表日后事项如果涉及货币资金收支项目，均不调整报告年度资产负债表的货币资金项目和现金流量表各项目的数字。本例中，虽然当日已经支付了赔偿款，但在调整财务报表相关数字时，不需调整此笔分录，应作为 2×21 年的会计事项处理。

借：应交税费——应交所得税	425 000	
贷：以前年度损益调整		425 000
借：以前年度损益调整	375 000	
贷：递延所得税资产		375 000

温馨提示

2×20年年末，因确认预计负债150万元时已确认相应的递延所得税资产37.5万元，日后事项发生后递延所得税资产不复存在，故应冲销相应记录。

② 将"以前年度损益调整"账户余额转入未分配利润：

借：利润分配——未分配利润　　150 000

　　贷：以前年度损益调整　　150 000

③ 因净利润变动调整盈余公积：

借：盈余公积——法定盈余公积　　15 000

　　贷：利润分配——未分配利润　　15 000

④ 调整报告年度财务报表：

其一，资产负债表项目的调整：调减递延所得税资产375 000元；调减预计负债1 500 000元；调增其他应付款1 700 000元；调减应交税费425 000元；调减盈余公积15 000元；调减未分配利润135 000元。

其二，利润表项目的调整：调增营业外支出200 000元；调减所得税费用50 000元；调减净利润150 000万元。

其三，所有者权益变动表项目的调整：调减净利润150 000元；提取盈余公积项目中盈余公积一栏调减15 000元；未分配利润一栏调减135 000元。

B企业的账务处理如下：

① 2×21年3月3日，记录收到的赔款：

借：其他应收款　　1 700 000

　　贷：以前年度损益调整　　1 700 000

借：银行存款　　1 700 000

　　贷：其他应收款　　1 700 000

借：以前年度损益调整(1 700 000×25%)　　425 000

　　贷：应交税费——应交所得税　　425 000

② 将"以前年度损益调整"账户余额转入未分配利润：

借：以前年度损益调整　　1 275 000

　　贷：利润分配——未分配利润　　1 275 000

③ 因净利润增加，补提盈余公积：

借：利润分配——未分配利润　　127 500
　　贷：盈余公积——法定盈余公积　　127 500

④ 调整报告年度财务报表：

其一，资产负债表项目的调整：调增其他应收款 1 700 000 元；调增应交税费425 000 元；调增盈余公积 127 500 元；调增未分配利润 1 147 500 元。

其二，利润表项目的调整：调增营业外收入 1 700 000 元；调增所得税费用 425 000 元；调整净利润 1 275 000 元。

其三，所有者权益变动表项目的调整：调增净利润 1 275 000 元；提取盈余公积项目中盈余公积一栏调增 127 500 元；未分配利润一栏调增 1 147 500 元。

【例 10-10】 2×20 年 8 月 15 日，甲公司销售给乙公司一批产品，货款总额为 234 000 元，乙公司于 8 月 25 日已收到该批物资并验收入库，按合同规定，乙公司应于收到所购物资后两个月内付款。由于乙公司财务状况不佳，到 2×20 年 12 月 31 日尚未付款。甲公司于 12 月 31 日编制 2×21 年度资产负债表时，已为该项应收账款提取坏账准备 46 800 元。甲公司于 2×21 年 3 月 4 日（所得税汇算清缴前）收到法院通知，乙公司已宣告破产清算，无法偿还所欠部分货款。甲公司预计可收回应收账款的 50%。甲公司财务报告批准报出日是 2×21 年 3 月 25 日，所得税税率为 25%，按净利润的 10%提取法定盈余公积，提取法定盈余公积后不再作其他分配。

本例中，甲公司在收到法院通知后，首先可判断该事项属于资产负债表日后调整事项；然后应根据调整事项的会计处理原则进行处理。具体处理如下：

① 补提坏账准备：

借：以前年度损益调整　　70 200
　　贷：坏账准备(234 000)×50%−46 800)　　70 200

② 调整递延所得税资产：

借：递延所得税资产　　17 550
　　贷：以前年度损益调整　　17 550

③ 将“以前年度损益调整”账户的余额转入利润分配：

借：利润分配——未分配利润　　52 650
　　贷：以前年度损益调整　　52 650

④ 调整利润分配有关数字：

借：盈余公积——法定盈余公积　　5 265
　　贷：利润分配——未分配利润　　5 265

⑤ 调整年度财务报表相关项目的数字：

其一，资产负债表项目的调整：调减应收账款 70 200 元；调增递延所得税资产 17 550 元；调减盈余公积 5 265 元；调减未分配利润 47 385 元。

其二，利润表项目的调整：调增信用减值损失 70 200 元；调减所得税费用 17 550 元；调减净利润 52 650 元。

其三，所有者权益变动表项目的调整：调减净利润 52 650 元；提取盈余公积项目中盈余公积一栏调减 5 265 元；未分配利润一栏调减 47 385 元。

第四节　资产负债表日后非调整事项的会计处理

一、资产负债表日后非调整事项的处理原则

资产负债表日后发生的非调整事项是表明资产负债表日后发生的情况的事项。它与资产负债表日存在状况无关，不应当调整资产负债表日的财务报表。但非调整事项对财务报告使用者具有重大影响，如不加以说明，将不利于财务报告使用者作出正确估计和决策，因此，《企业会计准则第 29 号——资产负债表日后事项》要求在财务报表附注中披露资产负债表日后非调整事项的性质、内容及其对财务状况和经营成果的影响。

二、资产负债表日后非调整事项的处理方法

对于资产负债表日后发生的非调整事项，企业不必调整资产负债表日编制的年度财务报表中已确认的金额，但需要在财务报表附注中披露每项资产负债表日后非调整事项的性质、内容及其对财务状况和经营成果的影响。无法作出估计的，应当说明原因。

（一）资产负债表日后发生重大诉讼、仲裁、承诺

资产负债表日后发生的重大诉讼等事项，对企业影响较大，为防止误导投资者及其他财务报告使用者，应当在财务报表附注中予以披露。

（二）资产负债表日后资产价格、税收政策、外汇汇率发生重大变化

资产负债表日后发生的资产价格、税收政策和外汇汇率的重大变化，虽然不会影响资产负债表日财务报表相关项目的数字，但对企业资产负债表日后的财务状况和经营成果有重大影响，应当在财务报表附注中予以披露。

【例 10－11】 甲公司 2×20 年 10 月采用融资租赁方式从英国购入某大型生产

线，租赁合同规定，该大型生产线的租赁期为10年，年租金为400 000英镑。甲公司在编制2×20年度财务报表时已按2×20年12月31日的即期汇率对该笔长期应付款进行了折算（假设2×20年12月31日的汇率为1英镑兑10.22元人民币）。假设国家规定从2×21年1月1日起调整人民币对英镑的汇率，人民币对英镑的汇率发生重大变化。

本例中，甲公司在资产负债表日已经按规定的汇率对有关账户进行调整，因此，无论资产负债表日后汇率如何变化，均不影响资产负债表日的财务状况和经营成果。但是，如果资产负债表日后外汇汇率发生重大变化，甲公司应对由此产生的影响在财务报表附注中进行披露。

（三）资产负债表日后因自然灾害导致资产发生重大损失

自然灾害导致资产发生重大损失对企业资产负债表日后财务状况的影响较大，如果不加以披露，有可能使财务报告使用者作出错误的决策，因此应作为非调整事项在财务报表附注中进行披露。

【例10－12】 甲公司2×20年12月购入一批商品5 000 000元，至2×20年12月31日，该批商品已全部验收入库，货款通过银行支付。2×21年2月12日，甲公司所在地发生百年不遇的地震灾害，该批商品全部毁损。

本例中，地震灾害发生于2×21年2月12日，属于资产负债表日后才发生或存在的事项，但对公司资产负债表日后财务状况的影响较大，甲公司应当将此事项作为非调整事项在2×10年度财务报表附注中进行披露。

（四）资产负债表日后发行股票和债券以及其他巨额举债

企业在资产负债表日后发行股票、债券以及向银行或非银行金融机构举借巨额债务都是比较重大的事项，虽然这一事项与企业资产负债表日的存在状况无关，但这一事项的披露能使财务报告使用者了解与此有关的情况及可能带来的影响，因此应当在财务报表附注中进行披露。

【例10－13】 甲公司于2×21年2月20日经批准发行5年期债券5 000 000元，面值为500元，年利率为6%，公司按55元的价格发行，并于2×21年3月5日结束发行。

本例中，甲公司发行债券虽然与公司资产负债表日（2×20年12月31日）的存在状况无关，但这一事项的披露能使财务报告使用者了解与此有关的情况及可能带来的影响，甲公司应当将此事项作为非调整事项在2×20年度财务报表附注中进行披露。

（五）资产负债表日后资本公积转增资本

资产负债表日后企业以资本公积转增资本将会改变企业的资本（或股本）结构，影响较大，应当在财务报表附注中进行披露。

【例 10-14】 甲公司于 2×21 年 2 月经批准将 5 000 000 元资本公积转增资本。

本例中，甲公司于 2×21 年 2 月将资本公积转增资本，属于资产负债表日后才发生的事项，但对公司资产负债表日后财务状况的影响较大，甲公司应当将此事项作为非调整事项在 2×20 年度财务报表附注中进行披露。

（六）资产负债表日后发生巨额亏损

企业资产负债表日后发生巨额亏损将会对企业报告期以后的财务状况和经营成果产生重大影响，应当在财务报表附注中及时披露该事项，以便为投资者或其他财务报告使用者作出正确决策提供信息。

【例 10-15】 甲公司 2×21 年 2 月出现巨额亏损，净利润由 2×20 年 12 月的 5 000 000 元变为亏损 500 000 元。

本例中，甲公司出现巨额亏损发生于 2×21 年 1 月，虽然属于资产负债表日后才发生的事项，但由盈利转为亏损，会对公司资产负债表日后财务状况和经营成果产生重大影响，甲公司应当将此事项作为非调整事项在 2×20 年度财务报表附注中进行披露。

（七）资产负债表日后发生企业合并或处置子企业

企业合并或者处置子企业的行为可以影响股权结构、经营范围等，对企业未来的生产经营活动会产生重大影响，应当在财务报表附注中进行披露。

【例 10-16】 2×21 年 2 月 20 日，甲公司将其全资子公司丙公司出售给乙公司。

本例中，甲公司出售子公司发生于 2×21 年 2 月，与公司资产负债表日（2×20 年 12 月 31 日）的存在状况无关，但是出售子公司可能对甲公司的股权结构、经营范围等方面产生较大影响，甲公司应当将此事项作为非调整事项在 2×20 年度财务报表附注中进行披露。

（八）资产负债表日后，企业利润分配方案中拟分配的以及经审议批准宣告发放的股利或利润

资产负债表日后，企业利润分配方案中拟分配的以及经审议批准宣告发放的股利或利润，并不会形成企业资产负债表日的现实义务，因此，虽然发生该事项可导致企业负有支付股利或利润的义务，但支付义务在资产负债表日尚不存在，不应该调整资产负债表日的财务报告，而应当在财务报表附注中单独披露。

【例 10-17】 2×21 年 2 月 8 日，甲上市公司董事会审议通过了 2×20 年利润分配方案，决定以公司 2×20 年年末总股本为基数，分派现金股利 5 000 000 元，每 10 股派送 2 元（含税），该利润分配方案于 2×21 年 3 月 25 日经公司股东大会审议批准。

本例中，甲上市公司制订利润分配方案，拟分配或经审议批准宣告发放股利或利润的行为，并不会形成公司资产负债表日的现时义务，因此，虽然该事项可导致公司负有支付股利或利润的义务，但支付义务在资产负债表日尚不存在，不应该调整资产负债表日的财务报告，因此，该事项为非调整事项。但由于该事项对公司资产负债表日后的财务状况有较大影响，可能导致现金较大规模流出、公司股权结构变动等，为便于财务报告使用者更充分地了解相关信息，甲上市公司需要在 2×20 年度财务报表附注中单独披露该信息。

复习思考题

1. 资产负债表日后事项的涵盖期间是什么？
2. 资产负债表日后事项是怎样分类的？
3. 资产负债表日后调整事项的处理原则有哪些？
4. 资产负债表日后非调整事项的处理原则是什么？

练 习 题

一、单项选择题

1. 资产负债表日后事项包括自年度资产负债表日至财务报告批准报出日之间发生的(　　)。

A. 调整事项　　B. 非调整事项

C. 有利事项和不利事项　　D. 所有有利事项中的可调事项

2. 财务报告批准报出日是指(　　)。

A. 注册会计师出具审计报告日

B. 董事会批准财务报告的报出日

C. 对财务报告的内容负有法律责任的单位将财务报告向企业外部公布日

D. 股东大会审议批准日

3. 2×20 年 2 月 2 日，A 企业应收 B 企业一批货物，含税价为 25 万元，双方约定在当年的 12 月 12 日偿还，但 12 月 29 日 B 企业宣告破产无法偿付欠款，则在 A 企业当年 12 月 31 日的资产负债表上，对这笔 25 万元款项(　　)。

A. 应作为非调整事项

B. 应作为调整事项

C. 不需要反映

D. 作为资产负债表日前事项已在年前作出了有关账务处理

4. 在资产负债表日至财务报告批准报出日之间发生的下列事项中，属于资产负债表日后调整事项的是(　　)。

A. 企业发现报告年度一项应收账款的坏账损失率估计错误,导致少计提200万元的坏账准备

B. 外汇汇率发生较大的变动

C. 自然灾害导致的资产重大损失

D. 交易性金融资产公允价值发生较大变动

5. 在资产负债表日至财务报告批准报出日之间发生的下列事项中,属于资产负债表日后非调整事项的是(　　)。

A. 日后期间发生的产品销售

B. 日后期间发现一项自行研发的无形资产在报告年度达到预定可使用状态,但未将"研发支出"账户中可以资本化的金额进行结转

C. 日后期间发生的诉讼

D. 董事会提出股票股利分配方案

6. 在资产负债表日至财务报告批准报出日之间发生的下列事项中,不属于资产负债表日后非调整事项的是(　　)。

A. 董事会提出现金股利分配方案　　B. 对某一企业进行巨额投资

C. 自然灾害导致资产损失　　D. 上年售出的商品发生退回

7. 甲股份有限公司在报告年度资产负债表日至财务报告批准报出日之间发生的下列事项中,不属于非调整事项的是(　　)。

A. 发生洪涝灾害导致存货严重毁损　　B. 报告年度销售的部分产品被退回

C. 增发股票　　D. 对某一企业进行巨额投资

8. 资产负债表日至财务报告批准报出日之间发生的调整事项在进行调整处理时,下列不能调整报表项目的是(　　)。

A. 涉及现金收支的事项　　B. 涉及利润的相关事项

C. 涉及所有者权益的事项　　D. 涉及损益调整的事项

9. 下列项目中,(　　)可以在"以前年度损益调整"账户的借方反映。

A. 调增本期管理费用

B. 调整以前年度损益而相应减少管理费用

C. 调整以前年度损益而相应增加的投资收益

D. 调整以前年度损益而需调增的财务费用

10. 大唐公司2×19年度财务报告批准对外报出日为2×20年4月25日,所得税汇算清缴日为2×20年3月15日。该公司在2×20年4月30日之前发生的下列事项中,不需要对2×19年度财务报表进行调整的是(　　)。

A. 2×20年1月15日,法院判决保险公司对2×19年12月12日发生的火灾赔

偿150万元

B. 2×20年2月20日得到通知，上年度应收H公司的货款130万元，因该公司破产而无法收回，上年末已对该应收账款计提坏账准备13万元

C. 2×20年3月20日，收到税务机关退回的上年度出口货物增值税额160万元

D. 2×20年4月8日，收到了被退回的于2×19年12月1日销售的设备10台

二、多项选择题

1. 甲公司2×19年度财务报告经董事会批准对外公布的日期为2×20年3月20日，实际对外公布的日期为2×20年4月10日。甲公司2×20年1月1日至4月10日发生的下列事项中，应当作为资产负债表日后调整事项核算的有（　　）。

A. 3月1日，发现2×19年11月接受捐赠获得的一项固定资产尚未入账

B. 2月1日，与丁公司签订的债务重组协议执行完毕，该债务重组协议系甲公司于2×20年1月5日与丁公司签订

C. 3月3日，甲公司被法院判决败诉并要求支付赔款50万元，对此项诉讼甲公司已于2×19年年末确认预计负债60万元

D. 4月1日，甲公司为从丙银行借入800万元长期借款而签订重大资产抵押合同

2. 自年度资产负债表日至财务报告批准报出日之间发生的下列事项中，属于非调整事项的有（　　）。

A. 董事会作出出售子公司决议

B. 董事会提出现金股利分配方案

C. 董事会作出与债权人进行债务重组的决议

D. 债务人因资产负债表日后发生的自然灾害而无法偿还到期债务

3. 对于资产负债表日后事项中的非调整事项，应在财务报表附注中披露的有（　　）。

A. 非调整事项可能对财务状况的影响

B. 非调整事项可能对经营成果的影响

C. 非调整事项无法估计对财务和经营状况影响的原因

D. 非调整事项可能在报告年度以后发生的可能的调整

三、判断题

1. 资产负债表日后调整事项可能涉及调整的报表有资产负债表、利润表、所有者权益变动表和现金流量表等，同时如果上述调整涉及附注内容，还应调整附注相关项目的数字。（　　）

2. 资产负债表日后董事会制定的利润分配方案中与财务报告所属期间有关的利润分配均属于调整事项。（　　）

3. 资产负债表日后事项是指资产负债表日至财务报告批准报出日之间发生的所有

有利或不利的事项。（　　）

4. 可供出售金融资产因资产负债表日后市价严重下跌，公司应将其视为资产负债表日后调整事项。（　　）

5. 董事会或类似机构批准财务报告对外公布的日期，与实际对外公布日之间发生的与资产负债表日后事项有关的事项，由此影响财务报告对外公布日期的，应以董事会或类似机构首次批准财务报告对外公布的日期为截止日期。（　　）

6. 资产负债表日后事项如涉及现金收支项目，应调整报告年度资产负债表的货币资金项目，但不应调整现金流量表各项目数字。（　　）

7. 对资产负债表日后事项中的调整事项，涉及损益的事项，通过“以前年度损益调整”账户核算，然后将“以前年度损益调整”账户的余额转入“本年利润”账户。（　　）

8. 企业因日后调整事项而对资产负债表项目进行调整时，可能调整报告年度的资产负债表相关项目的年初数和年末数。（　　）

9. 投资性房地产因资产负债表日后公允价值严重下跌，企业应将其视为资产负债表日后调整事项。（　　）

四、计算及账务处理题

1. 甲公司因产品质量问题被客户起诉。至2×20年12月31日，人民法院尚未判决，考虑到客户胜诉要求甲公司赔偿的可能性较大，甲公司为此确认了3 000 000元的预计负债。2×21年2月25日，在甲公司2×20年度财务报告对外报出之前，人民法院判决客户胜诉，要求甲公司支付赔偿款4 000 000元。董事会批准财务报告对外公布的日期为2×21年3月20日。甲公司2×20年所得税汇算清缴在2×21年4月5日完成(假定该项预计负债产生的损失不允许税前扣除)，所得税税率为25%，按净利润的10%提取法定盈余公积，提取法定盈余公积后不再作其他分配；调整事项按税法规定均可调整应交纳的所得税。

要求：编制甲公司相关会计分录。

2. 甲股份有限公司为境内上市公司(以下简称“甲公司”)，2×20年度财务会计报告于2×21年3月31日批准对外报出。甲公司2×20年度的所得税费用汇算清缴日为2×21年3月31日，所得税费用采用资产负债表债务法核算，适用的所得税税率为25%(假定公司发生的可抵扣暂时性差异预计在未来3年内能够转回，长期股权投资期末采用成本与可收回金额孰低计价。公司计提的各项资产减值准备均作为暂时性差异处理。不考虑除所得税费用以外的其他相关税费)。甲公司按净利润10%提取法定盈余公积，按净利润的10%提取任意盈余公积。

在2×20年度的财务会计报告批准报出之前，发现甲公司有如下会计处理不正确的事项。甲公司发生的有关交易或事项，以及相关会计处理如下：

(1) 甲公司于2×20年1月1日取得A公司20%的股份作为长期投资。2×20年12

月 31 日，甲公司对 A 公司长期股权投资的成本为 20 000 万元，销售净价为 17 000 万元，未来现金流量现值为 19 000 万元。

2×20 年 12 月 31 日，甲公司预计长期股权投资的可收回金额为 17 000 万元。其会计处理如下：

借：资产减值损失　　30 000 000

　　贷：长期股权投资减值准备——A 公司　　30 000 000

(2) B 公司为甲公司的第二大股东，持有甲公司 20%的股份，计 1 800 万股。因 B 公司欠甲公司 3 000 万元，逾期未偿还，甲公司于 2×20 年 4 月 1 日向人民法院提出申请，要求该法院采取诉前保全措施，保全 B 公司所持有的甲公司法人股。同年 9 月 29 日，人民法院向甲公司送达民事裁定书同意上述申请。

甲公司于 9 月 30 日，对 B 公司提起诉讼，要求 B 公司偿还欠款。至 2×20 年 12 月 31 日，此案尚在审理中。甲公司经估计该诉讼案件很可能胜诉，并可从保全的 B 公司所持甲公司股份的处置收入中收回全部欠款，甲公司调整了应交所得税费用。

甲公司于 2×20 年 12 月 31 日进行会计处理如下：

借：其他应收款　　30 000 000

　　贷：营业外收入　　30 000 000

(3) 2×21 年 2 月 4 日，甲公司收到某供货单位的通知，被告知该供货单位 2×21 年 1 月 20 日发生火灾，大部分设备和厂房被毁，不能按期交付甲公司所订购货物，且无法退还甲公司预付的购货款 200 万元。甲公司已通过法律途径要求该供货单位偿还预付的货款并要求承担相应的赔偿责任。

甲公司将预付账款转入其他应收款处理，并按 200 万元全额计提坏账准备。甲公司的会计处理如下：

借：其他应收款　　2 000 000

　　贷：预付账款　　2 000 000

借：以前年度损益调整　　2 000 000

　　贷：坏账准备　　2 000 000

与此同时对 2×20 年度财务报表有关项目进行了调整。

(4) 甲公司 2×20 年 1 月 1 日用货币资金 1 000 万元从证券市场上购入 C 公司股份的 25%，并对 C 公司具有重大影响，但甲公司对 C 公司的投资采用成本法核算。C 公司适用的所得税税率为 15%。C 公司 2×20 年 1 月 1 日的所有者权益为 3 000 万元，20×7 年度实现的净利润为 680 万元。甲公司拟长期持有该项投资。

甲公司 2×20 年 1 月 1 日的会计处理如下：

借：长期股权投资——C公司　　10 000 000

　贷：银行存款　　10 000 000

2×20年，甲公司对C公司的投资未进行其他会计处理。

(5) 甲公司对上述各项交易或事项均已确认暂时性差异的所得税费用影响。

要求：对甲公司上述会计处理不正确的交易或事项作出调整的会计分录，涉及对“利润分配——未分配利润”账户及“盈余公积”账户调整的，合并一笔分录进行调整。

第十一章 企业合并

【内容提要】 企业合并是指将两个或两个以上单独的企业合并形成一个报告主体的交易或事项。本章主要介绍企业合并的概念、方式和类型，并分别阐述同一控制下和非同一控制下的企业合并的会计处理方法。

【导入案例】 1999年6月，经中国证监会（以下简称“证监会”）批准，清华同方股份有限公司（以下简称“清华同方”）与山东鲁颖电子股份有限公司（以下简称“鲁颖电子”）采用股权交换的方式正式合并，这是我国首起以股权交换方式完成的合并，在证券市场上产生了很大影响。根据1998年10月30日清华同方与鲁颖电子公司董事会共同发表的《关于清华同方股份有限公司吸收合并山东鲁颖电子股份有限公司预案的说明》，以及此后公布的各种信息，双方约定的合并基准日为1998年6月30日。

清华同方自1997年起在上海证券交易所挂牌上市，主要经营计算机产品及销售、网络软件集成与信息服务、人工环境工程及设备。鲁颖电子则属于电子元件行业，主要生产瓷介电容器、螺旋滤波器和网络电容器，其社会流通股权证在山东省企业产权交易所上市。清华同方向鲁颖电子股东定向发行人民币普通股（下同），按照1∶1.8的换股比例（即1股清华同方普通股换取1.8股鲁颖电子股份），换取鲁颖电子股东所持有的全部股份，鲁颖电子的法人地位消失。合并后，清华同方原有股东占存续公司（即合并后的清华同方）的91.63%，鲁颖电子占8.37%。清华同方以鲁颖电子经评估后的净资产出资、与其他企业共同投资设立新注册的山东清华同方鲁颖电子有限公司，仍在原地（即山东沂南县）注册，新注册的公司成为清华同方控股的子公司。

思考

1. 清华同方合并鲁颖电子，属于什么性质的合并？
2. 清华同方如何进行相应的会计处理？

第一节　企业合并概述

一、企业合并的界定

企业合并是将两个或两个以上单独的企业合并形成一个报告主体的交易或事项。企业合并的结果通常是一个企业取得了对一个或多个业务的控制权。

从企业合并的定义看,是否形成企业合并,除要看取得的企业是否构成业务之外,关键还要看有关交易或事项发生前后,是否引起报告主体的变化。报告主体的变化产生于控制权的变化。在交易或事项发生以后,一方能够对另一方的生产经营决策实施控制,形成母子公司关系,涉及控制权的转移,该交易或事项发生以后,子公司需要纳入母公司合并财务报表的范围中,从合并财务报告角度形成报告主体的变化;交易或事项发生以后,一方能够控制另一方的全部净资产,被合并的企业在合并后失去其法人资格,也涉及控制权的变化及报告主体的变化,形成企业合并。

二、企业合并的方式

企业合并从合并方式划分,包括控股合并、吸收合并和新设合并。

(一) 控股合并

合并方通过企业合并交易或事项取得对被合并方的控制权,企业合并后能够通过所取得的股权等主导被合并方的生产经营决策并自被合并方的生产经营活动中获益,被合并方在企业合并后仍维持其独立法人资格继续经营的,该类合并为控股合并。

(二) 吸收合并

合并方在企业合并中取得被合并方的全部净资产,并将有关资产、负债并入合并方自身的账簿和报表进行核算。企业合并后,注销被合并方的法人资格,由合并方持有合并中取得的被合并方的资产、负债,在新的基础上继续经营,该类合并为吸收合并。

(三) 新设合并

参与合并的各方在企业合并后法人资格均被注销,重新注册成立一家新的企业,由新注册成立的企业持有参与合并各企业的资产、负债在新的基础上经营,该类合并为新设合并。

三、企业合并类型的划分

《企业会计准则第 20 号——企业合并》将企业合并按照是否受同一控制划分为同一控制下的企业合并和非同一控制下的企业合并。两种合并类型不同,所遵循的会计处理原则也不相同。

(一) 同一控制下的企业合并

同一控制下的企业合并是指参与合并的企业在合并前后均受同一方或相同的多方最终控制且该控制并非暂时性的。这种合并的主要特点为:① 从最终实施控制方的角度来看,其所能够实施控制的净资产没有发生变化。② 由于参与合并的企业是受同一方或相同的多方控制,有些合并不是企业自愿的,所以交易往往不是按公允价值进行的,很难以双方议定的价格作为核算基础。

温馨提示

判断某一企业合并是否属于同一控制下的企业合并,应当把握以下要点:

(1) 能够对参与合并各方在合并前后均实施最终控制的一方通常指企业集团的母公司。

(2) 能够对参与合并的企业在合并前后均实施最终控制的相同多方是指根据合同或协议的约定,拥有最终决定参与合并企业的财务和经营政策,并从中获取利益的投资者群体。

(3) 实施控制的时间性要求是指参与合并各方在合并前后较长时间内为最终控制方所控制,具体是指在企业合并之前(即合并日之前),参与合并各方在最终控制方的控制时间一般在 1 年以上(含 1 年),企业合并后所形成的报告主体在最终控制方的控制时间也应达到 1 年以上(含 1 年)。

(4) 企业之间的合并是否属于同一控制下的企业合并,应综合构成企业合并交易的各方面情况,按照实质重于形式的会计信息质量要求进行判断。在通常情况下,同一控制下的企业合并是指发生在同一企业集团内部企业之间的合并。同受国家控制的企业之间发生的合并,不应仅仅因为参与合并各方在合并前后均受国家控制而将其作为同一控制下的企业合并。

(二) 非同一控制下的企业合并

非同一控制下的企业合并是指参与合并各方在合并前后不受同一方或相同的多方最终控制的合并交易,即除判断属于同一控制下企业合并的情况以外其他的企业合并。这种合并的主要特点：① 参与合并的企业不受同一方或相同的多方控制，企业合并大多是出自企业自愿的行为。② 交易过程中各方出于自身利益的考虑会进行激烈的讨价还价，交易以公允价值为基础，作价相对公平合理。

第二节　同一控制下企业合并的会计处理

同一控制下的企业合并是从合并方出发，确定合并方在合并日对于企业合并事项应进行的会计处理。合并方是指取得对其他参与合并企业控制权的一方；合并日是指合并方实际取得对被合并方控制权的日期。

一、处理原则

同一控制下的企业合并，在合并中不涉及自集团外少数股东手中购买股权的情况下，合并方应遵循以下原则进行相关的处理：

(1) 合并方在合并中确认取得的被合并方的资产、负债仅限于被合并方账面上原已确认的资产和负债，合并中不产生新的资产和负债。

(2) 合并方在合并中取得的被合并方各项资产、负债应维持其在被合并方的原账面价值不变。

(3) 合并方在合并中取得的净资产的入账价值相对于为进行企业合并支付的对价账面价值之间的差额，不作为资产的处置损益，不影响合并当期利润表，有关差额应调整所有者权益相关项目。

合并方在企业合并中取得的价值量相对于所放弃价值量之间存在差额的，应当调整所有者权益。在根据合并差额调整合并方的所有者权益时，应首先调整资本公积(资本溢价或股本溢价)，资本公积(资本溢价或股本溢价)的余额不足冲减的，应冲减留存收益。

(4) 对于同一控制下的控股合并，合并方在编制合并财务报表时，应视同合并后形成的报告主体自最终控制方开始实施控制时一直是一体化存续下来的，参与合并各方在合并以前期间实现的留存收益应体现为合并财务报表中的留存收益。

(5) 合并财务报表中，应以合并方的资本公积(或经调整后的资本公积中的资本溢价部分)为限，在所有者权益内部进行调整，将被合并方在合并日以前实现的留存收益中按照持股比例计算归属于合并方的部分自资本公积转入留存收益。

【例 11-1】 假设 A、B 公司为某母公司下的两家子公司，A 公司于 2×20 年 10 月 10 日从母公司处取得 B 公司 100%的股份，合并后 B 公司仍维持独立法人资格继续经营。A 公司在确认 B 公司长期股权投资后，其资本公积的账面余额为 5 000 万元，假定其中资本溢价或股本溢价金额为 3 000 万元。B公司合并前实现的留存收益中归于合并方的金额为 2 000 万元(其中盈余公积 500 万元,未分配利润 1 500 万元)。编制的会计分录如下:

借:资本公积	20 000 000	
贷:盈余公积		5 000 000
未分配利润		15 000 000

二、会计处理

同一控制下的企业合并,视合并方式不同,应当分别按照以下规定进行会计处理。

(一) 同一控制下的控股合并

1. 合并日长期股权投资的确认和计量

同一控制下企业合并形成的长期股权投资,合并方应以合并日应享有被合并方所有者权益在最终控制方合并财务报表中账面价值的份额作为形成长期股权投资的初始投资成本,借记"长期股权投资"账户,按享有被投资单位已宣告但尚未发放的现金股利或利润,借记"应收股利"账户,按支付的合并对价的账面价值,贷记有关资产或借记有关负债账户,以支付现金、非现金资产方式进行的,该初始投资成本与支付的现金、非现金资产的差额,相应调整资本公积(资本溢价或股本溢价),资本公积(资本溢价或股本溢价)的余额不足冲减的,相应调整盈余公积和未分配利润;以发行权益性证券方式进行的,长期股权投资的初始投资成本与所发行股份的面值总额之间的差额,应调整资本公积(资本溢价或股本溢价),资本公积(资本溢价或股本溢价)的余额不足冲减的,相应调整留存收益(盈余公积和未分配利润)。

【例 11-2】 2×20 年 10 月 30 日,P公司发行 1 800 万股普通股,取得母公司旗下 S 公司 100%的股权,并于当日起能够对 S 公司实施控制。合并后 S 公司仍维持其独立法人资格继续经营。两公司在企业合并前采用的会计政策相同。合并日,S 公司所有者权益在集团合并财务报表中的账面价值为 6 000 万元。合并日 P 公司在其账簿及个别财务报表中应确认对 S 公司的长期股权投资,账务处理如下:

借:长期股权投资	60 000 000	
贷:股本		18 000 000
资本公积——股本溢价		42 000 000

2. 合并日合并财务报表的编制

编制合并日的合并财务报表时,一般包括合并资产负债表、合并利润表及合并现金流量表。

(1) 合并资产负债表。被合并方的有关资产、负债应以其账面价值并入合并财务报表(合并方与被合并方采用的会计政策不同的,指按照合并方的会计政策,对被合并方有关资产、负债经调整后的账面价值)。合并方与被合并方在合并日及以前期间发生的交易,应作为内部交易进行抵销。

同一控制下企业合并的基本处理原则是视同合并后形成的报告主体在合并日及以前期间一直存在,在合并资产负债表中,对于被合并方在企业合并前实现的留存收益(盈余公积和未分配利润之和)中归属于合并方的部分,应自合并方的资本公积转入留存收益。在合并工作底稿中,应编制抵销分录如下:

借:资本公积(以资本溢价或股本溢价的贷方余额为限)
　　贷:盈余公积
　　　　未分配利润
借:股本
　　资本公积
　　其他综合收益
　　盈余公积
　　未分配利润
　　贷:长期股权投资
　　　　少数股东权益

因合并方的资本公积(资本溢价或股本溢价)余额不足,被合并方在合并前实现的留存收益在合并资产负债表中未予全额恢复的,合并方应当在财务报表附注中对这一情况进行说明。

(2) 合并利润表。合并方在编制合并日的合并利润表时,应包含合并方及被合并方自合并当期期初至合并日实现的净利润,双方在当期所发生的交易,应当按照合并财务报表的有关原则进行抵销。

(3) 合并日合并现金流量表的编制与合并利润表的编制原则相同。

【例 11-3】 甲公司和乙公司为某母公司控制下的两家子公司,甲公司发行了1 200万股的股票作为对价购买了乙公司100%的股份。乙公司所有者权益在母公司合并财务报表中的账面价值为4 000万元(其中:股本1 000万元,资本公积500万元,盈余公积500万元,未分配利润2 000万元)。

甲公司在合并日的账务处理如下:

借:长期股权投资	40 000 000	
贷:股本		12 000 000
资本公积——股本溢价		28 000 000

合并日,在合并工作底稿的调整分录为(假设甲公司资本公积——股本溢价的金额为3 000万元):

借：股本　10 000 000

　资本公积　5 000 000

　盈余公积　5 000 000

　未分配利润　20 000 000

　贷：长期股权投资　40 000 000

借：资本公积　25 000 000

　贷：盈余公积　5 000 000

　　未分配利润　20 000 000

本例中，甲公司"资本公积——股本溢价"账户的金额 3 000 万元大于乙公司以前实现的留存收益中应归属于甲公司的部分 2 500 万元。

（二）同一控制下的吸收合并

1. 合并中取得资产、负债入账价值的确定

合并方对同一控制下吸收合并中取得的资产、负债应当按照相关资产、负债在被合并方的原账面价值入账。

2. 合并差额的处理

（1）以发行权益性证券方式进行的该类合并。净资产入账价值与发行股份面值总额的差额，应计入资本公积（资本溢价或股本溢价），资本公积的余额不足冲减的，相应冲减盈余公积和未分配利润。

（2）以支付现金、非现金资产方式进行的该类合并。净资产入账价值与支付的现金、非现金资产账面价值的差额，相应调整资本公积（资本溢价或股本溢价），资本公积的余额不足冲减的，应冲减盈余公积和未分配利润。

【例 11－4】 2×20 年 1 月 30 日，黄河公司向长江公司（长江公司和黄河公司为同一集团内两家全资子公司）的股东定向增发 1 000 万股普通股（每股面值为 1 元，市价为 9 元）对长江公司进行吸收合并，并于当日取得长江公司净资产。当日，黄河公司、长江公司的资产和负债情况见表 11－1（假定黄河公司与长江公司在合并前采用的会计政策相同）。

表 11－1

资产负债表（简表）

2×20 年 1 月 30 日　　单位：万元

项　　目	黄河公司	长江公司	
	账面价值	账面价值	公允价值
资产：			
货币资金	4 312	500	500

（续表）

项　　目	黄河公司	长江公司	
	账面价值	账面价值	公允价值
存货	6 200	300	400
应收账款	3 000	1 500	1 500
长期股权投资	5 000	2 000	2 500
固定资产	7 000	3 000	3 400
无形资产	4 500	500	500
商誉	0	0	
资产总计	30 012	7 800	8 800
负债和所有者权益：			
短期借款	2 500	1 500	1 500
应付账款	3 750	400	400
其他负债	375	400	400
负债合计	6 625	2 850	2 850
实收资本(股本)	7 500	2 000	
资本公积	5 000	2 000	
盈余公积	5 000	500	
未分配利润	5 887	1 000	
所有者权益合计	23 387	5 500	6 500
负债和所有者权益总计	30 012	7 800	8 800

黄河公司对该项合并应进行的账务处理如下：

借：货币资金　　5 000 000
　　存货　　3 000 000
　　应收账款　　15 000 000
　　长期股权投资　　20 000 000
　　固定资产　　30 000 000
　　无形资产　　5 000 000
　　贷：短期借款　　15 000 000
　　　　应付账款　　4 000 000
　　　　其他应付款(其他负债)　　4 000 000
　　　　股本　　10 000 000
　　　　资本公积　　45 000 000

（三）合并方为进行企业合并发生的有关费用的处理

合并方为进行企业合并发生的有关费用是指合并方为进行企业合并发生的各项直接相关费用。同一控制下企业合并进行过程中发生的各项直接相关的费用，应于发生时费用化计入当期损益。借记“管理费用”等账户，贷记“银行存款”等账户。但以下两种情况除外：

（1）以发行债券方式进行的企业合并，与发行债券相关的佣金、手续费等应借记“应付债券——利息调整”账户，贷记“银行存款”等账户。

【例 11－5】 A 公司于 2×20 年 1 月 1 日按面值发行 5 000 万元的债券取得 B 公司 60%的股份。2×20 年 1 月 1 日，B 公司所有者权益在集团合并财务报表中的账面价值为 10 000 万元，A 公司另支付手续费 15 万元。A 公司和 B 公司为同一集团的两家子公司。A 公司的账务处理如下：

借：长期股权投资——B 公司（100 000 000×60%）	60 000 000	
贷：应付债券——面值		50 000 000
资本公积		10 000 000
借：应付债券——利息调整	150 000	
贷：银行存款		150 000

（2）发行权益性证券作为合并对价的，与所发行权益性证券相关的佣金、手续费等应从所发行权益性证券的发行收入中扣减，在权益性证券发行无溢价或溢价金额不足以扣减的情况下，应当冲减盈余公积和未分配利润。

【例 11－6】 2×20 年 3 月 31 日，A 公司通过增发 6 000 万股本公司普通股（每股面值 1 元）取得 B 公司 60%的股权，按照增发前后的平均股价计算，该 6 000 万股股份的公允价值为 13 000 万元。为增发该部分股份，A 公司向证券承销机构等支付了 400 万元的佣金和手续费。假定 A 公司取得该部分股权后能够对 B 公司的生产经营决策实施控制。2×20 年 3 月 31 日，B 公司所有者权益在集团合并财务报表中的账面价值为 20 000 万元。A 公司和 B 公司为同一集团的两家公司。A 公司的账务处理如下：

借：长期股权投资	120 000 000	
贷：股本		60 000 000
资本公积——股本溢价		60 000 000

发行权益性证券过程中支付的佣金和手续费，应冲减权益性证券的溢价发行收入：

借：资本公积——股本溢价	4 000 000	
贷：银行存款		4 000 000

温馨提示

企业专设的购并部门发生的日常管理费用，如果该部门的设置并不是与某项企业合并直接相关，而是企业的一个常设部门，那么维持该部门日常运转的有关费用，应当于发生时费用化计入当期损益。

三、通过多次交易分步实现同一控制下企业合并

对于分步实现的同一控制下企业合并，在编制合并财务报表时，应视同参与合并的各方在最终控制方开始控制时即以目前的状态存在进行调整，在编制比较报表时，以不早于合并方和被合并方同处于最终控制方的控制之下的时点开始，将被合并方的有关资产、负债并入合并方合并财务报表的比较报表中，并将合并而增加的净资产在比较报表中调整所有者权益项下的相关项目。

为避免对被合并方净资产的价值进行重复计算，合并方在取得被合并方控制权之前持有的股权投资，在取得原股权之日与合并方和被合并方同处于同一方最终控制之日孰晚日起至合并日之间已确认有关损益、其他综合收益和其他净资产变动，应分别冲减比较报表期间的期初留存收益或当期损益。

第三节　非同一控制下企业合并的会计处理

非同一控制下的企业合并，主要涉及购买方及购买日的确定、企业合并成本的确定、合并中取得各项可辨认资产、负债的确认和计量以及合并差额的处理等。

一、处理原则

非同一控制下的企业合并是参与合并的一方购买另一方或多方的交易，其基本处理原则是购买法。

（一）确定购买方

采用购买法核算企业合并的首要前提是确定购买方。购买方是指在企业合并中取得对另一方或多方控制权的一方。合并中一方取得了另一方半数以上有表决权股份的，除非有明确的证据表明该股份不能形成控制，一般认为取得控股权的一方为购买方。在某

些情况下，即使一方没有取得另一方半数以上有表决权股份，但确实能够决定另一方的财务决策和经营决策时，一般也可认为其获得了对另一方的控制权。

温馨提示

非同一控制下的企业合并，在购买日取得对其他参与合并企业控制权的一方为购买方，参与合并的其他企业为被购买方。

（二）确定购买日

购买日是购买方获得对被购买方控制权的日期，即企业合并交易进行过程中，发生控制权转移的日期。同时满足了以下条件时，一般可认为实现了控制权的转移，形成购买日：

(1) 企业合并合同或协议已获股东大会等内部权力机构通过，如对于股份有限公司，其内部权力机构一般指股东大会。

(2) 按照规定，合并事项需要经过国家有关主管部门审批的，已获得相关部门的批准。

(3) 参与合并各方已办理了必要的财产权交接手续。作为购买方，其通过企业合并无论是取得对被购买方的股权还是被购买方的全部净资产，能够形成与取得股权或净资产相关的风险和报酬的转移，一般需办理相关的财产权交接手续，从而从法律上保障有关风险和报酬的转移。

(4) 购买方已支付了购买价款的大部分(一般应超过50%)，并且有能力支付剩余款项。

(5) 购买方实际上已经控制了被购买方的财务和经营政策，并享有相应的收益和风险。

（三）确定企业合并成本

企业合并成本包括购买方为进行企业合并支付的现金或非现金资产、发行或承担的债务、发行的权益性证券等在购买日的公允价值。

(1) 一次交换交易实现的企业合并，合并成本为购买方在购买日为取得对被购买方的控制权而付出的资产、发生或承担的负债以及发行的权益性证券的公允价值。

(2) 通过多次交换交易分步实现的企业合并，合并成本为每一单项交易成本之和。

(3) 在合并合同或协议中对可能影响合并成本的未来事项作出约定的，购买日如果估计未来事项很可能发生并且对合并成本的影响金额能够可靠地计量的，购买方应当将其计入合并成本。

【例 11-7】 甲企业在与乙企业的合并合同中规定，如果乙企业合并后连续 2 年净利润超过 200 万元，甲企业需向乙企业支付额外的价款 20 万元，在购买日，预计乙企业的盈利水平很可能达到合同的规定，则在合并日应编制会计分录如下：

借：长期股权投资　　　　200 000

　贷：预计负债　　　　200 000

非同一控制下企业合并发生的与企业合并直接相关的费用，与同一控制下企业合并进行过程中发生的相关处理原则一致。

(四) 企业合并成本与合并中取得的被购买方可辨认净资产公允价值份额差额的处理

购买方对于企业合并成本与确认的可辨认净资产公允价值份额的差额，应视情况分别处理：

(1) 企业合并成本大于合并中取得的被购买方可辨认净资产公允价值份额的差额应确认为商誉。在控股合并的情况下，该差额是指在合并财务报表中应予列示的商誉，即长期股权投资的成本与购买日按照持股比例计算确定应享有被购买方可辨认净资产公允价值份额之间的差额；在吸收合并的情况下，该差额是购买方在其账簿及个别财务报表中应确认的商誉。

(2) 企业合并成本小于合并中取得的被购买方可辨认净资产公允价值份额的部分，应计入合并当期损益。

(五) 购买日合并财务报表的编制

企业因控股合并形成母子公司关系的，母公司应当编制购买日的合并资产负债表，企业合并取得的被购买方各项可辨认资产、负债应当以公允价值计量。母公司的合并成本与取得的子公司可辨认净资产公允价值份额的借方差额，在合并资产负债表中确认为商誉；贷方差额应计入合并利润表中作为合并当期损益。因购买日不需要编制合并利润表，该差额体现在合并资产负债表上，应调整合并资产负债表盈余公积和未分配利润。

二、会计处理

(一) 非同一控制下的控股合并

在该合并方式下，购买方所涉及的会计处理问题主要是两个方面：一是购买日因进行企业合并形成的对被购买方的长期股权投资初始投资成本的确定，该成本与作为合并对价支付的有关资产账面价值之间差额的处理；二是购买日合并财务报表的编制。

1. 长期股权投资初始投资成本的确定

非同一控制下的企业合并中，购买方取得对被购买方控制权的，在购买日应当按照确定的企业合并成本(不包括应自被投资单位收取的现金股利或利润)，作为形成的对被购买方长期股权投资的初始投资成本，借记"长期股权投资"账户，按享有被投资单位已宣告但尚未发放的现金股利或利润，借记"应收股利"账户，按支付合并对价的账面价值，贷记有关资产或借记有关负债账户，按其差额，贷记"营业外收入"或借记"营业外支出"等账户。

2. 购买日合并财务报表的编制

在合并工作底稿中，应先编制调整分录，根据调整被合并方账面价值和公允价值之间的差额，然后编制抵销分录，借记"股本""资本公积""盈余公积""未分配利润"等账户，贷记"长期股权投资""少数股东权益"等账户，如果是借方差额记入"商誉"账户，贷方差额记入"盈余公积"账户和"未分配利润"账户。

【例 11-8】 甲公司为上市公司，2×20 年 1 月 20 日，甲公司与乙公司签订购买乙公司持有的丙公司(非上市公司)60%股权的合同。合同规定：以丙公司 2×20 年 5 月 30 日评估的可辨认净资产价值为基础，协商确定对丙公司 60%股权的购买价格；合同经双方股东大会批准后生效。购买丙公司 60%股权时，甲公司与乙公司不存在关联方关系。

(1) 购买丙公司 60%股权的合同执行情况如下：

其一，2×20 年 3 月 15 日，甲公司和乙公司分别召开股东大会，批准通过了该购买股权的合同。

其二，以丙公司 2×20 年 5 月 30 日净资产评估值为基础，经调整后丙公司 2×20 年 6 月 30 日的资产负债表各项目的数据见表 11-2。

表 11-2

丙公司资产负债表(简表)

2×20 年 5 月 30 日　　　　单位：万元

项　　目	账面价值	公允价值
资产：		
货币资金	1 400	1 400
存货	2 000	2 000
应收账款	3 800	3 800
固定资产	2 400	4 800
无形资产	1 600	2 400
资产总计	11 200	14 400

（续表）

项　　目	账面价值	公允价值
负债和股东权益：		
短期借款	800	800
应付账款	1 600	1 600
长期借款	2 000	2 000
负债合计	4 400	4 400
股本	2 000	
资本公积	3 000	
盈余公积	400	
未分配利润	1 400	
股东权益合计	6 800	10 000
负债和股东权益总计	11 200	14 400

表12－2中，固定资产为一栋办公楼，预计该办公楼自2×20年6月30日起剩余使用年限为20年、净残值为零，采用年限平均法计提折旧；无形资产为一项土地使用权，预计该土地使用权自2×20年6月30日起剩余使用年限为10年、净残值为零，采用直线法摊销。假定该办公楼和土地使用权均用于企业管理。

其三，经协商，双方确定丙公司60%股权的价格为7 000万元，甲公司以银行存款200万元、一项固定资产和一项土地使用权作为对价。甲公司作为对价的固定资产2×20年6月30日的账面原价为2 800万元，累计折旧为600万元，计提的固定资产减值准备为200万元，公允价值为4 000万元；作为对价的土地使用权2×20年6月30日的账面原价为2 600万元，累计摊销为400万元，计提的无形资产减值准备为200万元，公允价值为3 000万元。

其四，甲公司和乙公司均于2×20年6月30日办理完毕上述相关资产的产权转让手续。

其五，甲公司于2×20年6月30日对丙公司董事会进行改组，并取得控制权。

(2) 2×20年6月30日，甲公司将购入丙公司60%股权入账后编制的资产负债表见表11－3。

表11－3

甲公司资产负债表(简表)

2×20年6月30日　　　　单位：万元

资　　产	金　额	负债和股东权益	金　额
货币资金	5 000	短期借款	4 000
存货	8 000	应付账款	10 000
应收账款	7 600	长期借款	6 000

（续表）

资　　产	金　额	负债和股东权益	金　额
长期股权投资	16 200	负债合计	20 000
固定资产	9 200	股本	10 000
无形资产	3 000	资本公积	9 000
		盈余公积	2 000
		未分配利润	8 000
		股东权益合计	29 000
资产总计	49 000	负债和股东权益总计	49 000

该项合并属于非同一控制下的控股合并。因为购买丙公司60%股权时，甲公司和乙公司不存在关联方关系。

甲公司长期股权投资的入账价值为7 200万元，个别报表中的会计处理如下：

借：固定资产清理　　20 000 000
　　累计折旧　　6 000 000
　　固定资产减值准备　　2 000 000
　　贷：固定资产　　28 000 000
借：长期股权投资——丙公司　　72 000 000
　　累计摊销　　4 000 000
　　无形资产减值准备　　2 000 000
　　贷：固定资产清理　　20 000 000
　　　　无形资产　　26 000 000
　　　　银行存款　　2 000 000
　　　　资产处置损益　　30 000 000

甲公司编制合并资产负债表的调整分录和抵销分录如下：

合并商誉＝7 200－10 000×60%＝1 200(万元)

少数股东权益＝10 000×40%＝4 000(万元)

借：固定资产　　24 000 000
　　无形资产　　8 000 000
　　贷：资本公积　　32 000 000
借：股本　　20 000 000
　　资本公积(30 000 000＋32 000 000)　　62 000 000
　　盈余公积　　4 000 000
　　未分配利润　　14 000 000
　　商誉　　12 000 000
　　贷：长期股权投资　　72 000 000
　　　　少数股东权益　　40 000 000

甲公司编制的合并日合并资产负债表见表 11－4。

表 11－4

合并资产负债表(简表)

2×20 年 6 月 30 日　　单位：万元

资　　产	金　额	负债和股东权益	金　额
货币资金	6 400	短期借款	4 800
存货	10 000	应付账款	11 600
应收账款	11 400	长期借款	8 000
长期股权投资	9 000	负债合计	24 400
固定资产	14 000	股本	10 000
无形资产	5 400	资本公积	9 000
商誉	1 200	盈余公积	2 000
		未分配利润	8 000
		少数股东权益	4 000
		股东权益合计	33 000
资产总计	57 400	负债和股东权益总计	57 400

（二）非同一控制下的吸收合并

非同一控制下的吸收合并，购买方在购买日应当将合并中取得的符合确认条件的各项资产、负债，按其公允价值确认为本企业的资产和负债；作为合并对价的有关非货币性资产在购买日的公允价值与其账面价值的差额，应作为资产的处置损益计入合并当期的利润表；确定的企业合并成本与所取得的被购买方可辨认净资产公允价值的差额，视情况分别确认为商誉或是作为企业合并当期的损益计入利润表。

【例 11－9】 沿用[例 11－4]，2×20 年 1 月 30 日，黄河公司向长江公司(长江公司和黄河公司不具有任何关联关系)的股东定向增发 1 000 万股普通股(每股面值为 1 元，市价为 9 元)对长江公司进行吸收合并，并于当日取得长江公司净资产。其他资料同表 11－1。

黄河公司相关会计处理如下：

合并成本＝1 000×9＝9 000(万元)

合并商誉＝9 000－6 500＝2 500(万元)

借：货币资金　5 000 000
　　存货　4 000 000
　　应收账款　15 000 000
　　长期股权投资　25 000 000
　　固定资产　34 000 000
　　无形资产　5 000 000
　　商誉　25 000 000
　　贷：短期借款　15 000 000
　　　　应付账款　4 000 000
　　　　其他应付款(其他负债)　4 000 000
　　　　股本　10 000 000
　　　　资本公积　80 000 000

三、企业因追加投资等原因能够对非同一控制下的被投资方实施控制

企业因追加投资等原因，通过多次交易分步实现非同一控制下企业合并的，在合并财务报表上，应先判断分步交易是否属于“一揽子交易”。

如果分步取得对子公司股权投资直至取得控制权的各项交易属于“一揽子交易”，应当将各项交易作为一项取得子公司控制权的交易进行会计处理。

如果分步交易不属于“一揽子交易”，在合并财务报表中，对于购买日之前持有的被购买方的股权，应当按照该股权在购买日的公允价值进行重新计量，公允价值与其账面价值之间的差额计入当期投资收益；购买日之前持有的被购买方的股权涉及权益法核算下的其他综合收益以及除净损益、其他综合收益和利润分配外的其他所有者权益变动(其他所有者权益变动)的，与其相关的其他综合收益、其他所有者权益变动应当转为购买日所属当期收益，由于被投资方重新计量设定受益计划净负债或净资产变动而产生的其他综合收益除外。

复习思考题

1. 企业合并的种类有哪些？并说明有何异同？
2. 什么是同一控制下的企业合并？什么是非同一控制下的企业合并？
3. 同一控制下的企业合并会计处理原则有哪些？
4. 非同一控制下的企业合并会计处理原则有哪些？

练 习 题

一、单项选择题

1. 同一控制下企业合并进行过程中发生的各项直接相关费用，一般应于发生时计入(　　)。

A. 合并成本　　　　B. 管理费用

C. 财务费用　　　　D. 资本公积

2. 下列关于同一控制下合并的理解中，不正确的是(　　)。

A. 能够对参与合并各方在合并前后均实施最终控制的一方通常指企业集团的母公司

B. 能够对参与合并的企业在合并前后均实施最终控制的相同多方，主要是指根据投资者之间的协议约定在对被投资单位的生产经营决策行使表决权时采用相同意思表示的两个或两个以上的法人或其他组织等

C. 企业合并后所形成的报告主体在最终控制方的控制时间也应达到1年以上(含1年)

D. 同一集团内部通过投资者之间的协商达到的控制

3. 下列事项中，不属于企业合并准则中所界定的企业合并的是(　　)。

A. A公司通过发行债券自B公司原股东处取得B公司的全部股权，交易或事项发生后B公司仍持续经营

B. A公司支付对价取得B公司的净资产，交易或事项发生后B公司失去法人资格

C. A公司以其资产作为出资投入B公司，取得对B公司的控制权，交易或事项发生后B公司仍维持其独立法人资格继续经营

D. A公司购买B公司30%的股权

4. 甲企业于2×20年6月20日取得乙企业10%的股权，于2×20年12月20日进一步取得乙企业15%的股权并有重大影响，于2×21年12月20日又取得乙企业40%的股权，开始能够对乙企业实施控制，则企业合并的购买日为(　　)。

A. 2×20年6月20日　　　　B. 2×20年12月20日

C. 2×21年12月20日　　　　D. 2×22年1月1日

5. 甲公司发行1 000万股普通股(每股面值为1元，市价为5元)作为合并对价取得乙公司100%的股权，合并后乙公司维持法人资格继续经营，合并双方合并前无关联关系，合并日乙企业的可辨认资产公允价值总额为5 000万元，可辨认负债公允价值总额为2 000万元，则合并成本与享有被合并方可辨认净资产公允价值份额的差额应(　　)万元。

A. 计入商誉3 000

B. 计入资本公积3 000

C. 不作账务处理,合并时确认合并商誉2 000

D. 不作账务处理,合并时确认资本公积2 000

6. 非同一控制下企业合并中发生的与企业合并直接相关的费用,应当计入当期损益。下列各项中,不属于以上所说的直接相关费用的是(　　)。

A. 为进行企业合并而支付的审计费用

B. 为进行企业合并而支付的法律服务费用

C. 为进行企业合并而发生的咨询费用

D. 以权益性证券进行企业合并发生的手续费、佣金

7. 非同一控制下控股企业合并,应在购买日按企业合并成本,借记"长期股权投资"账户,按支付合并对价的固定资产账面价值,贷记"固定资产清理""银行存款"等账户,其差额处理方法是(　　)。

A. 贷记"营业外收入"账户或借记"营业外支出"账户

B. 贷记或借记"投资收益"账户

C. 借记或贷记"商誉"账户

D. 贷记或借记"资本公积——资本溢价(股本溢价)"账户

8. 同一控制下的企业合并必须满足实施控制的时间性要求是指参与合并各方在合并前后较长时间内为最终控制方所控制。其具体是指在企业合并之前(即合并日之前),参与合并各方在最终控制方的控制时间一般在(　　)。

A. 1个月以上(含1个月)　　B. 6个月以上(含6个月)

C. 1年以上(含1年)　　D. 3年以上(含3年)

9. M、N两家公司属于非同一控制下的独立公司。M公司于2×20年7月1日以本企业的固定资产对N公司投资,取得N公司60%的股份。该固定资产原值1 500万元,已计提折旧400万元,已提取减值准备50万元,7月1日该固定资产公允价值为1 150万元。N公司2×20年7月1日所有者权益为2 000万元。M公司该项长期股权投资的成本为(　　)万元。

A. 1 500　　B. 1 150　　C. 1 200　　D. 1 250

二、多项选择题

1. 下列有关同一控制下企业合并的表述中,正确的有(　　)。

A. 合并方在合并中确认取得的被合并方的资产、负债仅限于被合并方账面上原已确认的资产和负债,合并中不产生新的资产和负债

B. 合并方在合并中确认取得的被合并方的资产时,不包括被合并方在企业合并前账面上原已确认的商誉

C. 合并方在合并中确认取得的被合并方的资产、负债时，不确认新的商誉

D. 合并方在合并中确认取得的被合并方的资产时，不包括被合并方在企业合并前账面上原已确认的递延所得税资产和递延所得税负债

2. 下列有关同一控制下控股合并在合并日合并报表编报的表述中，正确的有（　　）。

A. 合并资产负债表中被合并方的各项资产、负债按其账面价值计量

B. 合并资产负债表中被合并方的各项资产、负债按其公允价值计量

C. 合并留存收益为合并方自身和享有被合并方留存收益份额的合计数确定

D. 合并留存收益为合并方自身留存收益

3. 下列有关非同一控制下吸收合并在合并日会计处理的表述中，正确的有（　　）。

A. 合并方在企业合并中取得的资产和负债按照合并日被合并方的公允价值计量

B. 合并方应以支付的现金或非现金资产的公允价值计入合并成本

C. 合并合同中约定的对合并成本产生影响的预计负债应计入企业合并成本

D. 以支付现金或非现金资产作为合并对价的，合并方的各项直接相关费用计入当期损益

4. 非同一控制下的企业合并的合并成本包括购买方为进行企业合并支付的现金或非现金资产、发行或承担的债务、发行的权益性证券等在购买日的公允价值。具体来讲，企业合并成本包括购买方在购买日支付的下列项目的合计金额（　　）。

A. 作为合并对价的现金及非现金资产的公允价值

B. 发行的权益性证券的公允价值

C. 因企业合并发生或承担的债务的公允价值

D. 当企业合并合同或协议中提供了视未来或有事项的发生而对合并成本进行调整时，符合《企业会计准则第13号——或有事项》规定的确认条件的，应确认的支出也应作为企业合并成本的一部分

5. 下列关于同一控制下企业合并发生的直接相关费用的表述中，正确的有（　　）。

A. 以权益性证券作为合并对价的，与发行有关的佣金、手续费等，不管其与企业合并是否直接相关，均应从所发行权益性证券的发行溢价收入中扣除

B. 在一般情况下，同一控制下企业合并进行合并过程中发生的各项直接相关费用，应于发生时费用化，借记“管理费用”等账户，贷记“银行存款”等账户

C. 以发行债券方式进行的企业合并，与发行有关的佣金、手续费等应计入负债的初始计量金额中，如是折价发行，则增加折价金额；如是溢价发行，则减少溢价金额

D. 某部门为了寻找相关的购并机会，维持该部门日常运转的有关费用，属于与企业合并直接相关的费用

6. 下列关于商誉的表述中，正确的有(　　)。

A. 商誉代表的是合并中取得的不符合确认条件未予确认的资产以及被购买方有关资产产生的协同效应或合并盈利能力

B. 商誉确认以后，企业应在持有期间按照一定的方法于各期期末对其予以摊销

C. 商誉减值准备在提取以后，符合企业合并准则规定的可予转回的条件时，应在商誉初始确认价值内予以转回

D. 每一会计年度年末，企业应当按照规定对商誉进行减值测试，按照账面价值与可收回金额孰低的原则计量，对于可收回金额低于账面价值的部分，计提减值准备

7. 非同一控制下的企业合并中可辨认资产、负债的确认原则，下列表述中，正确的有(　　)。

A. 合并中取得的被购买方的各项资产(无形资产除外)，其所带来的未来经济利益预期能够流入企业且公允价值能够可靠地计量的，应单独作为资产确认

B. 合并中取得的被购买方的各项负债(或有负债除外)，履行有关的义务预期会导致经济利益流出企业且公允价值能够可靠地计量的，应单独作为负债确认

C. 企业合并中对于或有负债的确认条件，与企业在正常经营过程中因或有事项需要确认负债的条件不同

D. 在购买日，可能相关的或有事项导致经济利益流出企业的可能性还比较小，但其公允价值能够合理确定的情况下，即需要作为合并中取得的负债确认

8. 下列非同一控制下控股合并购买日编制合并报表的表述中，正确的有(　　)。

A. 合并资产负债表中取得的被购买方各项资产和负债按照公允价值确认

B. 合并前留存收益中归属于合并方的部分应自合并方的资本公积转入留存收益

C. 不需要将合并前留存收益中归属于合并方的部分自合并方的资本公积转入留存收益

D. 购买方合并成本大于取得被购买方可辨认净资产公允价值份额的差额确认为合并商誉

9. 下列有关同一控制下企业合并的表述中，正确的有(　　)。

A. 合并方在合并中取得的净资产的入账价值相对于为进行企业合并支付的对价账面价值之间的差额，不作为资产的处置损益，不影响合并当期利润表，有关差额应调整所有者权益相关项目

B. 合并方在企业合并中取得的价值量相对于所放弃价值量之间存在差额的，调整合并方的所有者权益时，应首先调整资本公积(资本溢价或股本溢价)，资本公积的余额不足冲减的，应冲减留存收益

C. 合并方在企业合并中取得的价值量相对于所放弃价值量之间存在差额的，调

整合并方的商誉或计入营业外收入

D. 对于同一控制下的控股合并,合并方在编制合并财务报表时,参与合并各方在合并以前期间实现的留存收益应体现为合并财务报表中的留存收益

10. 下列关于购买方确认的表述中,正确的有(　　)。

A. 以支付现金、转让非现金资产或承担负债的方式进行的企业合并,一般支付现金、转让非现金资产或是承担负债的一方为购买方

B. 考虑参与合并各方的股东在合并后主体的相对投票权,其中股东在合并后主体具有相对较高投票比例的一方一般为购买方

C. 参与合并各方的管理层对合并后主体生产经营决策的主导能力,如果合并导致参与合并一方的管理层能够主导合并后主体生产经营政策的制定,其管理层能够实施主导作用的一方一般为购买方

D. 参与合并一方的公允价值远远大于另一方的,公允价值较大的一方很可能为购买方

11. 下列关于同一控制下合并的各项表述中,正确的有(　　)。

A. 同一控制下的企业合并,在编制合并当期期末的比较报表时,应视同参与合并各方在最终控制方开始实施控制时即以目前的状态存在

B. 提供比较报表时,应对前期比较报表进行调整

C. 因企业合并实际发生在当期,以前期间合并方账面上并不存在对被合并方的长期股权投资,在编制比较报表时,应将被合并方的有关资产、负债并入后,因合并而增加的净资产在比较报表中调整所有者权益项下的资本公积(资本溢价或股本溢价)

D. 合并方在编制合并日的合并现金流量表时,应包含合并方及被合并方自合并当期期初至合并日产生的现金流量

三、判断题

1. 企业合并可以是购买企业整体,也可以是购买企业的某项资产或资产组合。(　　)

2. 同一控制下的企业合并,其主要特征为参与合并的企业在合并前后均受同一方或相同的多方最终控制且该控制并非暂时性的。(　　)

3. 同属国家国有资产监督管理部门管理的国有企业之间的并购均属于同一控制下的企业合并。(　　)

4. 同一控制下的企业合并,合并方为进行企业合并而发生的各项相关费用,计入当期对被合并企业的长期股权投资。(　　)

5. 通过多次交换交易实现企业合并时,购买方首次对被购买方进行投资日期为购买日。(　　)

6. 如果一个参与合并的主体未获得另一参与合并主体一半以上的表决权，它就没有获得对另一主体的控制权。（ ）

7. 同一控制下的企业合并总体原则为采用类似权益结合法的处理方法。（ ）

8. 非同一控制下的企业合并，应该将合并前及合并后的收入、费用和利润纳入合并利润表。（ ）

9. 非同一控制下的企业合并视同一个企业购买另外一个企业的交易，按照购买法进行核算，按照公允价值确认所取得的资产和负债。（ ）

10. 在购买法下，需要对参与合并的其他企业的会计记录加以调整。（ ）

11. 在合并合同或协议中对可能影响合并成本的未来事项作出约定的，购买日如果估计未来事项很可能发生并且对合并成本的影响金额能够可靠地计量的，购买方也不应当将其计入合并成本，而是等待其发生以后再将其计入。（ ）

四、计算与账务处理题

1. 甲公司以一项账面价值为140万元的固定资产（原价200万元，累计折旧60万元）和一项账面价值为160万元的无形资产为对价取得同一集团内另一家全资公司（乙公司）100%的股权。合并日，甲公司和乙公司所有者权益构成见表11－5（乙公司所有者权益在集团合并财务报表中的账面价值与表中金额相等），甲公司资本公积全部属于股本溢价。

表11－5

所有者权益构成 单位：元

甲公司		乙公司	
项　目	金　额	项　目	金　额
股本	18 000 000	股本	1 000 000
资本公积	500 000	资本公积	1 000 000
盈余公积	4 000 000	盈余公积	1 500 000
未分配利润	10 000 000	未分配利润	1 500 000
合　计	32 500 000	合　计	5 000 000

要求：编制同一控制的企业合并下投资的会计处理及合并工作底稿中的调整分录。

2. 正保公司发行1 500万股、每股面值1元的普通股股票，换取东大公司股东原持有的每股1元的1 350万股普通股股票，假定不考虑相关发行费用，正保公司和东大公司合并前资产负债表资料见表11－6（东大公司所有者权益在集团合并财务报表中的账面价值与表中金额相等）。涉及合并各方同属一个企业集团，确定2×20年12月31日为合并日（假定不考虑所得税的影响）。

表 11 - 6

正保公司和东大公司合并前有关资料

2×20 年 12 月 31 日　　单位：万元

项　　目	正保公司	东大公司
长期股权投资	0	0
股本	1 290	1 500
资本公积	192	240
盈余公积	600	180
未分配利润	528	132
所有者权益合计	2 610	2 052

要求：

(1) 编制正保公司合并日会计分录。

(2) 编制合并日合并报表抵销分录。

(3) 填列正保公司合并日合并报表工作底稿的有关项目(见表 11 - 7)。

表 11 - 7

合并日合并报表工作底稿

单位：万元

项　　目	正保公司	东大公司	合计数	抵销分录		合并数
				借方	贷方	
长期股权投资		0				
股本		1 500				
资本公积		240				
盈余公积		180				
未分配利润		132				
少数股东权益						

3. 东大公司与中熙公司属于不同的企业集团，两者之间不存在关联关系。2×20 年 12 月 31 日，东大公司发行 2 500 万股股票(每股面值为 1 元)作为对价取得中熙公司的全部股权，该股票的公允价值为 10 000 万元。购买日，中熙公司有关资产、负债情况见表 11 - 8。

表 11－8

购买日中熙公司有关资产负债情况 单位：万元

项　　目	账面价值	公允价值
银行存款	2 500	2 500
固定资产	7 500	8 250
长期应付款	1 250	1 250
净资产	8 750	9 500

要求：

(1) 假设该合并为吸收合并，作出东大公司的账务处理。

(2) 假设该合并为控股合并，作出东大公司的账务处理。

第十二章　合并财务报表

【内容提要】 合并财务报表是指反映母公司和其全部子公司形成的企业集团整体财务状况、经营成果和现金流量的财务报表。本章主要介绍合并财务报表的合并范围、合并财务报表调整分录的编制、合并财务报表抵销分录的编制、合并财务报表合并数的计算等内容。

【导入案例】 2008 年 7 月 26 日出版的《证券市场周刊》发表了署名为“柔弱雪”的文章,文章对上海天宸股份有限公司(简称“天宸股份”)长期不将其全资控股子公司上海天宸药业有限公司(简称“天宸药业”)纳入合并报表提出了质疑。

天宸股份是 1992 年采用公开募集方式设立的股份有限公司。公司股票于 1992 年 11 月在上海证券交易所上市交易。天宸药业是天宸股份的全资子公司。2005 年 7 月 14 日,天宸股份发布公告,决定将天宸药业委托给与公司无任何关联关系的上海金箍棒保健品有限公司承包经营,承包期限 8 年,承包金为每年 530 万元。承包期内由承包方独立自主经营管理,天宸股份进行定期的和必要的财务审计,履行对公章使用及经营活动的必要监督、检查。

天宸股份在将天宸药业承包出去以后,不再将天宸药业纳入其合并报表范围。天宸股份解释:“本公司不再对其具有实际控制权,故采用成本法核算,不纳入合并范围。”《证券市场周刊》署名文章质疑,天宸药业长期亏损,而天宸股份每年却能按时收到天宸药业支付的 530 万元租金。以 2006 年财务状况为例,天宸股份 2006 年净利润仅为 703 万元(包括租金收益 530 万元),如果天宸股份未将天宸药业承包出去,则不但没有租金收益,还要承担天宸药业的亏损。

思考

1. 天宸股份是否还拥有天宸药业的控制权?
2. 天宸股份未将天宸药业纳入合并财务报表是否合理?为什么?
3. 合并财务报表具有什么意义?

第一节　合并财务报表概述

一、合并财务报表的概念及其特点

合并财务报表是指反映母公司和其全部子公司形成的企业集团整体财务状况、经营成果和现金流量的财务报表。

与个别财务报表(即企业单独编制的财务报表,为了与合并财务报表相区别,将其称为个别财务报表)相比,合并财务报表反映的是企业集团整体的财务状况、经营成果和现金流量,反映的对象通常是由若干个法人(包括母公司和其全部子公司)组成的会计主体,是经济意义上的主体,而不是法律意义上的主体。合并财务报表的编制者或主体是母公司,合并财务报表以已纳入合并范围的企业个别财务报表为基础,根据其他有关资料,按照权益法调整对子公司的长期股权投资后,抵销母公司与子公司、子公司与子公司相互之间发生的内部交易(以下简称"内部交易")对合并财务报表的影响而编制的。合并财务报表编制有其独特的方法,是在对纳入合并范围的母公司和其全部子公司的个别财务报表的数据进行加总的基础上,在合并工作底稿中通过编制抵销分录,将内部交易对合并财务报表的影响予以抵销,然后按照合并财务报表的项目要求合并个别财务报表的各项目的数据而编制。

合并财务报表一般包括合并资产负债表、合并利润表、合并现金流量表和合并所有者权益变动表。合并财务报表能够向财务报告的使用者提供反映企业集团整体财务状况、经营成果和现金流量的会计信息,有助于财务报告的使用者作出经济决策。合并财务报表有利于避免一些母公司利用控制关系,人为粉饰财务报表的情况发生。

二、合并范围的确定

(一) 应纳入合并范围的企业

企业集团是由母公司和其全部子公司构成的。母公司是指控制一个或一个以上主体的主体。子公司是指被母公司控制的主体。母公司应当将其全部子公司纳入合并范围,因此,合并财务报表的合并范围应当以控制为基础予以确定。

控制是指投资方拥有对被投资方的权力,通过参与被投资方的相关活动而享有可变回报,并且有能力运用对被投资方的权力影响其回报金额。投资方要实现控制,必须具备两项基本要素:一是因涉入被投资方而享有可变回报;二是拥有对被投资方的权力,并且有能力运用对被投资方的权力影响其回报金额。投资方只有同时具备上述两个要素时，才能控制被投资方。在实际工作中，投资方在判断其能否控制被投资方时，应综合考虑所有相关事实和情况，以判断是否同时满足控制的这两个要素。

1. 通过涉入被投资方的活动享有的是可变回报

可变回报是指不固定且可能随着被投资方业绩而变化的回报。它可以仅是正回报，也可以仅是负回报，还可以同时包括正回报和负回报。可变回报的形式主要包括股利、被投资方经济利益的其他分配。

2. 对被投资方拥有权力，并能够运用此权力影响回报金额

投资方能够主导被投资方的相关活动时，称投资方对被投资方享有权力。在判断投资方是否对被投资方拥有权力时，应注意以下几点：① 权力只表明投资方主导被投资方相关活动的现时能力，并不要求投资方实际行使其权力。② 权力是一种实质性权利，而不是保护性权利。③ 权力是为自己行使的，而不是代其他方行使。④ 权力通常表现为表决权，但有时也可能表现为其他合同安排。

情形一：通过直接或间接拥有半数以上表决权而拥有权力。

表决权是指对被投资单位经营计划、投资方案、年度财务预算方案和决算方案、利润分配方案和弥补亏损方案、内部管理机构的设置、聘任或解聘公司经理及其报酬、公司的基本管理制度等事项持有的表决权，不包括应当由股东大会(或股东会，下同)行使的修改公司章程、增加或减少注册资本、发行公司债券、公司合并、分立、解散或变更公司形式等事项持有的表决权。表决权比例通常与其出资比例或持股比例一致，但是对于有限责任公司，公司章程另有规定的除外。

在通常情况下，当投资方直接或间接拥有被投资单位半数以上的表决权，表明投资方拥有对被投资方的权力，能够主导该被投资单位的股东大会，特别是董事会，并对其生产经营活动和财务政策实施控制。在这种情况下，被投资方处在投资方的直接控制和管理下进行日常生产经营活动，被投资方的生产经营活动事实上成为投资方生产经营活动的一个组成部分，投资方与被投资方的生产经营活动已一体化。

拥有被投资单位半数以上表决权，通常包括以下三种情况：

(1) 直接拥有被投资单位半数以上表决权。如图 12－1 所示，P 公司直接拥有 S 公司 80%的表决权，在这种情况下，P 公司就对 S 公司拥有权力。

(2) 间接拥有被投资单位半数以上表决权。间接拥有半数以上表决权是指投资方通过控制子公司而对子公司的子公司拥有半数以上表决权。如图 12－2 所示，S 公司拥有 S_1公司 80%的表决权，而 S_1公司又拥有 S_3公司 70%的表决权。在这种情况下，S 公司作为母公司通过其子公司 S_1公司，间接拥有 S_3公司 70%的表决权，从而 S_3公司也是 S 公司的子公司，S 公司在编制合并财务报表时，也应当将 S_3公司纳入其合并范围。

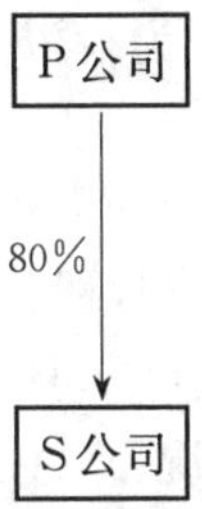

图 12－1　直接拥有表决权示意图

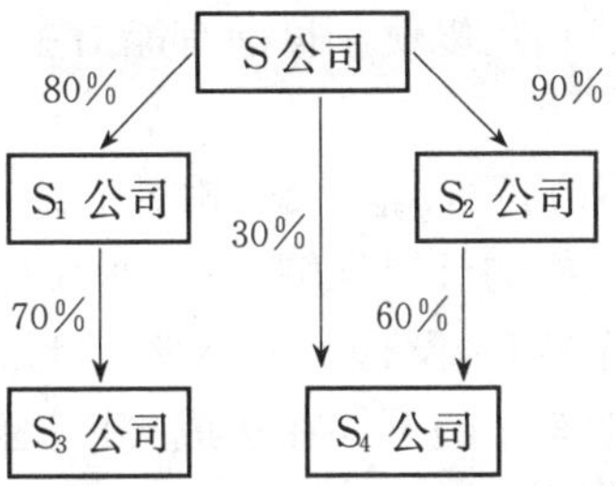

图 12－2　其他拥有表决权示意图

(3) 直接和间接方式合计拥有被投资单位半数以上表决权。直接和间接方式合计拥有半数以上表决权是指投资方以直接方式拥有某一被投资单位半数以下的表决权，同时又通过其他方式，如通过子公司拥有该被投资单位一部分的表决权，两者合计拥有该被投资单位半数以上的表决权。例如，如图 12－2 所示，S公司拥有 S_2公司 90%的表决权，拥有 S_4公司 30%的表决权；S_2公司拥有 S_4公司 60%的表决权。在这种情况下，S_2公司为S公司的子公司，S公司通过子公司 S_2公司间接拥有 S_4公司 60%的表决权，与直接拥有30%的表决权合计，S公司共拥有 S_4公司 90%的表决权，从而 S_4公司属于S公司的子公司，S公司编制合并财务报表时，也应当将 S_4公司纳入其合并范围。

值得注意的是，在分析能否实施控制时，投资方不仅需要考虑直接表决权，还需要考虑其持有的潜在表决权以及其他方持有的潜在表决权的影响，进行综合考量，以确定其对被投资方是否拥有权力。

情形二：持有被投资方半数以上表决权但并无权力。

确定持有半数以上表决权的投资方是否拥有权力，关键在于该投资方是否拥有主导被投资方相关活动的现时能力。在被投资方相关活动被政府、法院、管理人、接管人、清算人或监管人等其他方主导时，投资方无法凭借其拥有的表决权主导被投资方的相关活动，即使投资方拥有被投资方半数以上表决权也不拥有权力。例如，如图 12－1 所示，尽管P公司拥有S公司 80%的表决权，但是如果S公司被政府或有关部门接管，在这种情况下，对S公司的控制权已经转移至政府或有关部门，P公司对S公司已经没有控制权，S公司不是P公司的子公司，P公司也不是S公司的母公司，P公司不应当将S公司纳入其合并财务报表的合并范围。

在某些情况下，根据相关章程、协议或其他法律文件，主导相关活动的决策所要求的表决权比例高于持有半数以上表决权的一方持有的表决权比例。例如，被投资方的公司章程规定，公司重大活动的决策必须有 2/3 以上表决权通过，在这种情况下，如果投资方持有的表决权比例虽然高于半数但不够 2/3 时，并不说明对被投资方拥有权力。

情形三：拥有半数以下表决权，但仍然拥有权力。

投资方持有被投资方半数或以下的表决权，但综合考虑下列事实和情况后，判断投资

方持有的表决权足以使其目前有能力主导被投资方相关活动的,视为投资方对被投资方拥有权力:

(1) 投资方持有的表决权相对于其他投资方持有的表决权份额的大小,以及其他投资方持有表决权的分散程度。例如,A 公司持有 B 公司 48%的表决权股份,剩余股份由分散的小股东持有,没有一个小股东单独持有的有表决权股份超过 1%,且子股东之间或其中一部分股东之间不存在达成集体决策的协议安排。在这种情况下,A 公司拥有对 B 公司的权力。

(2) 投资方和其他投资方持有的被投资方的潜在表决权,如可转换公司债券、可执行认股权证等。例如,A 公司与 B 公司分别持有被投资方 70%及 30%有表决权的股份。A 公司与 B 公司签订的期权合同规定,B 公司可以在当前及未来 2 年内以固定价格购买 A 公司持有的 50%有表决权股份。依据期权合约的条款设计,使得买方 B 公司到期前行权的可能性极小。历史上,A 公司一致通过表决权主导被投资方的相关活动。在这种情况下,A 公司拥有对 B 公司的权力。

(3) 其他合同安排产生的权利。例如,A 公司持有 B 公司 40%的表决权股份,其他 12 个投资方各持有 B 公司 5%有表决权股份,且他们之间或其中一部分股东之间不存在进行集体决策的协议。根据全体股东协议,A 公司有权聘任或解聘董事会多数成员,董事会主导被投资者的相关活动。在这种情况下,A 公司拥有对 B 公司的权力。

(4) 被投资方以往的表决权行使情况等其他相关事实和情况。例如,能否任命或批准被投资方的关键管理人员;能否出于其自身利益决定或否决被投资方的重大交易;能否掌控被投资方董事会等类似权力机构成员的任命程序,或者从其他表决权持有人手中获得代理权;与被投资方的关键管理人员或董事会等类似权力机构中的多数成员是否存在关联方关系等。

温馨提示

母公司应当将其全部子公司纳入合并财务报表的合并范围。不论子公司的规模大小、子公司向母公司转移资金能力是否受到严格限制,也不论子公司的业务性质与母公司或企业集团内其他子公司是否有显著差别,都应当纳入合并财务报表的合并范围。但是,已宣告被清理整顿的或已宣告破产的原子公司,不再是母公司的子公司,不纳入合并财务报表范围。

(二) 纳入合并范围的特殊情况——对被投资方可分割部分的控制

投资方通常应当对是否控制被投资方整体进行判断。但在少数情况下,如果有确凿证据表明同时满足一定条件并且符合相关法律、法规规定的,投资方应当将被投资方的一部分视为被投资方可分割的部分，进而判断是否控制该部分（可分割部分）：

（1）该部分的资产是偿付该部分负债或该部分其他权益的唯一来源，不能用于偿还该部分以外的被投资方的其他负债。

（2）除与该部分相关的各方外，其他方不享有与该部分资产相关的权利，也不享有与该部分资产剩余现金流量相关的权利。

（三）合并范围的豁免——投资性主体

如果母公司是投资性主体，则只应将那些为投资性主体的投资活动提供相关服务的子公司纳入合并范围，其他子公司不应予以合并，母公司对其他子公司的投资应当按照公允价值计量且其变动计入当期损益。

当母公司同时满足下列条件时，该母公司属于投资性主体：① 该公司是以向投资者提供投资管理服务为目的，从一个或多个投资者处获取资金。② 该公司的唯一经营目的，是通过资本增值、投资收益或两者兼有而让投资者获得回报。③ 该公司按照公允价值对几乎所有投资的业绩进行考量和评价。

例如，某企业集团从事高科技产品的研发生产和销售，其发起设立了一家基金专门投资于一些尚处于研发初期的创新企业以获取资本增值，同时，该企业集团还以这种方式进行高科技研发的筛选，即与被投资企业签订协议，如果其中某项高科技产品研发成功，该企业集团享有优先购买权。在这种情况下，该基金的经营目的还包含了为投资方所在的企业集团获取新产品开发的渠道，为投资方获取资本增值或投资收益并不是该基金的唯一经营目的，因此，该基金不符合投资性主体的条件。

一个投资性主体的母公司如果其本身不是投资性主体，则应当将其控制的全部主体（包括投资性主体以及通过投资性主体间接控制的主体）纳入合并财务报表范围。

（四）控制的持续评估

控制的评估是持续的，当环境或情况发生变化时，投资方需要评估控制的基本要素中的一个或多个是否发生了变化。如果有任何事实或情况表明控制的基本要素中的一个或多个发生了变化，投资方应重新评估对被投资方是否具有控制。

三、合并财务报表的编制程序

合并财务报表编制有其特殊的程序，主要包括以下几个方面：

（1）统一会计政策和会计期间。在编制合并财务报表前，母公司应当统一子公司所采用的会计政策，使子公司所采用的会计政策与母公司保持一致。子公司所采用的会计政策与母公司不一致的，可以采用两种方式进行调整：一是由母公司按照其自身的会计政策对子公司财务报表进行必要的调整;二是母公司要求子公司按照母公司的会计政策另行编报财务报表。同时,母公司应当统一子公司的会计期间,使子公司的会计期间与母公司保持一致。子公司的会计期间与母公司不一致的,应当按照母公司的会计期间对子公司财务报表进行调整;或者要求子公司按照母公司的会计期间另行编报财务报表。如果子公司的个别财务报表是以外币反映的,还需要将其折算为母公司的记账本位币。

(2) 编制合并工作底稿。合并工作底稿的作用是为合并财务报表的编制提供基础。在合并工作底稿中,对母公司和子公司的个别财务报表各项目的金额进行汇总和抵销处理,最终计算得出合并财务报表各项目的合并金额。

将母公司、子公司个别资产负债表、利润表、现金流量表和所有者权益变动表各项目的数据过入合并工作底稿,并在合并工作底稿中对母公司和子公司个别财务报表各项目的数据进行加总,计算得出个别资产负债表、利润表、现金流量表和所有者权益变动表各项目合计金额。

(3) 在合并工作底稿中编制调整分录和抵销分录,将内部交易对合并财务报表有关项目的影响进行抵销处理。对属于非同一控制下企业合并中取得的子公司的个别财务报表进行合并时,应当首先根据母公司为该子公司设置的备查簿的记录,以记录的该子公司各项可辨认资产、负债及或有负债等在购买日的公允价值为基础,通过编制调整分录,对该子公司提供的个别财务报表进行调整,以使子公司的个别财务报表反映为在购买日公允价值基础上确定的可辨认资产、负债及或有负债在本期资产负债表日的金额;其次还需要将对子公司的长期股权投资由成本法调整为权益法,在合并工作底稿中通过编制调整分录予以调整,不改变母公司"长期股权投资"账簿记录。编制抵销分录、进行抵销处理是合并财务报表编制的关键和主要内容,其目的在于将个别财务报表各项目的加总金额中重复的因素予以抵销。

在合并工作底稿中编制的调整分录和抵销分录,借记或贷记的均为财务报表项目(即资产负债表项目、利润表项目、现金流量表项目和所有者权益变动表项目),而不是具体的会计科目。比如,涉及调整或抵销固定资产折旧、固定资产减值准备等均通过资产负债表中的"固定资产"项目,而不是"累计折旧""固定资产减值准备"等账户来进行调整和抵销。

(4) 计算合并财务报表各项目的合并金额。即在母公司和子公司个别财务报表各项目加总金额的基础上,加减有关调整分录和抵销分录的金额,分别计算出合并财务报表中各资产项目、负债项目、所有者权益项目、收入项目和费用项目等的合并金额。其计算方法如下:

其一,资产类各项目,其合并金额根据该项目加总金额,加上该项目抵销分录有关的借方发生额,减去该项目抵销分录有关的贷方发生额计算确定。

其二,负债类各项目和所有者权益类各项目,其合并金额根据该项目加总金额,减去该项目抵销分录有关的借方发生额，加上该项目抵销分录有关的贷方发生额计算确定。

其三，有关收入类各项目和有关所有者权益变动各项目，其合并金额根据该项目加总金额，减去该项目抵销分录的借方发生额，加上该项目抵销分录的贷方发生额计算确定。

其四，有关费用类项目，其合并金额根据该项目加总金额，加上该项目抵销分录的借方发生额，减去该项目抵销分录的贷方发生额计算确定。

(5) 填列合并财务报表。即根据合并工作底稿中计算出的资产、负债、所有者权益、收入、费用类以及现金流量表中各项目的合并金额，填列生成正式的合并财务报表。

第二节　合并财务报表调整分录的编制

在编制合并财务报表时，应当先对母公司和子公司的个别财务报表进行相应的调整。

一、对子公司个别财务报表的调整

在编制合并财务报表时，应先对各子公司进行分类，分为同一控制下企业合并中取得的子公司和非同一控制下企业合并中取得的子公司两类。

(一) 属于同一控制下企业合并中取得的子公司

对于属于同一控制下企业合并中取得的子公司的个别财务报表，如果不存在与母公司会计政策和会计期间不一致的情况，则不需要对该子公司的个别财务报表进行调整，即不需要将该子公司的个别财务报表调整为公允价值反映的财务报表，只需要抵销内部交易对合并财务报表的影响即可。

(二) 属于非同一控制下企业合并中取得的子公司

对于属于非同一控制下企业合并中取得的子公司，除了存在与母公司会计政策和会计期间不一致的情况，需要对该子公司的个别财务报表进行调整外，还应当根据母公司为该子公司设置的备查簿的记录，以所记录的该子公司的各项可辨认资产、负债等在购买日的公允价值为基础，通过编制调整分录，对该子公司的个别财务报表进行调整，以使子公司的个别财务报表反映为在购买日公允价值基础上确定的可辨认资产、负债及或有负债在本期资产负债表日的金额。

【例 12-1】 2×20 年 1 月 1 日，P 公司用银行存款 3 000 万元购得 S 公司 80%的股

份，取得对S公司的控制权(假定P公司与S公司的企业合并属于非同一控制下的企业合并，也属于应税合并)。P公司在2×20年1月1日建立的备查簿(见表12－1)中记录了购买日(2×20年1月1日)S公司可辨认资产、负债及或有负债的公允价值信息。

表12－1

P公司备查簿——S公司

2×20年1月1日　　　　单位：万元

项　目	购买日账面价值	购买日公允价值	公允价值与账面价值的差额	公允价值增加额计提折旧或摊销后余额	备　注
流动资产	3 800	3 800	0		
非流动资产	1 900	2 000	100		
其中： 固定资产——A办公楼	600	700	100	95	该办公楼的剩余折旧年限为20年，采用年限平均法计提折旧
资产总计	5 700	5 800	100		
流动负债	1 300	1 300	0		
非流动负债	900	900	0		
负债合计	2 200	2 200	0		
股本	2 000	2 000	0		
资本公积	1 500	1 600	100		A办公楼公允价值与账面价值的差额
盈余公积	0	0	0		
未分配利润	0	0	0		
股东权益合计	3 500	3 600	100		
负债和股东权益总计	5 700	5 800	100		

2×20年1月1日，S公司股东权益总额为3 500万元，其中股本为2 000万元，资本公积为1 500万元。

2×20年12月31日，P公司个别资产负债表中对S公司的长期股权投资的金额为3 000万元，拥有S公司80%的股份。P公司在个别资产负债表中采用成本法核算该项长期股权投资。

2×20 年，S 公司实现净利润 1 000 万元，提取法定盈余公积 100 万元，向 P 公司分派现金股利 480 万元，向其他股东分派现金股利 120 万元，未分配利润为 300 万元。S 公司因持有的其他权益工具投资的公允价值变动计入其他综合收益的金额为 100 万元。

2×20 年 12 月 31 日，S 公司股东权益总额为 4 000 万元，其中股本为 2 000 万元，资本公积为 1 600 万元，盈余公积为 100 万元，未分配利润为 300 万元。

P 公司与 S 公司个别资产负债表分别见表 12 - 2 和表 12 - 3，个别利润表见表 12 - 4，个别所有者权益变动表见表 12 - 5。

表 12 - 2

P 公司资产负债表(简表)

2×20 年 12 月 31 日　　　　单位：万元

资　　产	期末余额	上年年末余额	负债和所有者权益（或股东权益）	期末余额	上年年末余额
流动资产：			流动负债：		
货币资金	1 000	3 000	应付账款	4 000	3 000
应收账款	3 200	2 300	预收款项	200	300
其中：应收 S 公司账款	875		其中：预收 S 公司账款	100	
预付款项	770		应付职工薪酬	1 000	2 100
存货	1 000	3 800	应交税费	800	1 000
其中：向 S 公司购入存货	1 000		流动负债合计	6 000	6 400
流动资产合计	5 970	9 100	非流动负债：		
非流动资产：			长期借款	2 000	2 000
其他权益工具投资			应付债券	600	600
债权投资	200	200	非流动负债合计	2 600	2 600
其中：持有 S 公司债券	200	200	负债合计	8 600	9 000
长期股权投资	4 700	1 700	所有者权益(或股东权益)：		
其中：对 S 公司投资	3 000		实收资本(或股本)	4 000	4 000

（续表）

资　　产	期末余额	上年年末余额	负债和所有者权益（或股东权益）	期末余额	上年年末余额
固定资产	4 100	3 300	资本公积	800	800
其中：向S公司购入固定资产	200		盈余公积	1 000	732
无形资产	630	700	未分配利润	1 200	468
非流动资产合计	9 630	5 900	所有者权益合计	7 000	6 000
资产总计	15 600	15 000	负债和所有者权益（或股东权益）总计	15 600	15 000

表 12－3

S公司资产负债表(简表)

2×20 年 12 月 31 日　　　　单位：万元

资　　产	期末余额	上年年末余额	负债和所有者权益（或股东权益）	期末余额	上年年末余额
流动资产：			流动负债：		
货币资金	500	300	应付账款	900	700
应收账款	1 060	700	其中:应付P公司账款	900	
预付款项	400		预收款项		50
其中：预付P公司账款	100		应付职工薪酬	100	350
存货	1 100	2 800	应交税费	60	200
流动资产合计	3 060	3 800	流动负债合计	1 060	1 300
非流动资产：			非流动负债：		
其他权益工具投资	800	700	长期借款	700	700
债权投资			应付债券	200	200
长期股权投资			其中:应付P公司债券	200	200

（续表）

资　　产	期末余额	上年年末余额	负债和所有者权益（或股东权益）	期末余额	上年年末余额
固定资产	2 100	1 200	非流动负债合计	900	900
其中：向P公司购入固定资产	108		负债合计	1 960	2 200
无形资产			股东权益：		
非流动资产合计	2 900	1 900	股本	2 000	2 000
			资本公积	1 500	1 500
			其他综合收益	100	
			盈余公积	100	0
			未分配利润	300	0
			股东权益合计	4 000	3 500
资产总计	5 960	5 700	负债和所有者权益（或股东权益）总计	5 960	5 700

表12-4

利 润 表(简表)

2×20年度　　　　单位：万元

项　　目	本期金额	
	P公司	S公司
一、营业收入	8 700	6 300
减：营业成本	4 450	4 570
税金及附加	300	125
销售费用	15	10
管理费用	100	12
财务费用	300	90
加：其他收益		
投资收益(损失以"—"号填列)	500	

（续表）

项　　目	本期金额	
	P公司	S公司
公允价值变动收益(损失以"一"号填列)		
资产减值损失(损失以"一"号填列)	25	
资产处置收益(损失以"一"号填列)		
二、营业利润(亏损以"一"号填列)	4 010	1 493
加：营业外收入		
减：营业外支出	10	
三、利润总额(亏损总额以"一"号填列)	4 000	1 493
减：所得税费用	1 320	493
四、净利润(净亏损以"一"号填列)	2 680	1 000
五、其他综合收益的税后净额		100
六、综合收益总额	2 680	1 100

表 12-5

所有者权益变动表(简表)

2×20 年度　　　　单位：万元

项　目	本年金额											
	P公司						S公司					
	实收资本(或股本)	资本公积	其他综合收益	盈余公积	未分配利润	所有者权益合计	实收资本(或股本)	资本公积	其他综合收益	盈余公积	未分配利润	所有者权益合计
一、上年年末余额	4 000	800		732	468	6 000	2 000	1 500	0	0	0	3 500
加:会计政策变更												
前期差错更正												
二、本年年初余额	4 000	800		732	468	6 000	2 000	1 500	0	0	0	3 500
三、本年增减变动金额(减少以"一"号填列)												

（续表）

项　　目	本年金额											
	P公司						S公司					
	实收资本（或股本）	资本公积	其他综合收益	盈余公积	未分配利润	所有者权益合计	实收资本（或股本）	资本公积	其他综合收益	盈余公积	未分配利润	所有者权益合计
（一）综合收益总额					2 680	2 680			100		1 000	1 100
（二）所有者投入和减少资本												
（三）利润分配				268	−1 948	−1 680				100	−700	−600
1. 提取盈余公积				268	−268	0				100	−100	0
2. 对所有者（或股东）的分配					−1 680	−1 680					−600	−600
（四）所有者权益内部结转												
四、本年年末余额	4 000	800		1 000	1 200	7 000	2 000	1 500	100	100	300	4 000

假定S公司的会计政策和会计期间与P公司一致，不考虑P公司和S公司及合并资产、负债的所得税影响。

《企业会计准则第2号——长期股权投资》规定，投资企业在确认应享有被投资单位净损益的份额时，应当以取得投资时被投资单位各项可辨认资产的公允价值为基础，对被投资单位的净利润进行调整后确认。在本例中，P公司在编制2×20年合并财务报表时，应当首先根据P公司备查簿中记录的S公司可辨认净资产、负债在购买日（2×20年1月1日）的公允价值的资料（见表12-1），调整S公司的净利润。按照P公司备查簿中的记录，在购买日，S公司可辨认资产、负债的公允价值与账面价值存在的差异仅有一项，即A办公楼，公允价值高于账面价值的差额为100万元（700−600），按年限平均法每年应计提的折旧额为5万元（100÷20）。假定A办公楼用于S公司的总部管理。在合并工作底稿中应编制调整分录如下：

① 2×20年12月31日：

借：固定资产——原价	1 000 000		
贷：资本公积——年初		1 000 000	
借：管理费用	50 000		(1)
贷：固定资产——累计折旧		50 000	

温馨提示

应说明的是，如果连续编制合并财务报表，本期合并财务报表中“所有者权益”年初各项目的金额应与上期合并财务报表中的期末“所有者权益”对应项目的金额一致，因此，上期编制合并财务报表时涉及股本（或实收资本）、资本公积、盈余公积项目的，在本期编制合并财务报表调整和抵销分录时均应用“股本——年初”“资本公积——年初”项目和“盈余公积——年初”项目代替；对于上期编制调整和抵销分录时涉及利润表中的项目及所有者权益变动表“未分配利润”栏目的项目，在本期编制合并财务报表调整分录和抵销分录时均应用“未分配利润——年初”项目代替。

② 2×21 年 12 月 31 日：

借：固定资产——原价	1 000 000	
贷：资本公积——年初		1 000 000
借：未分配利润——年初	50 000	
贷：固定资产——累计折旧		50 000
借：管理费用	50 000	
贷：固定资产——累计折旧		50 000

二、对母公司个别财务报表的调整

《企业会计准则第 33 号——合并财务报表》规定，合并财务报表应当以母公司和其子公司的财务报表为基础，根据其他有关资料，按照权益法调整对子公司的长期股权投资后，由母公司编制。

在合并工作底稿中，按权益法调整对子公司的长期股权投资时，应按照《企业会计准则第 2 号——长期股权投资》所规定的权益法进行调整。在确认应享有子公司净损益的份额时，对属于非同一控制下企业合并形成的长期股权投资，应当以备查簿中记录的子公司各项可辨认资产、负债及或有负债等在购买日的公允价值为基础，对该子公司的净利润进行调整后确认；对属于同一控制下的企业合并形成的长期股权投资，可以直接以该子公司的净利润进行确认，但是该子公司的会计政策或会计期间与母公司不一致的，仍需要对净利润进行调整。

在合并工作底稿中编制的调整分录为：对于当期该子公司实现净利润，按母公司应享有的份额，借记“长期股权投资”项目，贷记“投资收益”项目；对于当期该子公司发生的净亏损，按母公司应分担的份额，借记“投资收益”项目，贷记“长期股权投资”“长期应收款”等项目。对于当期收到的净利润或现金股利，借记“投资收益”项目，贷记“长期股权投资”项目。对于子公司除净损益以外所有者权益的其他变动，按母公司应享有的份额，借记“长期股权投资”项目，贷记“其他综合收益”“资本公积”项目。

《企业会计准则第33号——合并财务报表》也允许企业直接在对子公司的长期股权投资采用成本法核算的基础上编制合并财务报表，但是所生成的合并财务报表应当符合合并报表准则的相关规定。

【例12－2】 承[例12－1]，以S公司2×20年1月1日各项可辨认资产等的公允价值为基础，抵销未实现内部销售损益后，结合[例12－1][例12－10][例12－12][例12－13]，重新确定的S公司2×20年的净利润为995万元(1 000－5)。

本例中，2×20年12月31日，P公司对S公司的长期股权投资的账面余额为3 000万元(假定未发生减值)。根据《企业会计准则第33号——合并财务报表》的规定，在合并工作底稿中将对S公司的长期股权投资由成本法调整为权益法。有关调整分录如下：

① 确认P公司在2×20年S公司实现净利润995万元中所享有的份额796万元(995×80%)：

借：长期股权投资——S公司　　7 960 000　　(2)
　　贷：投资收益——S公司　　7 960 000

② 确认P公司收到S公司2×20年分派的现金股利，同时抵销原按成本法确认的投资收益480万元：

借：投资收益——S公司　　4 800 000　　(3)
　　贷：长期股权投资——S公司　　4 800 000

③ 确认P公司在2×20年S公司其他综合收益中所享有的份额80万元(其他综合收益的增加额100万元×80%)：

借：长期股权投资——S公司　　800 000　　(4)
　　贷：其他综合收益　　800 000

温馨提示

在本章，为方便理解合并财务报表的编制，统一以“万元”为单位。在实务中，合并财务报表应当以“元”为单位列报。同时，为了便于说明合并所有者权益变动表的编制，本章假定S公司和P公司2×20年即进行了现金股利分配。

第三节 合并财务报表抵销分录的编制

在合并财务报表中，应该将母公司与子公司、子公司与子公司之间发生的企业集团内部交易或事项对个别财务报表的影响予以抵销，编制相应的抵销分录。

一、内部投资业务的抵销处理

（一）母公司长期股权投资与子公司所有者权益的抵销处理

母公司对子公司进行的长期股权投资，一方面反映为长期股权投资以外的其他资产的减少，另一方面反映为长期股权投资的增加，在母公司个别资产负债表中作为资产类项目中的长期股权投资列示。子公司接受这一投资时，一方面增加资产，另一方面作为实收资本（或股本，下同）等处理；在其个别资产负债表中，一方面反映为实收资本的增加，另一方面反映为相对应资产的增加。从企业集团整体来看，母公司对子公司进行的长期股权投资实际上相当于母公司将资本拨付下属核算单位，并不引起整个企业集团的资产、负债和所有者权益的增减变动。因此，编制合并财务报表时，应当在母公司与子公司财务报表数据简单相加的基础上，将母公司对子公司长期股权投资项目与子公司所有者权益项目予以抵销。

(1) 在子公司为全资子公司的情况下，母公司对子公司长期股权投资的金额和子公司所有者权益各项目的金额应当全额抵销。在合并工作底稿中编制的抵销分录为：借记“实收资本”“资本公积”“其他综合收益”“盈余公积”“未分配利润——年末”项目，贷记“长期股权投资”项目。其中，合并成本大于应享有子公司可辨认净资产公允价值份额的差额，应借记“商誉”项目；合并成本小于应享有子公司可辨认净资产公允价值份额的差额，应贷记“营业外收入”项目。

(2) 在子公司为非全资子公司的情况下，应当将母公司对子公司长期股权投资的金额与子公司所有者权益中母公司所享有的份额相抵销。子公司所有者权益中不属于母公司的份额，即子公司所有者权益中抵销母公司所享有的份额后的余额，在合并财务报表中作为“少数股东权益”处理。在合并工作底稿中编制的抵销分录为：借记“实收资本”“资本公积”“其他综合收益”“盈余公积”和“未分配利润——年末”项目，贷记“长期股权投资”和“少数股东权益”项目。其中，合并成本大于应享有子公司可辨认净资产公允价值份额的差额，应借记“商誉”项目；合并成本小于应享有子公司可辨认净资产公允价值份额的差额，应贷记“营业外收入”项目。

【例 12 - 3】 承[例 12 - 2]，P 公司对 S 公司长期股权投资经调整后的 2×20 年 12 月

31 日金额为 3 396 万元(投资成本 3 000 万元+权益法调整增加的长期股权投资 396 万元),S 公司调整后的 2×20 年 12 月 31 日股东权益总额为 38 840 000 元,具体调整如下:

S 公司调整后的股东权益总额=股东权益账面余额-调整后净利润减少+A 办公楼购买日公允价值高于账面价值的差额=4 000-5+100=4 095(万元)。

S 公司股东权益中 20%的部分,即 819 万元(股东权益调整后余额 4 095 万元×20%)属于少数股东权益,在抵销处理时应作为少数股东权益处理。其抵销分录如下:

借:股本	20 000 000		
资本公积——年初	16 000 000		
其他综合收益	1 000 000		
盈余公积——年初	0		(5)
——本年	1 000 000		
未分配利润——年末	2 950 000		
商誉	1 200 000		
贷:长期股权投资		33 960 000	
少数股东权益		8 190 000	

上述分录中,商誉=P 公司购买日(2×20 年 1 月 1 日)支付的企业合并成本-(S 公司 2×20 年 1 月 1 日的所有者权益总额+S 公司固定资产公允价值增加额)×80%=3 000-(3 500+100)×80%=120(万元)。

《企业会计准则第 33 号——合并财务报表》规定,子公司持有母公司的长期股权投资应当视为企业集团的库存股,作为所有者权益的减项,在合并资产负债表中所有者权益项目下以"减:库存股"项目列示。子公司相互之间持有的长期股权投资,应当比照上述母公司对子公司的股权投资的抵销方法进行抵销处理。

(二) 母公司投资收益与子公司利润分配的抵销处理

由于合并所有者权益变动表中的本年利润分配项目是站在整个企业集团的角度,反映对母公司股东和子公司的少数股东的利润分配情况,因此,子公司的个别所有者权益变动表中本年利润分配各项目的金额,包括提取盈余公积、对所有者(或股东)的分配和期末未分配利润的金额都必须予以抵销。在子公司为全资子公司的情况下,子公司本期净利润就是母公司本期对子公司长期股权投资按权益法调整的投资收益。假定子公司期初未分配利润为零,子公司本期净利润就是子公司本期可供分配的利润,是本期子公司利润分配的来源,而子公司本期利润分配(包括提取盈余公积、对所有者或股东的分配等)的金额与期末未分配利润的金额则是本期利润分配的结果。母公司对子公司的长期股权投资按权益法调整的投资收益正好与子公司的本年利润分配项目相抵销。在子公司为非全资子公司的情况下,母公司本期对子公司长期股权投资按权益法调整的投资收益与本期少数股东损益之和就是子公司本期净利润，同样假定子公司期初未分配利润为零，母公司本期对子公司长期股权投资按权益法调整的投资收益与本期少数股东损益之和，正好与子公司本期利润分配项目相抵销。

至于子公司个别所有者权益变动表中本年利润分配项目中的“未分配利润——年初”项目，作为子公司以前会计期间净利润的一部分，在全资子公司的情况下已全额包括在母公司以前会计期间按权益法调整的投资收益之中，从而包括在母公司按权益法调整的本期期初未分配利润之中。为此，也应将其予以抵销。从子公司个别所有者权益变动表来看，其期初未分配利润加上本期净利润就是其本期利润分配的来源；而本期利润分配和期末未分配利润则是利润分配的结果。母公司本期对子公司长期股权投资按权益法调整的投资收益和子公司期初未分配利润正好与子公司本年利润分配项目相抵销。在子公司为非全资子公司的情况下，母公司本期对子公司长期股权投资按权益法调整的投资收益、本期少数股东损益和期初未分配利润与子公司本年利润分配项目也正好相抵销。

【例 12-4】 承[例 12-1]，假设 P 公司和 S 公司 2×20 年度所有者权益变动表如表 12-5 所示。

S 公司为非全资子公司，P 公司拥有其 80%的股份。在合并工作底稿中 P 公司按权益法调整的 S 公司本期投资收益为 796 万元(995×80%)，S 公司本期少数股东损益为 199 万元(995×20%)。S 公司年初未分配利润为 0，S 公司本期计提的盈余公积 100 万元、分派现金股利 600 万元、未分配利润 295 万元(995－600－100)。为此，对 S 公司 2×20 年利润分配进行抵销处理时，应编制抵销分录如下：

借：投资收益	7 960 000		
少数股东损益	1 990 000		
贷：提取盈余公积		1 000 000	(6)
对所有者(或股东)的分配		6 000 000	
未分配利润——年末		2 950 000	

二、内部债权债务业务的抵销处理

母公司与子公司、子公司相互之间的债权和债务项目是指母公司与子公司、子公司相互之间因销售商品、提供劳务以及发生结算业务等原因产生的应收账款与应付账款、应收票据与应付票据、预付账款与预收账款、其他应收款与其他应付款、持有至到期投资与应付债券等项目。发生在母公司与子公司、子公司相互之间的这些项目，企业集团内部企业的一方在其个别资产负债表中反映为资产，而另一方则反映为负债。但从企业集团整体角度来看，它只是内部资金运动，既不能增加企业集团的资产，也不能增加负债。因此，为了消除个别资产负债表直接加总中的重复计算因素，在编制合并财务报表时应当将内部债权债务项目予以抵销。

（一）应收账款与应付账款的抵销处理

1. 初次编制合并财务报表时的抵销处理

在应收账款计提坏账准备的情况下，某一会计期间坏账准备的金额是以当期应收账款为基础计提的。在编制合并财务报表时，随着内部应收账款的抵销，与此相联系，也须将内部应收账款计提的坏账准备予以抵销。内部应收账款抵销时，其抵销分录为：借记“应付账款”项目，贷记“应收账款”项目；内部应收账款计提的坏账准备抵销时，其抵销分录为：借记“应收账款——坏账准备”项目，贷记“信用减值损失”项目。

【例 12－5】 P公司2×20年个别资产负债表（见表12－2）中应收账款475万元（假定不含增值税，下同）为2×20年向S公司销售商品发生的应收销货款的账面价值，P公司对该笔应收账款计提的坏账准备为25万元。S公司2×20年个别资产负债表（见表12－3）中应付账款500万元系2×20年向P公司购进商品存货发生的应付购货款。

在编制合并财务报表时，应将内部应收账款与应付账款相互抵销；同时还应将内部应收账款计提的坏账准备予以抵销，其抵销分录如下：

借：应付账款	5 000 000		(7)
贷：应收账款		5 000 000	
借：应收账款——坏账准备	250 000		(8)
贷：信用减值损失		250 000	

2. 连续编制合并财务报表时的抵销处理

从合并财务报表来讲，内部应收账款计提的坏账准备的抵销是与抵销当期资产减值损失相对应的，上期抵销的坏账准备的金额，即上期资产减值损失抵减的金额，最终将影响到本期合并所有者权益变动表中的期初未分配利润金额的增加。由于利润表和所有者权益变动表是反映企业一定会计期间经营成果及其分配情况的财务报表，其上期期末未分配利润就是本期所有者权益变动表期初未分配利润（假定不存在会计政策变更和前期差错更正的情况）。本期编制合并财务报表是以本期母公司和子公司当期的个别财务报表为基础编制的，随着上期编制合并财务报表时内部应收账款计提的坏账准备的抵销，以母子公司个别财务报表中期初未分配利润为基础加总得出的期初未分配利润与上一会计期间合并所有者权益变动表中的未分配利润金额之间则将产生差额。为此，编制合并财务报表时，必须将上期因内部应收账款计提的坏账准备抵销而抵销的资产减值损失对本期期初未分配利润的影响予以抵销，调整本期期初未分配利润的金额。

在连续编制合并财务报表进行抵销处理时，首先，将内部应收账款与应付账款予以抵销，即按内部应收账款的金额，借记“应付账款”项目，贷记“应收账款”项目。其次，应将上期资产减值损失中抵销的内部应收账款计提的坏账准备对本期期初未分配利润的影响予以抵销,即按上期资产减值损失项目中抵销的内部应收账款计提的坏账准备的金额,借记“应收账款——坏账准备”项目,贷记“未分配利润——年初”项目。再次,对于本期个别财务报表中内部应收账款相对应的坏账准备增减变动的金额也应予以抵销,即按照本期个别资产负债表中期末内部应收账款相对应的坏账准备的增加额,借记“应收账款——坏账准备”项目,贷记“信用减值损失”项目,或按照本期个别资产负债表中期末内部应收账款相对应的坏账准备的减少额,借记“信用减值损失”项目,贷记“应收账款——坏账准备”项目。

【例 12-6】 承[例 12-5],假设P公司2×21年个别资产负债表中应收账款237.5万元(假定不含增值税,下同)为2×20年向S公司销售商品发生的应收销货款的账面价值,P公司2×20年对该笔应收账款计提的坏账准备为12.5万元,2×21年因收回50%货款而冲减坏账准备50%。S公司2×21年个别资产负债表中应付账款250万元系2×20年向P公司购进商品存货发生的应付购货款。编制合并资产负债表时,应编制抵销分录如下:

借:应付账款　　2 500 000
　　贷:应收账款　　2 500 000
借:应收账款——坏账准备　　125 000
　　贷:未分配利润——年初　　125 000
借:信用减值损失　　62 500
　　贷:应收账款——坏账准备　　62 500

(二)其他债权与债务的抵销处理

其他债权与债务的抵销,包括内部合同资产与内部合同负债、内部应收票据与内部应付票据、内部预收账款与内部预付账款、内部其他应收款与内部其他应付款的抵销等。

【例 12-7】 P公司2×20年个别资产负债表(见表12-2)中预收款项100万元为S公司预付账款;应收账款400万元为S公司2×20年向P公司购买商品应收取的款项;S公司应付债券200万元为P公司所持有(P公司划归为债权投资)。对此,在编制合并资产负债表时,应编制抵销分录如下:

将内部预收账款与内部预付账款抵销时:

借:预收款项　　1 000 000
　　贷:预付款项　　1 000 000　　(9)

将内部应收账款与内部应付账款抵销时:

借:应付账款　　4 000 000　　(10)
　　贷:应收账款　　4 000 000

将债权投资与应付债券抵销时：

借：应付债券　　2 000 000　　(11)
　　贷：债权投资　　2 000 000

企业集团内部母公司与子公司、子公司相互之间可能发生相互提供信贷，以及相互之间持有对方债券的内部交易。在持有母公司或子公司发行的企业债券（或公司债券，下同）的情况下，发行债券的企业支付的利息费用作为财务费用处理，并在其个别利润表"财务费用"项目中列示；而持有债券的企业，将购买的债券在其个别资产负债表"债权投资"（本章为简化合并处理，假定购买债券的企业将该债券投资归类为债权投资）项目中列示，当期获得的利息收入则作为投资收益处理，并在其个别利润表"投资收益"项目中列示。在编制合并财务报表时，应当在抵销内部发行的应付债券和债权投资等内部债权债务的同时，将内部应付债券和债权投资相关的利息费用与投资收益（利息收入）相互抵销，即将内部债券投资收益与内部发行债券的利息费用相互抵销。

【例 12-8】　承[例 12-7]，假设 S 公司 2×20 年确认的应向 P 公司支付的债券利息费用总额为 20 万元（假定该债券的票面利率与实际利率相差较小，发生的债券利息费用不符合资本化条件）。在编制合并利润表时，应将内部债券投资收益与应付债券利息费用相互抵销，编制抵销分录如下：

借：投资收益　　200 000　　(12)
　　贷：财务费用　　200 000

在某些情况下，债券投资企业持有的企业集团内部成员企业的债券并不是从发行债券的企业直接购进，而是在证券市场上从第三方手中购进的。在这种情况下，债权投资与发行债券企业的应付债券抵销时，可能会出现差额，应分别进行处理：如果债券投资的余额大于应付债券的余额，其差额应作为投资损失记入合并利润表的"投资收益"项目；如果债券投资的余额小于应付债券的余额，其差额应作为利息收入记入合并利润表的"财务费用"项目。

三、内部购销交易的抵销处理

（一）内部存货交易的抵销处理

存货价值中包含的未实现内部销售损益是由于企业集团内部商品购销、劳务提供活动所引起的。在内部购销活动中，销售企业将集团内部销售作为收入确认并计算销售利润。而购买企业则是以支付购货的价款作为其成本入账；在本期内未实现对外销售而形成期末存货时，其存货价值中也相应地包括两部分内容：一部分为真正的存货成本（即销售企业销售该商品的成本）；另一部分为销售企业的销售毛利（即其销售收入减去销售成本的差额)。对于期末存货价值中包括的这部分销售毛利,从企业集团整体来看,并不是真正实现的利润。因为从整个企业集团来看,集团内部企业之间的商品购销活动实际上相当于企业内部的物资调拨活动,既不会实现利润,也不会增加商品的价值。正是从这一意义上来说,将期末存货价值中包括的这部分销售企业作为利润确认的部分,称为未实现内部销售损益。因此,在编制合并资产负债表时,应当将存货价值中包含的未实现内部销售损益予以抵销。编制抵销分录时,按照集团内部销售企业销售该商品的销售收入,借记"营业收入"项目,按照销售企业销售该商品的销售成本,贷记"营业成本"项目,按照当期期末存货价值中包含的未实现内部销售损益的金额,贷记"存货"项目。

1. *初次编制合并财务报表的抵销情况*

(1) 母公司与子公司、子公司相互之间销售商品,期末全部实现对外销售。在这种情况下,对于销售企业来说,销售给企业集团内其他企业的商品与销售给企业集团外部企业的情况下的会计处理相同,即在本期确认销售收入、结转销售成本、计算销售商品损益,并在其个别利润表中反映;对于购买企业来说,一方面要确认向企业集团外部企业的销售收入;另一方面要结转销售内部购进商品的成本,在其个别利润表中分别作为营业收入和营业成本反映,并确认销售损益。也就是说,对于同一购销业务,在销售企业和购买企业的个别利润表中都作了反映。但从整个企业集团来看,这一购销业务只是实现了一次对外销售,其销售收入只是购买企业向企业集团外部企业销售该产品的销售收入,其销售成本只是销售企业向购买企业销售该商品的成本。销售企业向购买企业销售该商品实现的收入属于内部销售收入,相应地,购买企业向企业集团外部企业销售该商品的销售成本则属于内部销售成本。因此,在编制合并利润表时,就必须将重复反映的内部营业收入与内部营业成本予以抵销。

【例 12-9】 假设P公司2×20年利润表的营业收入中有3 500万元,系向S公司销售产品取得的销售收入,该产品销售成本为3 000万元。S公司在本期将该产品全部售出,其销售收入为5 000万元,销售成本为3 500万元,反映在S公司利润表中。

对此,编制合并利润表将内部销售收入和内部销售成本予以抵销时,应编制抵销分录如下:

借:营业收入	35 000 000		(13)
贷:营业成本		35 000 000	

(2) 母公司与子公司、子公司相互之间销售商品,期末未实现对外销售而形成存货的抵销处理。在企业集团内部购进并且在会计期末形成存货的情况下,如前所述,一方面将销售企业实现的内部销售收入及其相对应的销售成本予以抵销;另一方面将内部购进形成的存货价值中包含的未实现内部销售损益予以抵销。

【例 12-10】 2×20年,P公司向S公司销售商品1 000万元,其销售成本为800万元,该商品的销售毛利率为20%。S公司购进的该商品2×20年全部未实现对外销售而形成期末存货。

在编制2×20年合并财务报表时,S公司应进行抵销处理如下:

借：营业收入　　10 000 000
　　贷：营业成本　　10 000 000　(14)

借：营业成本　　2 000 000
　　贷：存货　　2 000 000　(15)

(3) 母公司与子公司、子公司相互之间销售商品,期末部分实现对外销售、部分形成期末存货的抵销处理。即内部购进的商品部分实现对外销售、部分形成期末存货的情况,可以将内部购买的商品分解为两部分来理解:一部分为当期购进并全部实现对外销售;另一部分为当期购进但未实现对外销售而形成期末存货。

将[例12-9]和[例12-10]的抵销处理合在一起,就是第三种情况下的抵销处理。其抵销处理如下:

借：营业收入(35 000 000+10 000 000)　　45 000 000
　　贷：营业成本　　45 000 000
借：营业成本(0+2 000 000)　　2 000 000
　　贷：存货　　2 000 000

母公司向子公司出售资产所发生的未实现内部交易损益,应当全额抵销"归属于母公司所有者的净利润";子公司向母公司出售资产所发生的未实现内部交易损益,应当按照母公司对该子公司的分配比例在"归属于母公司所有者的净利润"和"少数股东损益"之间分配抵销;子公司之间出售资产所发生的未实现内部交易损益,应当按照母公司对出售方子公司的分配比例在"归属于母公司所有者的净利润"和"少数股东损益"之间分配抵销。

对于少数股东应当分配的未实现内部交易损益,应编制抵销分录如下:

借：少数股东权益
　　贷：少数股东损益

2. 连续编制合并财务报表时的抵销处理

对于上期内部购进商品全部实现对外销售的情况下,由于不涉及内部存货价值中包含的未实现内部销售损益的抵销处理,所以在本期连续编制合并财务报表时也不涉及对其进行处理的问题。但在上期内部购进并形成期末存货的情况下,在编制合并财务报表进行抵销处理时,存货价值中包含的未实现内部销售损益的抵销,直接影响上期合并财务报表中合并净利润金额的减少,最终影响合并所有者权益变动表中期末未分配利润的金额的减少。由于本期编制合并财务报表时是以母公司和子公司本期个别财务报表为基础,而母公司和子公司个别财务报表中未实现内部销售损益是作为其实现利润的部分包括在其期初未分配利润之中，以母子公司个别财务报表中期初未分配利润为基础加总得出的期初未分配利润的金额就可能与上期合并财务报表中的期末未分配利润的金额不一致。因此，上期编制合并财务报表时抵销的内部购进存货中包含的未实现内部销售损益，也对本期的期初未分配利润产生影响，本期编制合并财务报表时必须在合并母子公司期初未分配利润的基础上，将上期抵销的未实现内部销售损益对本期期初未分配利润的影响予以抵销，调整本期期初未分配利润的金额。

在连续编制合并财务报表的情况下，首先必须将上期抵销的存货价值中包含的未实现内部销售损益对本期期初未分配利润的影响予以抵销，调整本期期初未分配利润的金额；然后再对本期内部购进存货进行抵销处理，其具体抵销处理程序和方法如下：

(1) 将上期抵销的存货价值中包含的未实现内部销售损益对本期期初未分配利润的影响进行抵销。即按照上期内部购进存货价值中包含的未实现内部销售损益的金额，借记“未分配利润——年初”项目，贷记“营业成本”项目。

(2) 对于本期发生内部购销活动的，按照销售企业内部销售收入的金额，借记“营业收入”项目，贷记“营业成本”项目。

(3) 将期末内部购进存货价值中包含的未实现内部销售损益予以抵销。对于期末内部购买形成的存货(包括上期结转形成的本期存货)，应按照购买企业期末内部购入存货价值中包含的未实现内部销售损益的金额，借记“营业成本”项目，贷记“存货”项目。

【例 12-11】 承[例 12-10]，2×21 年，P 公司再向 S 公司销售商品 2 000 万元，其销售成本为 1 600 万元，该商品的销售毛利率为 20%。2×21 年，S 公司将购进的全部商品对外销售了 60%，期末存货为 1 200 万元。

在编制 2×21 年合并财务报表时，S 公司应进行抵销处理如下：

借：未分配利润——年初	2 000 000	
贷：营业成本		2 000 000
借：营业收入	20 000 000	
贷：营业成本		20 000 000
借：营业成本	2 400 000	
贷：存货		2 400 000

(二) 内部固定资产交易的抵销处理

内部固定资产交易是指企业集团内部发生交易的一方与固定资产有关的购销业务。对于企业集团内部固定资产交易，根据销售企业销售的是产品还是固定资产，可以将其划分为两种类型：第一种类型是企业集团内部企业将自身生产的产品销售给企业集团内的其他企业作为固定资产使用；第二种类型是企业集团内部企业将自身的固定资产出售给企业集团内的其他企业作为固定资产使用。此外，还有另一类型的内部固定资产交易，即企业集团内部企业将自身使用的固定资产出售给企业集团内的其他企业作为普通商品销售。这种类型的固定资产交易，在企业集团内部发生得极少，一般情况下发生的金额也不大。

(1) 固定资产购销当期的抵销处理。在这种情况下，购买企业购进的固定资产，在其个别资产负债表中以支付的价款作为该固定资产的原价列示，因此，首先就必须将该固定资产原价中包含的未实现内部销售损益予以抵销。其次，购买企业对该固定资产计提了折旧，折旧费计入相关资产的成本或当期损益。由于购买企业是以该固定资产的取得成本作为原价计提折旧，取得成本中包含未实现内部销售损益，在相同的使用寿命下，各期计提的折旧费要大于(或小于，下同)不包含未实现内部销售损益时计提的折旧费，因此，还必须将当期多计提(或少计提，下同)的折旧额从该固定资产当期计提的折旧费中予以抵销。其抵销处理程序如下：

首先，将与内部交易形成的固定资产相关的销售收入、销售成本以及原价中包含的未实现内部销售损益予以抵销。

其次，将内部交易形成的固定资产当期多计提的折旧费和累计折旧予以抵销。从单个企业来说，对计提折旧进行会计处理时，一方面增加当期的费用或计入相关资产的成本，另一方面形成累计折旧。因此，对内部交易形成的固定资产当期多计提的折旧费抵销时，应按当期多计提的折旧额，借记"固定资产——累计折旧"项目，贷记"管理费用"等项目(为便于理解，本节有关内部交易形成的固定资产多计提的折旧费的抵销，均假定该固定资产为购买企业的管理用固定资产，通过"管理费用"项目进行抵销)。

【例 12-12】 P公司2×20年以300万元的价格将其生产的产品销售给S公司，其销售成本为270万元，因该内部固定资产交易实现的销售利润30万元。S公司购买该产品作为管理用固定资产使用，按300万元入账。假设S公司对该固定资产按3年的使用寿命采用年限平均法计提折旧，预计净残值为零。该固定资产交易时间为2×20年1月1日，为简化抵销处理，假定S公司该内部交易形成的固定资产2×20年按12个月计提折旧。有关抵销处理如下：

① 抵销与该固定资产相关的销售收入、销售成本以及原价中包含的未实现内部销售损益：

借：营业收入　　3 000 000
　　贷：营业成本　　2 700 000
　　　　固定资产——原价　　300 000

(16)

② 抵销该固定资产当期多计提折旧额：

该固定资产折旧年限为3年，原价为300万元，预计净残值为零。2×20年计提的折旧额为100万元，而按抵销其原价中包含的未实现内部销售损益后的原价2×20年计提的折旧额为90万元，当期多计提的折旧额为10万元。本例中，应当按10万元分别抵销管理费用和累计折旧。

借：固定资产——累计折旧　　100 000
　　贷：管理费用　　100 000　　(17)

通过上述抵销分录，在合并工作底稿中固定资产累计折旧额减少 10 万元，管理费用减少 10 万元，在合并财务报表中该固定资产的累计折旧为 90 万元，该固定资产当期计提的折旧费为 90 万元。

【例 12-13】 假设 P 公司将其账面价值为 130 万元的某项固定资产以 120 万元的价格出售给 S 公司作为管理用固定资产使用。P 公司因该内部固定资产交易发生处置损失 10 万元。假设 S 公司以 120 万元作为该项固定资产的成本入账，S 公司对该固定资产按 5 年的使用寿命采用年限平均法计提折旧，预计净残值为零。该固定资产交易时间为 2×20 年7 月 1 日，为简化处理，假定 S 公司该内部交易固定资产 2×20 年按 6 个月计提折旧。有关抵销处理如下：

① 抵销该固定资产的处置损失与固定资产原价中包含的未实现内部销售损益：

借：固定资产——原价　　100 000
　　贷：资产处置收益　　100 000　　(18)

② 抵销该固定资产当期少计提折旧额：

该固定资产折旧年限为 5 年，原价为 120 万元，预计净残值为零。2×20 年计提的折旧额为 12 万元，而按抵销其原价中包含的未实现内部销售损益后的原价，2×20 年应计提的折旧额为 13 万元，当期少计提的折旧额为 1 万元。本例中，应当按 1 万元分别抵销管理费用和累计折旧。

借：管理费用　　10 000
　　贷：固定资产——累计折旧　　10 000　　(19)

通过上述抵销分录，在合并工作底稿中固定资产累计折旧额增加 1 万元，管理费用增加 1 万元，在合并财务报表中该固定资产的累计折旧为 13 万元，该固定资产当期计提的折旧费为 13 万元。

(2) 固定资产使用期间的抵销处理。在以后会计期间，该内部交易形成的固定资产仍然以原价在购买企业的个别资产负债表中列示，因此，必须将原价中包含的未实现内部销售损益的金额予以抵销；相应地，销售企业以前会计期间由于该内部交易实现销售利润，形成销售当期的净利润的一部分并结转到以后会计期间，在其个别所有者权益变动表中列示，由此，首先，必须将期初未分配利润中包含的该未实现内部销售损益予以抵销，以调整期初未分配利润的金额。即按照原价中包含的未实现内部销售损益的金额，借记“未分配利润——年初”项目，贷记“固定资产——原价”项目。其次，对于该固定资产在以前会计期间计提折旧而形成的期初累计折旧，由于将以前会计期间按包含未实现内部销售损益的原价为依据而多计提折旧的抵销，一方面必须按照以前会计期间累计多计提的折旧额抵销期初累计折旧;另一方面由于以前会计期间累计折旧抵销而影响到期初未分配利润,因此,还必须调整期初未分配利润的金额。即按以前会计期间抵销该内部交易形成的固定资产多计提的累计折旧额,借记“固定资产——累计折旧”项目,贷记“未分配利润——年初”项目。最后,该内部交易形成的固定资产在本期仍然计提了折旧,由于多计提折旧导致本期有关资产或费用项目增加并形成累计折旧,为此,一方面,必须将本期多计提折旧而计入相关资产的成本或当期损益的金额予以抵销;另一方面,将本期多计提折旧而形成的累计折旧额予以抵销。即按本期该内部交易形成的固定资产多计提的折旧额,借记“固定资产——累计折旧”项目,贷记“管理费用”等项目。

承[例 12-12],2×21 年的抵销处理如下:

借:未分配利润——年初　　300 000
　贷:固定资产——原价　　300 000
借:固定资产——累计折旧　　100 000
　贷:未分配利润——年初　　100 000
借:固定资产——累计折旧　　100 000
　贷:管理费用　　100 000

(3) 固定资产清理期间的抵销处理。对于销售企业来说,因该内部交易实现的利润,作为期初未分配利润的一部分结转到以后的会计期间,直到购买企业对该内部交易形成的固定资产进行清理的会计期间为止。从购买企业来说,对内部交易形成的固定资产进行清理的期间,在其个别财务报表中表现为固定资产价值的减少;该固定资产清理收入减去该固定资产账面价值以及有关清理费用后的余额,则在其个别利润表中以“资产处置收益”“营业外收入”或“营业外支出”项目列示。

在这种情况下,购买企业内部交易形成的固定资产实体已不复存在,包含未实现内部销售损益在内的该内部交易形成的固定资产的价值已全部转移到用其加工的产品价值或各期损益中去了,因此不存在未实现内部销售损益的抵销问题。从整个企业集团来说,随着该内部交易形成的固定资产的使用寿命届满,其包含的未实现内部销售损益也转化为已实现利润。但是,由于销售企业因该内部交易所实现的利润,作为期初未分配利润的一部分结转到购买企业对该内部交易形成的固定资产进行清理的会计期间为止,为此,必须调整期初未分配利润。此外,在固定资产进行清理的会计期间,如果仍计提了折旧,本期计提的折旧费中仍然包含多计提的折旧额,因此,需要将多计提的折旧额予以抵销。

承[例 12-12],2×22 年,假设固定资产按使用寿命正常报废,抵销处理如下:

借:未分配利润——年初　　300 000
　贷:营业外收入　　300 000
借:营业外收入　　200 000
　贷:未分配利润——年初　　200 000
借:营业外收入　　100 000
　贷:管理费用　　100 000

第四节　合并资产负债表和合并利润表

一、合并资产负债表

（一）合并资产负债表的格式

合并资产负债表格式综合考虑了企业集团中一般工商企业和金融企业（包括商业银行、保险公司和证券公司等）的财务状况列报的要求，与个别资产负债表的格式基本相同，主要增加了三个项目：一是增加了“商誉”项目，用于反映非同一控制下企业合并中取得的商誉，即在控股合并下母公司对子公司的长期股权投资（合并成本）大于其在购买日子公司可辨认净资产公允价值份额的差额；二是在所有者权益项目下增加了“归属于母公司所有者权益合计”项目，用于反映企业集团的所有者权益中归属于母公司所有者权益的部分，包括实收资本（或股本）、资本公积、库存股、其他综合收益（含外币报表折算差额）、盈余公积和未分配利润等项目的金额；三是在所有者权益项目下，增加了“少数股东权益”项目，用于反映非全资子公司的所有者权益中不属于母公司的份额。合并资产负债表的一般格式见表12－7。

（二）合并资产负债表的编制

为了便于理解和掌握合并资产负债表的编制方法，了解合并资产负债表的编制过程，现就本节中合并资产负债表的编制举例综合说明如下：

【例12－14】 承[例12－1][例12－2][例12－3][例12－4][例12－5][例12－7][例12－10][例12－12][例12－13]，P公司和S公司2×20年12月31日的个别资产负债表分别参见表12－2和表12－3。

根据上述资料，首先，P公司应当设计合并工作底稿（见表12－6），将P公司、S公司个别资产负债表的数据过入合并工作底稿，并计算资产负债表各项目的合计金额；其次，编制调整分录，按照P公司备查簿中所记录的S公司各项可辨认资产、负债在购买日的公允价值的资料（见表12－1）调整S公司的财务报表，将S公司的财务报表调整成以购买日可辨认资产、负债及或有负债的公允价值为基础编制的财务报表，再按照权益法调整P公司对S公司的长期股权投资；再次，编制抵销分录，将P公司与S公司之间的内部交易对合并资产负债表的影响予以抵销。最后，将合并工作底稿中的合并金额过入合并资产负债表相关项目。编制的合并资产负债表如表12－7所示。

表 12-6

合并工作底稿(简表)

2×20 年

单位：万元

项目	P公司			S公司			合计金额	抵销分录		少数股东权益	合并金额
	报表金额	借方	贷方	报表金额	借方	贷方		借方	贷方		
(利润表项目)											
营业收入	8 700			6 300			15 000	(13)3 500 (14)1 000 (16)300			10 200
营业成本	4 450			4 570			9 020	(15)200	(13)3 500 (14)1 000 (16)270		4 450
税金及附加	300			125			425				425
销售费用	15			10			25				25
管理费用	100			12	(1)5		117	(19)1	(17)10		108
财务费用	300			90			390		(12)20		370
资产减值损失	25						25		(8)25		0
投资收益	500	(3)480	(2)796				816	(6)796 (12)20			0
资产处置收益	−10						−10		(18)10		0
营业利润	4 010	480	796	1 493	5		5 814	5 817	4 825		4 822
利润总额	4 000	480	796	1 493	5		5 804	5 817	4 835		4 822
所得税费用	1 320			493			1 813				1 813
净利润	2 680	480	796	1 000	5		3 991	5 817	4 835		3 009
少数股东损益										(6)199	199
归属于母公司所有者的净利润											2 810
其他综合收益				100			100				100
综合收益总额	2 680	480	627.2	1 100	5		3 922.2	5 648.2	4 835		3 109
归属于母公司所有者的综合收益总额											2 932.2
归属于少数股东的综合收益总额											176.8
(所有者权益变动表项目)											
未分配利润——年初	468			0			468	(19)0			468
归属于母公司所有者的净利润											2 825.2
利润分配	1 948			700			2 648		(6)100 (6)600		1 948
未分配利润——年末	1 200	480	796	300	5		1 811	1 322①	1 040②	199	1 330
归属于少数股东的未分配利润——年初										0	0
少数股东损益										199	199
对少数股东的利润分配										120	120
归属于少数股东的未分配利润——年末										36.8	36.8
资本公积——年初	800			1 500		100	2 400	(5)1 600			800
资本公积——年末	800			1 500		100	2 400	6 500			800
其他综合收益——其他权益工具投资公允价值变动净额				100			100	(5)100	(20)80		80
其他综合收益——权益法下被投资单位其他所有者权益变动的影响			(4)80				80	(20)80			0
盈余公积——年初	732			0			732	(19)0			732
提取盈余公积	268			100			368		(6)100		268
盈余公积——年末	1 000			100			1 100	0	100		1 000
(资产负债表项目)											
流动资产：											
货币资金	1 000			500			1 500				1 500
应收账款	3 200			1 060			4 260		(7)500 (10)400		3 385
其中：应收S公司账款	875						875	(8)25	(10)400 (7)500		0
预付款项	770			400			1 170		(9)100		1 070
其中：预付P公司账款				100			100		(9)100		0
存货	1 000			1 100			2 100		(15)200		1 900
其中：向S公司购入存货	1 000						1 000		(15)200		800
流动资产合计	5 970			3 060			9 030	25	1 200		7 855
非流动资产：											
其他权益工具投资				800			800				800
债权投资	200						200		(11)200		0
其中：持有S公司债券	200						200		(11)200		0
长期股权投资：	4 700	(2)796 (4)80	(3)480				5 096		(5)3 396		1 700
其中：对S公司投资	3 000	(2)796 (4)80	(3)480				3 396		(5)3 396		0
固定资产	4 100			2 100	(1)100	(1)5	6 295	(17)10 (18)10	(15)30 (16)1		6 284
其中：S公司——A办公楼				570	(1)100	(1)5	665				665
向S公司购入固定资产	200						200	(17)10	(16)30		180
向P公司购入固定资产				108			108	(18)10	(19)1		117
无形资产	630						630				630
商誉								(5)120			120
非流动资产合计	9 630	707.2	480	2 900	100	5	12 852.2	140	3 458.2		9 534
资产总计	15 600	707.2	480	5 960	100	5	21 882.2	165	4 658.2		17 389
流动负债：											
应付账款	4 000			900			4 900	(7)500 (10)400			4 000
其中：应付P公司账款				900			900	(10)400 (7)500			0
预收款项	200						200	(9)100			100
其中：预收S公司账款	100						100	(9)100			0
应付职工薪酬	1 000			100			1 100				1 100
应交税费	800			60			860				860
流动负债合计	6 000			1 060			7 060	1 000			6 060
非流动负债：											
长期借款	2 000			700			2 700				2 700
应付债券	600			200			800	(11)200			600
其中：应付债券——P公司				200			200	(11)200			0
非流动负债合计	2 600			900			3 500	200			3 300
负债合计	8 600			1 960			10 560	1 200			9 360
所有者权益(或股东权益)：											
实收资本(或股本)	4 000			2 000			6 000	(5)2 000			4 000
资本公积	800			1 600			2 400	(5)1 600			800
其他综合收益			(4)80			(1)100	180	(5)100			80
盈余公积	1 000			100			1 100	(5)100			1 000
未分配利润	1 200	(3)480	(2)796	300	(1)5		1 811	(5)295 (6)796 (15)200 (16)30 (19)1	(6)995 (8)25 (17)10 (18)10	(6)199	1 330
少数股东权益										(5)819	819
所有者权益合计	7 000	480	876	4 000	5	100	11 491	9 912	5 619	620	8 029
负债和所有者权益总计	15 600	480	876	5 960	5	100	22 051	107 702	5 619	620	17 389
(现金流量表项目)											
经营活动产生的现金流量：											
销售商品、提供劳务收到的现金	7 675			5 990			13 665		(22)3 600 (23)300		9 765
收到其他与经营活动有关的现金											
经营活动现金流入小计	7 675			5 990			13 665		3 900		9 765
购买商品、接受劳务支付的现金	1 420			3 270			4 690	(22)3 600			1 090
支付给职工以及为职工支付现金	1 100			250			1 350				1 350
支付的各项税费	1 820			758			2 578				2 578
支付其他与经营活动有关的现金	45			22			67				67
经营活动现金流出小计	4 385			4 300			8 585	3 600			5 085
经营活动产生的现金流量净额	3 290			1 690			4 980	3 600	3 900		4 680
投资活动产生的现金流量：											
收回投资收到的现金											
取得投资收益收到的现金	500						500		(22)500		0
处置固定资产、无形资产和其他长期资产收回的现金净额	120						120		(25)120		0
处置子公司及其他营业单位收到的现金净额											
收到其他与投资活动有关的现金											
投资活动现金流入小计	620						620		620		0
购建固定资产、无形资产和其他长期资产支付的现金	930			800			1 730	(24)300 (25)120			1 310
投资支付的现金											
取得子公司及其他营业单位支付的现金净额	3 000						3 000	(21)300			2 700
支付其他与投资活动有关的现金											
投资活动现金流出小计	3 930			800			4 730	720			4 010
投资活动产生的现金流量净额	−3 310			−800			−4 110	720	620		−4 010
筹资活动产生的现金流量：											
吸收投资收到的现金											
取得借款收到的现金											
收到其他与筹资活动有关的现金											
筹资活动现金流入小计											
偿还债务支付的现金											
分配股利、利润或偿付利息支付的现金	1 980			690			2 670	(22)500			2 170
其中：子公司支付给少数股东的股利、利润				120							120
支付其他与筹资活动有关的现金											
筹资活动现金流出小计	1 980			690			2 670	500			2 170
筹资活动产生的现金流量净额	−1 980			−690			−2 670	500			−2 170
现金及现金等价物净增加额	−2 000			200			−1 800	4 820	4 520		−1 500
年初现金及现金等价物余额	3 000			300			3 300	[illegible]	(21)300	[illegible]	[illegible]
年末现金及现金等价物余额	1 000			500			[illegible]	[illegible]	[illegible]	[illegible]	[illegible]

注：① 此金额为资产负债表项目“未分配利润”抵销分录借方[illegible]

表 12－7

合并资产负债表(简表)

2×20 年 12 月 31 日　　　　单位：万元

资　　产	期末余额	上年年末余额	负债和所有者权益(或股东权益)	期末余额	上年年末余额
流动资产：			流动负债：		
货币资金	1 500	3 300	短期借款		
交易性金融资产			交易性金融负债		
应收账款	3 385	3 000	应付账款	4 000	3 700
预付款项	1 070		预收款项	100	350
其他应收款			应付职工薪酬	1 100	2 450
存货	1 900	6 600	应交税费	860	1 200
一年内到期非流动资产			其他应付款		
其他流动资产			一年内到期的非流动负债		
流动资产合计	7 855	12 900	其他流动负债		
非流动资产：			流动负债合计	6 060	7 700
其他权益工具投资	800	700	非流动负债：		
债权投资	0		长期借款	2 700	2 700
长期应收款			应付债券	600	800
长期股权投资	1 700	1 700	长期应付款		
投资性房地产			预计负债		
固定资产	6 284	4 500	递延所得税负债		
在建工程			其他非流动负债		
生产性生物资产			非流动负债合计	3 300	3 500
油气资产			负债合计	9 360	11 200
无形资产	630	700	所有者权益(或股东权益)：		
开发支出			实收资本(或股本)	4 000	6 000
商誉	120		资本公积	800	2 300
长期待摊费用			其他综合收益	80	
递延所得税资产			盈余公积	1 000	732

（续表）

资　　产	期末余额	上年年末余额	负债和所有者权益（或股东权益）	期末余额	上年年末余额
其他非流动资产			未分配利润	1 330	468
非流动资产合计	9 534	7 800	外币报表折算差额		
			归属于母公司所有者权益合计	7 210	
			少数股东权益	819	
			所有者权益合计	8 029	9 500
资产总计	17 389	20 700	负债和所有者权益（或股东权益）总计	17 389	20 700

二、合并利润表

（一）合并利润表的基本格式

合并利润表的格式综合考虑了企业集团中一般工商企业和金融企业（包括商业银行、保险公司和证券公司）的经营成果列报的要求。

合并利润表主要反映以下几方面的内容：① 营业总收入。它反映企业集团营业收入总额，其中，营业收入反映企业集团中一般工商企业实现的营业收入，包括主营业务收入和其他业务收入；利息收入反映企业集团中金融企业（商业银行）实现的利息收入；已赚保费反映企业集团中金融企业（保险公司）保费收入扣除提取未到期责任准备金后的净收入；手续费及佣金收入反映企业集团中金融企业实现的手续费及佣金收入。② 营业利润。营业总收入减去营业总成本（营业成本、利息支出、手续费及佣金支出、退保金、赔付支出净额、提取保险合同准备金净额、保单红利支出、分保费用、税金及附加、销售费用、管理费用、财务费用、资产减值损失等），加上公允价值变动收益、投资收益、资产处置收益和其他收益，即为营业利润。③ 利润总额。营业利润加上营业外收入，减去营业外支出，即为利润总额。④ 净利润。利润总额减去所得税费用，即为净利润。其下设归属于母公司所有者的净利润和少数股东损益。⑤ 综合收益总额。净利润加上其他综合收益的税后净额，即为综合收益总额。

与个别利润表的格式基本相同，主要增加了五个项目，即在“净利润”项目下增加“归属于母公司所有者的净利润”和“少数股东损益”两个项目，分别反映净利润中由母公司所有者所享有的份额和非全资子公司当期实现的净利润中属于少数股东权益的份额，即不属于母公司享有的份额。归属于母公司所有者的净利润与少数股东损益之和等于合并净利润。在属于同一控制下企业合并增加的子公司当期的合并利润表中还应在“净利润”项目之下增加“其中：被合并方在合并前实现的净利润”项目，用于反映同一控制下企业合并中取得的被合并方在合并日以前实现的净利润。但是，“被合并方在合并前实现的净利润”应当在母公司所有者和少数股东之间进行分配，如果全部不属于母公司所有者，则应同时列示在“少数股东损益”项目之中，仍然保持“合并净利润＝归属于母公司所有者的净利润＋少数股东损益”的平衡关系。在“综合收益总额”项目下增加了“归属于母公司所有者的综合收益总额”和“归属于少数股东的综合收益总额”两个项目，分别反映综合收益总额中由母公司所有者所享有的份额和非全资子公司当期综合收益总额中属于少数股东权益的份额，即不属于母公司享有的份额，仍然保持“综合收益总额＝归属于母公司所有者的综合收益总额＋归属于少数股东的综合收益总额”的平衡关系。合并利润表的一般格式见表 12－8。

（二）合并利润表的编制

为了便于理解和掌握合并利润表的编制方法，了解合并利润表编制的全过程，现就本节中合并利润表的编制举例综合说明如下：

【例 12－15】 承［例 12－1］［例 12－2］［例 12－5］［例 12－7］［例 12－8］［例 12－9］［例 12－10］［例 12－12］［例 12－13］。P 公司与 S 公司 2×20 年度个别利润表的资料参见表 12－4。

根据上述资料，首先，P 公司应当设计合并工作底稿（见表 12－6），将 P 公司、S 公司个别利润表的数据过入合并工作底稿，并计算利润表各项目的合计金额。其次，编制调整分录，按照 P 公司备查簿中所记录的 S 公司可辨认资产、负债及或有负债在购买日的公允价值的资料（见表 12－1）调整 S 公司的财务报表，将 S 公司的财务报表调整成以购买日可辨认资产、负债及或有负债的公允价值为基础编制的财务报表，按照权益法调整 P 公司对 S 公司的长期股权投资。最后，编制抵销分录，将 P 公司与 S 公司之间的内部交易对合并利润表的影响予以抵销。

根据上述合并工作底稿（见表 12－6）的合并金额，可编制该企业集团 2×20 年合并利润表（见表 12－8）。

表 12－8

合并利润表(简表)

2×20 年度　　　　　　　　单位：万元

项　　目	本期金额	上期金额
一、营业总收入	10 200	
其中：营业收入	10 200	
利息收入		

（续表）

项　　目	本期金额	上期金额
手续费及佣金收入		
减：营业总成本	5 378	
其中：营业成本	4 450	
利息支出		
手续费及佣金支出		
税金及附加	425	
销售费用	25	
管理费用	108	
财务费用	370	
加：其他收益		
投资收益(损失以"—"号填列)	0	
净敞口套期收益(损失以"—"号填列)		
公允价值变动收益(损失以"—"号填列)		
资产减值损失(损失以"—"号填列)	0	
资产处置收益(损失以"—"号填列)		
二、营业利润(亏损以"—"号填列)	4 822	
加：营业外收入		
减：营业外支出	0	
三、利润总额(亏损总额以"—"号填列)	4 822	
减：所得税费用	1 813	
四、净利润(净亏损以"—"号填列)	3 009	
其中：归属于母公司所有者的净利润	2 810	
少数股东损益	199	
五、其他综合收益的税后净额	100	
六、综合收益总额	3 109	
其中：归属于母公司所有者的综合收益总额	2 890	
归属于少数股东的综合收益总额	219	
七、每股收益：		
（一）基本每股收益		
（二）稀释每股收益		

三、合并所有者权益变动表

合并所有者权益变动表是反映构成企业集团所有者权益的各组成部分当期的增减变动情况的财务报表。所有者权益变动表作为以单个企业为会计主体进行会计核算的结果，分别从母公司本身和子公司本身反映其在一定会计期间所有者权益构成及其变动情况。在以母子公司个别所有者权益变动表为基础计算的各所有者权益构成项目的加总金额中，也必然包含重复计算的因素，因此，编制合并所有者权益变动表时，也需要将这些重复的因素予以剔除。

（一）合并所有者权益变动表的格式

合并所有者权益变动表的格式与个别所有者权益变动表的格式基本相同。所不同的只是在子公司存在少数股东的情况下，合并所有者权益变动表增加“少数股东权益”栏目，用于反映少数股东权益变动的情况。

（二）合并所有者权益变动表的编制

编制合并所有者权益变动表时需要进行抵销处理的项目，主要有如下项目：① 母公司对子公司的长期股权投资与母公司在子公司所有者权益中所享有的份额相互抵销。② 母公司与子公司、子公司相互之间持有对方长期股权投资的投资收益应当抵销等。

需要说明的是，从合并财务报表前后一致的理念、原则出发，将母公司及其全部子公司构成的企业集团作为一个会计主体，反映企业集团外部交易的情况，企业集团内部母子公司之间的投资收益和利润分配与其他内部交易一样应当相互抵销。同时，应当关注合并所有者权益变动表“未分配利润”项目的年末余额，将其中子公司当年提取的盈余公积归属于母公司的金额进行单项附注披露。

【例 12－16】 承[例 12－1]。在编制合并所有者权益变动表时，应当对 P 公司采用权益法核算 S 公司其他所有者权益变动的影响中 S 公司其他权益工具投资公允价值变动净额归属于 P 公司的份额进行调整，应编制抵销分录如下：

借：权益法下被投资单位其他所有者权益变动的影响	800 000		(20)
贷：其他权益工具投资公允价值变动净额		800 000	

为了便于理解和掌握合并所有者权益变动表的编制方法，了解合并所有者权益变动表编制的全过程，现就本节中合并所有者权益变动表的编制举例综合说明如下：

【例 12－17】 承[例 12－1]和[例 12－2]。P 公司与 S 公司 2×20 年度个别所有者权益变动表见表 12－5。

根据上述资料，首先，P公司应当设计合并工作底稿（见表12－6），将P公司、S公司个别所有者权益变动表的数据过入合并工作底稿，并计算所有者权益变动表各项目的合计金额。其次，编制抵销分录，将P公司与S公司之间的内部交易对所有者权益变动表的影响予以抵销（见表12－9）。

表12－9

合并所有者权益变动表（简表）

2×20年度

单位：万元

项目	本年金额									上年金额								
	归属于母公司所有者权益							少数股东权益	所有者权益合计	归属于母公司所有者权益							少数股东权益	所有者权益合计
	实收资本（或股本）	资本公积	其他综合收益	盈余公积	一般风险准备	未分配利润	其他			实收资本（或股本）	资本公积	其他综合收益	盈余公积	一般风险准备	未分配利润	其他		
一、上年年末余额	4 000	800		732		468			6 000	（略）	（略）	（略）	（略）	（略）	（略）	（略）	（略）	（略）
加：会计政策变更								720①	720									
前期差错更正																		
二、本年年初余额	4 000	800		732		468		720	6 720									
三、本年增减变动金额（减号以"－"号填列）			80	268		862		99	1 309									
（一）综合收益总额			80			2 810		219②	3 089									
（二）所有者投入和减少资本																		
（三）利润分配				268		－1 948		－120	－1 800									
1. 提取盈余公积				268		－268			0									
2. 提取一般风险准备																		
3. 对所有者（或股东）的分配						－1 680		－120	－1 800									

（续表）

项目	本年金额									上年金额								
	归属于母公司所有者权益							少数股东权益	所有者权益合计	归属于母公司所有者权益							少数股东权益	所有者权益合计
	实收资本（或股本）	资本公积	其他综合收益	盈余公积	一般风险准备	未分配利润	其他			实收资本（或股本）	资本公积	其他综合收益	盈余公积	一般风险准备	未分配利润	其他		
4. 其他										（略）	（略）	（略）	（略）	（略）	（略）	（略）	（略）	（略）
（四）所有者权益内部结转																		
1. 资本公积转增资本（或股本）																		
2. 盈余公积转增资本（或股本）																		
3. 盈余公积弥补亏损																		
4. 其他																		
四、本年年末余额	4 000	800	80	1 000		1 330		819	8 029									

注：① 2×20 年 1 月 1 日，P 公司买 S 公司 80%的股份时，按其可辨认净资产公允价值计算确定的少数股东权益的金额＝（S 公司的所有者权益总额＋S 公司固定资产公允价值增加）×20%＝（3 500＋100）×20%＝720（万元）。

② 少数股东享有的综合收益总额＝少数股东损益＋少数股东享有的其他综合收益＝199＋20＝219（万元）。

四、报告期内增减子公司

（一）增加子公司

母公司因追加投资等原因控制了另一个企业即实现了企业合并。根据《企业会计准则第 20 号——企业合并》的规定，企业合并形成母子公司关系的，母公司应当编制合并日或购买日的合并资产负债表。如果属于同一控制下企业合并增加的子公司，还应该编制合并日的合并利润表。

在企业合并发生当期的期末和以后会计期间，母公司应当根据合并报表准则的规定编制合并资产负债表。合并报表准则规定，在编制合并财务报表时，应当区分同一控制下企业合并增加的子公司和非同一控制下企业合并增加的子公司两种情况。

(1) 因同一控制下企业合并增加的子公司，视同该子公司从设立起就被母公司控制，编制合并资产负债表时，应当调整合并资产负债表所有相关项目的期初数，相应地，合并资产负债表的留存收益项目应当反映母子公司如果一直作为一个整体运行至合并日应实现的盈余公积和未分配利润的情况。在编制合并利润表时，应当将该子公司合并当期期初至报告期末的收入、费用、利润纳入合并利润表，而不是从合并日开始纳入合并利润表。在合并利润表中单列“其中：被合并方在合并前实现的净利润”项目进行反映。

(2) 因非同一控制下企业合并增加的子公司，应当从购买日开始编制合并资产负债表，不应当调整合并资产负债表中的期初数。在编制合并利润表时，应当将该子公司购买日至报告期末的收入、费用、利润纳入合并利润表。

(二) 处置子公司

在报告期内，如果母公司失去了决定被投资单位的财务和经营政策的能力，不再能够从其经营活动中获取利益，则母公司不再控制被投资单位，被投资单位从本期开始不再是母公司的子公司，即母公司在报告期内处置子公司。原先的子公司从处置日开始不再是母公司的子公司，不应继续将其纳入合并财务报表的合并范围，不调整合并资产负债表的期初数。在编制合并利润表时，应当将该子公司当期期初至处置日的收入、费用、利润纳入合并利润表。

第五节 合并现金流量表

合并现金流量表是综合反映母公司及其所有子公司组成的企业集团在一定会计期间现金和现金等价物流入、流出情况的报表。现金流量表作为一张主要报表已经为世界上一些主要国家的会计师事务所采用，合并现金流量表的编制也成为会计实务的重要内容。

温馨提示

在本节提及现金时，除非同时提及现金等价物，均包括现金和现金等价物。

现金流量表要求按照收付实现制反映企业经济业务所引起的现金流入和流出，其有关经营活动产生的现金流量的编制方法有直接法和间接法两种。《企业会计准则第31号——现金流量表》明确规定企业应当采用直接法列示经营活动产生的现金流量。在采用直接法的情况下，以合并利润表有关项目的数据为基础，调整得出本期的现金流入和现金流出；分经营活动产生的现金流量、投资活动产生的现金流量、筹资活动产生的现金流量三大类，反映企业集团在一定会计期间的现金流量情况。

合并现金流量表的编制原理、编制方法和编制程序与合并资产负债表、合并利润表的编制原理、编制方法和编制程序相同。即首先编制合并工作底稿，将母公司和所有子公司的个别现金流量表各项目的数据全部过入同一合并工作底稿；然后根据当期母公司与子公司以及子公司相互之间发生的影响其现金流量增减变动的内部交易，编制相应的抵销分录，通过抵销分录将个别现金流量表中重复反映的现金流入量和现金流出量予以抵销；最后，在此基础上计算出合并现金流量表的各项目的合并金额，并填制合并现金流量表。

合并现金流量表补充资料，既可以以母公司和所有子公司的个别现金流量表为基础，在抵销母公司与子公司、子公司相互之间发生的内部交易对合并现金流量表的影响后进行编制，也可以直接根据合并资产负债表和合并利润表进行编制。

一、合并现金流量表抵销分录的编制

现金流量表作为以单个企业为会计主体进行会计核算的结果，分别从母公司本身和子公司本身反映其在一定会计期间的现金流入和现金流出。在以其个别现金流量表为基础计算的现金流入和现金流出项目的加总金额中，也必然包含有重复计算的因素，因此，编制合并现金流量表时，也需要将这些重复的因素予以剔除。

编制合并现金流量表时需要进行抵销处理的项目，主要有如下项目。

（一）企业集团内部当期以现金投资或收购股权增加的投资所产生的现金流量的抵销处理

母公司直接以现金对子公司进行的长期股权投资或以现金从子公司的其他所有者（即企业集团内的其他子公司）处收购股权，表现为母公司现金流出，在母公司个别现金流量表中作为投资活动现金流出列示。子公司接受这一投资（或处置投资）时，表现为现金流入，在其个别现金流量表中反映为筹资活动的现金流入（或投资活动的现金流入）。从企业集团整体来看，母公司以现金对子公司进行的长期股权投资实际上相当于母公司将资本拨付下属核算单位，并不引起整个企业集团现金流量的增减变动。因此，编制合并现金流量表时，应当在母公司与子公司现金流量表数据简单相加的基础上，将母公司当期以现金对子公司长期股权投资所产生的现金流量予以抵销。

【例 12－18】 承［例 12－1］，P 公司在购买日（2×20 年 1 月 1 日）支付银行存款 3 000 万元购得 S 公司 80％的股份从而取得对 S 公司的控制权，使 S 公司成为其子公司。在该日，S 公司实际持有货币资金 300 万元，在编制合并现金流量表时，应在合并工作底稿中编制抵销分录如下：

借：取得子公司及其他营业单位支付的现金净额	3 000 000		(21)
贷：年初现金及现金等价物余额		3 000 000	

温馨提示

在合并现金流量表的抵销分录中，“借记”表示现金流出的减少(抵销)，“贷记”表示现金流入的减少(抵销)。

（二）企业集团内部当期取得投资收益收到的现金与分配股利、利润或偿付利息支付的现金的抵销处理

母公司对子公司进行的长期股权投资和债权投资，在持有期间收到子公司分派的现金股利(利润)或债券利息，表现为现金流入，在母公司个别现金流量表中作为取得投资收益收到的现金列示。子公司向母公司分派现金股利(利润)或支付债券利息，表现为现金流出，在其个别现金流量表中反映为分配股利、利润或偿付利息支付的现金。从整个企业集团来看，这种投资收益的现金收支，并不引起整个企业集团现金流量的增减变动。因此，编制合并现金流量表时，应当在母公司与子公司现金流量表数据简单相加的基础上，将母公司当期取得投资收益收到的现金与子公司分配股利、利润或偿付利息支付的现金予以抵销。

【例 12-19】 承[例 12-1]和[例 12-8]，2×20 年，P 公司收到 S 公司向其支付的债券利息费用 200 000 元和 S 公司分派的 2×20 年现金股利 4 800 000 元。P 公司应编制抵销分录如下：

借：分配股利、利润或偿付利息支付的现金	5 000 000		(22)
贷：取得投资收益收到的现金		5 000 000	

（三）企业集团内部以现金结算债权与债务所产生的现金流量的抵销处理

母公司与子公司、子公司相互之间当期以现金结算应收账款或应付账款等债权与债务，表现为现金流入或现金流出，在母公司个别现金流量表中作为收到其他与经营活动有关的现金或支付其他与经营活动有关的现金列示，在子公司个别现金流量表中作为支付其他与经营活动有关的现金或收到其他与经营活动有关的现金列示。从整个企业集团来看，这种现金结算债权与债务的方式，并不引起整个企业集团现金流量的增减变动。因此，编制合并现金流量表时，应当在母公司与子公司现金流量表数据简单相加的基础上，将母公司与子公司、子公司相互之间当期以现金结算债权与债务所产生的现金流量予以抵销。

（四）企业集团内部当期销售商品所产生的现金流量的抵销处理

母公司向子公司当期销售商品(或子公司向母公司销售商品或子公司相互之间销售商品，下同)所收到的现金，表现为现金流入，在母公司个别现金流量表中作为销售商品、提供劳务收到的现金列示。子公司向母公司支付购货款，表现为现金流出，在其个别现金流量表

流量表中反映为购买商品、接受劳务支付的现金。从整个企业集团来看，这种内部商品购销现金收支，并不会引起整个企业集团现金流量的增减变动。因此，编制合并现金流量表时，应当在母公司与子公司现金流量表数据简单相加的基础上，将母公司与子公司、子公司相互之间当期销售商品所产生的现金流量予以抵销。

【例 12-20】 承[例 12-9]至[例 12-11]，假设 P 公司 2×20 年向 S 公司销售商品的价款 3 500 万元中实际收到 S 公司支付的银行存款 2 600 万元，同时 S 公司还向 P 公司开具了票面金额为 400 万元的商业承兑汇票。S 公司 2×20 年向 P 公司销售商品 1 000 万元的价款全部收到。应编制抵销分录如下：

借：购买商品、接受劳务支付的现金	36 000 000		(23)
贷：销售商品、提供劳务收到的现金		36 000 000	

【例 12-21】 承[例 12-12]，假设 P 公司 2×20 年 1 月 1 日向 S 公司销售商品 300 万元的价款全部收到。应编制抵销分录如下：

借：购建固定资产、无形资产和其他长期资产支付的现金	3 000 000		(24)
贷：销售商品、提供劳务收到的现金		3 000 000	

（五）企业集团内部处置固定资产等收回的现金净额与购建固定资产等支付的现金的抵销处理

母公司向子公司处置固定资产等非流动资产，表现为现金流入，在母公司个别现金流量表中作为处置固定资产、无形资产和其他长期资产收回的现金净额列示。子公司表现为现金流出，在其个别现金流量表中反映为购建固定资产、无形资产和其他长期资产支付的现金。从整个企业集团来看，这种固定资产处置与购置的现金收支，并不会引起整个企业集团现金流量的增减变动。因此，在编制合并现金流量表时，应当在母公司与子公司现金流量表数据简单相加的基础上，将母公司与子公司、子公司相互之间处置固定资产、无形资产和其他长期资产收回的现金净额与购建固定资产、无形资产和其他长期资产支付的现金相互抵销。

【例 12-22】 承[例 12-13]，假设 P 公司向 S 公司出售固定资产的价款 120 万元全部收到。应编制抵销分录如下：

借：购建固定资产、无形资产和其他长期资产支付的现金	1 200 000		(25)
贷：处置固定资产、无形资产和其他长期资产收回的现金净额		1 200 000	

二、合并现金流量表的格式

合并现金流量表的格式综合考虑了企业集团中一般工商企业和金融企业（包括商业

银行、保险公司和证券公司)的现金流入和现金流出列报的要求,与个别现金流量表的格式基本相同。一个特殊的问题就是在子公司为非全资子公司的情况下,涉及子公司与其少数股东之间的现金流入和现金流出的处理问题。

对于子公司与少数股东之间发生的现金流入和现金流出,从整个企业集团来看,也影响到其整体的现金流入和现金流出数量的增减变动,必须在合并现金流量表中予以反映。子公司与少数股东之间发生的影响现金流入和现金流出的经济业务包括:少数股东对子公司增加权益性投资、少数股东依法从子公司中抽回权益性投资、子公司向其少数股东支付现金股利或利润等。为了便于企业集团合并财务报表使用者了解掌握企业集团现金流量的情况,有必要将与子公司少数股东之间的现金流入和现金流出的情况单独予以反映。

对于子公司的少数股东增加在子公司中的权益性投资,在合并现金流量表中应当在"筹资活动产生的现金流量"之下的"吸收投资收到的现金"项目下"其中:子公司吸收少数股东投资收到的现金"项目反映。

对于子公司向少数股东支付现金股利或利润,在合并现金流量表中应当在"筹资活动产生的现金流量"之下的"分配股利、利润或偿付利息支付的现金"项目下"其中:子公司支付给少数股东的股利、利润"项目反映。

对于子公司的少数股东依法抽回在子公司中的权益性投资,在合并现金流量表应当在"筹资活动产生的现金流量"之下的"支付其他与筹资活动有关的现金"项目反映。

需要说明的是,在企业合并当期,母公司购买子公司及其他营业单位支付对价中以现金支付的部分与子公司及其他营业单位在购买日持有的现金和现金等价物应当相互抵销,区别以下两种情况分别处理:

(1) 子公司及其他营业单位在购买日持有的现金和现金等物价小于母公司支付对价中以现金支付的部分,按减去子公司及其他营业单位在购买日持有的现金和现金等价物后的净额在"取得子公司及其他营业单位支付的现金净额"项目反映,应编制的抵销分录为:借记"取得子公司及其他营业单位支付的现金净额"项目,贷记"年初现金及现金等物价余额"项目。

(2) 子公司及其他营业单位在购买日持有的现金和现金等价物大于母公司支付对价中以现金支付的部分,按减去子公司及其他营业单位在购买日持有的现金和现金等价物后的净额在"收到其他与投资活动有关的现金"项目反映,应编制的抵销分录为:借记"取得子公司及其他营业单位支付的现金净额"项目和"收到其他与投资活动有关的现金"项目,贷记"年初现金及现金等物价余额"项目。

三、合并现金流量表的编制

为了便于理解和掌握合并现金流量表的编制方法,了解合并现金流量表编制的全过程,现就本节中合并现金流量表的编制举例综合说明如下:

【例 12 - 23】 承[例 12 - 18]至[例 12 - 22],P 公司与 S 公司 2×20 年度个别现金流

量表的资料如表 12－10 所示。

表 12－10

现金流量表(简表)

2×20 年度　　　　　单位：万元

项　　目	本期金额	
	P公司	S公司
一、经营活动产生的现金流量：		
销售商品、提供劳务收到的现金	7 675	5 990
收到的税费返还		
收到其他与经营活动有关的现金		
经营活动现金流入小计	7 675	5 990
购买商品、接受劳务支付的现金	1 420	3 270
支付给职工以及为职工支付的现金	1 100	250
支付的各项税费	1 820	758
支付其他与经营活动有关的现金	45	22
经营活动现金流出小计	4 385	4 300
经营活动产生的现金流量净额	3 290	1 690
二、投资活动产生的现金流量：		
收回投资收到的现金		
取得投资收益收到的现金	500	
处置固定资产、无形资产和其他长期资产收回的现金净额	120	
处置子公司及其他营业单位收到的现金净额		
收到其他与投资活动有关的现金		
投资活动现金流入小计	620	
购建固定资产、无形资产和其他长期资产支付的现金	930	800
投资支付的现金		
取得子公司及其他营业单位支付的现金净额	3 000	
支付其他与投资活动有关的现金		
投资活动现金流出小计	3 930	800
投资活动产生的现金流量净额	－3 310	－800

（续表）

项　　　目	本期金额	
	P公司	S公司
三、筹资活动产生的现金流量：		
吸收投资收到的现金		
取得借款收到的现金		
收到其他与筹资活动有关的现金		
筹资活动现金流入小计		
偿还债务支付的现金		
分配股利、利润或偿付利息支付的现金	1 980	690
支付其他与筹资活动有关的现金		
筹资活动现金流出小计	1 980	690
筹资活动产生的现金流量净额	−1 980	−690
四、汇率变动对现金的影响额		
五、现金及现金等价物净增加额	−2 000	200
加：年初现金及现金等价物余额	3 000	300
六、年末现金及现金等价物余额	1 000	500

根据上述资料，首先，P公司应当设计合并工作底稿（见表12－6），将P公司、S公司个别现金流量表的数据过入合并工作底稿，并计算现金流量表各项目的合计金额。其次，编制抵销分录，将P公司与S公司之间的内部交易对合并现金流量表的影响予以抵销。根据上述合并工作底稿（见表12－6）的合并金额，可编制该企业集团2×20年度合并现金流量表（见表12－11）。

表12－11

合并现金流量表

2×20年度　　　　单位：万元

项　　　目	本期金额	上期金额
一、经营活动产生的现金流量：		（略）
销售商品、提供劳务收到的现金	9 765	
客户存款和同业存放款项净增加额		

（续表）

项　　　目	本期金额	上期金额
向中央银行借款净增加额		（略）
向其他金融机构拆入资金净增加额		
收到原保险合同保费取得的现金		
收到再保险业务现金净额		
保户储金及投资款净增加额		
处置交易性金融资产净增加额		
收取利息、手续费及佣金净增加额		
拆入资金净增加额		
回购业务资金净增加额		
收到的税费返还		
收到其他与经营活动有关的现金		
经营活动现金流入小计	9 765	
购买商品、接受劳务支付的现金	1 090	
客户贷款及垫款净增加额		
存放中央银行和同业款项净增加额		
支付原保险合同赔付款项的现金		
支付利息、手续费及佣金的现金		
支付保单红利的现金		
支付给职工以及为职工支付的现金	1 350	
支付的各项税费	2 578	
支付其他与经营活动有关的现金	67	
经营活动现金流出小计	5 085	
经营活动产生的现金流量净额	4 680	
二、投资活动产生的现金流量：		
收回投资收到的现金		
取得投资收益收到的现金	0	
处置固定资产、无形资产和其他长期资产收回的现金净额	0	

（续表）

项　　目	本期金额	上期金额
处置子公司及其他营业单位收到的现金净额		（略）
收到其他与投资活动有关的现金		
投资活动现金流入小计	0	
购建固定资产、无形资产和其他长期资产支付的现金	1 310	
投资支付的现金		
质押贷款净增加额		
取得子公司及其他营业单位支付的现金净额	2 700	
支付其他与投资活动有关的现金		
投资活动现金流出小计	4 010	
投资活动产生的现金流量净额	－4 010	
三、筹资活动产生的现金流量：		
吸收投资收到的现金		
其中：子公司吸收少数股东投资收到的现金		
取得借款收到的现金		
发行债券收到的现金		
收到其他与筹资活动有关的现金		
筹资活动现金流入小计		
偿还债务支付的现金		
分配股利、利润或偿付利息支付的现金	2 170	
其中：子公司支付给少数股东的股利、利润	120	
支付其他与筹资活动有关的现金		
筹资活动现金流出小计	2 170	
筹资活动产生的现金流量净额	－2 170	
四、汇率变动对现金的影响		
五、现金及现金等价物净增加额	－1 500	
加：年初现金及现金等价物余额	3 000	
六、年末现金及现金等价物余额	1 500	

复习思考题

1. 合并财务报表的合并范围包含哪些?
2. 编制合并财务报表涉及哪些调整分录?
3. 编制合并财务报表时内部交易的抵销分录如何处理?

练 习 题

一、单项选择题

1. 根据现行规定,对于上一年度纳入合并范围、本年处置的子公司,下列会计处理中,正确的是( )。

A. 合并利润表应当将处置该子公司的损益作为营业外收支计列

B. 合并利润表应当包括该子公司年初至处置日的相关收入和费用

C. 合并利润表应当将该子公司年初至处置日实现的净利润作为投资收益计列

D. 合并利润表应当将该子公司年初至处置日实现的净利润与处置该子公司的损益一并作为投资收益计列

2. 甲、乙公司没有关联关系,按照净利润的10%提取盈余公积。2×20年1月1日,甲公司投资500万元购入乙公司100%股权,乙公司可辨认净资产公允价值为500万元,账面价值400万元,其差额为应按5年摊销的无形资产。2×20年,乙公司实现净利润100万元,所有者权益其他项目不变,期初未分配利润为0,乙公司在2×20年期末甲公司编制投资收益和利润分配的抵销分录时应抵销的期末未分配利润是( )。

A. 100万元　　B. 0　　C. 80万元　　D. 70万元

3. 子公司2×20年以450万元的售价(不含增值税)购进母公司成本为360万元的货物,全部形成期末存货。子公司2×21年又以900万元的售价(不含增值税)购进母公司成本为765万元的货物。2×21年,子公司对外销售这种存货中的315万元,售价为390万元,采用先进先出法结转存货成本,母子公司所得税税率为25%。2×21年,母公司编制合并报表时所作的抵销分录应为( )。

A. 借:营业收入	13 500 000	
贷:营业成本		11 250 000
存货		2 250 000
B. 借:未分配利润——年初	900 000	
贷:营业成本		900 000
借:营业收入	9 000 000	
贷:营业成本		9 000 000

借：营业成本　　1 620 000
　　贷：存货　　1 620 000
借：递延所得税资产　　225 000
　　贷：未分配利润——年初　　225 000
借：递延所得税资产　　180 000
　　贷：所得税费用　　180 000

C. 借：未分配利润——年初　　3 600 000
　　贷：营业成本　　3 600 000
借：营业收入　　7 650 000
　　贷：营业成本　　7 650 000
借：营业成本　　1 350 000
　　贷：存货　　1 350 000

D. 借：营业收入　　4 500 000
　　贷：营业成本　　3 600 000
　　　　存货　　900 000
借：营业收入　　9 000 000
　　贷：营业成本　　7 650 000
　　　　存货　　1 350 000

4. 甲公司于2×20年8月28日从其拥有80%股份的被投资企业购进设备一台，该设备成本为405万元，售价为508.5万元(含增值税，增值税税率为13%)，另支付运输安装费11.25万元(含增值税，增值税率为9%)，甲公司已付款且该设备当月投入使用，预计使用年限为5年，净残值为零，采用直线法计提折旧。甲公司在2×20年年末编制合并财务报表时应抵销的固定资产内部交易多提折旧为(　　)万元。

A. 9　　B. 3　　C. 12.15　　D. 13.28

5. 下列事项中，C公司应当纳入A公司合并范围的情况是(　　)。

A. A公司拥有B公司50%的权益性资本，B公司拥有C公司60%的权益性资本

B. A公司拥有C公司48%的权益性资本

C. A公司拥有B公司60%的权益性资本，B公司拥有C公司40%的权益性资本

D. A公司拥有B公司60%的权益性资本，B公司拥有C公司40%的权益性资本，同时A公司拥有C公司20%的权益性资本

6. 下列关于年度合并财务报表的表述中，错误的是(　　)。

A. 在报告期内出售上年已纳入合并范围的子公司时，合并资产负债表的期初数应进行调整

B. 在报告期内购买应纳入合并范围的子公司时，合并现金流量表中应合并被购买子公司自购买日至年末的现金流量

C. 在报告期内出售上年已纳入合并范围的子公司时，合并利润表中应合并被出

售子公司年初至出售日止的相关收入和费用

D. 在报告期内上年已纳入合并范围的某子公司发生巨额亏损导致所有者权益为负数，但仍持续经营的，则该子公司仍应纳入合并范围

7. 子公司上期从母公司购入的100万元存货全部在本期实现销售，取得140万元的销售收入，该项存货母公司的销售成本80万元，在母公司编制本期合并报表时（假定不考虑内部销售产生的暂时性差异）所作的抵销分录为（　　）。

A. 借：未分配利润——年初　　400 000
　　贷：营业成本　　400 000

B. 借：未分配利润——年初　　200 000
　　贷：存货　　200 000

C. 借：未分配利润——年初　　200 000
　　贷：营业成本　　200 000

D. 借：营业收入　　1 400 000
　　贷：营业成本　　1 000 000
　　　　存货　　400 000

8. 企业将期初内部交易管理用固定资产多计提折旧额抵销时，应编制的抵销分录是（　　）。

A. 借记"未分配利润——年初"项目，贷记"管理费用"项目

B. 借记"固定资产——累计折旧"项目，贷记"管理费用"项目

C. 借记"固定资产——累计折旧"项目，贷记"未分配利润——年初"项目

D. 借记"未分配利润——年初"项目，贷记"固定资产——累计折旧"项目

9. 甲公司2×20年2月10日从其拥有80%股份的被投资企业A购进设备一台，该设备成本为70万元，售价为100万元，增值税额为13万元，另支付运输安装费3万元，增值税额为2 700元。甲公司已付款，且该设备当月投入使用，预计使用5年，净残值为零，采用直线法计提折旧。甲公司2×20年年末编制合并报表时，下述涉及该项业务折旧费用的抵销分录中，正确的是（　　）。

A. 借：固定资产——累计折旧　　200 000
　　贷：管理费用　　200 000

B. 借：固定资产——累计折旧　　83 300
　　贷：管理费用　　83 300

C. 借：固定资产——累计折旧　　50 000
　　贷：管理费用　　50 000

D. 借：固定资产——累计折旧　　78 300
　　贷：管理费用　　78 300

10. 甲公司只有一个子公司乙公司，2×20年度，甲公司和乙公司个别现金流量表中

“销售商品、提供劳务收到的现金”项目的金额分别为 2 000 万元和 1 000 万元，“购买商品、接受劳务支付的现金”项目的金额分别为 1 800 万元和 800 万元。2×20 年，甲公司向乙公司销售商品收到现金 100 万元，不考虑其他事项，合并现金流量表中“销售商品、提供劳务收到的现金”项目的金额为（　　）万元。

A. 3 000　　　　B. 2 600

C. 2 500　　　　D. 2 900

11. 编制合并报表抵销分录的目的在于（　　）。

A. 将母子公司个别财务报表各项目加总

B. 将个别报表各项目加总数据中集团内部经济业务的重复因素予以抵销

C. 代替设置账簿、登记账簿的核算程序

D. 反映全部内部投资、内部交易、内部债权与债务等会计事项

二、多项选择题

1. A 公司和 B 公司是母子公司关系。2×20 年年末，A 公司应收 B 公司账款为 100 万元，坏账准备计提比例为 2%；2×21 年年末，A 公司应收 B 公司账款仍为 100 万元，坏账准备计提比例变更为 4%。对此，母公司编制 2×21 年合并财务报表工作底稿时应编制的抵销分录包括（　　）。

A. 借：应付账款　　1 000 000
　　贷：应收账款　　1 000 000

B. 借：应收账款——坏账准备　　10 000
　　贷：信用减值损失　　10 000

C. 借：应收账款——坏账准备　　20 000
　　贷：信用减值损失　　20 000

D. 借：应收账款——坏账准备　　20 000
　　贷：未分配利润——年初　　20 000

2. 在连续编制合并财务报表时，有些业务要通过“未分配利润——年初”项目予以抵销。这些经济业务有（　　）。

A. 上期内部固定资产交易的未实现利润抵销

B. 本期内部存货交易中期末存货未实现利润抵销

C. 内部存货交易中期初存货未实现利润抵销

D. 上期内部固定资产交易后多计提折旧的抵销

3. 下列关于母公司合并财务报表的处理中，正确的有（　　）。

A. 在报告期内因同一控制下企业合并增加的子公司应当调整合并资产负债表的期初数

B. 母公司在报告期内因同一控制下企业合并增加的子公司不应当调整合并资产

负债表的期初数

C. 因非同一控制下企业合并增加的子公司不应当调整合并资产负债表的期初数

D. 因非同一控制下企业合并增加的子公司应当调整合并资产负债表的期初数

4. 关于母公司在报告期增减子公司在合并利润表中的反映，下列表述中，正确的有（　　）。

A. 因同一控制下企业合并增加的子公司，在编制合并利润表时，应当将该子公司合并当期期初至报告期末的收入、费用、利润纳入合并利润表

B. 因非同一控制下企业合并增加的子公司，在编制合并利润表时，应当将该子公司合并当期期初至报告期末的收入、费用、利润纳入合并利润表

C. 因非同一控制下企业合并增加的子公司，在编制合并利润表时，应当将该子公司购买日至报告期末的收入、费用、利润纳入合并利润表

D. 母公司在报告期内处置子公司，应当将该子公司期初至处置日的收入、费用、利润纳入合并利润表

5. 关于母公司在报告期增减子公司在合并资产负债表中的反映，下列表述中，正确的有（　　）。

A. 因同一控制下企业合并增加的子公司，编制合并资产负债表时，应当调整合并资产负债表的期初数

B. 因非同一控制下企业合并增加的子公司，不应调整合并资产负债表的期初数

C. 母公司在报告期内处置子公司，编制合并资产负债表时，不应当调整合并资产负债表的期初数

D. 因同一控制下企业合并增加的子公司，编制合并资产负债表时，不应当调整合并资产负债表的期初数

三、判断题

1. 一个企业如果没有对外长期股权投资，则不存在合并财务报表的编制问题。（　　）

2. 企业集团内部当期购入的商品在当期全部实现对集团外销售的情况下，不涉及存货中包含的未实现内部销售利润的抵销问题。（　　）

3. 对于子公司相互之间发生的内部交易，在编制合并财务报表时也需要进行抵销处理。（　　）

4. 本期如果不发生内部固定资产交易，则不存在固定资产中包含的未实现内部销售利润的抵销问题。（　　）

5. 在编制合并报表时，需要统一母子公司的会计政策。（　　）

6. 由于内部交易形成的资产，所计提的资产减值准备不需要进行抵销。（　　）

7. 拥有半数以上股权的子公司都应该纳入合并财务报表的编制范围。（　　）

四、计算及账务处理题

1. 甲公司是乙公司的母公司。2×20 年 1 月 1 日，甲公司销售商品给乙公司，商品的成本为 80 万元，售价为 100 万元，增值税税率为 13%，乙公司购入后作为固定资产用于管理部门，假定该固定资产折旧期为 5 年，没有残值，乙公司采用直线法提取折旧，为简化起见，假定 2×20 年按全年提取折旧。乙公司另行支付了运杂费 3 万元。假定对该事项在编制合并抵销分录时不考虑递延所得税的影响。

要求：根据上述资料，作出会计处理如下：

(1) 编制 2×20—2×23 年的抵销分录。

(2) 如果 2×24 年年末该设备不被清理，编制当年的抵销分录。

(3) 如果 2×24 年年末该设备被清理，编制当年的抵销分录。

(4) 如果该设备用至 2×25 年仍未清理，编制 2×25 年的抵销分录。

(5) 如果该设备 2×22 年年末提前清理而且产生了清理收益，编制当年的抵销分录。

2. 甲公司为上市公司，系增值税一般纳税人，适用的增值税税率为 13%。相关资料如下：

(1) 2×20 年 1 月 1 日，甲公司以银行存款 11 000 万元，自乙公司购入 W 公司 80% 的股份。乙公司系甲公司的母公司的全资子公司。

2×20 年 1 月 1 日，W 公司股东权益在甲公司的母公司合并财务报表中的账面价值为 15 000 万元，其中股本为 8 000 万元、资本公积为 3 000 万元、盈余公积为 2 600 万元、未分配利润为 1 400 万元。

2×20 年 1 月 1 日，W 公司可辨认净资产的公允价值为 17 000 万元。

(2) 2×20 年，W 公司实现净利润 2 500 万元，提取盈余公积 250 万元。当年购入的可供出售金融资产因公允价值上升确认其他综合收益 300 万元。

2×20 年，W 公司从甲公司购进 A 商品 400 件，购买价格为每件 2 万元。甲公司 A 商品每件成本为 1.5 万元。

2×20 年，W 公司对外销售 A 商品 300 件，每件销售价格为 2.2 万元；年末结存 A 商品 100 件。

2×20 年 12 月 31 日，A 商品每件可变现净值为 1.8 万元；W 公司对 A 商品计提存货跌价准备 20 万元。

(3) 2×21 年，W 公司实现净利润 3 200 万元，提取盈余公积 320 万元，分配现金股利 2 000 万元。2×21 年，W 公司出售其他权益工具投资而转出 2×20 年确认的其他综合收益 120 万元，因其他权益工具投资公允价值上升确认其他综合收益 150 万元。

2×21 年，W 公司对外销售 A 商品 20 件，每件销售价格为 1.8 万元。

2×21 年 12 月 31 日，W 公司年末存货中包括从甲公司购进的 A 商品 80 件，A 商品每件可变现净值为 1.4 万元。A 商品存货跌价准备的期末余额为 48 万元。

要求：

(1) 编制甲公司购入W公司80%股权的会计分录。

(2) 编制甲公司2×20年度合并财务报表时与内部商品销售相关的抵销分录。

(3) 编制甲公司2×20年度合并财务报表时对W公司长期股权投资的调整分录及相关的抵销分录。

(4) 编制甲公司2×21年度合并财务报表时与内部商品销售相关的抵销分录。

(5) 编制甲公司2×21年度合并财务报表时对W公司长期股权投资的调整分录及相关的抵销分录。

模 拟 试 题

【模拟试题一】

一、单项选择题

1. 企业收到投资者以外币投入的资本，应当采用(　　)折算。

A. 资产负债表日的汇率　　B. 交易日即期汇率(历史汇率)

C. 合同约定汇率　　D. 收到外币款项当月月初的汇率

2. 在或有事项中，“很可能”是指(　　)。

A. 发生的概率大于95%但小于100%

B. 发生的概率大于5%但小于或等于50%

C. 发生的概率大于50%但小于或等于95%

D. 发生的概率大于0但小于或等于50%

3. A公司因一桩诉讼案件，根据专家预测，基本确定可从乙公司获得赔偿10万元，至当期期末A公司未确认相关的负债。在这种情况下，A公司在资产负债表中应确认的资产为(　　)。

A. 5万元　　B. 20万元　　C. 10万元　　D. 0

4. 下列项目中，属于货币性资产的是(　　)。

A. 应收账款　　B. 长期股权投资

C. 投资性房地产　　D. 交易性金融资产

5. 下列关于非货币性资产交换的说法中，正确的是(　　)。

A. 关联方关系的存在可能导致发生的非货币性资产交换不具有商业实质

B. 如果换出资产的公允价值能够可靠地计量，就应当以其公允价值和应支付的相关税费作为换入资产的成本

C. 只要该项交换具有商业实质，就应当以公允价值和应支付的相关税费作为换入资产的成本

D. 如果换入资产与换出资产的预计未来现金流量、时间和风险有显著不同，就可以认定其具有商业实质(不考虑关联方影响)

6. 2×20年7月1日，A公司正式动工兴建一栋办公楼，预计工期为1年零7个月，

工程采用出包方式进行建造。为建造该办公楼，A 公司向银行专门借款 2 000 万元。2×21 年7 月 10 日，工程按照合同要求提前全部完工。2×21 年 7 月 20 日工程验收合格，7 月 31 日办理工程竣工结算，8 月 11 日完成全部资产移交手续，9 月 1 日办公楼正式投入使用。则 A 公司借款利息停止资本化的时点为(　　)。

A. 2×21 年 7 月 10 日　　B. 2×21 年 7 月 20 日

C. 2×21 年 7 月 31 日　　D. 2×21 年 9 月 1 日

7. 在资本化期间内，对于专门借款闲置资金产生的利息收入或投资收益应(　　)。

A. 计入营业外收入　　B. 计入投资收益

C. 冲减财务费用　　D. 冲减借款费用资本化的金额

8. 下列项目中，会产生暂时性差异的是(　　)。

A. 因漏税受到税务部门处罚而支付的罚款

B. 非公益性捐赠支出

C. 取得国债利息收入

D. 计提存货跌价准备

9. 当难以区分某种会计变更属于政策变更还是估计变更时，通常将这种会计变更视为(　　)处理。

A. 前期差错　　B. 会计政策变更

C. 会计估计变更　　D. 资产负债表日后调整事项

10. 下列各项中，不属于衍生金融工具的是(　　)。

A. 远期合约　　B. 期货合约　　C. 互换协议　　D. 企业债券

11. 合并财务报表的主体为(　　)。

A. 母公司　　B. 母公司和子公司组成的企业集团

C. 总公司　　D. 总公司和分公司组成的企业集团

12. 甲公司拥有乙公司 60%的股份，拥有丙公司 30%的股份，乙公司拥有丙公司 25%的股份。在这种情况下，甲公司编制合并财务报表时，应当将(　　)纳入合并财务报表的合并范围。

A. 乙公司　　B. 丙公司

C. 乙公司和丙公司　　D. 乙公司和丙公司均不

13. 甲公司为股份有限公司，2×20 年 7 月 1 日为新建生产车间而向商业银行借入专门借款 2 000 万元，年利率为 4%，款项已存入银行。至 2×20 年 12 月 31 日，因建筑地面上建筑物的拆迁补偿问题尚未解决，建筑地面上原建筑物尚未开始拆迁；该项借款存入银行所获得的利息收入为 19.8 万元。甲公司 2×20 年就上述借款应予以资本化的利息为(　　)。

A. 0　　B. 0.2 万元　　C. 20.2 万元　　D. 40 万元

14. 甲公司发行 1 000 万股普通股(每股面值为 1 元,市价为 5 元)作为合并对价取得乙企业 100%的股权,涉及合并方均无关联关系,合并日乙企业的可辨认资产公允价值总额为 5 000 万元,可辨认负债公允价值总额为 2 000 万元,甲公司的合并成本为(　　)万元。

A. 1 000　　B. 3 000　　C. 5 000　　D. 2 000

15. 下列各项中,会形成应纳税暂时性差异的是(　　)。

A. 非公益性捐赠　　B. 确认预计负债

C. 交易性金融资产公允价值上升　　D. 计提固定资产减值准备

16. A 企业从 B 公司租入一台机器设备,租赁期为 8 年,每年年末支付租金 30 万元。租赁期届满,A 公司可以以 25 万元的优惠价格购买该机器设备(远低于行使选择权的租赁资产公允价值)。租赁合同规定的年利率为 7%。A 企业因该项租赁取得的使用权资产入账价值是(　　)万元[已知 $(P/A,7\%,8)=5.9713$,$(P/F,7\%,8)=0.5820$]。

A. 193.69　　B. 190　　C. 240　　D. 265

17. 下列表述中,不正确的是(　　)。

A. 待执行合同变成亏损合同的,该亏损合同产生的义务满足预计负债确认条件的,一般应当确认为预计负债

B. 待执行合同均属于或有事项

C. 待执行合同变成亏损合同时,有合同标的资产的,应当先对标的资产进行减值测试并按规定确认减值损失,如预计亏损超过该减值损失,应将超过部分确认为预计负债

D. 待执行合同变成亏损合同时,无合同标的资产的,亏损合同相关义务满足预计负债确认条件时,应当确认为预计负债

18. 2×20 年 10 月,东大公司以一台当年购入的设备与恒通公司的一项专利权交换。设备的账面原值为 20 万元,累计折旧为 4 万元,已提减值准备 2 万元,公允价值为 10 万元。东大公司另向恒通公司支付银行存款 6 万元。假设该交换具有商业实质,增值税税率为 13%。东大公司应确认的资产转让损失为(　　)万元。

A. 1　　B. 12　　C. 8　　D. 4

19. 甲公司于 2×20 年 1 月 1 日成立,承诺产品售后 3 年内向消费者免费提供维修服务,预计保修期内将发生的保修费在销售收入的 3%～5%,且这个区间内每个金额发生的可能性相同。当年甲公司实现的销售收入为 1 000 万元,实际发生的保修费为 15 万元。不考虑其他因素,甲公司 2×20 年 12 月 31 日资产负债表预计负债项目的期末余额为(　　)万元。

A. 40　　B. 35　　C. 25　　D. 15

20. 甲公司于 2×20 年 3 月在上年度财务会计报告批准报出后,发现 2×18 年 9 月购入并开始使用的 1 台管理用固定资产一直未计提折旧。该固定资产 2×18 年应计提折旧

20 万元,2×19 年应计提折旧 80 万元。甲公司对此重大会计差错采用追溯重述法进行会计处理。假定甲公司按净利润的 10%提取法定盈余公积,不考虑其他因素。甲公司 2×20 年度所有者权益变动表“本年金额”栏中的“未分配利润年初数”项目应调减的金额为(　　)万元。

A. 72　　B. 80　　C. 90　　D. 100

二、多项选择题

1. 下列事项中,属于会计政策变更的有(　　)。

A. 按规定存货期末计价的方法由成本法改为成本与可变现净值孰低法

B. 固定资产的折旧年限发生改变

C. 无形资产摊销年限从 15 年改为 8 年

D. 投资性房地产后续计量模式由成本模式变更为公允价值模式

2. 下列事项中,属于资产负债表日后非调整事项的有(　　)。

A. 资产负债表日后发生自然灾害导致资产损失

B. 资产负债表日后董事会提出现金股利分配方案

C. 资产负债表日后对某一企业进行巨额投资

D. 资产负债表日后期间发生的报告年度以前售出的商品发生退回

3. W 公司拥有甲、乙、丙、丁四家公司,权益性资本比例分别是 73%、35%、26%、30%,此外,甲公司拥有乙公司 26%的权益性资本,丙公司拥有丁公司 30%的权益性资本,应纳入 W 公司合并财务报表合并范围的有(　　)。

A. 甲公司　　B. 乙公司　　C. 丙公司　　D. 丁公司

4. 2×20 年 3 月,甲公司发现 2×19 年 7 月一项已经达到预定可使用状态的管理用固定资产未结转,同时漏提折旧,该公司 2×19 年财务报告尚未批准报出,下列处理方法中,不正确的有(　　)。

A. 作为 2×20 年 3 月当期正常业务处理

B. 登记“固定资产”“以前年度损益调整”等相关账户,调整 2×19 年度报表相关项目年末余额、本期金额

C. 登记 2×20 年 3 月的固定资产及折旧费用等相关账户,调整 2×19 年度报表相关项目的年初余额和上年金额

D. 登记“固定资产”及“以前年度损益调整”等相关项目,调整 2×19 年报表年初余额和上年金额

5. 在不考虑其他影响因素的情况下,企业发生的下列交易或事项中,期末可能会引起递延所得税资产增加的有(　　)。

A. 本期计提固定资产减值准备

B. 本期转回存货跌价准备

C. 企业购入交易性金融资产，当期期末公允价值小于其初始确认金额

D. 计提预计负债

三、判断题

1. 资本化期间内发生的外币一般借款汇兑损益，应该予以资本化。（　）

2. “少数股东损益”属于合并资产负债表项目。（　）

3. 资产负债表日后发生的调整事项如涉及现金收支项目的，均不调整报告年度资产负债表的货币资金项目和现金流量表各项目数字。（　）

4. 或有负债涉及两类义务，即潜在义务和现时义务，它们均不符合负债的确认条件，不能予以确认。（　）

5. 外币报表折算差额在利润表中单独列示。（　）

6. 对资产负债表日后事项中的非调整事项，只进行账务处理，不需要披露。（　）

7. 某企业计提了100万元的预计产品保修费用，假定税法规定在未来保修时可以抵扣，那么该项预计负债的计税基础是0。（　）

8. 企业在一定条件下是可以确认或有负债和或有资产。（　）

9. 以融资租赁方式租出的固定资产，应由承租方计提固定资产折旧。（　）

10. 无论任何种类的金融资产或金融负债，企业在对它们进行初始确认时，均应按照公允价值计量。（　）

四、计算及账务处理题

1. 甲股份有限公司（简称“甲公司”）以人民币作为记账本位币，外币业务采用业务发生时的即期汇率折算，按月计算汇兑损益（假设不考虑增值税）。

(1) 甲公司有关外币账户2×20年2月28日的余额如下表所示。

项　目	外币账户余额（万欧元）	汇率	人民币账户余额（万元人民币）
银行存款	800	9.0	7 200
应收账款	400	9.0	3 600
应付账款	200	9.0	1 800
长期借款	1 000	9.0	9 000

(2) 甲公司2×20年3月份发生的有关外币交易或事项如下：

① 2日，将100万欧元兑换为人民币，兑换取得的人民币已存入银行。当日即期汇率为1欧元＝9.0元人民币，当日银行买入价为1欧元＝8.9元人民币。

② 10日，从国外购入一批原材料，货款总额为400万欧元。该原材料已验收入库，货款尚未支付。当日即期汇率为1欧元＝8.9元人民币。另外，以银行存款支付该原材料

的进口关税500万元人民币。

③ 14日，出口销售一批商品，销售价款为600万欧元，货款尚未收到。当日即期汇率为1欧元=8.9元人民币。

④ 20日，收到应收账款300万欧元，款项已存入银行。当日即期汇率为1欧元=8.8元人民币。该应收账款系2月份出口销售商品发生的。

⑤ 22日，偿还3月10日从国外购入原材料的货款400万欧元，当日即期汇率为1欧元=8.8元人民币。

⑥ 25日，以每股10欧元的价格(不考虑相关税费)用银行存款购入荷兰杰拉尔德公司发行的股票10 000股作为交易性金融资产，当日即期汇率为1欧元=8.8元人民币。

⑦ 31日，计提长期借款第一季度发生的利息。该长期借款系2×20年1月1日从中国银行借入的外币专门借款，用于购买建造某生产线的专用设备，借入款项已于当日支付给该专用设备的外国供应商。该生产线的在建工程已于2×19年10月开工。该外币借款金额为1 000万欧元，期限为2年，年利率为4%，按季计提借款利息，到期一次还本付息。该专用设备于3月20日验收合格并投入安装。至2×20年3月31日，该生产线尚处于建造过程中。

⑧ 31日，荷兰杰拉尔德公司发行的股票的市价为11欧元。

⑨ 31日，即期汇率为1欧元=8.7元人民币。

要求：

(1) 编制甲公司3月份与外币交易或事项相关的会计分录。

(2) 填列甲公司2×20年3月31日外币账户发生的汇兑差额(请将汇兑差额金额填入给定的表格中；汇兑收益以“+”号表示，汇兑损失以“-”号表示)，并编制汇兑差额相关的会计分录。

外币账户	3月31日汇兑差额(单位：万元人民币)
银行存款(欧元户)	
应收账款(欧元户)	
应付账款(欧元户)	
长期借款(欧元户)	

(3) 计算交易性金融资产2×20年3月31日应确认的公允价值变动损益并编制相关会计分录。

(4) 计算2×20年3月份产生的汇兑差额及计入当期损益的汇兑差额。

2. 甲公司是一家上市公司，系增值税一般纳税企业。该公司2×20年发生了如下经济业务：

(1) 甲公司的外币业务采用交易日的即期汇率核算。6月15日，将15 000万美元售给中国银行，当日中国银行美元买入价为1美元＝7.68元人民币，卖出价为1美元＝7.88元人民币，当日即期汇率为1美元＝7.78元人民币。

(2) 甲公司2×20年销售收入1 500万元，产品质量保证条款规定，产品售出后，如果1年内发生正常质量问题，甲公司将负责免费维修。根据以往经验，如果发生较小质量问题，修理费用为销售收入的1%，发生较大问题的修理费用为销售收入的3%～5%，发生特大质量问题的修理费用为销售收入的8%～10%。公司考虑各种因素，预测2×20年所售商品中，有10%将发生较小质量问题，5%将发生较大质量问题，2%将发生特大质量问题。

(3)甲公司用一栋厂房换入乙公司的一项专利权。厂房的账面原值为2 000万元，已提折旧400万元，已提减值准备200万元。甲公司另向乙公司支付补价200万元。假定该项资产交换不具有商业实质，且不考虑相关税费。

(4) 甲公司2×20年期末存货成本1 000万元，计提存货跌价准备200万元。甲公司采用资产负债表债务法核算所得税，所得税税率为25%。

要求：根据上述经济业务编制甲公司相应的会计分录。

3. A公司于2×20年1月1日以4 000万元取得B公司80%的股权。在合并前，A公司与B公司不存在关联方关系。合并当日，B公司可辨认净资产公允价值(等于其账面价值)为5 000万元，其中股本为4 000万元，资本公积为500万元，盈余公积为150万元，未分配利润为350万元。A、B公司增值税税率均为13%。

(1) 2×20年3月5日，A公司出售100件甲商品给B公司，单价(不含增值税)为8万元，单位成本为6万元，全部货款未收。至2×20年12月31日，B公司向A公司购买的上述甲商品尚有50件未对外出售。到年末时，上述货款仍然未收到，A公司按5%计提了坏账准备。

(2) B公司2×20年度取得利润500万元，提取盈余公积50万元，本年购入的其他权益工具投资到年末时公允价值下降100万元(已考虑所得税影响)。B公司2×22年未向投资者分配利润。

要求：

(1) 编制2×20年A公司编制合并报表的有关调整分录。

(2) 编制2×20年A公司编制合并报表的有关抵销分录。

【模拟试题二】

一、单项选择题

1. 下列合并形式中，需要编制合并财务报表的是(　　)。

A. 吸收合并　　B. 控股合并　　C. 新设合并　　D. 以上三种形式

2. 2×20 年 1 月 1 日，甲公司取得专门借款 2 000 万元用于当日开工建造的厂房，2×20 年累计发生建造支出 1 800 万元，2×21 年 1 月 1 日，该公司又取得一般借款 500 万元，年利率为 6%，当天发生建造支出 300 万元，以借入款项支付。甲公司按季计算利息费用资本化金额。2×21 年第一季度该公司应予资本化一般借款利息费用为(　　)万元。

A. 1.5　　B. 3　　C. 4.5　　D. 7.5

3. 下列各项中，会形成应纳税暂时性差异的是(　　)。

A. 非公益性捐赠

B. 确认预计负债

C. 交易性金融资产公允价值上升

D. 计提固定资产减值准备

4. 甲公司用一项专利权换入一项专利技术。专利权原值为 100 万元，累计摊销为 30 万元，公允价值为 80 万元。专利技术原值为 140 万元，累计摊销为 50 万元，公允价值为 80 万元。假设不考虑相关税费，该项交换不具有商业实质。甲公司换入专利技术的入账价值为(　　)万元。

A. 80　　B. 70　　C. 90　　D. 140

5. 某公司采用备抵法核算坏账损失，坏账准备计提比例为年末应收账款余额的 3%。上年年末该公司对其子公司内部应收账款余额为 4 000 万元，本年年末对其子公司内部应收账款余额为 6 000 万元。该公司本年编制合并财务报表时应抵销“未分配利润——年初”项目的金额为(　　)万元。

A. 180　　B. 60　　C. 120　　D. 50

6. 甲公司为增值税一般纳税人，于 2×20 年 12 月 5 日以一台设备换入乙公司的一项非专利技术，该交换具有商业实质。甲公司换出商品的账面价值为 80 万元，公允价值为 100 万元，增值税额为 13 万元；另收到乙公司补价 10 万元。甲公司换入非专利技术的原账面价值为 60 万元，公允价值无法可靠地计量。假定不考虑其他因素，甲公司换入该非专利技术的入账价值为(　　)万元。

A. 50　　B. 70　　C. 90　　D. 103

7. 2×20 年 1 月 1 日，甲公司从银行取得 3 年期专门借款开工兴建一栋厂房。2×22 年 6 月 30 日，该厂房达到预定可使用状态并投入使用；7 月 31 日，该厂房验收合格；8 月 5 日，该厂房办理竣工决算；8 月 31 日，该厂房完成移交手续。甲公司该专门借款费用在 2×22 年停止资本化的时点为(　　)。

A. 6 月 30 日　　B. 7 月 31 日　　C. 8 月 5 日　　D. 8 月 31 日

8. 甲公司由于受国际金融危机的不利影响，决定对乙事业部进行重组，将相关业务转移到其他事业部。经履行相关报批手续，甲公司对外正式公告其重组方案。甲公司根据该重组方案预计很可能发生的下列各项支出中，不应当确认为预计负债的是（　　）。

A. 自愿遣散费　　B. 强制遣散费

C. 剩余职工岗前培训费　　D. 不再使用厂房的租赁撤销费

9. 下列关于外币财务报表折算的表述中，不正确的是（　　）。

A. 资产和负债项目应当采用资产负债表日的即期汇率进行折算

B. 所有者权益项目，除"未分配利润"项目外，其他项目均应采用发生时的即期汇率进行折算

C. 利润表中的收入和费用项目，应当采用交易发生日的即期汇率折算，也可以采用与交易发生日即期汇率近似的汇率进行折算

D. 在部分处置境外经营时，应将资产负债表中所有者权益项目下列示的、与境外经营相关的全部外币财务报表折算差额转入当期损益

10. 甲公司2×20年度财务报告于2×21年3月5日对外报出，2×21年2月1日，甲公司收到乙公司因产品质量原因退回的商品，该商品系2×20年12月5日销售；2×21年2月5日，甲公司按照2×20年12月份申请通过的方案成功发行公司债券；2×21年1月25日，甲公司发现2×20年11月20日入账的固定资产未计提折旧；2×21年1月5日，甲公司得知丙公司2×20年12月30日发生重大火灾，无法偿还所欠甲公司2×20年贷款。下列事项中，属于甲公司2×20年度资产负债表日后非调整事项的是（　　）。

A. 乙公司退货　　B. 甲公司发行公司债券

C. 固定资产未计提折旧　　D. 应收丙公司货款无法收回

11. 2×20年3月，甲公司在上年度财务会计报告批准报出后，发现2×18年9月购入并开始使用的一台管理用固定资产一直未计提折旧。该固定资产2×18年应计提折旧20万元，2×19年应计提折旧80万元。甲公司对此重大会计差错采用追溯重述法进行会计处理。假定甲公司按净利润的10%提取法定盈余公积，不考虑其他因素。甲公司2×20年度所有者权益变动表"本年金额"栏中的"未分配利润年初数"项目应调减的金额为（　　）万元。

A. 72　　B. 80　　C. 90　　D. 100

12. 合并财务报表的会计主体为（　　）。

A. 母公司　　B. 母公司和子公司组成的企业集团

C. 总公司　　D. 总公司和分公司组成的企业集团

13. 下列有关借款费用停止资本化时点的表述中，正确的是（　　）。

A. 固定资产交付使用时停止资本化

B. 固定资产办理竣工决算手续时停止资本化

C. 固定资产达到预定可使用或可销售状态时停止资本化

D. 固定资产建造过程中发生正常中断时停止资本化

14. 在连续编制合并财务报表的情况下，上期抵销内部应收账款额计提的坏账准备对本期的影响时，应编制的抵销分录为（　　）。

A. 借：应收账款——坏账准备
　　贷：资产减值损失

B. 借：应收账款——坏账准备
　　贷：未分配利润——年初

C. 借：未分配利润——年初
　　贷：应收账款——坏账准备

D. 借：资产减值损失
　　贷：应收账款——坏账准备

15. 承租人对使用权资产的折旧，通常应采用的方法是（　　）。

A. 直线法　　B. 实际利率法
C. 年数总和法　　D. 双倍余额递减法

16. 买家享有在合约期满或期满之前按约定的价格购买或销售一定数额的某种金融资产的权利，属于（　　）。

A. 远期交易　　B. 期货交易　　C. 期权交易　　D. 互换交易

17. 套期保值业务较多的企业进行公允价值套期时，由于公允价值变动发生的利得或损失，应记入（　　）账户。

A. “公允价值变动损益”　　B. “套期损益”
C. “汇兑损益”　　D. “财务费用”

18. 被套期项目因被套期风险形成的利得或损失应当计入当期损益，同时（　　）。

A. 调整被套期项目的账面价值　　B. 确定被套期项目的公允价值
C. 计量被套期项目的市场价值　　D. 确定被套期项目的重置成本

19. 下列各项中，母公司在编制合并财务报表时，不应纳入合并范围的有（　　）。

A. 经营规模较小的子公司
B. 已宣告破产的原子公司
C. 资金调度受到限制的境外子公司
D. 经营业务性质有显著差别的子公司

20. 甲公司和乙公司同为A集团的子公司，2×20年1月1日，甲公司以银行存款760万元取得乙公司所有者权益的80%，同日乙公司所有者权益的账面价值为1 000万元，可辨认净资产公允价值为1 100万元。2×20年1月1日，甲公司应记入“资本公积”账户的金额为（　　）。

A. 40万元（借方）　　B. 40万元（贷方）
C. 0　　D. 120万元（贷方）

二、多项选择题

1. 下列各项中,属于融资租赁标准的有(　　)。
   A. 租赁期占租赁资产使用寿命的大部分
   B. 在租赁期届满时,租赁资产的所有权转移给承租人
   C. 租赁资产性质特殊,如不作较大改造,只有承租人才能使用
   D. 承租人有购买租赁资产的选择权,购价预计远低于行使选择权时租赁资产的公允价值
2. 下列各项中,属于资产负债表日后调整事项的有(　　)。
   A. 资产负债表日后期间发生重大火灾损失
   B. 报告年度已售商品在资产负债表日后事项期间发生退回
   C. 报告年度按暂估价值入账的固定资产在资产负债表日后事项期间办理完成竣工决算手续
   D. 资产负债表日后事项期间发现报告年度不重要的会计差错
3. 桂江公司为甲公司、乙公司、丙公司和丁公司提供了银行借款担保,下列各项中,桂江公司不应确认预计负债的有(　　)。
   A. 甲公司运营良好,桂江公司极小可能承担连带还款责任
   B. 乙公司发生暂时财务困难,桂江公司可能承担连带还款责任
   C. 丙公司发生财务困难,桂江公司很可能承担连带还款责任
   D. 丁公司发生严重财务困难,桂江公司基本确定承担还款责任
4. 下列资产和负债中,因账面价值与计税基础不一致形成暂时性差异的有(　　)。
   A. 使用寿命不确定的无形资产
   B. 已计提减值准备的固定资产
   C. 已确认公允价值变动损益的交易性金融资产
   D. 因违反税法规定应交纳但尚未交纳的滞纳金
5. 下列关于会计政策、会计估计及其变更的表述中,正确的有(　　)。
   A. 会计政策是企业在会计确认、计量和报告中所采用的原则、基础和会计处理方法
   B. 会计估计以最近可利用的信息或资料为基础,不会削弱会计确认和计量的可靠性
   C. 企业应当在会计准则允许的范围内选择适合本企业情况的会计政策,但一经确定,不得随意变更
   D. 按照会计政策变更和会计估计变更划分原则难以对某项变更进行区分的,应将该变更作为会计政策变更处理

三、判断题

1. 资产负债表日后发生的调整事项如涉及现金收支项目的，均不调整报告年度资产负债表的货币资金项目和现金流量表各项目数字。（　）

2. 或有负债不符合负债的确认条件，不能予以确认。（　）

3. 外币报表折算差额应当在利润表中单独列示。（　）

4. 具有商业实质的非货币性资产交换按照公允价值计量的，假定不考虑补价和相关税费等因素，应当将换入资产的公允价值和换出资产的账面价值之间的差额计入当期损益。（　）

5. 企业待执行合同变为亏损合同时，合同存在标的资产的，应先对标的资产进行减值测试，并按规定确认资产减值损失，再将预计亏损超过该减值损失的部分确认为预计负债。（　）

6. 企业收支以人民币以外的货币为主的企业，可以选定其中一种货币作为记账本位币，但编制的财务报表应当折算为人民币金额。（　）

7. 对于通过非同一控制下企业合并在年度中期增加的子公司，母公司在编制合并报表时，应将该子公司合并当期期初至报告期末的收入、费用和利润纳入合并利润表中。（　）

8. 递延所得税资产或递延所得税负债，应在资产负债表上分别反映，而不得相互抵销。（　）

9. 对于初次发生的交易或事项采用新的会计政策，不属于会计政策变更。（　）

10. 进行会计估计是根据当前所掌握的可靠证据并据以作出的最佳估计，故并不会对会计核算的可靠性产生影响。（　）

四、计算及账务处理题

1. 甲上市公司（简称“甲公司”）为增值税一般纳税人，增值税税率为13%，所得税采用资产负债表债务法核算，适用的所得税税率为25%。2×20年全年累计实现的利润总额为1 000万元。甲公司2×20年发生以下业务：

(1) 2×19年12月购入管理用固定资产，原价为200万元，预计净残值为10万元，折旧年限为10年，按双倍余额递减法计提折旧，2×20年12月31日固定资产账面价值为160万元；税法按年限平均法计提折旧，折旧年限及预计净残值会计与税法规定相一致，2×20年12月31日，固定资产计税基础为181万元。2×20年12月31日，甲公司认定持有的该固定资产账面价值与计税基础之间形成应纳税暂时性差异，相应地确认了递延所得税负债5.25万元。

(2) 2×20年1月，甲公司支付价款120万元购入一项专利技术。企业根据各方面情况判断，无法合理预计其为企业带来的经济利益的期限，将其视为使用寿命不确定的无形资产。税法规定该类专利技术摊销年限不得超过10年。2×20年12月31日，对该项无形资产进行减值测试表明未发生减值。甲公司未确认递延所得税的影响。

(3) 2×20 年 10 月 1 日，购入 A 股票 100 万股，支付价款 500 万元，划为交易性金融资产。年末，甲公司持有的 A 股票的市价为 600 万元。甲公司会计人员将交易性金融资产账面价值调增 100 万元，并相应调增了“其他综合收益”账户的金额 75 万元，同时确认了递延所得税负债 75 万元。

(4) 2×20 年 11 月 1 日，甲公司支付价款 800 万元购入 B 股票 10 万股，占 B 公司股份的 5%，划为其他权益工具投资，年末，甲公司持有的 B 股票的市价为 900 万元。甲公司于 2×20 年 12 月 31 日确认递延所得税负债 25 万元，确认所得税费用 25 万元。

(5) 2×20 年，因销售产品承诺提供 3 年的保修服务，年末预计负债账面金额为 100 万元，当年度未发生任何保修支出。按照税法规定，与产品售后服务相关的费用在实际支付时抵扣。年初预计负债为零。甲公司认为该预计负债产生了可抵扣暂时性差异 100 万元，并确认了递延所得税资产 25 万元。

(6) 2×19 年 12 月 31 日，取得一项投资性房地产，按公允价值模式计量。该投资性房地产取得时的入账金额为 5 000 万元，预计使用年限为 50 年，净残值为零，2×20 年年末公允价值为 6 000 万元，税法要求采用年限平均法计提折旧，预计使用年限和净残值与会计相同。甲公司调增了投资性房地产的账面价值和公允价值变动损益 1 000 万元，并确认了 250 万元的递延所得税负债。

要求：判断甲公司的上述会计处理是否正确，简要说明理由并写出正确的做法。

2. 2×20 年 7 月 1 日，A 公司以发行股票的方式作为对价，收购 C 公司 80% 的股权。发行股票数量为 1 000 万股，每股面值为 1 元，每股市价为 6 元。A 公司和 C 公司无关联方关系。投资时 C 公司所有者权益账面价值为 6 000 万元，其中股本为 4 000 万元，资本公积为 1 600 万元，盈余公积为 100 万元，未分配利润为 300 万元。2×20 年 7 月 1 日，C 公司仅有一项管理用固定资产的公允价值和账面价值不相等，即固定资产账面价值为 600 万元，公允价值为 700 万元，预计尚可使用年限为 10 年。

2×20 年 7～12 月，C 公司实现净利润 1 000 万元，提取盈余公积 100 万元。8 月 10 日，C 公司分配现金股利 600 万元。11 月，C 公司将其账面价值为 600 万元的商品以 900 万元的价格出售给 A 公司，A 公司将取得的商品作为管理用固定资产核算，该固定资产已于当月投入使用，预计使用寿命为 10 年，净残值为 0。

要求：

(1) 判断 A 公司对 C 公司合并所属类型，简要说明理由，编制 2×20 年 7 月 1 日投资时的会计分录，并计算购买日合并商誉。

(2) 编制 A 公司 2×20 年年末将 C 公司账面价值调整为公允价值相关的调整分录。

(3) 编制 A 公司 2×20 年年末将 A 公司对 C 公司的长期股权投资由成本法调整为

权益法相关的调整分录。

(4) 编制A公司2×20年年末长期股权投资与子公司所有者权益的抵销分录。

(5) 编制A公司2×20年年末投资收益与子公司利润分配的抵销分录。

(6) 编制A公司2×20年年末与合并财务报表相关内部交易的抵销分录。

3. 甲股份有限公司为境内上市公司(简称"甲公司"),其2×20年度财务会计报告于2×21年3月31日批准对外报出。甲公司2×20年度的所得税费用汇算清缴日为2×21年3月31日,所得税费用采用资产负债表债务法核算,适用的所得税税率为25%(假定公司发生的可抵扣暂时性差异预计在未来3年内能够转回,长期股权投资期末采用成本与可收回金额孰低计价。公司计提的各项资产减值准备均作为暂时性差异处理。不考虑除所得税费用以外的其他相关税费)。甲公司按净利润10%提取法定盈余公积,按净利润的10%提取任意盈余公积。

在2×20年度的财务会计报告批准报出之前,甲公司发现有如下会计处理不正确的事项。甲公司发生的有关交易或事项和相关会计处理如下:

(1) 甲公司于2×20年1月1日取得A公司20%的股份作为长期投资。2×20年12月31日,甲公司对A公司长期股权投资的成本为20 000万元,销售净价为17 000万元,未来现金流量现值为19 000万元。2×20年12月31日,甲公司将长期股权投资的可收回金额预计为17 000万元。其会计处理如下:

借:资产减值损失　　30 000 000
　贷:长期股权投资减值准备——A公司　　30 000 000

(2) B公司为甲公司的第二大股东,持有甲公司20%的股份,计1 800万股。因B公司欠甲公司3 000万元,逾期未偿还,甲公司于2×20年4月1日向人民法院提出申请,要求该法院采取诉前保全措施,保全B公司所持有的甲公司法人股。同年9月29日,人民法院向甲公司送达民事裁定书同意上述申请。

甲公司于9月30日,对B公司提起诉讼,要求B公司偿还欠款。至2×20年12月31日,此案尚在审理中。甲公司经估计该诉讼案件很可能胜诉,并可从保全的B公司所持甲公司股份的处置收入中收回全部欠款,甲公司调整了应交所得税费用。

甲公司于2×20年12月31日进行会计处理如下:

借:其他应收款　　30 000 000
　贷:营业外收入　　30 000 000

(3) 2×21年2月4日,甲公司收到某供货单位的通知,被告知该供货单位2×21年1月20日发生火灾,大部分设备和厂房被毁,不能按期交付甲公司所订购货物,且无法退还甲公司预付的购货款200万元。甲公司已通过法律途径要求该供货单位偿还预付的货款，并要求承担相应的赔偿责任。甲公司按200万元全额计提坏账准备。甲公司的会计处理如下：

借：以前年度损益调整　　2 000 000

　　贷：坏账准备　　2 000 000

与此同时对2×20年度财务报表有关项目进行了调整。

(4) 甲公司于2×20年1月1日用货币资金1 000万元从证券市场上购入C公司股份的25%，并对C公司具有重大影响，但甲公司对C公司的投资采用成本法核算。C公司2×20年1月1日的所有者权益为3 000万元，2×20年度实现净利润为680万元。

甲公司2×20年1月1日的会计处理如下：

借：长期股权投资——C公司　　10 000 000

　　贷：银行存款　　10 000 000

2×20年，甲公司对C公司的投资未进行其他会计处理。

(5) 甲公司对上述各项交易或事项均已确认暂时性差异的所得税费用影响。

要求：对甲公司上述会计处理不正确的交易或事项作出调整的会计分录，涉及对“利润分配——未分配利润”及“盈余公积”调整的，合并一笔分录进行调整。

【模拟试题三】

一、单项选择题

1. 下列关于会计估计及其变更的表述中，正确的是(　　)。

A. 会计估计应以最近可利用的信息或资料为基础

B. 对结果不确定的交易或事项进行会计估计会削弱会计信息的可靠性

C. 会计估计变更应根据不同情况采用追溯重述或追溯调整法进行处理

D. 某项变更难以区分为会计政策变更和会计估计变更的，应作为会计政策变更处理

2. 在同一控制下的企业合并中，合并方取得的净资产账面价值与支付的合并对价账面价值(或发行股份面值总额)的差额，在一般情况下，正确的会计处理应当是(　　)。

A. 确认为商誉　　B. 调整资本公积

C. 计入营业外收入　　D. 计入营业外支出

3. 在不具有商业实质、不涉及补价的非货币性资产交换中，确定换入资产入账价值

时，不应考虑的因素是(　　)。

A. 换出资产的账面余额

B. 换出资产计提的减值准备

C. 换入资产应支付的相关税费

D. 换出资产账面价值与其公允价值的差额

4. 2×20 年 3 月 2 日，甲公司以账面价值为 350 万元的厂房和 150 万元的专利权，换入乙公司账面价值为 300 万元的在建房屋和 100 万元的长期股权投资，不涉及补价。上述资产的公允价值均无法获得。不考虑其他因素，甲公司换入在建房屋的入账价值为(　　)万元。

A. 280　　B. 300　　C. 350　　D. 375

5. 2×20 年 2 月 1 日，甲公司为建造一栋厂房向银行取得一笔专门借款。2×20 年 3 月 5 日，以该贷款支付前期订购的工程物资款，因征地拆迁发生纠纷，该厂房延迟至 2×20 年7 月 1 日才开工兴建，开始支付其他工程款，2×21 年 2 月 28 日，该厂房建造完成，达到预定可使用状态。2×21 年 4 月 30 日，甲公司办理工程竣工决算，不考虑其他因素，甲公司该笔借款费用的资本化期间为(　　)。

A. 2×20 年 2 月 1 日至 2×21 年 4 月 30 日

B. 2×20 年 3 月 5 日至 2×21 年 2 月 28 日

C. 2×20 年 7 月 1 日至 2×21 年 2 月 28 日

D. 2×20 年 7 月 1 日至 2×21 年 4 月 30 日

6. 下列关于租赁的表述中，错误的是(　　)。

A. 对于短期租赁和低价值租赁，承租人可以选择不确认使用权资产和租赁负债

B. 承租人能够合理确定租赁期届满时取得租赁资产所有权的，应当在租赁资产剩余使用寿命内计提折旧

C. 承租人应当区分经营租赁和融资租赁，进行相应会计处理

D. 出租人对应收融资租赁款进行初始计量时，应当以租赁投资净额作为应收融资租赁款的入账价值

7. 甲股份有限公司对外币业务采用业务发生时的即期汇率折算，按月计算汇兑损益。2×20 年 1 月 20 日，该公司自银行购入 420 万美元存入银行，银行当日的美元卖出价为 1 美元＝8.25 元人民币，当日即期汇率为 1 美元＝8.21 元人民币。2×20 年 1 月 31 日的即期汇率为 1 美元＝8.22 元人民币。甲公司的上述外币业务在 2×20 年 1 月所产生的汇兑损失为(　　)万元人民币。

A. 4.2　　B. 16.8　　C. 12.6　　D. 21

8. 甲公司 2×20 年 11 月份与乙公司签订一项供销合同，由于甲公司未按合同发货，致使乙公司发生重大经济损失，被乙公司起诉，至 2×20 年 12 月 31 日法院尚未判决。甲

公司2×20年12月31日在资产负债表中的“预计负债”项目反映了135万元的赔偿款。2×21年3月10日，经法院判决，甲公司需偿付乙公司经济损失150万元。甲公司不再上诉，并假定赔偿款已经支付。甲公司2×20年度财务报表批准报出日为2×21年4月15日，报告年度资产负债表中有关项目调整是(　　)。

A. “预计负债”项目调增15万元

B. “预计负债”项目调减135万元；“其他应付款”项目调增150万元

C. “预计负债”项目调增15万元；“其他应付款”项目调增150万元

D. “预计负债”项目调减150万元；“其他应付款”项目调增15万元

9. 2×20年年末，甲公司“递延所得税资产”账户的借方余额为66万元(均为计提存货跌价准备而产生)，适用的所得税税率为33%。2×21年年初，甲公司适用的所得税税率改为25%(非预期税率变动)。甲公司预计会持续盈利，以后各年能够获得足够的应纳税所得额。2×20年年末，甲公司取得一项固定资产。2×21年年末，该固定资产的账面价值为6 000万元，计税基础为6 600万元，2×21年确认因销售商品提供售后服务的预计负债100万元，年末预计负债的账面价值为100万元，计税基础为0。假定2×21年年初的暂时性差异将在2×21年以后才转回，不考虑其他因素，则甲公司2×21年年末“递延所得税资产”账户为借方余额(　　)万元。

A. 108　　B. 125　　C. 291　　D. 225

10. 套期保值业务较多的企业进行公允价值套期时，由于公允价值变动发生的利得或损失，应记入(　　)账户。

A. “公允价值变动损益”　　B. “汇兑损益”

C. “套期损益”　　D. “财务费用”

11. 在资本化期间内，下列有关借款费用会计处理的表述中，错误的是(　　)。

A. 为购建固定资产向商业银行借入专门借款发生的辅助费用，应予以资本化

B. 为购建固定资产取得的外币专门借款本金发生的汇兑差额，应予以资本化

C. 在资本化期间内，每一会计期间的利息资本化金额，不应当超过当期相关借款实际发生的利息金额

D. 为购建固定资产取得的外币专门借款利息发生的汇兑差额，全部计入当期损益

12. 出租人发生的与经营租赁有关的初始直接费用应当(　　)。

A. 资本化，在租赁期内按照与租金收入确认相同的基础进行分摊，分期计入损益

B. 资本化，在租赁期内采用直线法进行分摊，分期计入损益

C. 资本化，计入出租资产成本，在租赁期内分期进行折旧

D. 费用化，直接计入当期损益

13. 下列项目中，产生可抵扣暂时性差异的是(　　)。

A. 企业根据被投资企业权益增加调整账面价值大于计税基础的部分

B. 税法折旧大于会计折旧形成的差额部分

C. 对固定资产，企业根据期末公允价值大于账面价值的部分进行了调整

D. 对无形资产，企业根据期末可收回金额小于账面价值计提减值准备的部分

14. 非货币性资产交换同时换入多项资产的，在确定各项换入资产的成本时，下列说法中，正确的是（　　）。

A. 非货币性资产交换不具有商业实质，或者虽具有商业实质但换入资产的公允价值不能可靠地计量的，应当按照换入各项资产的公允价值占换入资产公允价值总额的比例，对换入资产的成本总额进行分配，确定各项换入资产的成本

B. 均按各项换入资产的账面价值确定

C. 均按各项换入资产的公允价值确定

D. 非货币性资产交换不具有商业实质，或者虽具有商业实质但换入资产的公允价值不能可靠地计量的，应当按照换入各项资产的原账面价值占换入资产原账面价值总额的比例，对换入资产的成本总额进行分配，确定各项换入资产的成本

15. 企业清偿预计负债所需支出全部或部分预期由第三方补偿的，其涉及补偿金额应当（　　）。

A. 直接冲减预计负债和营业外支出金额

B. 直接增加预计负债金额

C. 很可能收到时作为资产单独确认

D. 基本确定能够收到时才能作为资产单独确认

16. 在外币报表折算时，应按照业务发生日即期汇率折算的项目是（　　）。

A. 货币资金　　　　B. 交易性金融资产

C. 实收资本　　　　D. 未分配利润

17. 下列各项中，属于会计政策变更并采用追溯调整法进行会计处理的是（　　）。

A. 无形资产预计使用年限发生变化从而改变摊销年限

B. 低值易耗品摊销方法的改变

C. 固定资产经济利益实现方式发生变化而改变折旧方法

D. 采用成本模式计量的投资性房地产改按公允价值模式计量

18. 承租人确定使用权资产成本时不应考虑的因素是（　　）。

A. 租赁资产未担保余值　　　　B. 租赁付款额现值

C. 初始直接费用　　　　D. 租赁资产担保余值

19. 子公司上期从母公司购入的50万元存货全部在本期实现销售，取得70万元的销售收入。该项存货母公司的销售成本为40万元，本期母子公司之间无新交易，在母公

司编制本期合并报表时所作的抵销分录应是(　　)。

A. 借：未分配利润——年初　　200 000
　　贷：营业成本　　200 000

B. 借：未分配利润——年初　　100 000
　　贷：存货　　100 000

C. 借：未分配利润——年初　　100 000
　　贷：营业成本　　100 000

D. 借：营业收入　　700 000
　　贷：营业成本　　500 000
　　　　存货　　200 000

20. 甲公司2×19年度财务报告经董事会批准对外公布的日期为2×20年3月15日，实际对外公布的日期为2×20年4月15日。甲公司2×20年1月1日至4月15日发生的下列事项中，应当作为资产负债表日后调整事项核算的是(　　)。

A. 2月1日与丁公司签订的债务重组协议执行完毕，该债务重组协议系甲公司于2×20年1月5日与丁公司签订

B. 3月3日，甲公司被法院判决败诉并要求支付赔款50万元，对此项诉讼甲公司已于2×19年年末确认预计负债60万元

C. 3月20日，临时股东大会决定购买乙公司51%的股权并于4月2日执行完毕

D. 4月1日，甲公司为从丙银行借入800万元长期借款而签订重大资产抵押合同

二、多项选择题

1. 下列关于会计政策及其变更的表述中，正确的有(　　)。

A. 会计政策涉及会计原则、会计基础和具体会计处理方法

B. 变更会计政策表明以前会计期间采用的会计政策存在错误

C. 变更会计政策能够更好地反映企业的财务状况和经营成果

D. 本期发生的交易或事项与前期相比具有本质差别而改用新的会计政策，不属于会计政策变更

2. 下列关于资产负债表日后事项的表述中，正确的有(　　)。

A. 影响重大的资产负债表日后非调整事项应在附注中披露

B. 对资产负债表日后调整事项应当调整资产负债表日财务报表有关项目

C. 资产负债表日事项包括资产负债表日至财务报告批准报出日之间发生的全部事项

D. 判断资产负债表日后调整事项的标准在于该事项对资产负债表日存在的情况提供了新的或进一步的证据

3. 在确定借款费用暂停资本化的期间时，应当区别中断和非正常中断，下列各项中，属于非正常中断的有(　　)。

A. 质量纠纷导致的中断

B. 安全事故导致的中断

C. 劳动纠纷导致的中断

D. 资金周转困难导致的中断

4. 下列关于非同一控制下的企业合并中企业合并成本大于合并中取得的被购买方可辨认净资产公允价值份额的差额处理的说法中，正确的有(　　)。

A. 控股合并的情况下，购买方在其账簿及个别财务报表中应确认商誉

B. 吸收合并的情况下，购买方在合并财务报表中列示商誉

C. 吸收合并的情况下，购买方在其账簿及个别财务报表中应确认商誉

D. 控股合并的情况下，购买方在合并财务报表中应列示商誉

5. A公司拥有甲、乙、丙、丁四家公司权益性资本比例分别是63%、32%、25%、28%，此外，甲公司拥有乙公司26%的权益性资本，丙公司拥有丁公司30%的权益性资本，假定不考虑其他特殊因素，则下列各项中，应纳入A公司合并财务报表合并范围的有(　　)。

A. 甲公司　　B. 乙公司　　C. 丙公司　　D. 丁公司

三、判断题

1. 外币账务报表折算产生的折算差额，应在资产负债表“未分配利润”项目列示。(　　)

2. 发现以前会计期间的会计估计存在错误的，应按前期差错更正的规定进行会计处理。(　　)

3. 企业发生售后租回交易时，应当将资产的销售价格与账面价值的差额计入当期损益。(　　)

4. 或有负债无论涉及潜在义务还是现时义务，均不应在财务报表中确认，但应按相关规定在附注中披露。(　　)

5. 企业合并业务发生时确认的资产、负债初始计量金额与其计税基础不同所形成的应纳税暂时性差异，不确认递延所得税负债。(　　)

6. 企业将固定资产折旧方法从平均年限法变更为双倍余额递减法，应当作为会计政策变更进行处理。(　　)

7. 在资本化期间内，外币一般借款本金及利息的汇兑差额，应当予以资本化，计入资产成本。(　　)

8. 或有资产在任何情况下都不确认。(　　)

9. 企业收到投资者以外币投入的资本，外币投入资本折算后的金额与相应的货币性项目的记账本位币金额之间的差额计入资本公积。(　　)

10. 无论是同一控制下企业合并，还是非同一控制下企业合并，期末母公司编制合并财务报表时，均应按权益法调整长期股权投资。（ ）

四、计算及账务处理题

1. 甲公司拟在厂区内建造一幢厂房，有关资料如下：

(1)2×20 年 1 月 1 日向银行专门借款 5 000 万元，期限为 3 年，年利率为 6%，每年 1 月 1 日付息。

(2)除专门借款外，甲公司还有 2 笔一般借款，分别为公司于 2×19 年 12 月 1 日借入的长期借款 1 000 万元，期限为 5 年，年利率为 7%，每年 12 月 1 日付息；2×20 年 7 月 1 日借入的长期借款 2 000 万元，期限为 3 年，年利率为 9%，每年 7 月 1 日付息。

(3)由于审批、办手续等原因，厂房于 2×20 年 4 月 1 日才开始动工兴建，当日甲公司支付工程款 2 000 万元；2×20 年 6 月 1 日，支付工程款 1 000 万元；2×20 年 7 月 1 日，支付工程款 3 000 万元。

假定工程支出超过专门借款时占用一般借款，仍不足，占用自有资金。

工程于 2×21 年 9 月 30 日完工，达到预定可使用状态。其中，由于施工质量问题工程于 2×20 年 9 月 1 日至 12 月 31 日停工 4 个月。

(4)专门借款中未支出部分存入银行，月收益率为 0.25%。假定全年按 360 天计算，每月按 30 天计算。

要求：

(1)指出开始资本化和停止资本化的时点，同时判断 2×20 年费用化和资本化的期间。

(2)计算 2×20 年利息资本化和费用化的金额，并编制会计分录。

2. 甲公司为上市公司，2×20 年有关资料如下：

(1) 甲公司 2×20 年年初的递延所得税资产借方余额为 190 万元，递延所得税负债贷方余额为 10 万元，具体构成项目如下表所示(单位：万元)。

项　　目	可抵扣暂时性差异	递延所得税资产	应纳税暂时性差异	递延所得税负债
应收账款	60	15		
交易性金融资产			40	10
其他权益工具投资	200	50		
预计负债	80	20		
可税前抵扣的经营亏损	420	105		
合　　计	760	190	40	10

(2) 甲公司2×20年度实现的利润总额为1 610万元。该公司2×20年度相关交易或事项资料如下：

① 年末转回应收账款坏账准备20万元。根据税法规定，转回的坏账损失不计入应纳税所得额。

② 年末根据交易性金融资产公允价值变动确认公允价值变动收益20万元。根据税法规定，交易性金融资产公允价值变动收益不计入应纳税所得额。

③ 年末根据其他权益工具投资公允价值变动增加其他综合收益40万元。根据税法规定，其他权益工具投资公允价值变动金额不计入应纳税所得额。

④ 当年实际支付产品保修费用50万元，冲减前期确认的相关预计负债；当年又确认产品保修费用10万元，增加相关预计负债。根据税法规定，实际支付的产品保修费用允许税前扣除。但预计的产品保修费用不允许税前扣除。

⑤ 当年发生研究开发支出100万元，全部费用化计入当期损益。根据税法规定，计算应纳税所得额时，当年实际发生的费用化研究开发支出可以按75%加计扣除。

(3) 2×20年年末资产负债表相关项目金额及其计税基础如下表所示(单位：万元)。

项　　目	账面价值	计税基础
应收账款	360	400
交易性金融资产	420	360
其他权益工具投资	400	560
预计负债	40	0
可税前抵扣的经营亏损	0	0

(4) 甲公司适用的所得税税率为25%，预计未来期间适用的所得税税率不会发生变化，未来的期间能够产生足够的应纳税所得额用于抵扣可抵扣暂时性差异；不会考虑其他因素。

要求：

(1) 根据上述资料，计算甲公司2×20年应纳税所得额和应交所得税金额。

(2) 根据上述资料，逐笔编制与递延所得税资产或递延所得税负债相关的会计分录。

(3) 根据上述资料，计算甲公司2×20年所得税费用金额。

3. 黔昆公司系一家主要从事电子设备生产和销售的上市公司，因业务发展需要，对甲公司进行了长期股权投资。两家公司均为增值税一般纳税人，适用的增值税税率均为13%，所得税税率均为25%；销售价格均不含增值税额。

资料一：2×20年1月1日，黔昆公司对甲公司股权投资的有关资料如下：

(1) 从甲公司股东处购入甲公司有表决权股份的80%，能够对甲公司实施控制，实际投资成本为 8 300 万元。当日，甲公司可辨认净资产的公允价值为 10 200 万元，账面价值为 10 000 万元，差额 200 万元为存货公允价值大于其账面价值的差额。

(2) 甲公司的资产、负债的账面价值与其计税基础相等。

资料二：黔昆公司在编制 2×20 年度合并财务报表时，相关业务资料及会计处理如下：

(1) 甲公司 2×20 年度实现的净利润为 1 000 万元；2×20 年 1 月 1 日的存货中已有 60%在本年度向外部独立第三方销售。假定黔昆公司采用权益法确认投资收益时不考虑税收因素，编制合并财务报表时的相关会计处理如下：

① 确认合并商誉 140 万元。

② 采用权益法确认投资收益 800 万元。

(2) 5 月 20 日，黔昆公司向甲公司赊销一批产品，销售价格为 2 000 万元，增值税额为 260 万元，实际成本为 1 600 万元；相关应收款项至年末尚未收到，黔昆公司对其计提了坏账准备 20 万元。甲公司在本年度已将该产品全部向外部独立第三方销售。黔昆公司编制合并财务报表时的相关会计处理为：① 抵销营业收入 2 000 万元。② 抵销营业成本 1 600 万元。③ 抵销资产减值损失 20 万元。④ 抵销应付账款 2 320 万元。⑤ 确认递延所得税负债 5 万元。

(3) 6 月 30 日，黔昆公司向甲公司销售一件产品，销售价格为 900 万元，增值税额为 117 万元，实际成本为 800 万元，相关款项已收存银行。甲公司将购入的该产品确认为管理用固定资产(增值税进项税额可抵扣)，预计使用寿命为 10 年，预计净残值为零，采用年限平均法计提折旧。黔昆公司编制合并财务报表时的相关会计处理为：① 抵销营业收入 900 万元。② 抵销营业成本 900 万元。③ 抵销管理费用 10 万元。④ 抵销固定资产折旧 10 万元。⑤ 确认递延所得税负债 2.5 万元。

要求：逐笔分析、判断资料二中各项会计处理是否正确(分别注明各项会计处理序号)；如不正确，请说明正确的会计处理。

各章练习题答案

第一章　概　　论

一、单项选择题

1. D　2. B

二、多项选择题

1. ACD　2. AC

第二章　外币业务

一、单项选择题

1. D　2. D　3. C　4. A　5. D　6. C　7. A　8. B　9. A　10. A

二、多项选择题

1. CD　2. ABCD　3. CD　4. BD　5. ABCD　6. ABC　7. ABC　8. ACD

三、判断题

1. ×　2. ×　3. ×　4. ×　5. √　6. ×　7. ×　8. ×　9. ×　10. ×

四、计算及账务处理题

1. (1) 2×20年1月20日，以人民币银行存款偿还应付账款时：

借：应付账款——美元(1 000 000×7.15)	7 150 000	
贷：银行存款——人民币(1 000 000×7.14)		7 140 000
财务费用		10 000

(2) 2×20年2月20日，收到应收账款时：

借：银行存款——人民币(5 000 000×7.14)	35 700 000	
财务费用	50 000	
贷：应收账款——美元(5 000 000×7.15)		35 750 000

(3) 2×20年10月20日，购进健身器材时：

借：库存商品(2 000×500×7.3+50 000)	7 350 000	
应交税费——应交增值税(进项税额)	955 500	
贷：银行存款——美元(2 000×500×7.3)		7 300 000
——人民币(50 000+1 176 000)		1 005 500

(4) 2×20 年 10 月 25 日，购入交易性金融资产时：

借：交易性金融资产（6.5×5 000 000×1.1）　　35 750 000
　　投资收益（100 000×1.1）　　110 000
　　贷：银行存款——港元　　35 860 000

(5) 2×20 年 12 月 31 日，对健身器材计提存货跌价准备时：

健身器材计提的存货跌价准备＝100×7 350 000÷500－100×1 800×7.2＝174 000（元人民币）

借：资产减值损失　　174 000
　　贷：存货跌价准备　　174 000

(6) 2×20 年 12 月 31 日，交易性金融资产公允价值变动时：

借：交易性金融资产（6×5 000 000×1.2－35 750 000）　　250 000
　　贷：公允价值变动损益　　250 000

2. (1) ① 借：在建工程　　433 800 000
　　　　贷：银行存款——美元户（60 000 000×7.23）　　433 800 000

② 借：银行存款——美元户（75 000 000×7.24）　　543 000 000
　　贷：股本　　543 000 000

③ 借：应收账款——美元户（30 000 000×7.22）　　216 600 000
　　贷：主营业务收入　　216 600 000

④ 借：应付账款——美元户（30 000 000×7.25）　　217 500 000
　　贷：银行存款——美元户（30 000 000×7.21）　　216 300 000
　　　　财务费用　　1 200 000

⑤ 借：银行存款——美元户（45 000 000×7.20）　　324 000 000
　　财务费用　　2 250 000
　　贷：应收账款——美元户（45 000 000×7.25）　　326 250 000

(2) ①“银行存款”账户汇兑差额＝（1 500－6 000＋7 500－3 000＋4 500）×7.2－（1 500×7.25－6 000×7.23＋7 500×7.24－3 000×7.21＋4 500×7.20）＝32 400－32 565＝－165（万元）

②“应收账款”账户汇兑差额＝（7 500＋3 000－4 500）×7.20－（7 500×7.25＋3 000×7.22－4 500×7.25）＝43 200－43 410＝－210（万元）

③“应付账款”账户汇兑差额＝（3 000－3 000）×7.20－（3 000×7.25－3 000×7.25）＝0

④ 借：财务费用　　3 750 000
　　贷：银行存款　　1 650 000
　　　　应收账款　　2 100 000

(3) ① 利息资本化金额的确定：

累计资产支出＝8 750＋6 000＝14 750(万美元)

资本化金额＝15 000×12%×1÷12－250×9%×1÷12＝150－1.875＝148.125(万美元)

折合人民币＝150×7.20－1.875×7.20＝1 066.5(万元)

应付利息＝15 000×12%×1÷12＝150(万美元)

折合人民币＝150×7.20＝1 080(万元)

② 汇兑差额资本化金额的确定：

汇兑差额资本化金额＝15 000×(7.20－7.25)＋(15 000×12%×6÷12)×(7.20－7.25)＋150×(7.20－7.20)＝－750－45＝－795(万元)

借：在建工程	10 665 000	
银行存款——美元(18 750×7.2)	135 000	
贷：应付利息		10 800 000
借：应付债券——面值	7 500 000	
应付利息	450 000	
贷：在建工程		7 950 000

第三章　衍生金融工具与套期保值

一、单项选择题

1. D　2. B　3. A　4. B　5. D　6. C　7. D　8. B　9. B　10. D　11. C　12. A　13. D　14. C　15. C　16. A　17. D　18. A　19. B　20. D

二、多项选择题

1. ABCD　2. ACD　3. ABCD　4. ABC　5. ABCD　6. ABC　7. ABD　8. BCD　9. ABD　10. ABCD

三、判断题

1. ×　2. √　3. ×　4. √　5. √　6. ×　7. ×　8. √　9. √　10. √

四、计算及账务处理题

1. ① 1月1日，支付会员费：

借：长期股权投资——期货会员资格投资	10 000	
贷：银行存款		10 000

支付年费：

借：管理费用——期货年会费	5 000	
贷：银行存款		5 000

② 3月1日，存入保证金：

借：期货投资——期货保证金　60 000
　贷：银行存款　60 000

③ 5 月 1 日，买入大米期货：

借：期货投资——商品期货(大米)　2 500 000
　贷：期货交易清算——商品期货(大米)　2 500 000

支付佣金：

借：期货投资——商品期货(大米)　2 500
　贷：期货投资——期货保证金　2 500

④ 5 月 10 日，卖出标准铜期货：

借：期货投资——商品期货(铜)　2 000 000
　贷：期货交易清算——商品期货(铜)　2 000 000

支付佣金：

借：期货投资——商品期货(铜)　2 000
　贷：期货投资——期货保证金　2 000

⑤ 6 月 30 日，记录期货价值变动：

借：期货投资——商品期货(大米)　40 000
　贷：公允价值变动损益——商品期货(大米)　40 000
借：公允价值变动损益——商品期货(铝)　5 000
　贷：期货投资——商品期货(铝)　5 000

⑥ 8 月 1 日，登记大米期货的平仓及支付的交易佣金：

借：期货投资——商品期货(大米)　2 560
　贷：期货投资——期货保证金　2 560
借：期货投资——期货保证金　60 000
　期货交易清算——商品期货(大米)　2 500 000
　公允价值变动损益——商品期货(大米)　40 000
　贷：期货损益　54 940
　　期货投资——商品期货(大米)　2 545 060

⑦ 8 月 30 日，登记交易佣金的支付：

借：期货投资——商品期货(铜)　2 412
　贷：期货投资——期货保证金　2 412

借：期货损益 12 000
　期货交易清算——商品期货(铝) 2 000 000
　贷：期货投资——商品期货(铝) 1 997 000
　　公允价值变动损益——商品期货(铝) 5 000
　　期货投资——期货保证金 10 000

记录铝期货合约的实物交割：

借：期货投资——期货保证金 2 010 000
　贷：主营业务收入 2 010 000

结转铝产品的实际成本：

借：主营业务成本 1 800 000
　贷：库存商品——铝制品 1 800 000

2.

远期合约的公允价值变动额表

日期	远期合约汇率	市场远期汇率	差异	估计交割的现金流量(元)	折现因子	估计公允价值变动额(元)
2×20 年 03 月 31 日	6.55	6.45	−0.10	−1 000 000	1	−1 000 000
2×20 年 04 月 30 日	6.55	6.60	0.05	500 000	1	500 000

签订远期合约时不作会计分录，只登记备忘录。
2×20 年 3 月 31 日，记录远期合约的价值变动：

借：公允价值变动损益——远期美元 1 000 000
　贷：衍生金融工具——远期美元 1 000 000

2×20 年 4 月 30 日，执行远期合约：

借：衍生金融工具——远期欧元 1 500 000
　贷：公允价值变动损益——远期欧元 1 000 000
　　投资收益——远期欧元 500 000
借：银行存款 500 000
　贷：衍生金融工具——远期欧元 500 000

3. A 公司的会计处理如下：
2×20 年 10 月 31 日，购入股票期权：

借：衍生金融工具——股票看涨期权 30 000
　贷：银行存款 30 000

2×20 年 12 月 31 日，登记股票期权的公允价值变动和时间价值：

借：衍生金融工具——股票看涨期权　　800 000
　贷：公允价值变动损益——股票看涨期权　　800 000
借：公允价值变动损益——股票看涨期权　　20 000
　贷：衍生金融工具——股票看涨期权　　20 000

2×21 年 1 月 1 日，出售股票期权：

借：银行存款　　400 000
　公允价值变动损益——股票看涨期权　　780 000
　贷：衍生金融工具——股票看涨期权　　810 000
　　投资收益　　370 000

4. ① 2×20 年 1 月 1 日：

借：被套期项目——甲存货　　20 000
　贷：库存商品——甲存货　　20 000

② 2×20 年 4 月 30 日：

借：套期工具——乙衍生金融工具　　2 500
　贷：套期损益　　2 500
借：套期损益　　1 500
　贷：被套期项目——甲存货　　1 500

第四章　非货币性资产交换

一、单项选择题

1. A　2. B　3. A　4. B　5. C　6. A　7. D　8. D　9. B　10. A　11. A

二、多项选择题

1. AB　2. AB　3. ABCD　4. ABCD　5. AB　6. ABD　7. ACD　8. ABCD　9. BCD

三、判断题

1. √　2. ×　3. ×　4. √　5. ×　6. ×　7. √

四、计算及账务处理题

1. 恒通公司换入资产的入账价值总额＝1 300＋200＝1 500(万元)

则换入固定资产的入账价值＝[500÷(500＋900)]×1 500＝535.71(万元)

则换入无形资产的入账价值＝[900÷(500＋900)]×1 500＝964.29(万元)

借：固定资产　　5 357 100
　　无形资产　　9 642 900
　　贷：长期股权投资——成本　　13 000 000
　　　　　　　　　——损益调整　　2 000 000

东大公司换入长期股权投资的入账价值=(800－200－100)+(2 000－1 000－100)=1 400(万元)

借：固定资产清理　　5 000 000
　　累计折旧　　2 000 000
　　固定资产减值准备　　1 000 000
　　贷：固定资产　　8 000 000
借：长期股权投资　　14 000 000
　　累计摊销　　10 000 000
　　无形资产减值准备　　1 000 000
　　贷：固定资产清理　　5 000 000
　　　　无形资产　　20 000 000

2.（1）支付补价 10 万元占换出资产公允价值与支付补价之和 200 万元的比例为 5%，小于 25%，应按照非货币性资产交换准则核算。

换入资产入账价值总额=190+10=200(万元)
设备公允价值占换入资产公允价值总额的比例=50÷(50+150)×100%=25%
无形资产公允价值占换入资产公允价值总额的比例=150÷(50+150)×100%=75%
则换入设备的入账价值=200×25%=50(万元)
换入无形资产的入账价值=200×75%=150(万元)

（2）甲公司编制的有关会计分录：

借：固定资产——设备　　500 000
　　无形资产　　1 500 000
　　长期股权投资减值准备　　300 000
　　投资收益　　300 000
　　贷：长期股权投资　　2 500 000
　　　　银行存款　　100 000

（3）假设上述交易不具有商业实质。

换入资产入账价值总额=250－30+10=230(万元)
设备账面价值占换入资产账面价值总额的比例=40÷[(80－40)+170]×100%=19.05%
无形资产账面价值占换入资产账面价值总额的比例=170÷[(80－40)+170]×100%=80.95%
则换入设备的入账价值=230×19.05%=43.81(万元)
换入无形资产的入账价值=230×80.95%=186.19(万元)

编制甲公司的会计分录：

借：固定资产——设备　438 100
　　无形资产　1 861 900
　　长期股权投资减值准备　300 000
　　贷：长期股权投资　2 500 000
　　　　银行存款　100 000

第五章　或有事项

一、单项选择题

1. B　2. D　3. B　4. B　5. A　6. D　7. A　8. D　9. C　10. B

二、多项选择题

1. ABD　2. ABCD　3. AB　4. BC　5. ACD

三、判断题

1. ×　2. ×　3. ×　4. ×　5. √　6. ×　7. ×

四、计算及账务处理题

1. 事项(1)会计处理不正确。

理由：待执行合同变成亏损合同时，企业拥有合同标的资产的，应当先对标的资产进行减值测试并按规定确认减值损失，如预计亏损超过该减值损失，应将超过部分确认为预计负债。无合同标的资产的，亏损合同相关义务满足预计负债确认条件时，应当确认为预计负债。预计负债的金额应是执行合同发生的损失和撤销合同损失的较低者。

① A产品：执行合同发生的损失为30万元[100×(2.3－2)]；不执行合同发生的损失为20万元(多返还的定金)；应确认预计负债为20万元。更正分录如下：

借：营业外支出　200 000
　　贷：预计负债　200 000

② B产品：

执行合同，发生的损失＝120－300×0.3＝30(万元)

不执行合同，发生的损失＝300×0.3×20%＋(120－110)＝28(万元)

甲公司应选择不执行合同，即支付违约金方案。更正分录如下：

借：资产减值损失(1 200 000－1 100 000)　100 000
　　贷：存货跌价准备　100 000
借：营业外支出　180 000
　　贷：预计负债　180 000

③ C产品：

执行合同，发生的损失＝120－300×0.3＝30(万元)
不执行合同，发生的损失＝300×0.3×20%＋(120－100)＝38(万元)

甲公司应选择执行合同方案。更正分录如下：

借：资产减值损失　　300 000
　　贷：存货跌价准备　　300 000

事项(2)会计处理不正确。

理由：已对其确认预计负债的产品，如企业不再生产，应在相应的产品质量保证期满后，将“预计负债——产品质量保证”账户余额冲销，不留余额。更正分录如下：

借：预计负债　　30 000
　　贷：销售费用　　30 000

2.（1）相关会计分录如下：

事项(1)：

借：营业外支出　　20 000 000
　　贷：预计负债　　20 000 000

事项(2)：

借：营业外支出　　500 000
　　贷：预计负债　　500 000
借：其他应收款　　300 000
　　贷：营业外支出　　300 000

事项(3)：

该产品销售合同属于亏损合同，并且不存在标的资产，应当根据履行合同所需承担的损失100万元[(1 100－1 000)×1]和不履行合同需支付违约金300万元(1 000×1×30%)中较低者确认一项预计负债100万元，同时确认营业外支出100万元。

借：营业外支出　　1 000 000
　　贷：预计负债　　1 000 000

（2）上述交易或事项对甲公司2×20年上半年利润的总体影响金额为－2 120万元(－2 000－50＋30－100)。

第六章　借 款 费 用

一、单项选择题

1. D　2. A　3. B　4. D　5. A　6. D　7. D　8. C　9. A　10. A

二、多选项择题

1. ABCD 2. ABC 3. ABC 4. AC 5. ABCD 6. ABC 7. AC 8. ABC 9. ABCD 10. ABC

三、判断题

1. √ 2. × 3. × 4. √ 5. × 6. × 7. ×

四、计算及账务处理题

1. (1) ① 2×20 年:

2×20 年专门借款能够资本化的期间为 4 月 1 日至 7 月 31 日和 12 月份,共 5 个月。

2×20 年专门借款利息资本化金额=5 000×6%×5÷12－2 000×0.25%×2－1 000×0.25%×1=112.5(万元)

2×20 年专门借款不能够资本化的期间为 1 月 1 日至 3 月 31 日和 8 月 1 日至 11 月 30 日,共 7 个月。

2×20 年专门借款利息应计入当期损益的金额=5 000×6%×7÷12－5 000×0.25%×3=137.5(万元)

2×20 年专门借款利息收入=5 000×0.25%×3＋2 000×0.25%×2＋1 000×0.25%×1=50(万元)

② 2×21 年:

2×21 年专门借款能够资本化的期间为 1 月 1 日至 9 月 30 日,共 9 个月。

2×21 年专门借款利息资本化金额=5 000×6%×9÷12=225(万元)

2×21 年专门借款不能够资本化的期间为 10 月 1 日至 12 月 31 日,共 3 个月。

2×21 年专门借款利息应计入当期损益的金额=5 000×6%×3÷12=75(万元)

(2) 一般借款资本化率(年)=(4 000×6%＋20 000×8%)÷(4 000＋20 000)=7.67%

① 2×20 年:

2×20 年占用了一般借款资金的资产支出加权平均数=2 000×2÷12=333.33(万元)

2×20 年一般借款利息资本化金额=333.33×7.67%=25.57(万元)

2×20 年一般借款利息应计入当期损益的金额=(4 000×6%＋20 000×8%)－25.57=1 814.43(万元)

② 2×21 年:

2×21 年占用了一般借款资金的资产支出加权平均数=(2 000＋3 000)×9÷12＋2 000×6÷12＋1 000×3÷12=5 000(万元)

2×21 年一般借款利息资本化金额=5 000×7.67%=383.5(万元)

2×21 年一般借款利息应计入当期损益的金额=(4 000×6%＋20 000×8%)－383.5=1 456.5(万元)

(3) 2×20 年利息资本化金额＝112.5＋25.57＝138.07(万元)

2×20 年应计入当期损益的金额＝137.5＋1 814.43＝1 951.93(万元)

2×21 年利息资本化金额＝225＋383.5＝608.5(万元)

2×21 年应计入当期损益的金额＝75＋1 456.5＝1 531.5(万元)

(4) 2×20 年：

借：在建工程	1 380 700	
财务费用	19 519 300	
银行存款	500 000	
贷：应付利息		21 400 000

2×21 年：

借：在建工程	6 085 000	
财务费用	15 315 000	
贷：应付利息		21 400 000

2. (1) 2×20 年 1 月 1 日至 4 月 30 日利息资本化金额＝1 992.69×6.2%×4÷12－10＝31.18(万元)，2×20 年 4 月 30 日至 2×20 年 8 月 31 日应暂停资本化。

2×20 年 9 月 1 日至 12 月 31 日专门借款利息资本化金额＝1 992.69×6.2%×4÷12－4＝37.18(万元)。

2×20 年利息资本化金额＝31.18＋37.18＝68.36(万元)。

(2) 2×20 年 1 月 1 日"长期借款——利息调整"的发生额＝2 000－1 992.69＝7.31(万元)，2×20 年应摊销的金额＝1 992.69×6.2%－2 000×6%＝3.55(万元)，2×20 年应摊销的金额＝7.31－3.55＝3.76(万元)。2×21 年应确认的利息费用＝2 000×6%＋3.76＝123.76(万元)，其中应计入在建工程的金额＝123.76×6÷12＝61.88(万元)，应计入财务费用的金额＝123.76×6÷12＝61.88(万元)。

(3) ① 2×20 年 1 月 1 日，取得专门借款：

借：银行存款	19 926 900	
长期借款——利息调整	73 100	
贷：长期借款——本金		20 000 000

② 2×20 年 12 月 31 日，计提利息和取得利息收入：

借：银行存款	260 000	
在建工程	683 600	
财务费用	291 900	
贷：应付利息		1 200 000
长期借款——利息调整		35 500

③ 2×21 年 1 月 1 日，支付利息：

借：应付利息　　1 200 000

　贷：银行存款　　1 200 000

④ 2×21 年 12 月 31 日，计提利息和取得利息收入：

借：在建工程　　618 800

　财务费用　　618 800

　贷：应付利息　　1 200 000

　　长期借款——利息调整　　37 600

⑤ 2×22 年 1 月 1 日，支付长期借款本息：

借：长期借款——本金　　20 000 000

　应付利息　　1 200 000

　贷：银行存款　　21 200 000

第七章　租　　赁

一、单项选择题

1. C　2. D　3. B　4. D　5. C　6. A

二、多项选择题

1. BCD　2. ABC　3. AB　4. ABD

三、判断题

1. ×　2. ×　3. ×　4. √　5. √　6. √

四、计算及账务处理题

1. 承租人 A 公司在租赁期开始日的会计处理如下：

第一步，计算租赁负债及未确认融资费用。

租赁付款额＝150 000×4＋100＝600 100(元)

租赁负债＝150 000×(P/A,7%,4)＋100×(P/V,7%,4)＝150 000×3.3872＋100×0.7629＝508 156.29(元)

注：由于承租人不知悉出租人的租赁内含利率，所以选择租赁合同规定的利率 7%作为折现率。

未确认融资费用＝600 100－508 156.29＝91 943.71(元)

第二步，计算使用权资产。

使用权资产＝508 156.29＋1 000＝509 156.29(元)

第三步，账务处理。

借：使用权资产　509 156.29
　　租赁负债——未确认融资费用　91 943.71
　　贷：租赁负债——租赁付款额　600 100.00
　　　　银行存款　1 000.00

2. 出租人B公司在租赁期开始日的会计处理如下：

第一步，判断租赁类型。

该项租赁存在优惠购买选择权，优惠购买价100元远低于行使选择权日租赁资产的公允价值80 000元，可以合理确定甲公司将会行使这种选择权。另外，设备租赁期为4年，占租赁资产使用寿命的80%(占租赁资产使用寿命的大部分)。综合考虑其他各种情形和迹象，将此项租赁认定为融资租赁。

第二步，计算租赁投资总额、租赁投资净额和未实现融资收益。

租赁投资总额＝150 000×4＋100＝600 100(元)
租赁投资净额＝500 000＋1 000＝501 000(元)
未实现融资收益＝600 100－501 000＝99 100(元)

第三步，账务处理。

借：应收融资租赁款——租赁收款额　600 100
　　贷：银行存款　1 000
　　　　融资租赁资产　480 000
　　　　资产处置损益　20 000
　　　　应收融资租赁款——未实现融资收益　99 100

第八章　所　得　税

一、单项选择题

1. D　2. A　3. C　4. D　5. A　6. C　7. B　8. B　9. D　10. A

二、多项选择题

1. ABCD　2. ABCD　3. ACD　4. ABD　5. ABCD　6. BD　7. ACD　8. BCD　9. ABCD　10. BCD

三、判断题

1. ×　2. ×　3. √　4. √　5. √　6. √　7. ×　8. √　9. √　10. √

四、计算及账务处理题

1. 应交所得税额＝[5 000＋(90－150＋100＋300＋150)]×25%＝1 372.5(万元)
递延所得税资产发生额＝(160＋1 500＋300＋150)×25%－(220＋1 400)×25%＝122.5(万元)
所得税费用＝1 372.5－122.5＝1 250(万元)

借：所得税费用　　12 500 000
　　递延所得税资产　　1 225 000
　　贷：应交税费——应交所得税　　13 725 000

2. (1) 事项一：2×20 年年末存货的账面价值＝9 000－880＝8 120(万元)，计税基础为 9 000 万元。可抵扣暂时性差异余额＝9 000－8 120＝880(万元)，递延所得税资产的余额＝880×25%＝220(万元)。

事项二：2×20 年年末固定资产的账面价值＝6 000－1 200＝4 800(万元)，计税基础＝6 000－6 000×5÷15＝4 000(万元)，应纳税暂时性差异余额＝4 800－4 000＝800(万元)，递延所得税负债的余额＝800×25%＝200(万元)。

事项三：2×20 年年末其他应付款的账面价值为 300 万元，计税基础也为 300 万元；不产生暂时性差异。

事项四：因为该广告费尚未支付，所以该广告费作为负债来核算，账面价值为25 740 万元，计税基础＝25 740－(25 740－170 000×15%)＝25 500(万元)，可抵扣暂时性差异余额＝25 740－25 500＝240(万元)，递延所得税资产余额＝240×25%＝60(万元)。

(2) 事项一：递延所得税资产的期末余额为 220 万元，期初余额为 235 万元，本期应转回递延所得税资产＝235－220＝15(万元)。

事项二：递延所得税负债的期末余额为 200 万元，期初余额为 0，所以本期应确认递延所得税负债 200 万元。

事项三：行政罚款不产生暂时性差异。

事项四：递延所得税资产期末余额为 60 万元，期初余额为 0，所以本期应确认递延所得税资产 60 万元。

(3) 2×20 年度应纳税所得额＝10 000－60－800＋300＋240＝9 680(万元)，应交所得税＝9 680×25%＝2 420(万元)，所得税费用＝2 420＋15＋200－60＝2 575(万元)。

(4) 会计分录如下：

借：所得税费用　　25 750 000
　　递延所得税资产　　450 000
　　贷：应交税费——应交所得税　　24 200 000
　　　　递延所得税负债　　2 000 000

第九章　会计政策、会计估计变更与会计差错更正

一、单项选择题

1. A　2. C　3. A　4. A　5. C

二、多项选择题

1. ABCD　2. ABCD　3. ABC　4. ACD　5. ABD

三、判断题

1. × 2. × 3. √ 4. × 5. × 6. √ 7. × 8. × 9. √ 10. ×

四、计算及账务处理题

1.（1）原年折旧额＝(810 000－10 000)÷8＝100 000(元)

已提折旧＝100 000×2＝200 000(元)

2×20 年应计提折旧＝(810 000－10 000－200 000)÷(5－2)＝200 000(元)

对 2×20 年度所得税费用影响额＝(200 000－100 000)×25%＝25 000(元)

对 2×20 年度净利润的影响额＝200 000－100 000－25 000＝75 000(元)

（2）会计差错更正的会计分录：

① 借：周转材料——低值易耗品	6 000	
贷：固定资产		6 000
借：累计折旧	600	
贷：管理费用		600
借：管理费用	3 000	
贷：周转材料——低值易耗品		3 000
② 借：管理费用	1 000	
贷：累计摊销		1 000
③ 借：以前年度损益调整	250 000	
贷：库存商品		250 000
借：应交税费——应交所得税	62 500	
贷：以前年度损益调整		62 500
借：利润分配——未分配利润	187 500	
贷：以前年度损益调整		187 500
借：盈余公积	18 750	
贷：利润分配——未分配利润		18 750

2.

股票投资改为公允价值计价后的累积影响数

单位：元

项目	成本市价孰低	公允价值计价	原方法损益	新方法损益	差异	所得税影响	累积影响数
股票 A	54 000	45 000	－9 000	－9 000	0	0	0
股票 B	100 000	110 000	0	10 000	10 000	3 300	6 700
股票 C	90 000	97 000	0	7 000	7 000	2 310	4 690
合计			－9 000	8 000	17 000	5 610	11 390

2×20 年 1 月 1 日，追溯调整时：

借：交易性金融资产——B公允价值变动　　10 000
　　　　　　　　——C公允价值变动　　7 000
　贷：递延所得税负债　　5 610
　　　利润分配——未分配利润　　11 390
借：利润分配——未分配利润　　1 139
　贷：盈余公积　　1 139

2×20 年 12 月 31 日按照公允价值计价　　单位：元

项　目	2×19 年 12 月 31 日	2×20 年 12 月 31 日		
	差额	成本	市价	差额
股票 A	−9 000	54 000	46 000	−8 000
股票 B	10 000	100 000	112 000	12 000
股票 C	7 000	90 000	80 000	−10 000
合计	8 000	322 000	316 000	−6 000

借：公允价值变动损益　　14 000
　交易性金融资产——A 公允价值变动(−8 000＋9 000)　　1 000
　　　　　　　　——B公允价值变动(12 000−10 000)　　2 000
　贷：交易性金融资产——C 公允价值变动(−10 000−7 000)　　17 000

第十章　资产负债表日后事项

一、单项选择题

1. C　2. B　3. D　4. A　5. D　6. D　7. B　8. A　9. D　10. C

二、多项选择题

1. AC　2. ABCD　3. ABC

三、判断题

1. ×　2. ×　3. √　4. ×　5. ×　6. ×　7. ×　8. √　9. ×

四、计算与账务处理题

1. 可判断该事项属于资产负债表日后调整事项。因为 2×21 年 2 月 25 日的判决证实了甲公司在资产负债表日(即 2×20 年 12 月 31 日)存在现实赔偿义务，因此，甲公司应将“法院判决”这一事项作为调整事项进行处理。

甲公司的账务处理如下：

(1) 2×21 年 2 月 25 日，记录支付的赔款，并调整递延所得税资产：

借：以前年度损益调整　　1 000 000
　　贷：其他应付款　　1 000 000
借：应交税费——应交所得税　　250 000
　　贷：以前年度损益调整(200 000×25%)　　250 000
借：应交税费——应交所得税　　750 000
　　贷：以前年度损益调整　　750 000
借：以前年度损益调整　　750 000
　　贷：递延所得税资产　　750 000
借：预计负债　　3 000 000
　　贷：其他应付款　　3 000 000
借：其他应付款　　4 000 000
　　贷：银行存款　　4 000 000

(2) 将“以前年度损益调整”账户余额转入未分配利润：

借：利润分配——未分配利润　　750 000
　　贷：以前年度损益调整　　750 000

(3) 因净利润变动调整盈余公积：

借：盈余公积——法定盈余公积　　75 000
　　贷：利润分配——未分配利润　　75 000

(4) 调整报告年度财务报表：

① 资产负债表项目的调整：调减递延所得税资产 750 000 元；调减预计负债 3 000 000 元；调增其他应付款 4 000 000 元；调减应交所得税 1 000 000 元；调减盈余公积 125 000 元；调减未分配利润 1 125 000 元。

② 利润表项目的调整：调增营业外支出 1 000 000 元；调减所得税费用 1 000 000 元。

③ 所有者权益变动表项目的调整：调减净利润 1 250 000 元；提取盈余公积项目中盈余公积一栏调减 125 000 元；未分配利润一栏调减 1 125 000 元。

2. (1) 借：长期股权投资减值准备　　20 000 000
　　　　贷：以前年度损益调整　　20 000 000
　　借：以前年度损益调整　　5 000 000
　　　　贷：递延所得税资产　　5 000 000
(2) 借：以前年度损益调整　　30 000 000
　　　贷：其他应收款　　30 000 000
　　借：应交税费——应交所得税　　7 500 000
　　　贷：以前年度损益调整　　7 500 000

(3) 借：坏账准备　　2 000 000
　　贷：以前年度损益调整　　2 000 000
借：以前年度损益调整　　500 000
　　贷：递延所得税资产　　500 000
(4) 借：长期股权投资(6 800 000×25%)　　1 700 000
　　贷：以前年度损益调整　　1 700 000
(5) 调整2×20年利润分配和盈余公积：
借：利润分配——未分配利润　　4 300 000
　　贷：以前年度损益调整　　4 300 000
借：盈余公积　　860 000
　　贷：利润分配——未分配利润　　860 000

第十一章　企 业 合 并

一、单项选择题

1. B　2. D　3. D　4. C　5. C　6. D　7. A　8. C　9. B

二、多项选择题

1. AC　2. AC　3. ABCD　4. ABCD　5. ABC　6. AD　7. ABCD　8. ACD　9. ABD　10. ABCD　11. ABCD

三、判断题

1. √　2. √　3. ×　4. ×　5. ×　6. ×　7. √　8. ×　9. √　10. ×　11. ×

四、计算与账务处理题

1. 甲公司在合并日应确认对乙公司的长期股权投资，进行账务处理如下：

借：长期股权投资　　5 000 000
　　累计折旧　　600 000
　贷：固定资产　　2 000 000
　　　无形资产　　1 600 000
　　　资本公积　　2 000 000

进行上述处理后，甲公司资本公积账面余额为250万元(50+200)，全部属于资本溢价或股本溢价，小于乙公司在合并前实现的留存收益中归属于甲公司的部分，甲公司编制合并财务报表时，应以账面资本公积(资本溢价或股本溢价)的余额为限，将乙公司在合并前实现的留存收益中归属于甲公司的部分相应转入留存收益。合并工作底稿中的调整分录如下：

借：资本公积　　2 500 000
　贷：盈余公积(2 500 000×1 500 000÷3 000 000)　　1 250 000
　　　未分配利润(2 500 000×1 500 000÷3 000 000)　　1 250 000

2. (1) 2×20 年 12 月 31 日，取得股权时：

借：长期股权投资——东大公司(20 520 000×90%)　　18 468 000
　贷：股本　　15 000 000
　　　资本公积——股本溢价　　3 468 000

(2) 2×20 年 12 月 31 日，编制合并报表抵销分录时：

① 正保公司投资和东大公司所有者权益的抵销：

借：股本　　15 000 000
　　资本公积　　2 400 000
　　盈余公积　　1 800 000
　　未分配利润　　1 320 000
　贷：长期股权投资　　18 468 000
　　　少数股东权益　　2 052 000

② 将被合并方留存收益中合并方应享有的份额自合并方的资本公积转入留存收益：

借：资本公积　　2 808 000
　贷：盈余公积(1 800 000×90%)　　1 620 000
　　　未分配利润(1 320 000×90%)　　1 188 000

(3) 填列正保公司合并日合并报表工作底稿的有关项目：

正保公司合并日合并报表工作底稿

2×20 年 12 月 31 日　　单位：万元

项　　目	正保公司	东大公司	合计数	抵销分录		合并数
				借方	贷方	
长期股权投资	1 846.8	0	1 846.8		(1) 1 846.8	0
股本	1 290+1 500 =2 790	1 500	4 290	(1) 1 500		2 790
资本公积	192+346.8 =538.8	240	778.8	(1) 240 (2) 280.8		258
盈余公积	600	180	780	(1) 180	(2) 162	762
未分配利润	528	132	660	(1) 132	(2) 118.8	646.8
少数股东权益					(1) 205.2	205.2

3. (1) 本合并属于非同一控制下的企业合并，在吸收合并时，东大公司账务处理如下：

借：银行存款　　25 000 000
　　固定资产　　82 500 000
　　商誉(100 000 000－95 000 000)　　5 000 000
　　贷：长期应付款　　12 500 000
　　　　股本　　25 000 000
　　　　资本公积——股本溢价(100 000 000－25 000 000)　　75 000 000

(2) 本合并属于非同一控制下的企业合并，在控股合并时，东大公司账务处理如下：

借：长期股权投资——A公司　　100 000 000
　　贷：股本　　25 000 000
　　　　资本公积——股本溢价　　75 000 000

第十二章　合并财务报表

一、单项选择题

1. B　2. D　3. B　4. B　5. D　6. A　7. C　8. C　9. C　10. D　11. B

二、多项选择题

1. ACD　2. ACD　3. AC　4. ACD　5. ABC

三、判断题

1. √　2. ×　3. √　4. ×　5. √　6. ×　7. ×

四、计算及账务处理题

1.

(1) 2×20—2×23年的抵销分录如下：

① 2×20年：

借：营业收入　　1 000 000
　　贷：营业成本　　800 000
　　　　固定资产　　200 000
借：固定资产　　40 000
　　贷：管理费用　　40 000

② 2×21年：

借：未分配利润——年初　　200 000
　　贷：固定资产　　200 000
借：固定资产　　40 000
　　贷：未分配利润——年初　　40 000
借：固定资产　　40 000
　　贷：管理费用　　40 000

③ 2×22 年：

借：未分配利润——年初　200 000
　贷：固定资产　200 000
借：固定资产　80 000
　贷：未分配利润——年初　80 000
借：固定资产　40 000
　贷：管理费用　40 000

④ 2×23 年：

借：未分配利润——年初　200 000
　贷：固定资产　200 000
借：固定资产　120 000
　贷：未分配利润——年初　120 000
借：固定资产　40 000
　贷：管理费用　40 000

(2) 如果 2×24 年年末该设备不清理，则抵销分录如下：

① 借：未分配利润——年初　200 000
　贷：固定资产　200 000
② 借：固定资产　160 000
　贷：未分配利润——年初　160 000
③ 借：固定资产　40 000
　贷：管理费用　40 000

(3) 如果 2×24 年年末清理该设备，则抵销分录如下：

借：未分配利润——年初　40 000
　贷：管理费用　40 000

(4) 如果乙公司使用该设备至 2×25 年仍未清理，则 2×25 年的抵销分录如下：

① 借：未分配利润——年初　200 000
　贷：固定资产　200 000
② 借：固定资产　200 000
　贷：未分配利润——年初　200 000

上面两笔分录可以抵销，即可以不用作抵销分录。

(5) 如果乙公司于 2×20 年年末处置该设备，而且形成了处置收益，则当年的抵销分录如下：

① 借：未分配利润——年初　200 000

　　贷：资产处置收益　200 000

② 借：资产处置收益　80 000

　　贷：未分配利润——年初　80 000

③ 借：资产处置收益　40 000

　　贷：管理费用　40 000

2.

(1) 借：长期股权投资(150 000 000×80%)　120 000 000

　　贷：银行存款　110 000 000

　　　　资本公积　10 000 000

(2)

借：营业收入(4 000 000×2)　8 000 000

　　贷：营业成本　8 000 000

借：营业成本[100×(20 000－15 000)]　500 000

　　贷：存货　500 000

借：存货——存货跌价准备　200 000

　　贷：资产减值损失　200 000

(3)

① 调整分录：

借：长期股权投资(25 000 000×80%)　20 000 000

　　贷：投资收益　20 000 000

借：长期股权投资(3 000 000×80%)　2 400 000

　　贷：其他综合收益　2 400 000

② 抵销分录：

借：股本　80 000 000

　　资本公积　30 000 000

　　其他综合收益　3 000 000

　　盈余公积——年初　26 000 000

　　　　　　——本年　2 500 000

　　未分配利润——年末(14 000 000＋25 000 000－2 500 000)　36 500 000

　　贷：长期股权投资(120 000 000＋20 000 000＋2 400 000)　142 400 000

　　　　少数股东权益[(80 000 000＋30 000 000＋3 000 000＋26 000 000
　　　　　　＋2 500 000＋36 500 000)×20%]　35 600 000

借：投资收益　　20 000 000
　　少数股东损益　　5 000 000
　　未分配利润——年初　　14 000 000
　贷：提取盈余公积　　2 500 000
　　　未分配利润——年末　　36 500 000

③ 转回合并日子公司盈余公积和未分配利润：

借：资本公积　　32 000 000
　贷：盈余公积(26 000 000×80%)　　20 800 000
　　　未分配利润(14 000 000×80%)　　11 200 000

(4)

借：未分配利润——年初　　500 000
　贷：营业成本　　500 000
借：营业成本　　400 000
　贷：存货[80×(20 000－15 000)]　　400 000
借：存货——存货跌价准备　　200 000
　贷：未分配利润——年初　　200 000
借：营业成本(20÷100×200 000)　　40 000
　贷：存货——存货跌价准备　　40 000

2×21 年 12 月 31 日，结存的存货中未实现内部销售利润为 40 万元，存货跌价准备的期末余额为 48 万元，期末存货跌价准备可抵销的余额为 40 万元，本期应抵销的存货跌价准备为 24 万元[40－(20－4)]。

借：存货——存货跌价准备　　240 000
　贷：资产减值损失　　240 000

(5)

① 调整分录：

借：长期股权投资(25 000 000×80%)　　20 000 000
　贷：未分配利润——年初　　20 000 000
借：长期股权投资(3 000 000×80%)　　2 400 000
　贷：其他综合收益　　2 400 000
借：长期股权投资(32 000 000×80%)　　25 600 000
　贷：投资收益　　25 600 000
借：投资收益　　16 000 000
　贷：长期股权投资　　16 000 000

借：长期股权投资[(1 500 000－1 200 000)×80%]　　240 000
　　贷：其他综合收益　　240 000

② 抵销分录：

借：股本　　80 000 000
　　资本公积　　30 000 000
　　其他综合收益——年初　　3 000 000
　　　　　　　　——本年　　300 000
　　盈余公积——年初　　28 500 000
　　　　　　——本年　　3 200 000
　　未分配利润——年末(36 500 000＋32 000 000－3 200 000－20 000 000)　　45 300 000
　　贷：长期股权投资(142 400 000＋25 600 000－16 000 000＋240 000)　　152 240 000
　　　　少数股东权益[(80 000 000＋33 000 000＋300 000＋28 500 000
　　　　　　　　＋3 200 000＋45 300 000)×20%]　　38 060 000

借：投资收益　　25 600 000
　　少数股东损益　　6 400 000
　　未分配利润——年初　　36 500 000
　　贷：提取盈余公积　　3 200 000
　　　　对所有者(或股东)的分配　　20 000 000
　　　　未分配利润——年末　　45 300 000

③ 转回合并日子公司盈余公积和未分配利润：

借：资本公积　　32 000 000
　　贷：盈余公积(26 000 000×80%)　　20 800 000
　　　　未分配利润(14 000 000×80%)　　11 200 000

模拟试题答案

【模拟试题一】

一、单项选择题

1. B　2. C　3. D　4. A　5. A　6. A　7. D　8. D　9. C　10. D　11. B　12. C　13. A　14. C　15. C　16. A　17. B　18. D　19. C　20. C

二、多项选择题

1. AD　2. ABC　3. AB　4. ABCD　5. ACD

三、判断题

1. ×　2. ×　3. √　4. √　5. ×　6. ×　7. √　8. ×　9. ×　10. √

四、计算及账务处理题

1. (1) 编制甲公司2×20年3月份外币交易或事项相关的会计分录如下：

① 3月2日：

借：银行存款	8 900 000	
财务费用——汇兑差额	100 000	
贷：银行存款——欧元户(1 000 000×9.0)		9 000 000

② 3月10日：

借：原材料(35 600 000+5 000 000)	40 600 000	
贷：应付账款——欧元户(4 000 000×8.9)		35 600 000
银行存款——人民币户		5 000 000

③ 3月14日：

借：应收账款——欧元户(6 000 000×8.9)	53 400 000	
贷：主营业务收入		53 400 000

④ 3月20日：

借：银行存款——欧元户(3 000 000×8.8)	26 400 000	
财务费用——汇兑差额	600 000	
贷：应收账款——欧元户(3 000 000×9.0)		27 000 000

⑤ 3 月 22 日：

借：应付账款——欧元户(4 000 000×8.9)　　35 600 000

　贷：银行存款——欧元户(4 000 000×8.8)　　35 200 000

　　财务费用——汇兑差额　　400 000

⑥ 3 月 25 日：

借：交易性金融资产——成本(100 000×1×8.8)　　880 000

　贷：银行存款——欧元户(100 000×1×8.8)　　880 000

⑦ 3 月 31 日：

计提外币借款利息＝1 000×4%×3÷12＝10(万欧元)

借：在建工程　　870 000

　贷：长期借款——欧元户(100 000×8.7)　　870 000

(2) 填表并编制会计分录：

单位：万元人民币

外币账户	3 月 31 日汇兑差额
银行存款(欧元户)	－199
应收账款(欧元户)	－150
应付账款(欧元户)	＋60
长期借款(欧元户)	＋300

银行存款账户汇兑差额＝(800－100＋300－400－10)×8.7－(7 200－900＋2 640－3 520－88)
＝－199(万元)

应收账款账户汇兑差额＝(400＋600－300)×8.7－(3 600＋5 340－2 700)＝－150(万元)

应付账款账户汇兑差额＝(200＋400－400)×8.7－(1 800＋3 560－3 560)＝－60(万元)

长期借款账户汇兑差额＝(1 000＋10)×8.7－(9 000＋87)＝－300(万元)

借：应付账款——欧元户　　600 000

　财务费用——汇兑差额　　2 890 000

　贷：银行存款——欧元户　　1 990 000

　　应收账款——欧元户　　1 500 000

借：长期借款——欧元户　　3 000 000

　贷：在建工程　　3 000 000

(3) 2×20 年 3 月 31 日交易性金融资产的公允价值＝11×1×8.7＝95.7(万元)

借：交易性金融资产——公允价值变动(957 000－880 000)　　77 000

　贷：公允价值变动损益　　77 000

(4) 2×20 年 3 月份产生的汇兑损失＝199＋150－60＋10＋60－40－300＝19(万元)

2×20 年 3 月份计入当期损益的汇兑损失＝199＋150－60＋10＋60－40＝319(万元)

2. (1) 借：银行存款　115 200

　　财务费用　1 500

　　贷：银行存款——美元　116 700

(2) 应计提的产品质量保证＝1 500×10%×1%＋1 500×5%×4%＋1 500×2%×9%＝7.2(万元)

(3) 借：销售费用　72 000

　　贷：预计负债　72 000

借：固定资产清理　14 000 000

　　累计折旧　4 000 000

　　固定资产减值准备　2 000 000

　　贷：固定资产　20 000 000

借：无形资产(14 000 000＋2 000 000)　16 000 000

　　贷：固定资产清理　14 000 000

　　　　银行存款　2 000 000

(4) 借：递延所得税资产　500 000

　　贷：所得税费用　500 000

3. (1) 借：长期股权投资　4 000 000

　　贷：投资收益　4 000 000

借：其他综合收益　800 000

　　贷：长期股权投资　800 000

(2) 借：股本　40 000 000

　　资本公积　5 000 000

　　盈余公积　2 000 000

　　未分配利润　8 000 000

　　贷：长期股权投资　43 200 000

　　　　其他综合收益　1 000 000

　　　　少数股东权益　10 800 000

借：未分配利润——年初　3 500 000

　　投资收益　4 000 000

　　少数股东收益　1 000 000

　　贷：利润分配——提取盈余公积　500 000

　　　　未分配利润——年末　8 000 000

借：营业收入　8 000 000

　　贷：营业成本　7 000 000

　　　　存货　1 000 000

借：应付账款　9 040 000

　　贷：应收账款　9 040 000

借：应收账款——坏账准备　452 000

　　贷：信用减值损失　452 000

【模拟试题二】

一、单项选择题

1. B　2. A　3. C　4. B　5. C　6. D　7. A　8. C　9. D　10. B　11. C　12. B　13. C　14. B　15. A　16. C　17. B　18. A　19. B　20. B

二、多项选择题

1. ABCD　2. BCD　3. AB　4. ABC　5. ABC

三、判断题

1. √　2. √　3. ×　4. ×　5. √　6. √　7. ×　8. √　9. √　10. √

四、计算及账务处理题

1. 事项(1)的会计处理不正确。理由：固定资产的会计折旧高于税法折旧，固定资产的账面价值小于计税基础，因此产生的是可抵扣暂时性差异 21 万元。

正确做法：应该确认递延所得税资产 5.25 万元。

事项(2)的会计处理不正确。理由：该专利技术会计上不进行摊销，税法上是要摊销的，所以资产的账面价值 120 万元大于计税基础 108 万元，产生了应纳税暂时性差异 12 万元，应考虑递延所得税的影响。

正确做法：应该确认递延所得税负债＝12×25％＝3(万元)。

事项(3)的会计处理不正确。理由：交易性金融资产的公允价值变动应该计入公允价值变动损益，确认的递延所得税负债应该计入所得税费用。

正确做法：甲公司应该确认公允价值变动损益 100 万元，确认所得税费用 25 万元，确认递延所得税负债 25 万元。

事项(4)的会计处理不正确。理由：甲公司其他权益工具投资公允价值上升计入其他综合收益，由此确认的递延所得税负债不应确认所得税费用。

正确做法：应确认递延所得税负债 25 万元，确认其他综合收益 25 万元。

事项(5)的会计处理正确。

事项(6)的会计处理不正确。理由：按税法规定，投资性房地产应计提折旧，计税基础不再是取得时成本。

正确做法：因为投资性房地产的账面价值为 6 000 万元，计税基础＝5 000－5 000÷50＝4 900(万元)，产生的应纳税暂时性差异为 1 100 万元，所以应该确认的递延所得税负债为 275 万元。

2. (1) 因 A 公司与 C 公司在合并前不存在任何关联方关系，属于非同一控制下企业合并。

借：长期股权投资——C公司　　60 000 000

　贷：股本　　10 000 000

　　资本公积——股本溢价　　50 000 000

2×20年7月1日的合并商誉＝60 000 000－(60 000 000＋1 000 000)×80%

＝11 200 000(元)

(2) 借：固定资产　　1 000 000

　　贷：资本公积　　1 000 000

　借：管理费用(1 000 000÷10÷2)　　50 000

　　贷：固定资产——累计折旧　　50 000

(3) C公司调整后的净利润＝10 000 000－50 000＝9 950 000(元)

A公司合并报表中应确认投资收益＝(9 950 000－6 000 000)×80%＝3 160 000(元)

借：长期股权投资　　3 160 000

　贷：投资收益　　3 160 000

调整后的长期股权投资＝60 000 000＋3 160 000＝63 160 000(元)

(4) 借：股本　　40 000 000

　　资本公积(16 000 000＋1 000 000)　　17 000 000

　　盈余公积　　2 000 000

　　未分配利润——年末(3 000 000＋9 950 000－1 000 000－6 000 000)　　5 950 000

　　商誉　　11 200 000

　　贷：长期股权投资　　63 160 000

　　　少数股东权益(64 950 000×20%)　　12 990 000

(5) 编制A公司2×20年年末投资收益与子公司利润分配的抵销分录。

借：投资收益(9 950 000×80%)　　7 960 000

　少数股东损益　　1 990 000

　未分配利润——年初　　3 000 000

　贷：提取盈余公积　　1 000 000

　　对所有者(或股东)的分配　　6 000 000

　　未分配利润——年末　　5 950 000

(6) 借：营业收入　　9 000 000

　　贷：营业成本　　6 000 000

　　　固定资产——原价　　3 000 000

　借：固定资产——累计折旧(300/10×1/12)　　25 000

　　贷：管理费用　　25 000

借：少数股东权益[(3 000 000－25 000)×20%] 595 000
贷：少数股东损益 595 000

3. (1) 借：长期股权投资减值准备——A公司 20 000 000
贷：以前年度损益调整——资产减值损失 20 000 000
借：以前年度损益调整——所得税费用 5 000 000
贷：递延所得税资产 5 000 000

(2) 借：以前年度损益调整——营业外收入 30 000 000
贷：其他应收款 30 000 000
借：应交税费——应交所得税费用 7 500 000
贷：以前年度损益调整——所得税费用 7 500 000

(3) 借：坏账准备 2 000 000
贷：以前年度损益调整——信用减值损失 2 000 000
借：以前年度损益调整——所得税费用 500 000
贷：递延所得税资产 500 000

(4) 借：长期股权投资——C公司(损益调整)(6 800 000×25%) 1 700 000
贷：以前年度损益调整——投资收益 1 700 000

(5) 调整2×20年利润分配和盈余公积：

借：利润分配——未分配利润 3 800 000
贷：以前年度损益调整 3 800 000
借：盈余公积 760 000
贷：利润分配——未分配利润 760 000

【模拟试题三】

一、单项选择题

1. A 2. B 3. D 4. D 5. C 6. C 7. C 8. B 9. D 10. C 11. D 12. A 13. D 14. D 15. D 16. C 17. D 18. A 19. B 20. B

二、多项选择题

1. ACD 2. ABD 3. ABCD 4. CD 5. AB

三、判断题

1. × 2. √ 3. × 4. × 5. × 6. × 7. × 8. √ 9. × 10. √

四、计算及账务处理题

1. (1)开始资本化的时点为2×20年4月1日，停止资本化时点为2×21年9月30日。2×20年借款利息资本化月数为5个月，即2×20年4月至8月；费用化月数为7个月，即2×20年1月至3月和9月至12月。

(2) 计算2×20年利息资本化和费用化的金额，并编制会计分录。

① 2×20年专门借款利息金额：

应付利息＝5 000×6%＝300(万元)

其中：

费用化期间应付利息＝5 000×6%×7÷12＝175(万元)

资本化期间应付利息＝5 000×6%×5÷12＝125(万元)

存入银行取得的利息收入＝37.50＋15＋5＝57.50(万元)

其中：

费用化期间的利息收入＝37.50(万元)

资本化期间的利息收入＝15＋5＝20(万元)

费用化金额＝175－37.50＝137.50(万元)

资本化金额＝125－20＝105(万元)

② 计算2×20年一般借款利息金额：

占用一般借款资金的资产支出加权平均数＝1 000×(6－4)÷12＝166.67(万元)

一般借款加权平均资本化率＝(1 000×7%＋2 000×9%×6÷12)÷(1 000＋2 000×6÷12)＝8%

一般借款应予资本化的利息＝166.67×8%＝13.33(万元)

一般借款应付利息＝1 000×7%＋2 000×9%×6÷12＝160(万元)

一般借款费用化的利息＝160－13.33＝146.67(万元)

③ 合计计算：

资本化的借款利息＝105＋13.33＝118.33(万元)

费用化的借款利息＝137.50＋146.67＝284.17(万元)

借：在建工程	1 183 300	
财务费用	2 841 700	
应收利息	575 000	
贷：应付利息		4 600 000

2. (1) 应纳税所得额＝会计利润总额＋当期发生的可抵扣暂时性差异－当期发生的应纳税暂时性差异－当期转回的可抵扣暂时性差异＋当期转回的应纳税暂时性差异－非暂时性差异＝1 610＋10－20－(20＋50)＋0－(100×50%＋420)＝1 060(万元)

应交所得税＝1 060×25%＝265(万元)

(2) 借：资本公积	100 000	
所得税费用	1 200 000	
贷：递延所得税资产		1 300 000
借：所得税费用	50 000	
贷：递延所得税负债		50 000

(3) 所得税费用＝120＋5＋265＝390(万元)

3. (1) ① 商誉的处理是正确的。

② 权益法确认投资收益的处理不正确。

在合并报表中，应确认的权益法投资收益＝(1 000－200×60%)×80%＝704(万元)。

(2) ① 正确。② 错误。③ 正确。④ 正确。⑤ 错误。

正确会计处理如下：

借：营业收入	20 000 000	
贷：营业成本		20 000 000
借：应付账款	22 600 000	
贷：应收账款		22 600 000
借：应收账款——坏账准备	200 000	
贷：信用减值损失		200 000
借：所得税费用	50 000	
贷：递延所得税资产		50 000

(3) ① 正确。② 错误。③ 错误。④ 错误。⑤ 错误。

正确会计处理如下：

借：营业收入	9 000 000	
贷：营业成本		8 000 000
固定资产——原价		1 000 000
借：固定资产——累计折旧	50 000	
贷：管理费用		50 000
借：递延所得税资产	237 500	
贷：所得税费用		237 500

教学课件索取单

敬爱的老师：

感谢您使用我们出版社的教材。为了方便教学，教材配有相关教学课件。如果您需要，请您填写下面表格中的相关信息，并以电子邮件的形式发到我社，我们在核对您的信息后，即免费向您提供教学课件。

我们的联系方式：

地址：上海市中山西路 2230 号 1 号楼 1507 室　　邮编：200235

立信会计出版社　　电话：(021)64411223(O)

电子邮件：victoria_tysx@126. com

<table>
<tr><td>教材名称</td><td colspan="4"></td><td>作者姓名</td><td></td></tr>
<tr><td>教师姓名</td><td></td><td>性别</td><td></td><td>身份证号</td><td colspan="2"></td></tr>
<tr><td>学　校</td><td colspan="2"></td><td>院系</td><td></td><td>教研室</td><td></td></tr>
<tr><td>学校地址</td><td colspan="4"></td><td>邮　编</td><td></td></tr>
<tr><td>职　务</td><td colspan="2"></td><td>职称</td><td></td><td>办公电话</td><td></td></tr>
<tr><td>E-mail</td><td colspan="2"></td><td>手机</td><td></td><td>宅　电</td><td></td></tr>
<tr><td>通信地址</td><td colspan="4"></td><td>邮　编</td><td></td></tr>
<tr><td>所选教材</td><td colspan="2"></td><td colspan="2">教材用量</td><td colspan="2">册</td></tr>
<tr><td colspan="3">委托订购单位</td><td colspan="4"></td></tr>
</table>

您对本教材的意见和建议是：________________________________

____

____